本书得到国家社科基金项目（编号：13XZS030）、重庆师范大学学术专著出版基金项目、重庆市重点学科（考古学）资助项目、重庆师范大学考古学一级学科博士点基金项目、重庆师范大学历史与社会学院发展运行经费、重庆师范大学一级学科历史学学科基金等资助。

从
太阳崇拜
到
度量星空

中国上古信仰及宇宙观演进研究

刘俊男　屈　谱　刘玉亭　著

中国社会科学出版社

图书在版编目（CIP）数据

从太阳崇拜到度量星空：中国上古信仰及宇宙观演
进研究／刘俊男，屈谱，刘玉亭著. -- 北京 ：中国社
会科学出版社，2025. 4. -- ISBN 978-7-5227-5173-3

Ⅰ. B933

中国国家版本馆 CIP 数据核字第 202536XU60 号

出 版 人	赵剑英	
责任编辑	郭　鹏	
责任校对	刘　俊	
责任印制	李寡寡	

出　　版	中国社会科学出版社	
社　　址	北京鼓楼西大街甲 158 号	
邮　　编	100720	
网　　址	http://www.csspw.cn	
发 行 部	010-84083685	
门 市 部	010-84029450	
经　　销	新华书店及其他书店	

印　　刷	北京君升印刷有限公司	
装　　订	廊坊市广阳区广增装订厂	
版　　次	2025 年 4 月第 1 版	
印　　次	2025 年 4 月第 1 次印刷	

开　　本	880×1230　1/16	
印　　张	26.75	
字　　数	440 千字	
定　　价	158.00 元	

序

中国有着五千多年悠久的文明史,有着不同于其他国家的源远流长的思想与信仰传统。然而,由于历史太悠久,留给我们的远古谜团也很多,例如:中国历代史籍皆用星宿及度数来表示地理位置,这是否科学?20世纪的疑古派认为"三正""五行"是汉代刘韵伪造插入古籍,从而导致古籍不可信从,这种观点是否正确?"三皇""五帝"与"三正""五行"是什么关系?"河图""洛书"是干什么用的,它是否是封建迷信?这些问题皆可称为千古之谜。这些思想与传统从何演化而来,长久以来不是太清楚。随着考古工作的开展,研究者逐渐增多,取得了不少成绩,但千古之谜太多,不是短期能解决的。笔者长期研究中国文明起源,收集到大量史前信仰与宇宙观的资料,又发表过对以上各类谜团的研究论文,于是决定与屈谱、刘玉亭一道写成本书,以期对本课题尽绵薄之力,并将过去零散的论文系统呈现,以方便读者,并利于学界的继续研究。

本书也是国家社科基金项目"中国南北两大生业区早期文明进程比较研究"结题内容之一。笔者将结题成果分成两大部分,并分别增补一些前期成果或新研成果汇聚成两部姊妹著作,将生业及社会组织的演进以及结题后加写的关于西亚早期社会组织演进的20余万字合为《生业与文明——中国南、北及西亚上古社会组织演进比较》,将有关思想信仰及宇宙观的内容以及部分前期成果、新研成果合为本书。

本书主要研究现中国境内新石器至先秦文字时代先民的信仰与宇宙观。信仰是建立在宇宙观基础之上的,有什么信仰就必然有什么宇宙观,反之亦然,二者常交织在一起。新石器时代信仰又常常与神联系在一起,因此，此时段的原始信仰与宇宙观是本书的重要内容之一。随着认识能力的提升，人们开始慢慢摆脱神的束缚，出现了对科学的追求。至先秦文字时期，在天文、历法、地理、医学、数学等众多领域出现了崭新的时间观、空间观、人神观及新的信仰，从文献记载可以窥见这些内容，因此，先秦文字时代的宇宙观与信仰是本书的又一个重点。在研究了这些之后，再对其演变规律进行总结与归纳。

具体来说，本书包括如下三方面的内容与特色：

上篇，分地区、按时间先后梳理了距今大约一万年至文字时代前夕信仰与宇宙观的演变，以及分阶段演变的特点。本书以地下考古遗存为基本史料，主要呈现地下遗存所表明的信仰与宇宙观的大体演进过程，而非很细致地叙述各种信仰及宇宙观现象的详细情形，少引国外或民族学的实例以求解释，因为任何国外的或民族学的信仰及宇宙观遗存虽然有类似之处，但不一定完全等同。尤其是中、西方之间，存在信仰和宇宙观方面的巨大差异，用彼来说此，虽然有时也可通，但并不一定就是事实本身。因此，本书主要展示反映信仰与宇宙观的地下遗存自身所呈现的演进规律，不对其作过多解读。

中篇，分专题讨论自文字出现以后至秦朝统一时段的时间观、空间观、人神观。主要讨论"三正""五行""河图""洛书"等历法理论和时间观念，星宿与地域对应的空间观念，人帝与"三正""五行"的比附关系，三王、五帝、九皇、六十四民等观念。通过探索先秦文字时代的这些宇宙观，笔者发现，当时已经进入了科学时代，尤其是用星宿及度数来表示地理位置的方法十分科学，用河图与洛书的数据来计算历日的方法十分简单明了，用天、地、人三种参照物来确定一年的起始，反映了人们可从不同的角度制定不同的历法。

下篇，对上古信仰与宇宙观的演进规律进行探索。笔者讨论了中国古代神秘文化的起因与作用，太阳鸟旋纹与太极图像的渊源，道教乘蹻术的起源与演进，龙凤文化的起源及其与华夏文化的关系，探索中国各地信仰与宇宙观的共性、规律及差异，探索各类宇宙观及信仰的流变倾向；同时还探讨了动画思维的产生过程。

在上篇中，对一些具体问题也提出了一些新的见解，如：认为贾湖遗址出土的龟壳与叉形器和宗教无关，应是猎狩工具；澧县八十垱出土的 8000 多年前的土墩应是目前所知中国最早的祭坛，而该遗址的海星状房址不应是宗教建筑；石峁古城皇城台南夹道不排除是一个祭祖及诸神的大殿或院落的可能性；牛河梁红山文化"女神庙"并非女性崇拜，红山文化早已进入男性为尊的时代；良渚文化出现了天坛与地坛的雏形。中国与世界各早期文明一致，先有自然崇拜，在自然崇拜中，先有太阳崇拜，再有动物崇拜。中国的太阳崇拜主要出现在稻作地区，中国的动物崇拜不是崇拜一般的动物，而是加上一些神圣色彩的动物神。之后，中国更具特色的信仰与宇宙观是对祖先（首领）的信仰与崇拜，这构成了中国数千年信仰的特色。古云："得天之道者为帝，得地之道者为三公"（《吕氏春秋·恃君览》），与星宿"中宫"寿星之次对应的"中土""冀州"（即郑州及附近至湖南省一带的地域，如图 8-2）的先民在数千年来对星宿进行了祭祀与观察，"得天道"，也最终成为中国文化的核心区域。

在中篇几个章节中，对"三正""五行""河图""洛书"、星宿与地域的对应、天帝与人帝等内容作了全新的解读。认为"三正""五行""三皇""五帝"原本是历法理论；"五帝"之名原本是历法术语；"五行"是一年阴阳二气消长的五个时段（五节），是古代司历的必备要素；"三正"是以天、地、人为参照物而确定年首的司历方法；"河图""洛书"则是计算历法的工具，是中国先民的科技。星宿与地域的对应完全反映了星宿与地域的经纬度的对应关系，是十分科学的，先民以星宿位置来表示地理位置也是十分科学的创造发明。人间的"五帝""三王"是比附"五行""三正"的，并随时代而变更比附对象，是一种变动的理念，宜以司马迁"究天人之际，通古今之变"的精神来研究中国上古历史。

下篇的第十章，我们讨论了神秘文化对中国和谐社会的作用，认为中国上古很多神秘的文化，其实质是上古时代对政治特权或知识产权的保护；龙凤文化源于南方的鹭雉崇拜。在第十一、十二章还讨论了太极纹、人骑兽升天、动画思维等多源于新石器时代，认为良渚文化神徽应是人骑龙凤的图像。在对几个专题进行研究的基础上，对先秦时期中国先民的早期信仰与宇宙观进行了总结与归纳，梳理了各文化区的共性与差异以及史前各信仰与宇宙观的流变倾向。其中包括对太阳、星象、八角星符号等的崇拜及向天文历法、道学的流变倾向；祭坛、葬俗、巫觋、占卜、"五行"等向礼制、儒学的流变倾向；宇宙崇拜向天圆地方、旋转纹向循环运动的哲学思想流变的倾向；信仰向文字、绘画、雕刻、音乐等的流变倾向；龙凤崇拜向真龙天子崇拜的流变倾向，等等。总结了中国前文字时代信仰的主要特征；信仰演进阶段性与文明演进阶段性的相关性；早期信仰的区域互动与多元一体民族形成的过程与机制，巫觋与政治及医学等科学的关系。

　　本书的这些专题研究还是初步的，旨在抛砖引玉，期望学术界对它们有更深入、更全面、更系统的阐释，以共同探索中国早期信仰与宇宙观的源头。

　　是为序。

刘俊男

2023 年 9 月 30 日

目　　录

下篇　关于上古信仰与宇宙观的规律性认识

绪　　论

一　写作本书的缘由

笔者探索中国上古史已有 30 余年，最初是通过文献来研究的，出版了《华夏上古史研究》专著及若干论文，发现上古的宇宙观如"三正""五行""河图""洛书""星宿与地域对应"以及"五帝"信仰等十分奇特，并且有的很具科学性，认为古人之所以能有这种高水平的认识，一定是经历了很长的求索过程。近十余年，笔者转向以地下考古材料为主要探索对象的上古史研究，主持了"马克思主义国家起源理论与长江中游地区文明进程研究""中国南北两大生业区早期文明进程比较研究""边缘地域下古蜀地区文明起源与早期演进"三个国家社科基金项目。在研究过程中，我们发现中国的传统文化并非起源于春秋战国所谓轴心时代的诸子之学，而有更悠久的源头，尤其是从考古材料中可以见到诸多反映精神信仰的遗存，这些精神信仰呈现出一个个演进的阶段，体现了人类社会精神信仰演进的规律性，于是笔者决定写出一部专门的研究上古精神信仰及宇宙观的专著，以厘清它们的起源、演进过程与演进规律。

二　本书的内容与研究意义

本书主要研究现在中国境内新石器时代至文字出现后的先秦时代先民的信仰与宇宙观。信仰与宇宙观常交织在一起。新石器时代信仰与宇宙观是本书的重要内容之一。随着认识能力的提升，人们开始慢慢摆脱神的束缚，出现了对科学的追求。至文字出现后的先秦时期，我们的祖先在天文、历法、地理、医学、数学等众多领域出现了崭新的宇宙观与新的信仰，从文献记载可以窥见这些宇宙观与信仰的内容，因此，这一时期的宇宙观与信仰是本书的又一个重点。在研究了这些信仰与宇宙观之后，我们还要对其演变规律进行总结与归纳。

本研究具有如下几方面价值：

第一，响应习近平总书记"努力建设中国特色、中国风格、中国气派的考古学，增强中国考古学在国际考古学界的影响力、话语权。要运用科学技术提供的新手段新工具，提高考古工作发现和分析能力，提高历史文化遗产保护能力"① 的号召，为探索中国上古文明添砖加瓦。

第二，能弄清中国早期各类精神文化现象，如：冥界观念、灵魂观念、方圆观念、旋转观念，天体星宿崇拜、图腾崇拜、动物崇拜、偶像崇拜、生殖与祖先崇拜，祭坛、陷祭、燔祭、坎祭、荐祭、巫觋，音乐、舞蹈、雕塑、礼器、仪式，文字式符号、纹饰符号，习俗、禁忌等事物的起源与演进，揭示史前特色文化及其对中国传统文化的贡献。

第三，可以探索中国原始宗教信仰及其与文明起源的关系。宗教不是从来就有的，马克思摘录了约·拉伯克的《文明的起源和人类的原始状态》一书，将宗教的发展概括为七个阶段：（1）无神论；（2）拜物教；（3）自然崇拜或图腾崇拜；（4）萨满教；（5）偶像崇拜或拟人观；（6）神成了造物主；（7）道德和宗教联系了起来。② 祭祀与礼制是文明的一项重要内容，它可体现出文明社会的发展程度。

第四，可以寻找到中国夏商周三代礼仪制度、哲学思想的最早源头。通过研究巫觋、祭坛、葬俗礼仪、生殖与祖先崇拜、占卜，揭示中国古代神权、仪式、礼制制度以及道、儒等传统思想的起源。对早期精神文化的地区特色、相互传播与影响的研究，有助于探讨我国多元一体民族的早期演进与民族精神的形成。

第五，可以追溯中国天文、历法学的起源。数千年来对天、地、太阳、月亮、二十八宿等大自然的观察、祭祀，最终导致了中国上古天文学、历法学的产生。通过研究天象崇拜、占星术、井架式八角星符号等，

---

① 习近平：《建设中国特色中国风格中国气派的考古学　更好认识源远流长博大精深的中华文明》，《求是》2020 年第 23 期。

② ［德］马克思：《马克思古代社会史笔记》，中共中央马克思恩格斯列宁斯大林著作编译局编译，人民出版社 1996 年版，第 529 页。

可追溯中国天文、历法学的起源。

第六，可以解答千古之谜团。"三正""五行""河图""洛书""三皇""五帝""星野对应"、用星宿表示地理等理论、观念和方法，是中国千古谜团，本书以全新视角，对此予以全新解读，揭示其科学意义。

三　相关研究概况

由于上古先民的思想、认识尚未达到科学的高度，因此，关于中国上古信仰方面的研究多集中在宗教信仰领域。从近年来国家、教育部的社会科学类基金项目来看，目前，历史时期宗教史研究的项目较多，自1991年以来，国家社科基金、教育部人文社科项目中冠以"宗教"二字的立项均有700余项。但有关前文字时代宗教研究被列入的很少，一般性精神信仰与宇宙观的研究更为罕见。

已立项的前文字时代宗教研究的项目主要有：孟慧英"中国原始宗教研究"（2002），其结题成果《中国原始信仰研究》（2010）是一部宗教研究巨著，内容丰富，颇有价值，但该书对考古遗存中宗教现象的论述大多是关于历史时期或少数民族的原始宗教；汪志斌"基于史前考古发现的中国宗教起源研究"（2018），但只研究起源。教育部相关项目主要有：刘信芳"出土简帛宗教神话文献研究"（2011）、邹梅"高庙原始宗教文化设计思想研究"（2007）、王鹏辉"新疆史前考古中宗教文化遗存的考察"（2005）。从上述情况看，本领域实有加强立项并作继续研究的必要。除上述立项成果外，还可从如下几方面总结研究状况：

关于理论方面的成果主要有：吴龙辉《中国古代宗教观念的演变与孔子对传统信仰的改造》（1993）、詹石窗《老子对祭祀文化的哲学升华》（2007）、卓新平《马克思主义宗教观的方法论探究》（2014）和《重新认识宗教学之源端》（2019）、叶小文《建设马克思主义宗教学探析》（2019）、李泽厚《由巫到礼　释礼归仁》（2015）、赵文洪《中国特色社会主义宗教理论的出发点》（2017）、李禹阶《中国文明起源中的巫及其角色演变》（2020），等等。他们从理论上做了大量基础工作，但涉猎本项目内容的较少。前文字时代的信仰材料与规律寻找尚需加强。

关于信仰遗存的研究成果主要有：于锦绣和杨淑荣《中国各民族原始宗教资料集成》（考古卷）（1999）、匡瑜和张国硕《鹿台岗遗址自然崇拜遗迹的初步研究》（1994）、刘春迎《试析鹿台岗遗址Ⅰ、Ⅱ号遗迹的性质》（1997）、周庆基《河姆渡人的宗教观念和"凤"的起源》（1993）、王长丰等《浙江跨湖桥遗址所出刻划符号试析》（2008）、柴焕波《跨湖桥契刻考释》（2009）、井中伟《我国史前祭祀遗迹初探》（2002）、王芬《中国新石器时代的宗教遗迹》（2004）、李春华《大汶口文化时期的宗教习俗》（2006）、赵宗军《我国新石器时期祭坛研究》（2007）、陈国庆《燕山南北地区史前原始宗教的形成与发展》（2008）、何德亮等《山东史前宗教祭祀遗存探析》（2011）、陈星灿和李润全《申论中国史前的龟甲响器》（2004）、冯凭和吴长旗《舞阳龟甲刻符初探》（2009）、曲新楠《洞庭湖以西和汉东地区新石器时代祭祀遗存研究》（2012）、王子初《说有容易说无难——对舞阳出土骨笛的再认识》（2014）、罗丹婷和周岳《甘青地区史前祭祀遗存研究》（2018）、杜金鹏《偃师二里头遗址祭祀遗存的发现与研究》（2019）、孙周勇和邵晶《石峁遗址皇城台大台基出土石雕研究》（2020）、张远山关于龙和饕餮纹的系列论著等等（详见正文所引各资料），揭示了部分信仰遗存，但收集资料还显不够。

关于动物崇拜的成果主要有：研究蛙崇拜的有李井岩、张凯等，研究猪崇拜的有王仁湘等，研究鹿崇拜的有李佳、王其格等，研究鸟崇拜的有徐江伟、王小盾、王国林等，研究狮崇拜的有林移刚等，研究鱼崇拜的有赫云、李倍雷、刘云辉、李荆林、王宜涛、杨玥、冯利、袁广阔、崔宗亮等。但这些动物或动物像是神还是祭品，动物神与动物有何不同特征，需要进一步澄清。

关于偶像崇拜的成果主要有：尚民杰《史前时期的偶像崇拜》（1998）、陈莺等《红山文化的偶像崇拜》（2003）等。但这些偶像是神还是"还愿像"，它的出现与文明进程是什么关系，也需要进一步研究。

关于天文星宿等自然崇拜及宇宙观方面的成果主要有：陈久金《华夏族群的图腾崇拜与四象概念的形成》（1992），郭沫若、吴宇虹、汪洋、孙小淳、武丽洁等也有此类论著。美国的班大为《中国上古史实揭秘——天文考古学研究》（2008）、冯时《文明以止》（2018）、《星汉流年——中国天文考古录》（1996）、《中国古代的天文与人文》（2004）和《百年来甲骨文天文历法研究》（2018）、李新伟《中国史前陶器图像反映的"天极"观念》（2020）、邓启耀《陶纹：规律认知的思维痕迹》（2019）。但"四象"是图腾还是天象，中国天文学是原生还是源于西亚，需要进一步辨析。

关于远古宗教演进及综合性的成果主要有：陆思贤《神话考古》（1995）、朱乃诚《史前宗教与习俗研究》（2008）、叶舒宪《中华文明探源的神话学研究》（2015）和《玉石神话信仰与华夏精神》（2018）、俄罗斯的 M. E. 克拉夫佐娃等《中国新石器时期的信仰和崇拜》（2018）、杨建华《从聚落布局看史前宗教功能的演变》（2005）、美国的卡尔·W. 路卡特和张宗奇《历史上的宗教及其演进》（2008）、陈明《原始宗教的演进与儒学理念的形成》（2006）、洪眉等《科学与宗教关系的演进初探》（2006）、程洪猛《西方信仰自由观念的历史演进》（2015）、胡金伟《中国传统宗教的历史演进与文化认同建构》（2017）、张法《中国远古宗教观念的初型、演进与特色》（2018）、李枫《玉与古代中国人宗教观之演进初探》（2019）、王仁湘《凡世与神界：中国早期信仰的考古学观察》（2018）、《半窗意象：图像与考古研究自选集》（2016）、马玉珍《原始宗教祭祀与上古神话生成的内在逻辑理路》（2016）等。还有魏女、李清栋、李屹立、钟雪、李宏、黄明珍、林蔚文、王芬等众多研究者的论著。

涉及中国早期信仰与宇宙观研究的综合性论著主要有：王仁湘《混沌初开：中国史前时代文化》（2004）、刘宗迪《失落的天书：〈山海经〉与古代华夏世界观》（2006）、宋贵华《燕山南北地区新石器时代人形雕塑初论》（2012）、王潇慧《古代人形玉器研究》（2010）、王晓婷《中国史前女性人像雕塑功能研究》（2013）、梁群峰《艺术中的原始精神》（2015）、贺刚《湘西史前遗存与中国古史传说》（2013）、张远山《伏羲之道》（2015）、郭静云《天神与天地之道——巫觋信仰与传统思想渊源》（2016）、张劲松《中国史前符号与原始文化》（2001）、马新《原始崇拜体系与中国文化精神的起点》（《史学月刊》2006 年第 8 期）、黄诚《论〈尚书〉的"人神观"及其思想史意义》（《东南文化》2019 年第 4 期）等。可供参考的世界性的研究，如：爱德华·伯内特·泰勒（Edward Burnett Tylor）《原始文化》（1871），他主要注意的是在各种文化现象中的精神文化。

还有一些关于占卜、宗教器物类的成果，如邓聪等《玉器起源探索》（2007）和《牙璋与国家起源》（2019），等等。

国外关于地下宗教遗存有一些研究，可参见英国的科林·伦福儒等著，陈淳译《考古学：理论、方法与实践》等，但对中国的研究比较少，主要集中在历史时期宗教及宗教理论研究方面。至于众多的地下宗教遗存，分散于各遗址考古发掘报告中。

此外，关于"三正""五行""三皇""五帝""河图""洛书""星野对应"等方面的论著还有很多，李零、陈美东、陈久金等有很好的研究，不一一列举，详见本书参考文献。

学术界的一些成果，或是单篇论文、或者专著中少量章节形式，多是对某一特定问题的研究。有的发表时间较早，未收集近年考古资料。有的收集资料较多，但系统性、规律性、流变性探讨少见；有的是对历史时期宗教的研究；有的缺乏一般性宇宙观的研究。因此，需要进一步收集地下考古资料，重点开展系统化、理论化研究，并讨论如下理论问题：第一，早期信仰文化的演进规律和特点；第二，早期精神信仰与文明进程的互动；第三，大众信仰对民族形成及民族精神的影响；第四，早期信仰与科学技术的辩证关系；第五，文字、哲学、艺术的信仰渊源，如此等等。

四　研究的总体思路

拟在整理好各地新石器时代先民信仰所依附的物质遗存的基础上，吸收学术界对信仰诠释的合理内核，对各种信仰文化现象及其所包含的宇宙观予以解读；对中国上古"三正""五行""河图""洛书"等所体现的时间观，星宿与地域对应等所体现的空间观，"五天帝""五人帝"等所体现的人神观进行讨论；以马克思主义的基本立场与方法为指导，结合各种有益的新理论，揭示信仰文化演进的阶段性；分析各地早期信仰与宇宙观念的共性与差异；总结规律并上升到理论；厘清原始精神信仰的演进、流变倾向，找到中国各种信仰文化现象的早期根源；揭示龙凤崇拜等神秘信仰的基本内涵与影响，从而彰显中国传统文化的魅力，汲取古人的智慧，为今人提供丰富的精神食粮。

当然，这些研究，由于地下材料具有局限性、偶然性，对其释读具有试探性，收集资料具有艰巨性，因而只能是初步的研究。随着考古工作的深入，材料的丰富，加上研究人员不懈的工作，将来还会有更新的研究成果，本书也就只起个抛砖引玉的作用。

五　几个概念简释

为了让读者对本书有更好的理解，我们参考《马克思主义哲学大辞典》等工具书简释一下相关概念。

1. 信仰与宗教

信仰（Belief）：指对某种思想、理论、学说的心悦诚服，并且从内心以此作为自己的行动指南。有盲目信仰与科学信仰之分。

宗教的概念在学术界有个发展过程，而且一直在讨论之中。恩格斯在《反杜林论》（1876—1878）中写道："一切宗教都不过是支配着人们日常生活的外部力量在人们头脑中的幻想的反映，在这种反映中，人间的力量采取了超人间的力量的形式。"[1] 这句话中所强调的"幻想的反映"即意识，也提到了"形式"。1995 年，童恩正在《中国古代的巫》一文中对宗教等概念进行了讨论，认为人类学家多主张宗教存在两大基本因素，即信仰与仪式。[2] 1998 年，吕大吉在其专著中综合讨论了中外学术界对宗教概念的各种阐释，认为宗教是人们的一种社会文化体系，这一体系包括了人们头脑中对超自然力的一种幻想意识，包括了这一幻想观念导致的崇拜活动的实践形式，这个社会文化体系最终将这些思想和实践形式固定化和体制化。[3] 2006 年，陈浩、曾琦云在《宗教文化导论》中将宗教构成要素分为内、外两部分，外部主要是建立的组织和制度、进行的行为和活动，内部主要是产生的思想观念和情感体验，共四个要素。[4] 对宗教的解释更为细致了。

2. 冥界观与灵魂观念

冥界观，亦可以称为冥府观、阴间观念，是指人们所构建的死后灵

---

[1] ［德］马克思、恩格斯：《马克思恩格斯选集》（第三卷），中共中央马克思恩格斯列宁斯大林著作编译局编译，人民出版社 2012 年版，第 703 页。

[2] 童恩正：《中国古代的巫》，《中国社会科学》1995 年第 5 期。

[3] 吕大吉：《宗教学通论新编》，中国社会科学出版社 1998 年版，第 79 页。

[4] 陈浩、曾琦云编著：《宗教文化导论》，浙江大学出版社 2006 年版，第 44—45 页。

魂所存在地点（天上、地上、地下）的观念。这一观念的基础是灵魂观念，形体死后仍将继续存在的灵魂观念。其在原始人类的头脑中产生之后，人们逐渐构想出各种宗教幻想的世界。它迫使人们去设想灵魂在人体死后的"来世生活"：先得构想亡灵存在于其中的"来世"究竟是一个什么样的世界？这个幽灵世界与人间世界有什么关系？这个世界即宗教所称的"冥府"。显然"冥府"观念乃是灵魂观念的伴生物。这个"冥府"或幽灵世界的具体状况，必然是以其灵魂在其生活的人间世界的情况为转移。① 在中国古代，这种冥界观至少在先秦就已出现，而且有许多说法，如"地下""黄泉""蒿里""九泉""幽都"等。②

灵魂（Soul）：在宗教信仰中关于居于人的躯体内、主宰躯体的超自然体。人们在对自然灾害等的无奈中，认为世间各物皆有其本体外的灵魂，这就是"万物有灵"的观念。由于生时产生的亲属关系，人们寄希望于这些死者的灵魂可以为自己所用，便有了祖先崇拜；对于人类之外其他事物的灵魂的忌惮便产生了自然崇拜，即对自然物和自然力背后灵魂的崇拜。

3. 拜物教（灵物崇拜）

拜物教（Fetishism）：是与拜神教相对的一种宗教信仰的原始形式。这个单词的词根来源是葡萄牙文里的巫术（feitico）一词。拜物教一词最早在1760年被法国的历史学家德布罗斯使用。早在原始神灵观念出现前，拜物教（宗教语境）就已产生，其被崇拜的对象可分为广义和狭义两方面，前者指天体或某种宏大的自然现象、无生命物体和动植物，后者指人脑想象中"可感觉而又超感觉的物或社会的物"。由于它们被人们赋予了超自然特性，这些物体或事物让人敬畏与恐惧。拜物教这一形式依然存在于近现代的原始状态的群落中，也有一些残余仍存在于某些现代宗教中。而在以生产资料私有制为基础的商品经济等非宗教语境中，拜物教指的是迷信或盲目崇拜具体某样物品，如商品拜物教和货币拜物教。③

而灵物崇拜意义近同于拜物教。麦克斯·缪勒也认为这是一种低级

---

① 吕大吉：《宗教学通论新编》，中国社会科学出版社1998年版，第124—125页。
② 萧登福：《先秦两汉冥界及神仙思想探原》，台北文津出版社2001年版，第20页。
③ 金炳华主编：《马克思主义哲学大辞典》，上海辞书出版社2003年版，第693页。

的宗教形式，其崇拜的对象是自然物背后的"无限"（即是超自然的）力量。

4. 拜神教

拜神教（Theism）：是与拜物教相对，以神灵为崇拜对象的宗教。始于原始社会后期。随着人们的抽象能力和从个别物件综合出类概念的能力的增长，从物件或身躯明确分别开来的神灵观念逐渐发生，人们崇拜的对象不再是物件本身，而是主宰这些物件或某类物件的精神体，即神灵。文明社会中的宗教基本上已都是拜神教，包括多神教、二元神教、一神教等。

5. 自然崇拜

自然崇拜（Nature worship）：是自然宗教的基本表现形态。主要表现是其认为某些自然物或自然力具有生命、意志以及强大能力，并将它们作为崇拜的对象。原始先民并未具有明确的超自然体观念，但多将自然物或自然力进行超自然化。这是最原始的宗教形式。[①] 泰勒认为，原始人无法分清有生命的和无生命的东西，使得他们认为那些天然的物体也有二重性，拥有和人一样的灵魂。[②]

6. 偶像崇拜

偶像崇拜（Idolatry）：是对所信奉之神灵塑造其形象而加以崇拜。在旧石器时代遗址中发现的一些雕像，可能是最早的神灵偶像，但也有人认为可能是为行使法术而作的巫者形象。偶像崇拜的大规模发展，始于文明社会初期。其具有与物神观念、抽象神观念不同的特征，偶像崇拜并不是将偶像作为神灵本身，而只是其造像，当偶像制作完成，并将神灵附在其上之后，偶像便与神灵一样具有神圣性了。偶像崇拜认为各个神灵都有各自的具体形象，因而须为各神分别塑造各不相同的偶像。[③]

偶像崇拜与灵物崇拜相似，都是崇拜物体背后的超自然力量，但偶像崇拜的对象是一些人为加工的物体，如人像雕塑、奇特的动物堆塑等。朱天顺认为偶像崇拜并不同于灵物崇拜，前者不再是将随时可见的某一

---

① 金炳华主编：《马克思主义哲学大辞典》，上海辞书出版社 2003 年版，第 699 页。
② ［法］E. 杜尔干：《宗教生活的初级形式》，林宗锦、彭守义译，中央民族大学出版社 1999 年版，第 53 页。
③ 金炳华主编：《马克思主义哲学大辞典》，上海辞书出版社 2003 年版，第 700 页。

样自然物作为崇拜的对象，而是对某些自然物进行造型修整，从而试图将头脑中的神灵（即超自然力）具化出来。① 约·拉伯克认为，偶像崇拜不应与崇拜之物混合，拜物教是对神的进攻，而偶像崇拜是对神的屈服。尚民杰将偶像崇拜分为四类：第一，陶塑类。第二，刻划、绘画类。第三，雕刻类。第四，堆塑类。②

7. 图腾崇拜

图腾崇拜（Totemism）："图腾"一词在 18 世纪末出现于 J. 朗（J. Long）的书中。③ 图腾崇拜最早在北美印第安人中被发现，其后在许多原始部族中都有相似的现象被发现。

"图腾"一词来源于印第安语 totem，是后者之音译；其含义是"亲属"和"标记"，源于奥季布瓦族方言中的"他的亲属"和"他的图腾标记"。许多处于氏族社会时代的人们都认为，各氏族是分别源于某种动植物或其他物类，其中多为动物。而这些原始人多会特殊爱护自己所认为的本氏族图腾物种。但晚近的一些研究发现，图腾本身其实大多不是崇拜的直接对象，按想象而刻制的"图腾柱"（一般竖立于村头或家宅前）亦作为氏族的标记而并不对之膜拜。所谓的"图腾崇拜"，只是氏族社会原始人多将图腾观念与崇拜自然力或自然神相关联。处理图腾物种时，有时会举行一些宗教仪式。过去图腾物种都会被禁食或禁触的观点，现在已经被新的研究推翻，禁食或禁触仅是在一些氏族的某些时期流行。如某一氏族在某一特定时间段不准食用图腾动物，而且往往只是禁食其身体某一部分。甚至某些氏族认为在特定情况下食用图腾动物，是可传承图腾物种的优良性能。出于后者这样的目的，食用时偶尔会进行一些如神舞类的仪式，但这往往是对祖先物种施行的一种礼仪，而不是所谓的"图腾崇拜"。在澳大利亚土著的某些氏族社会中，除氏族图腾外，个人也可有个人图腾。个人图腾由母亲第一次感到胎动时所遇物种而定。可以是某种动植物，有时也可以是某种自然力，如风、雨、日、月等。原始人因尚不知受孕的来由和生父的作用，而以为是感到第一次

---

① 朱天顺：《原始宗教》，上海人民出版社 1964 年版，第 62 页。
② 尚民杰：《史前时期的偶像崇拜》，《中原文物》1998 年第 4 期。
③ ［法］E. 杜尔干：《宗教生活的初级形式》，林宗锦、彭守义译，中央民族大学出版社 1999 年版，第 92 页。

胎动时所遇物种进入母体而成。受这类观念的影响，某些氏族有时也会禁食图腾物种，但这是出于爱怜骨肉之情，所以不忍心食用，而不是神秘观念的体现。①

8. 宇宙观

宇宙观（Cosmology）：又称世界观，是人们对世界的总的和根本的看法。每个人所处的社会地位和观察问题的角度都有所不同，从而形成了不同的世界观。宇宙观（世界观）是社会实践的产物和对社会存在的反映。所以人们所持的世界观就决定了他们认识和改造世界的态度和方法。

9. 神邦

神邦（A place governed by God）：是指在一定时期特定地域内，超越单个聚落或遗址家族组织之上，开始出现了尊卑等级秩序，晚期甚至还出现经济上的阶等，首领通过神权进行治理的社会共同体。

关于"邦"字之义，《说文解字》："邦，国也"，泛指诸侯国。段玉裁《说文解字注》："古者城所在曰国，曰邑，而不曰邦。邦之言封也。古邦、封通用。《书序》云：邦康叔，邦诸侯。《论语》云：在邦域之中。皆封字也。《周礼》故书：乃分地邦而辨其守地。邦谓土界。"神邦虽无明确疆界，但也有一定地域范围。

10. 国家、文明社会

国家（State）：指指和人民大众分离的强制性公共权力机构，亦即阶级压迫统治的暴力机器。

文明社会（Civilization）：是与蒙昧社会、野蛮社会相对应的一种古文化中的社会状态，也即是国家社会，简称为文明。摩尔根（L. H. Morgan）《古代社会》里的 Civilization 一词皆被译成"文明社会"或"文明时代"，译成的中文似乎是两个词，而在英文中只是一个词。

---

① 金炳华主编：《马克思主义哲学大辞典》，上海辞书出版社 2003 年版，第 699 页。

上　篇

前文字时代各地信仰与
宇宙观演进

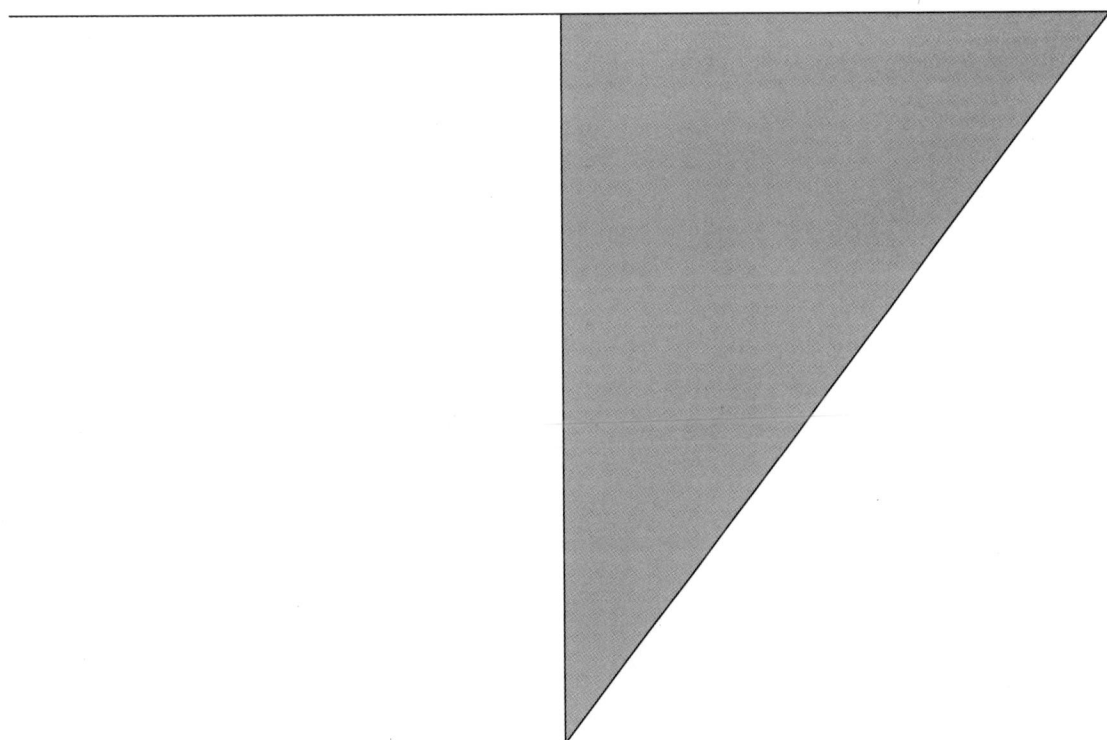

第 一 章

▼

长江中上游核心地区

苏秉琦等学者将中国上古考古学文化分为六大区域,并说川渝地区可包括在洞庭湖周边地区内,也可以是一个相对独立的文化区。[①] 本书所谓长江中上游核心地区主要指湘、鄂、川、渝地区。川渝地区的新石器时代文化比江汉地区稍晚,宝墩文化、三星堆文化与峡江地区的同时期文化面貌近同,信仰也多相似。这里地处北纬 30 度左右,文明起源时间与世界几大文明古国类似。由于未有海侵的干扰,使得这里的文化比长江下游地区更具连续性。因此,这里的上古信仰及其演变更能代表中国数千年的信仰及宇宙观演进状况,故列为第一章。

本区新石器时代的主要文化有彭头山文化(距今 10000—7800 年),皂市下层文化、城背溪文化、高庙文化(距今 7800—6300 年),大溪文化(距今 6300—5300 年),屈家岭文化(距今 5500—4800 年),石家河文化(距今 5000—4300 年),后石家河文化(距今 4300—3800 年),宝墩文化(距今 4500—3700 年),三星堆文化(距今 3700—3100 年)。

第一节　距今 10000—7800 年前
信仰与宇宙观的萌芽

关于这一时期信仰方面的状况,我们以彭头山文化八十垱遗址出土材料为例进行讨论。

---

① 苏秉琦、殷玮璋:《关于考古学文化的区系类型问题》,《文物》1981 年第 5 期;苏秉琦著,赵汀阳、王星编:《满天星斗:苏秉琦论远古中国》,中信出版社 2016 年版,第 71、80 页。

一　八十垱遗址的土墩祭坛与人头像

彭头山文化八十垱遗址距今 9000—8000 年，该遗址发现的锥形土墩、高台式建筑及石雕人像体现了其时的信仰。土墩（如图 1-1 左）遗迹位于 C1 区东南 T48 内。叠压于第 16 层上，其上被第 14、15 层叠压。土墩呈不规则的椭圆形锥状体。其底部长、短径分别为 4.5 米、4 米，高 0.8 米。由灰黄色黏土堆积而成，纯净无其他杂物。可划分出很多小层，都由浅黄色土与灰色土交替叠压。发掘者不知其用途。[①] 我们认为，该土墩椭圆且中间高四周低的形状，灰黄土的堆筑，以及它的高度与城头山古城的祭坛几乎完全一致，一层浅黄土一层灰土相间，也许是祭祀后留下的灰将祭坛染灰色了，下次祭祀时又在其上加黄土修理完善，才会出现这种黄土与灰土交替铺筑的层次差别，也许像良渚文化众多祭坛一样，有意用不同色彩的土堆筑（详第二章）。该土墩不见祭器，则可能是经过回收再利用了。因此，我们有理由认为它是中国目前发现的最早的祭坛。而后在城头山、阴湘城、石家河印信台、凌家滩、良渚等众多遗址都有类似的祭坛发现。该遗址还发现一件高 9.6 厘米、宽 7 厘米、厚约 8.5 厘米的石塑头像疑似祖先或巫觋信仰的崇拜物（如图 1-1 右）[②]

二　八十垱遗址发现体现奠基仪式的高台式房子

八十垱遗址发现两处高台式建筑，分别为 F1（如图 1-2）和 F6，F1 在 A 区的北部，大致为海星状（四角外凸且四边内弧），其整体南北长 3.7 米、东西宽 3.2 米，台面位于地表下 1 米，高于地面 0.3—0.45 米，为圆角长方形，其中中心柱 F1D7 立柱时可能举行了某种祭祀活动，在 H1 底部发现大量的动物遗骸，其中最多的是牛牙；[③] F6 在 B 区的西北角处，其台面低于地表 0.6 米，高出原地面 0.2—0.3 米，基坑坑底位于地表以下 1.1 米处，坑深为 0.45 米，其中出土了各式各样的石质棒饰和一件样式逼真的鸟状陶塑。[④] 我们认为，此处的高台式建筑应是在修建过

---

① 湖南省文物考古研究所编著：《彭头山与八十垱》，科学出版社 2006 年版，第 222 页。
② 湖南省文物考古研究所编著：《彭头山与八十垱》，科学出版社 2006 年版，第 491 页。
③ 湖南省文物考古研究所编著：《彭头山与八十垱》，科学出版社 2006 年版，第 250 页。
④ 湖南省文物考古研究所编著：《彭头山与八十垱》，科学出版社 2006 年版，第 252 页。

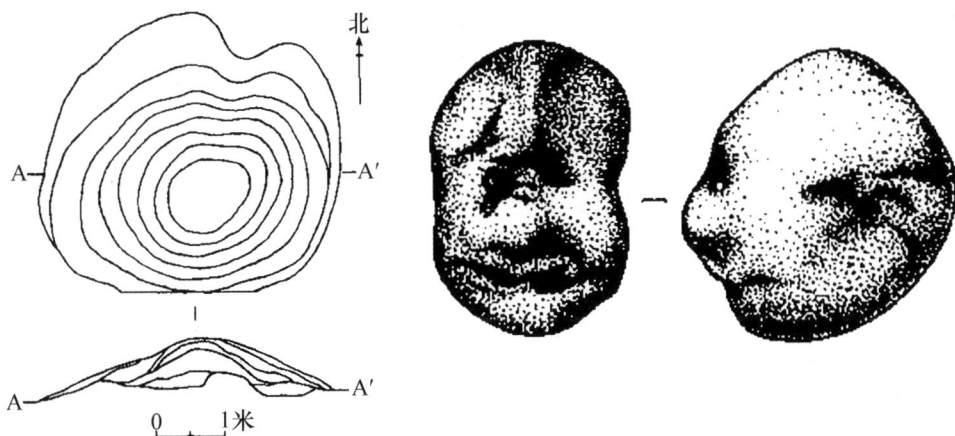

图 1-1　八十垱遗址发现土墩及人头像

图片来源：湖南省文物考古研究所编著：《彭头山与八十垱》，科学出版社 2006 年版，第 222、491 页。

程中进行了某种祭奠类仪式，可能是在中心柱柱础坑内进行的。但此类建筑修建之后仍是供人居住的。高台式建筑在环洞庭湖的澧阳平原多雨的环境下可以起到防潮湿的作用。另外，一处遗址不必同时拥有两个宗教类建筑，因此，该遗址高台式建筑不应是某些学者所说的宗教建筑，而应是用于居住的民居（详见刘俊男《生业与文明——中国南、北及西亚上古社会组织演进比较》，中国社会科学出版社 2021 年版，第 47—52 页），但在建筑这种高台式房子之时举行了某种奠基仪式。①

综合八十垱以上遗迹，我们发现，石棒饰及石人头多出于 T43 第 18、19 层，表明当时民众存在某种精神信仰方面的追求，而这种精神追求与土墩等祭祀性遗迹一起开创了后世同类事物的先河，石人头则表明了偶像崇拜的开始。关于偶像崇拜，后面章节将有更多讨论。

三　方圆观念的出现

人类对自然界的认识，导致了较早的方圆观念的出现。首先是圆的认识。太阳是圆的，月亮是圆缺相间，因而人类较早地认识了圆，因此，彭头山文化早期的房子是圆形的，陶器也多是圆形的。但我们在彭头山文化中也发现当时已经出现了四方观念。彭头山遗址出现了四方的房址，

---

① 冯恩学：《三峡巴人崇拜太阳和使用贝币的实证》，《中华文化论坛》2000 年第 1 期。

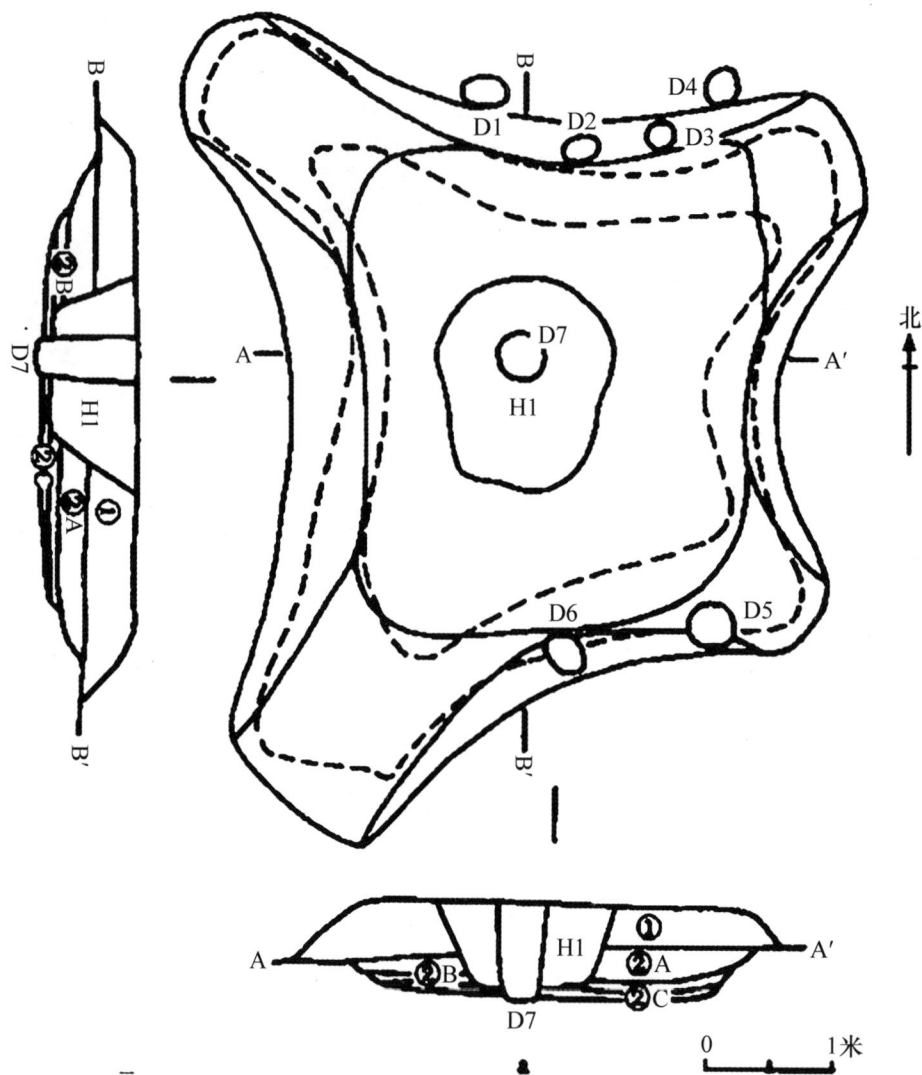

图 1-2　八十垱遗址 F1

图片来源：湖南省文物考古研究所编著：《彭头山与八十垱》，科学出版社 2006 年版，第251 页。

八十垱遗址陶支座 T43（19）：23 上出现了朝向四个方位的纹饰。[①] 这些表明了四方观念的出现。

————————————

[①]　湖南省文物考古研究所编著：《彭头山与八十垱》，科学出版社 2006 年版，第 28、300 页。

第二节　距今 7800—6400 年的
天神信仰与神邦

本节主要以湖南沅水流域的高庙遗址、汤家岗遗址的宗教资料为代表进行讨论。

一　高庙遗址的祭坛及人祭

高庙遗址位于湖南怀化，该遗址发现了距今 7000 年的大型祭祀遗址，遗址中某些祭祀遗存的年代甚至可追溯到距今 7800 年，已揭露面积约 700 平方米，但算上祭祀坑的分布，整个祭坛的面积大约可以达到 1000 平方米。该遗址的祭祀遗迹主要分为主祭（司仪）场所、祭祀坑、与这些祭祀地点相连的附属建筑三部分。包括房址、窖穴等。主祭（司仪）场所大致呈扇形排列，其建筑似"双阙"，位于沅水的北侧。该双阙的东、西两侧分别有 1 个和 2 个侧柱。祭坛南面有 39 个祭祀坑（包括 1 个人祭坑）。在司仪部位西侧发现一栋房址，为两室一厨结构，面积约为 40 平方米，门为东朝向。在厨房门外的东侧和祭坛右前方发现了较多窖穴。在祭坛出土的陶器表面发现有獠牙兽面纹、八角星纹、凤鸟负日纹等以及它们的组合纹饰（图 1-3，1、6、7），其中的一幅图（图 1-3，7）更是典型，兽首下的装饰物颇似柴薪，兽面图像两侧分别有 1 座木构建筑，有梯子折旋而上，肩部有 4 组类同的兽面像。画面上两侧的木质建筑和地下发掘的祭坛建筑柱洞很契合，当是描写祭祀场景的图案。①

在祭坛出土陶器表面的凤凰鸟多为长尾，鸟头并列，兽面呈正面图像，八角星则像是悬挂在天空。这些纹饰与长沙市大塘遗址（图 1-3，2）、桂阳千家坪遗址（图 1-3，8、10）中所见的同类凤凰纹饰极其相像。这些祭器出于年代如此古老的时期，为我们提供了早期神邦的丰富资料。这处祭祀场所在我国已知的同期上古遗址中，规模大、年代早，结构最为完善，祭祀的各类设施保存较好。其对于中国上古宗教祭祀和

① 湖南省文物考古研究所：《湖南黔阳高庙遗址发掘简报》，《文物》2000 年第 4 期；湖南省文物考古研究所：《湖南洪江市高庙新石器时代遗址》，《考古》2006 年第 7 期。

图1-3　7800—6800年前长江中游太阳鸟、獠牙兽面纹、八角纹图案

1.5.7. 怀化高庙（T2003：12，T0913：6，T1015⑧：16）　2.9. 长沙大塘　3. 辰溪县松溪口（T17：6）　4. 安乡汤家岗M1：1　6. 高庙　8.10. 桂阳千家坪

图片来源：2.6.9. 出自湖南省文物考古研究所编《长江中游史前文化暨第二届亚洲文明学术讨论会论文集》，岳麓书社1996年版，第282—287页；8.10. 出自《中国文物报》2012年3月30日第8版。

祭祀场所的结构以及对后世同类现象等的研究都有重大意义。[1] 高庙文化共同体的范围包括湖南东、西部，贵州以及两广部分地区，并影响到长江下游地区，其产生于 7000 年前，可见，我国民族宗教文化共同体形成的历史是相当悠久的。

湖南辰溪县松溪口遗址的早期遗存属距今 6800 年前后的高庙文化晚期，出现了新的因素，并发展到汤家岗文化。其时出现了绘有一幅精美的八角图案的白陶盘（T17 : 6），腹上绘有凤翼神徽，外底中心绘十字星纹，底外侧环绕着圆圈和连弧纹（如图 1-3，3），这应当是汤家岗文化白色陶盘上反复出现的八角星图饰（图 1-3，4）的前身。

在高庙遗址出土了距今约 7800 年的多件制作精美的白陶罐残片，是目前所知中国最早的白陶。[2]

其后长江下游及两广地区也发现了白陶制品，各地所发现的器类都在高庙文化白陶器类的范围内，一般皆为用于盛储陈设之器（如罐、盘、豆、碗等），这些器物表面普遍有篦点纹组合图案，图饰的形态样式和制作技法也基本一致，[3] 可见高庙文化在向这些地区扩张。这些八角星、凤鸟图案既在同时期向外传播，还在后世不断地向四周有历时性传播，一直影响到大汶口文化、仰韶文化、红山文化。[4] 笔者认为，对八角星、凤鸟图的崇拜，与上古天文历法相关，这种文化一直影响到后世。[5] 王仁湘说：我觉得是人造了神，而且是在史前的时代就造出了神，古人通过不同的艺术形式来表现神的形象。经其梳理，可大致分为白陶、彩陶和玉器这三种艺术形式，原始先民即是在这三种器物上表现出了其信仰观念，艺术在史前时期是信仰，是飘扬的旗帜。[6]

在高庙遗址大型祭坛不远处发现一人祭坑，是单个的成年男性头骨与猪下颌、鹿角骨等动物骨骼共存，个别兽骨有火烧痕迹，发掘者认为

---

① 湖南省文物考古研究所：《湖南洪江市高庙新石器时代遗址》，《考古》2006 年第 7 期。
② 湖南省文物考古研究所：《湖南洪江市高庙新石器时代遗址》，《考古》2006 年第 7 期。
③ 贺刚、陈利文：《高庙文化及其对外传播与影响》，《南方文物》2007 年第 2 期。
④ 贺刚：《湘西史前遗存与中国古史传说》，岳麓书社 2013 年版，第 378—450 页。
⑤ 刘俊男：《长江中游地区史前宗教文化及所反映的文明进程述论》，《世界宗教研究》2011 年第 3 期。
⑥ 王仁湘、肖宇：《驽马加鞭　独行踽踽 ——王仁湘先生访谈录》，《南方文物》2020 年第 3 期。

"此人头骨可能与祭祀有关"①。若判断不误,这当是中国大型祭坛中时间距今 7000 多年前的最早人祭遗存。

高庙文化影响遍及数省,尤其在湖南境内表现出大体的同一性,其神邦共同体显然存在。该文化中宗教色彩十分突出,明显表现了对主神的公祭。从陶器纹饰及地层祭祀遗迹之柱洞看,祭祀仪式很庄重,并很可能出现了人祭。那么这个社会是否有分层?因资料不充分,目前还不好判断。笔者书面请教发掘者贺刚,他说:"目前高庙文化中早于 7000 年前的墓葬只清理了几座,这几座墓内随葬品均很少,很难辨识是否已有贫富分化。但当时已有祭司一类精英的存在当是肯定的。在高庙文化晚期(晚于距今7000 年),则已有明显的贫富分化,部分墓葬中出现精白陶陶品。"

笔者认为,从普通人中分化出精英阶层的祭司,即表明有了分化,再者,人头骨与兽骨同在一个祭坑又证明有被用作人祭的阶层出现,因此,阶层分化是存在的。这样,我们可以判断,高庙文化出现了我国第一个神邦,因而理当是文明起源早期的中心遗址。

二 高庙文化早期信仰

在距今 7800—6400 年前的湖南地区,为什么会有此类祭祀遗迹及众多宗教性图案——凤凰、太阳、獠牙兽和八角纹呢?通过研究我们发现,这与湖南地区农业的率先发展息息相关。目前,已发现的中国最早栽培稻遗址是湖南道县玉蟾岩遗址,湖南澧阳平原的彭头山文化则是最早的农业社会区域之一,高庙遗址也已发现人工栽培水稻证据。

太阳鸟与稻作农业有关。传说,生于今湖南怀化会同县,葬于今湖南炎陵县的炎帝神农氏发明了农业。据晋代王嘉《拾遗记》卷一:"(炎帝)时有丹雀衔九穗禾,其坠地者,帝乃拾之,以植于田,食者老而不死。"② 长沙大塘遗址出土的凤鸟纹(图 1-3,9),颇似口衔九穗禾的形象。农业生产需定农时,而太阳鸟(凤)是知时鸟,《吕氏春秋·古乐》载:"听凤凰之鸣,以别十二律。"③ 唐人孔颖达说:"《正义》曰:《释

---

① 湖南省文物考古研究所:《湖南黔阳高庙遗址发掘简报》,《文物》2000 年第 4 期。
② (晋)王嘉撰,(梁)萧绮录,齐治平校注:《拾遗记》,中华书局 1981 年版,第 5 页。
③ 许维遹撰,梁运华整理:《吕氏春秋集释》,中华书局 2009 年版,第 122 页。

鸟》雉之类有鷩雉，樊光曰：丹雉也。少皞氏以鸟名官，丹鸟氏司闭，以立秋来，立冬去，入水为蜃。《周礼》：王享先公服鷩冕。郭璞曰，似山鸡而小冠，背毛黄，腹下赤，项绿色鲜明，是解丹鸟为鷩雉也。立秋立冬谓之闭，此鸟以秋来冬去，故以名官，使之主立秋立冬也，分至启闭立四官使主之，凤皇氏为之长，故云四鸟皆历正之属官也。"[1]《左传》虽是春秋时期的著作，注疏也是后人的解释，但凤凰应当源于远古传说。

松溪口文化与汤家岗文化精美的八角纹，一般被模印在精美的白陶盘底部，随葬在大墓内，出土数量众多。我们认为，它不应是随意刻画的，而应是后世十月太阳历标志物的前身。四方加上中间，共五方，每方为一节，一节分为两个月，每月 36 天，余 5—6 天为过年。这种历法主要靠实测冬至日日影的长度来确定年首，对此可参见陆思贤、陈久金等的论述。[2]陈久金说："十月太阳历大约是从伏羲时代至夏这段时期内形成的。"[3]"古今中外的占卜，毫无例外地都要借助于历法。传说八卦出自伏羲，而八卦是出自十月历的，那么八卦和十月历同出于伏羲时代是大有可能的。"[4] 根据徐旭生等的研究可知，伏羲正是南方的部落首领。[5]

关于高庙遗址发现的最早人祭，我们认为也是可以理解的。但从文化的整体水平来看，这种人祭并不意味着有多高的文明程度。比如，在战国时期西门豹所治的邺，当地曾有劣习，不惜以良家妇女抛入河中祭祀河伯。那么遥远的 7000 年以前，在高庙这个拥有 1000 平方米祭坛的地方，以人祭神是完全可能的。高庙文化拥有如此大规模的宗教祭祀场所及一系列的宗教图案，与伏羲、神农在南方的传说相适应，表明原始社会已经开始朝文明社会迈进，出现了以宗教为核心的非强制性政权——神邦。

---

① （清）阮元校刻：《十三经注疏·左传·昭公十七年》，中华书局 1980 年版，第 2083 页。

② 陆思贤：《在"长江文化"中见到的"渔猎文明"的曙光》，《东南文化》1993 年第 3 期。

③ 陈久金：《论〈夏小正〉是十月太阳历》，《自然科学史研究》1982 年第 4 期；陈久金：《陈久金集》，黑龙江教育出版社 1993 年版，第 3—30 页。

④ 陈久金：《阴阳五行八卦起源新说》，《自然科学史研究》1986 年第 2 期；陈久金：《陈久金集》，黑龙江教育出版社 1993 年版，第 31—58 页。

⑤ 徐旭生：《中国古史的传说时代》，文物出版社 1985 年版，第 231—259 页。

三　城背溪、柳林溪文化巫觋偶像

秭归东门头遗址最早的文化遗存为城背溪文化时期，该遗址在 1998 年发现了中国目前年代较早的一件"太阳人"石刻（如图 1-4，左），其造型古朴，[①] 形象生动。该石刻的年代归入城背溪文化时期，对我们研究那个时期所存在的宗教、文化及艺术等方面都具有重要意义。[②] 石刻的整个表面较为平整，可见被精心打磨过。石刻四周也打制得很规整。

1

2

图 1-4　城背溪、柳林溪文化石雕人像

图片来源：1. 孟华平：《秭归东门头：湮没的古城》，《中国三峡》2011 年第 4 期。2. 国务院三峡工程建设委员会办公室、国家文物局编著：《秭归柳林溪》，科学出版社 2003 年版，第 30 页。

----

① 潘振平：《秭归东门头发掘城背溪文化遗址》，《中国历史学年鉴·2000 年》，生活·读书·新知三联书店 2009 年版，第 430 页。

② 孟华平：《秭归东门头：湮没的古城》，《中国三峡》2011 年第 4 期。

石刻图案古朴怪异，其中人像面部呈现凝重状表情，可能该人物在祈祷、歌颂太阳以求造福于人，或是在向当时人们讲述远古故事，说明该石刻具有强烈的原始宗教气息，有着多方面的社会功能。该石刻的制作采用了类似刻印的雕刻方法，即阴刻，是国内外所发现石刻画中最古老的艺术表现形式之一，是重要的美术实物依据，是艺术价值很高的极其珍贵的原始艺术作品。[1] 冯恩学认为，该石刻反映了崇拜太阳的原始宗教意识至少在距今7000年前就存在于西陵峡地区，后世巴人继承了这一古老传统，崇拜太阳希望求得庇护和恩赐，这一思想观念有深远的历史根据。[2]

在秭归柳林溪遗址，考古工作者发现了一枚约7000年前的石雕人像（如图1-4，右），是一件黑色圆雕制品，人像在圆形底盘上呈蹲坐状，头顶平整并有双冠，双冠侧面及头部后面分别有一道、两道刻槽，人像双脚相贴合，膝盖拱起外分，以双肘撑膝盖上。[3] 这一人物形象似乎是祈祷姿势。该石雕人像是目前我国南方发现的最早石雕人像之一。

我们认为，"太阳人"石刻是当时崇拜太阳的巫术活动遗物之一，与高庙文化崇拜太阳、太阳鸟异曲同工，与长江下游地区跨湖桥文化太阳崇拜、中原地区贾湖遗址太阳崇拜一起，反映了稻作民族对太阳的信仰。东门头与柳林溪石雕人像一起反映出当时已经存在一个巫师阶层。从相貌来看，上面两尊人像都无臀、大胸、大肚，很像男性，可见男性已经充当巫觋，掌握了神权。

四　柳林溪遗址陶纹体现的天、地、人三界观念

城背溪文化晚期秭归柳林溪遗址发现一件陶饰T1215⑧：41刻画于矮领瓮的肩部，俯视观看为对称的12组图案；由许多飞禽组成，飞禽为尖嘴、长颈、宽羽。另有六个直立人物造型相同，整体为圆顶长方形，头部朝瓮肩部，头顶有头发，面部有两眼一嘴，面部下方为两条平行横线，中间用斜线填实，横线下中部划竖线，两侧各划六根斜线，呈树叶

---

① 陈文武：《秭归"太阳人"石刻艺术初探》，《三峡文化研究》（第四辑），武汉出版社2004年版。

② 冯恩学：《三峡巴人崇拜太阳和使用贝币的实证》，《中华文化论坛》2000年第1期。

③ 国务院三峡工程建设委员会办公室、国家文物局编著：《秭归柳林溪》，科学出版社2003年版，第30—31页。

状。这组图案可能是天、地、宇宙空间、飞禽和人物等形象，其中空三角、实三角分别对应了天、地，两者之间的部分是宇宙空间的指代。人物造型比较清晰，头顶有发，五官中眼睛、嘴逼真，面部下可能为腰带，再下为树叶，类似今天的衣服，树叶又系于腰带上。人像立在天、地和宇宙形象中间，意味着人"顶天立地"，战胜自然，并盼望美好生活。①

笔者认为，这个三界实物图应是目前中国发现的最早的天、地、人三界观念的物证，后面讲到的三星堆祭祀坑内发现的青铜神坛上的天、地、人三界当源于此。对称的 12 组图案很可能是一年十二个月的最早表达。

第三节　距今 6300—5300 年的
祖先崇拜与信仰

大溪文化的信仰主要体现在对男性祖先的崇拜上，我们以城头山古城的祭坛为例来作说明。

一　圆丘祭坛与"祖"形砾石祭坑

在该时期的城头山古城遗址中揭露了一处大型祭坛遗址，其所属考古学文化归于大溪文化一期前段至二期前段，即绝对年代为距今 6400—5800 年，共有三处祭台（坛），平面都是略呈圆形。其中的 2 号和 3 号祭台都在它们的边缘上砌有边墙，这些墙体大致高 30 厘米，主要材料和建筑工艺为烧砖垒筑。边墙所围起来的区域，即祭台，是用纯黄土堆筑形成的土台，整体外形呈中部高，边缘低。另外的 1 号祭台相对 2 号、3 号来说要大一些，在古城遗址的东边探方 T3029 中第 14、15 地层，目前已挖掘出土的部分平面略呈南北长径、东西短径分别达 16 米和 15 米的不规则椭圆形，也是一个中部高四周低的土台，中部最高为 80 厘米，整体地势为西北—东南走向，1 号祭台总面积达 200 平方米。该祭台中的土台上还发现了许多内部置有陶器、砾石、红烧土、兽骨或草木灰等遗物的祭祀坑，数量超过 40 个，且都深入台面 1 米多。在陶器中，往往还

---

① 国务院三峡工程建设委员会办公室、国家文物局编著：《秭归柳林溪》，科学出版社2003 年版，第 127—128 页。

置放有大米等物品，或为祭品。①

有一类祭祀坑较为特殊，如 H011（如图 1-5）、H345、H346 中都发现了制作为"祖"形的大型砾石，三个坑年代都归于大溪文化二期，祭祀坑形制较大，但较浅，底部较平。更有意思的是，这三个祭祀坑正好在祭台的西北—东南向的最高脊线上，呈等距分布。发掘报告推测这可能是后世"'祖'的象征物"②。我们认可这一观点。

图 1-5 城头山 H011 巨型"祖"砾石

根据发掘报告描述，该遗址发现的人工夯筑的土祭台的规制与后面所谓的"圜丘"十分相似，都是中部高，边缘低，可能对后代祭台的发展有着较大影响。同在长江中游地区的阴湘古城遗址（时代由屈家岭文化时期延续到石家河文化时期），和长江下游地区的瑶山、汇观山、福

---

① 湖南省文物考古研究所：《澧县城头山——新石器时代遗址发掘报告》，文物出版社 2007 年版，第 266—283 页。

② 湖南省文物考古研究所：《澧县城头山——新石器时代遗址发掘报告》，文物出版社 2007 年版，第 275 页。

泉山、赵陵山、寺墩、大坟墩等遗址（属良渚文化），也揭露了类似的祭台建筑遗址，只是随着时代发展，这些祭祀建筑越发完善和规范，阴湘古城的土台用的是红烧土，中部与周边的相对高差也更为加大。① 至良渚文化时期，长江下游地区发现的祭坛形制多样，或为赵陵山遗址中的覆斗形规制，② 或为汇观山遗址中的三层回字形规制。③ 再至晚出的文字时代，《后汉书·祭祀上》注引《黄图》描述了汉代天坛，即上帝坛的规制，即"坛圆八觚，径五丈，高九尺"。近来考古发掘发现的唐代天坛（位于陕西师范大学）形制也与此相似，只是随着时代发展，这些祭坛的规格和规模更高、更大了。故笔者认为，大溪文化发现的这种祭坛是后世祭坛的雏形，包括帝制时代晚期明清时的天坛前面圜丘，建筑功能主要是祭祀天，也源于此。

对这些祭坛的祭祀对象，学术界有一些不同意见。如城头山遗址发掘者之一的日本学者安田喜宪认为，太阳崇拜和鸟崇拜都是起源于距今8000年前的湖南省，而这些祭坛是在此种崇拜观念的环境下，用于"举行稻作丰登仪式"④。但我们对此还有异议，若仅仅看祭台在遗址中的位置，即在东边，其功用或确是用于祭天，也即是用于崇拜太阳以求农业丰产。同时，我们也不能忽略相关遗物和遗迹的作用，如男性大墓和"祖"形砾石，特别是突出位置的"祖"形石，几乎可以肯定是祖先崇拜观念下祭祖的遗迹。综合上述两种情况，我们认为这种祭坛所反映的宗教信仰观念，是由纯粹祭天逐渐加入了祭祖。不仅加入了祭祖观念，而且这些祭坛也可能用于祭祀去世的氏族首领（或巫师、在位首领之祖），因为该祭坛旁还发现了一个大型墓葬（M678），墓主为一名男性，四角上还有四座陪葬墓，陪葬墓中尸骨呈屈肢状。M678墓葬随葬品丰

---

① 张绪球：《屈家岭文化》，文物出版社2004年版，第213页。

② 南京博物院编著：《赵陵山——1990—1995年度发掘报告》，文物出版社2012年版，第34—40页。

③ 浙江省文物考古研究所、余杭市文物管理委员会：《浙江余杭汇观山良渚文化祭坛与墓地发掘简报》，《文物》1997年第7期；浙江省文物考古研究所：《良渚文化汇观山遗址第二次发掘简报》，《文物》2001年第12期。

④ ［日］安田喜宪：《长江文明的环境考古学》，湖南省文物考古研究所、国际日本文化研究中心《澧县城头山——中日合作澧阳平原环境考古与有关综合研究》，文物出版社2007年版，第10页。

富，不仅发现了随葬品 30 件，甚至还有一个儿童的头骨。这种祭坛与高规格大墓同处，属于文明时代相关遗址的特征。

二　祖先信仰

距今 6400—5500 年前的江汉地区，祭祀遗存反映了宗教信仰观念的变化，与当时的社会背景变化有关，这一时期该地区开始进入父系社会，出现了专偶制家庭。

第一，许多遗址中发现"祖"形制品（陶祖或石祖），反映了这一时期该地区原始先民的男"祖"崇拜观念。

第二，以大型祭台形式祭"祖"，其所祭之"祖"也应是那个时候首领的祖先，首领人物能公祭祖先这一现象，是当时已有世袭传承制度的体现。

第三，出现了用作建筑奠基的人祭。城头山古城遗址 I ②外坡处的浅坑墓 M706 即为一期城墙的人祭奠基坑，这个奠基坑上下皆为一期城墙筑土，坑中人祭为一头部在坑外的成年男子。① 何介钧相关著作中还提到该奠基坑中的男性尸骨姿势为被捆绑状。② 考古报告显示，该遗址一期城墙的绝对年代大约在距今 6400—6200 年，则这一地区在该时期不仅开始建造城墙，而且有相关的宗教性人祭行为。

我们应该注意到，这里的人祭现象和之前所谈到的距今 7000 年的高庙遗址的人祭现象不同，后者的目的是祈求丰收，抑或是挑出所谓的"良民"祭祀太阳神或上帝，行为主体和受益者是部落全体民众，而该遗址的人祭却是仅仅为了城墙的奠基，城作为有组织暴力、反暴力的工具，是文明或国家的象征之一。

第四节　距今 5300—3800 年的套缸遗存与首领崇拜

这个时段的信仰及宇宙观主要体现在石家河城址各地点对套缸、筒

---

① 湖南省文物考古研究所：《澧县城头山——新石器时代遗址发掘报告》，文物出版社 2007 年版，第 142 页。

② 何介钧：《长江中游新石器时代文化》，湖北教育出版社 2004 年版，第 390 页。

形组合器的祭祀及后石家河文化玉器所体现的信仰与宇宙观上。

一　筒形组合器、套缸及祭祀遗迹

（一）屈家岭文化中晚期的筒形组合器和祭祀遗迹

邓家湾遗址出土了一种组合器，大致可分成四组（在东、南、西南、西四个方向各以 AT607、AT301、H28、AT6 为中心），都是用筒形器套接组合，年代属屈家岭文化中晚期。筒形器在邓家湾出土的地点至少有 15 处以上，形制有细长封顶型、粗壮封顶中腹呈球状型和附加堆纹子母口型三种。[①] 试以 AT301 为中心的筒形器组合（图 1-6，1）为例作探讨。

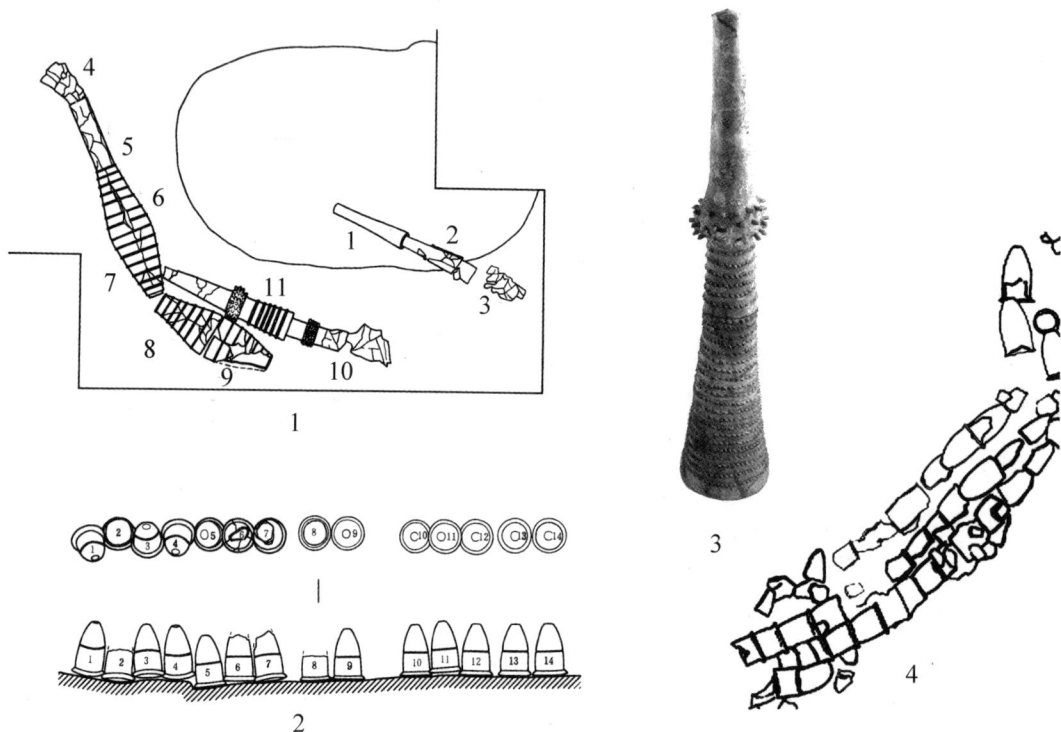

图 1-6　祭祀用套缸遗迹

1. 邓家湾 AT301 筒形器遗迹　2. 肖家屋脊 JY7　3. 邓家湾乳钉管形器和筒形器相接的形态（采自张绪球《屈家岭文化》，文物出版社 2004 年版）　4. 邓家湾套缸 1 局部

---

① 严文明：《邓家湾考古的收获（代序）》，湖北省文物考古研究所、北京大学考古学系、湖北省荆州博物馆编著：《邓家湾：天门石家河考古发掘报告之二》，文物出版社 2003 年版，序第 3 页。

该区域筒形器组合的中心位于 AT301 南端，地层关系为下压生土层与 H59，被第 4 层叠压。该筒形器遗迹可划为三个区域。

第一个区域包含第 1—3 号筒形器，筒形器器口朝西北方，在东南—西北方向上相互套接，3 号筒形器已损坏，另外，1 号筒形器的底部套接着 2 号筒形器口部，长度残留大致 2 米，遗迹倒压在灰坑 H59 的东南角。1 号底套 2 号口，口朝向西北方，封顶已洞穿。这些筒形器都是细长封顶型，器身上一般都发现圆形的镂孔。

第二个区域包含第 4—7 号筒形器，也是呈西北—东南方向进行组合套接，其中 4 号器口部套接 5 号底部，5 号的口部套接 6 号的口部，6 号底部再与 7 号底部套接，遗迹残留长度大致有 2.2 米，在灰坑 H59 西边。该区域四个筒形器中，从形制上来看，5 号与第一区域筒形器相同，而剩余三件筒形器属形体粗大子母口型。

第三个区域包含第 8—11 号筒形器，套接方向也与上述两个区域相同，但筒形器分为两排进行套接组合。其中 8 号和 9 号筒形器组成一排，套接方式为两者底部相连接，但前者的口部与上述第二区域的 7 号口部较为接近，这一排残长大致为 1 米。另一排由 10 号和 11 号两件筒形器组合套接而成，在上一排的北面 80 厘米处，套接方式为 10 号顶端套接 11 号底部，但后者的顶部与上述第二区域的第 7 号筒形器相近，此排残长大致为 2 米。第三区域在 H59 南、第二个区域之东南部。这四个筒形器中，第一排的两件和前述第二区域的第 6 号、第 7 号相同，而第二排的两件则是粗壮封顶中腹呈球状型。

这些筒形器的出土形态也有三种：第一种是倒置在生土层上，这种情况包括第 3—4 号和第 8—11 号筒形器；第二种是筒形器下部地势较低，有熟土填塞，这种情况包括 5—7 号筒形器；第三种是位于 H59 坑口上，包括第 1—2 号筒形器。上述 11 件筒形器大致在一个水平面上。

在该遗址筒形器附近的探方 T11 的东南区域第 6 地层下、打破第 7 层的地方，有一平面形状略呈圆形的土台，整体形制为中部高（30 厘米高）四周低。该土台遗迹直径大致为 5 米，分为三层。土台上有一层灰烬，另外，土台中央区域有被火烧成灰绿色的石头，灰烬中发现彩陶杯 5 件、石斧 1 件以及一些被烧焦的兽骨和动物牙齿等遗物。

另外，在探方 T11 西部区域第 7 层之下、打破第 8 层的遗存中，揭露出了红烧土、灰烬和柱洞遗迹。其中所发现的灰烬，包含红烧土、灰黑色土各两层。其中心区域的平面形状为圆形。

关于上述这些遗存的性质，考古报告作者认为都是和祭祀相关，遗迹应该是一处以 T11 和其周边为一个中心点，整体覆盖面很大，具有较大面积的遗址。报告认为，T11 的柱洞围绕灰烬堆积成平面为三角形的布局或与那些竖立放置并相互套接的筒形器有关。该探方的西部是墓区，如我们将竖立套接的筒形器看作"祖"的象征，那么这处大型的遗迹可能就是一处祭祖的场所。①

根据发掘报告所描述的情况，我们认为筒形器为巨型男根象征物，这里应当是祭祖的遗迹。

（二）石家河文化早期的两个祭祀遗址

邓家湾遗址还发现有两个祭祀遗址，分别命名为祭 1 和祭 2，皆属于石家河文化早期，前者已损毁。

祭 2 整个遗址可以分为三个部分：

第一部分是祭祀活动面，也就是祭祀的场地。这又可以分为两个区域，北区较小，目前暴露的面积大致有 6 平方米，南区较大，面积可达72 平方米。前者以较为紧实的纯黄土筑成较为平整的地面；后者地面不平，且地面为夹杂着陶片（多为厚胎红陶）的黄褐色土铺垫。两者地面都没有夯筑痕迹。

第二部分是祭祀活动留下的遗迹，包括陶缸和扣碗遗迹。前者多为《肖家屋脊》里称作陶臼的夹砂厚胎红陶 A 型筒形缸，据分布的位置可分为四个区域：第一个区域在南部，南北长约 6 米，多为碎缸片，大致堆放呈三角形，较为特别的是，其中尺寸比较大一些的碎片分布在边缘，包围着内部的碎片。第二个区域在中部，出土时有比较多的完整陶缸，这些套缸沿东北—西南方向置放，大致长 6.5 米，缸口向东或向西平置。第三个区域在北部的黄土面上，整体形制呈半径为 75 厘米的圆形，出土时陶缸皆已损为碎片。第四个区域在中部区域偏北处，出土时已皆为碎片，堆在一条东西朝向的沟槽中，沟槽目前仅存长、宽、深分别为 2.4

---

① 湖北省文物考古研究所、北京大学考古学系、湖北省荆州博物馆编著：《邓家湾：天门石家河考古发掘报告之二》，文物出版社 2003 年版，第 28—31 页。

米、0.7 米—1 米、0.5 米。除了四个区域的陶缸遗迹，该遗址祭祀活动遗存还有三处扣碗遗迹，都在遗址北部的黄土面南侧，三者在平面上的布局构成一个三角形，各是由平放在活动面上的两碗口部相扣合。东部1 对和西部 2 对，西边两对的间距为 0.5 米，东西相距为 1.9—2.2 米。

第三部分是两层覆盖层，在里面发现了一些陶缸和其他陶器的碎片。

从上述考古材料综合来看，邓家湾遗址的这些祭祀遗址没有长期固定存在的某些建筑或设施，而是简单地平整一下地面，在上面摆放祭祀用具，或有可能后面还需要重复地使用，故不能留下更多遗迹。

另外，在祭祀遗址北面之外的三面边缘区域，共计揭露出灰坑 17 个，这些坑中出土了许多动物形陶塑和一些其他陶器。比如其中的灰坑 H67，在坑内发掘出了许多小型的陶塑品，数量可达几千件。动物形陶塑包括鸟、狗、羊、象、鸡、龟等，以及较为特殊的抱物偶，或认为所抱之物为鱼，或认为所抱之物为陶质男性生殖器等。其他陶器主要有罐、杯、豆、器盖、纺轮等类型。上述这些陶塑皆发现在灰坑的洼地堆积中，少数是在发掘区域的西部和南部地层中发现，但完全未在墓葬中发现。

（三）石家河文化早期的套缸遗迹

石家河文化早期遗存中发现了套缸遗迹，如属石家河文化早期的肖家屋脊遗址相关遗存和邓家湾遗址相关遗存，前者有 7 处（JY1—JY7），后者有 2 处（套缸 1、2），都是由几十件大口缸（也称为陶臼）相互套接而成，当和宗教祭祀某种活动相关。

邓家湾遗址的套缸 1 遗存（图 1-6，4），在该遗址已发掘部分的东南区域，具体属于 AT302、AT301 两个探方。AT302 里面发现三排，呈并列分布，AT301 中残存两排，每排之间大口缸的腹部一般都靠着。缸口朝向在东北段、中段、南段分别是朝南或西南、东北、北向。这些大口缸的口部和底部相互套接组合在一起，大多数情况下都是底部进入另一口缸的三分之一处。中排还存有较多的大口缸口部，达 24 件。这处遗迹尚存 10 米长，三排总宽度大致为 1 米。套缸 1 的大口缸只有少量完整保存，其余大多损坏，以完整的个体来看，多为夹砂厚胎红陶 Aa 型大口缸，口沿部呈仰折状，整体器形腹部较深，底部较平且面积小，通常上腹和中腹部有简单纹饰，上腹一般为篮纹，中腹为弦纹等。一些个体的上腹还有刻划符号。套缸 2 所用大口缸套接形式与套缸 1 遗存一样，分为两排，都呈东西方向平行布局，尚存 9.1 米长。

这两处遗存的周边都没有其他遗迹。以地层学的角度来看，叠压于这两处遗存之上的地层和该遗存时代相同或稍后。这两处遗存之上的地层土质为灰褐色土，包含物中有很多红烧土粒、红陶杯、圈足碗、鬶、壶形器以及陶塑动物。上述这些遗物或许也和某种宗教祭祀行为相关。①

肖家屋脊遗址的 7 处套缸遗存多已损毁，这些陶缸大部分都是平放于地面并相互套接，少量陶缸被放在土坑内，只有 JY7 中是将每个陶缸单独直立摆放。一些陶缸的底部被打穿。举例而言，由 14 件陶臼（编号分别为 JY7：1-14）（图 1-6，2）组成的 JY7 遗存，布局呈平面为一条东西向 4.52 米长的直线。其中每件陶臼被发现时都是倒扣姿势，即底部向上而口部向下，除了 JY7：7 和 JY7：8、JY7：9 和 JY7：10 之间有缝隙（前者为 13 厘米，后者为 32 厘米）外，其他的陶臼之间紧密相贴。基本所有的陶臼腹部都刻划着一种相同的符号②（图 1-7）。套缸遗迹陶臼上常有刻划符号，可能与祭祀有关。

（四）众多陶（石）祖的发现

这一期间陶（石）祖多有发现，如邓家湾遗址屈家岭文化二期的 H1112：15③，肖家屋脊遗址石家河文化早期遗存中发现的 2 件陶祖（AT13202：7、AT13146：12），孙家岗遗址石家河文化遗存中发现的 M3：1，唐湾遗址中采集到的编号为总 1110 的石祖，下王岗遗址龙山文化遗存中发现的 3 件陶祖（H72：1、T233：2、H38：2）。

二 筒形组合器、套缸及祭祀遗迹所反映的信仰

屈家岭文化筒形器的形状和男性生殖器很像。张绪球认为，这些筒形器和甲骨文、金文里的"且"字相近，其器体分为三部分也和"且"

① 湖北省文物考古研究所、北京大学考古学系、湖北省荆州博物馆编著：《邓家湾：天门石家河考古发掘报告之二》，文物出版社 2003 年版，第 139—141 页。
② 湖北省荆州博物馆等编著：《肖家屋脊：天门石家河考古发掘报告之一》，文物出版社 1999 年版，第 130 页。
③ 湖北省文物考古研究所、北京大学考古学系、湖北省荆州博物馆编著：《邓家湾：天门石家河考古发掘报告之二》，文物出版社 2003 年版，第 78 页。

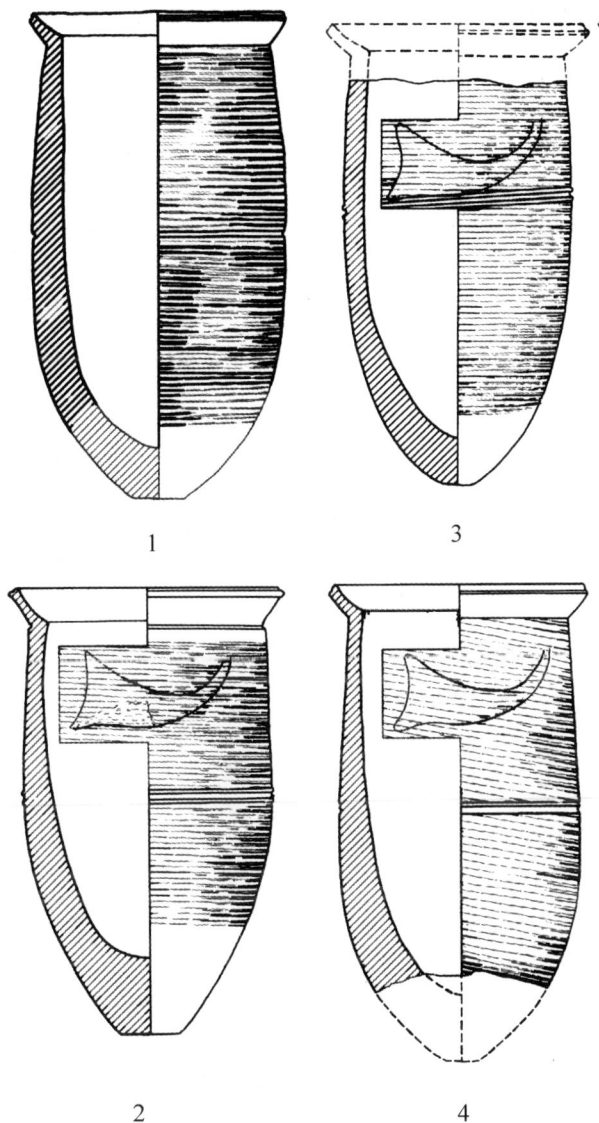

图 1-7　肖家屋脊石家河文化套缸

1—4：JY7：4、JY7：9、JY7：7、JY7：5

被内部两横分割为三部分的情况相似，将这些筒形器视作巨型的陶祖，则其样式形状是"祖"的象征物亦能理解了。[1] 研究该地区史前文化的其他许多学者，如王劲、何介钧和郭立新等皆认为这些陶缸形象与陶祖极像。在这些遗存中往往以套缸的形式出现，好像存在祈求子子孙孙传宗接代的目的。我们同意以这些套缸为"陶祖"的观点。

---

① 张绪球：《长江中游新石器时代文化概论》，湖北科学技术出版社 1992 年版，第 229 页。

　　值得我们注意的是，陶缸腹部外侧还发现了 44 个刻划符号（图1-8），符号的图像主题包括太阳、鸟等自然物以及镰刀、杯子等人为工具，其中出现最频繁的是一种鸟翼形的符号（图1-8，1），似鸟类的半边翅膀，如将图1-8，5 视作鸟形，将其身体和左边翅膀去除，剩下的右边翅膀就是这个样子（之所以图1-8，1 图像左边也为弧形，是因为弧形内不见的部分是一半鸟类身体），这种半边鸟翼形符号在邓家湾遗址中占比较大，占了整个遗址 13 种符号中的 6 个，近二分之一；① 在肖家屋脊遗址 31 个符号中也有 6 个，② 其中还未包含 2 个残缺的，③ 如果包括这 2 个，则两个遗址中一共发现了 14 个，在所有发现的 44 个符号中占 32%。若将图1-8，5、图1-8，8 这两种符号也视作鸟翼（如图1-3，7 所引高庙文化太阳鸟之双翼），则占比可达 36%。太阳鸟崇拜在我国史前文化中很常见，如河姆渡、良渚、大汶口等考古学文化。

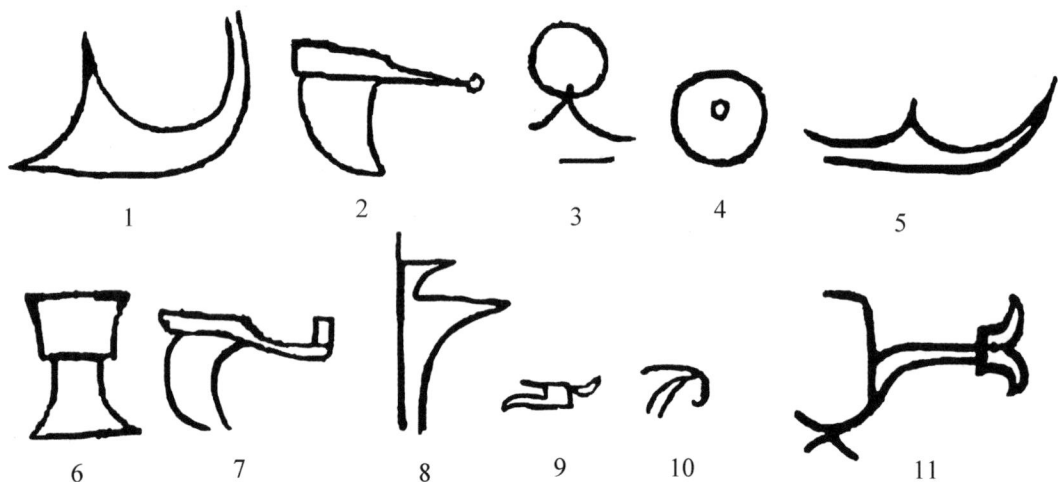

图1-8　石家河文化部分刻划符号

　　1、2、4、7、11.（邓家湾：套缸 1：21、H18：1、T35④：59、套缸 2：25、AT306②：15）　3、5—6、8—10.（肖家屋脊：H：327：3、AT812③：10、AT1720③：90、H489：32、H424：1、AT3406④：5）

---

　　① 湖北省文物考古研究所、北京大学考古学系、湖北省荆州博物馆编著：《邓家湾：天门石家河考古发掘报告之二》，文物出版社 2003 年版，第 234 页。

　　② 湖北省荆州博物馆等编著：《肖家屋脊：天门石家河考古发掘报告之一》，文物出版社 1999 年版，第 220、224 页。

　　③ 湖北省荆州博物馆等编著：《肖家屋脊：天门石家河考古发掘报告之一》，文物出版社 1999 年版，第 224 页图 171，15、16。

特别是图1-8，3甚至和大汶口文化同类器物上的符号别无二致。说明该时期这一地区的原始信仰行为不仅有祭男"祖"，还有祭祀太阳鸟（太阳神）。我们将视野再拓宽到农具符号（图1-8，2和图1-8，7），那么还存在祈求农业丰收的祭祀行为。我们认为，这些太阳鸟形象的符号之所以在套缸这一象征男祖的器物上出现，有依凭先祖祈祷上帝（太阳、太阳鸟）之意。

我们认为，石家河古城极有可能是那一时期较高等级的"霸国"，地位远高于同时代的十余座古城。理由如下：上面列举的那种大型的筒形器和陶缸等"祖"形器所体现的祭祀遗存仅见于石家河古城，屈家岭遗址也出土过一件大型的筒形器，那时还未了解用途。但后来发掘的几十个屈家岭文化遗址中，只有石家河城出土了大型筒形器。

"大型乳钉管形器和筒形器相互套接陶器"（如图1-6，3）和大型"套缸"等宗教祭祀性质的遗迹被发现，反映了当时的祖先崇拜已较为发达，而且祭祀主体是群体而非个人，祭祀仪式中所担任主祭身份的可能是该群体的首领，抑或是巫师。石家河古城遗址中发现的戴羽冠、持玉钺的人像（图1-9）似为此两者形象。

据上文所论，在石家河文化早期，这一地区主要祭祀男性祖先，同时还祭祀太阳，以及与农业生产相关的各种神祇。与高庙祭坛只祭天，城头山祭坛主祭天、次祭祖相比，这时祭男祖已成为信仰主流。

三　印信台祭坛和后石家河文化玉器所体现的神化祖先与首领崇拜

2015年发掘了石家河文化晚期至后石家河文化印信台遗址，共发现了四个人工夯筑的黄土台基，以及六组套缸等祭祀遗存。黄土台基都呈长方形，其中最大的一处东西长、南北宽各大约为30米、13米，全是用较纯净的黄土进行夯筑。在黄土台基的边沿区域还有瓮棺葬、扣碗、立缸、土坑墓等遗迹发现。还有两组套缸遗迹在2号台基与3号台基间低洼区域发现，两处都是数十个红陶缸首尾套接，大部分保存较好，有宏伟的气势，虽局部有所破坏，但其排列的基本规律依然可以清晰辨认。根据出土遗物进行分析，其年代当为石家河文化的晚期阶段，即属于石家河遗址的鼎盛时期。印信台遗址的祭祀台基规模宏大、祭祀用品颇为奇特，既延续了石家河文化套缸祭祀传统，又延续了城头山、阴湘城大溪文化以来的祭坛传

图 1-9 石家河文化早期中口罐刻划人物

湖北省荆州博物馆等编著:《肖家屋脊:天门石家河考古发掘报告之一》,文物出版社
1999 年版,H357:5

统,为我们生动再现了江汉地区史前人类特有的祭祀场景。

在湘鄂地区可见到大墓或玉作坊里出土的玉龙(图 1-10,1 和图 1-10,3)、玉凤(图 1-10,2 和图 1-10,4)、玉虎以及"玉神人"(如图 1-11)等玉雕,特别是有许多玉人像,它们都属于崇拜物的范畴,这些器物反映了这个时期的原始宗教又向前发展了一大步,达到了一个相对之前时期较高的层次。张绪球曾谈到,学术界已经在史前雕像皆为宗教美术产品的观点上达成了共识,所以这些雕像不管母题是人物抑或是动物,它们都不是代表现实中的普通人或动物,"而是属于神灵的范畴"①。因此，研究这一时期的宗教，主要应从玉器入手。

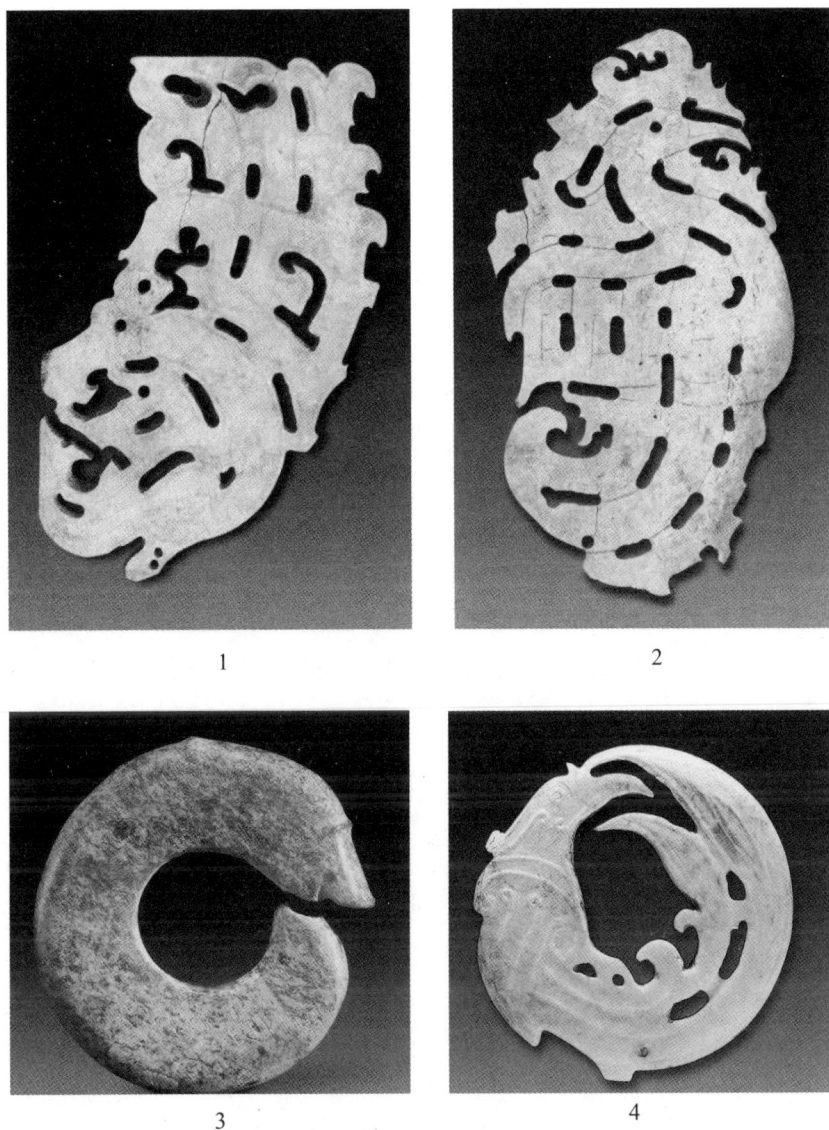

图 1-10　后石家河文化龙、凤玉饰

1.2. 孙家岗 M14：3、4　3. 肖家屋脊 W6：36　4. 罗家柏岭 T32③：99

从考古学诞生起到 2008 年 1 月，总计 406 件后石家河文化时期的玉器被发现。② 包括人首、蝉、虎首、鹰、凤、龙、璧、琮、牙璋形玉器各

---

① 荆州博物馆编著：《石家河文化玉器》，文物出版社 2008 年版，第 14 页。
② 荆州博物馆编著：《石家河文化玉器》，文物出版社 2008 年版，第 6 页。还有一些传世玉器被收藏在博物馆，参见 ［日］林巳奈夫《关于石家河文化的玉器》，邓聪主编《东亚玉器》（第一册），香港中文大学中国考古艺术研究中心 1998 年版，第 287—297 页。

20、49、14、5、2、3、9、3、1件，另外还包括一些羊、鹿、鸟形玉器、玉质工具和玉质装饰品等。该时期的玉质饰品尺寸和现代玉质饰品相近，往往在2—3厘米左右长，其中尺寸最大者也不过6厘米长。有学者对其用法进行探讨，认为其功能具有多样性，可以配饰冠冕、挂在颈部、系在腰上。后来又陆续发掘一些，如2015年发掘了谭家岭W3、W4、W7、W8、W9等五座瓮棺葬墓葬，出土许多精美且意义重大的后石家河文化时期玉器，这些玉器的形制多为蝉、管、珠、虎，并第一次发现了双人连体头像玉玦、虎座双鹰玉饰、玉牌饰、虎形玉冠饰、玉虎、玉鹰、玉钺等。还存在将玉器和制作剩余玉料一起放入瓮棺中的现象。这些玉器极具生活气息，也具有很高的艺术观赏价值，其类型丰富、形态优美、造型生动，大多刻划有精美的线条或图案，或制作出复杂精美的透雕和极细的钻孔，其中呈现的圆雕、透雕、减地阳刻、浅浮雕线刻等工艺，反映了史前时期我国甚至整个东亚的玉器加工技艺最高水平。①

在高庙文化中，我们可以看到长尾鸟（凤）和獠牙兽面（龙）崇拜的因素。石家河文化早期遗存中发现的大量长尾鸟形陶塑是对前者的文化传承。但值得注意的是，较早的高庙文化时期所发现的神像和良渚文化中发现的饕餮纹神像，皆为龙凤合体显示神圣性的，到石家河古城时却有所改变，具体表现为龙、凤、虎、蝉等玉质动物雕像开始单独存在，作为独立的崇拜物而不需要合体，这一发展趋势和我们平常所说的宗教信仰演进过程（从万物有灵到上帝一神教）不同。我们认为这一变化具有特定的社会背景，即在社会分工发展的影响下，对诸神也进行了分工。

石家河文化中有龙、凤、虎三种玉制崇拜物，却没有玉龟的出现。奇怪的是，在石家河文化中晚期所发现的各类陶塑动物中，龟反而是水生动物类别里数量最多的一种。石家河文化中三种玉制崇拜物和这里提到的陶龟一起形成了后来的"四灵"，即东方苍龙、南方朱雀、西方白虎和北方玄武。玉蝉亦当为神物，蝉可以蜕变羽化，且做到"饮而不食"，所以受到推崇。而玉璧、玉琮和玉璋都是后世祭祀仪式中的礼器，这些礼器的出现反映了我国礼仪文化的出现和发展，其中就包含宗教礼

① 湖北省文物考古研究所：《石家河遗址2015年发掘的主要收获》，《江汉考古》2016年第1期。

仪。石家河文化晚期出现的这些玉器具有丰富的宗教内涵，对三代时期甚至于更后时期都有着巨大影响。

在上述这些玉人头像里，肖家屋脊遗址发现的 W6：32（图 1-11，1），雕刻着獠牙且双耳上方附有长尾鸟（凤凰）形象；谭家岭 W9（图 1-11，2）出土的一件玉人头像，或能将之当作"神人"像，其他玉人像造型都为常人。学术界对被称作神人像的玉人头像研讨比较多。杨建芳对秦汉之前的类似雕像进行了研究，认为这些人面像所指代的人物母题是石家河文化原始先民和其后代所长期信奉的某种神祇，或者是祖先崇拜（如蚩尤或少昊挚）观念为背景的偶像（被膜拜的英雄祖先往往拥有很大的能力，可以用来庇护后代子孙，也可禳灾造福，与神祇别无二致），"其性质与良渚文化玉器上的神人相似"①。邓淑苹认为，中国古代宗教存在"神祖"观念，原始先民幻想自己的祖先（亦即氏族祖先）是来源于自然神，其最高者上帝利用具有灵性（神性）的动物（如玄鸟等）引渡生命以诞生氏族祖先。故而在持这一观念的原始先民心中，神

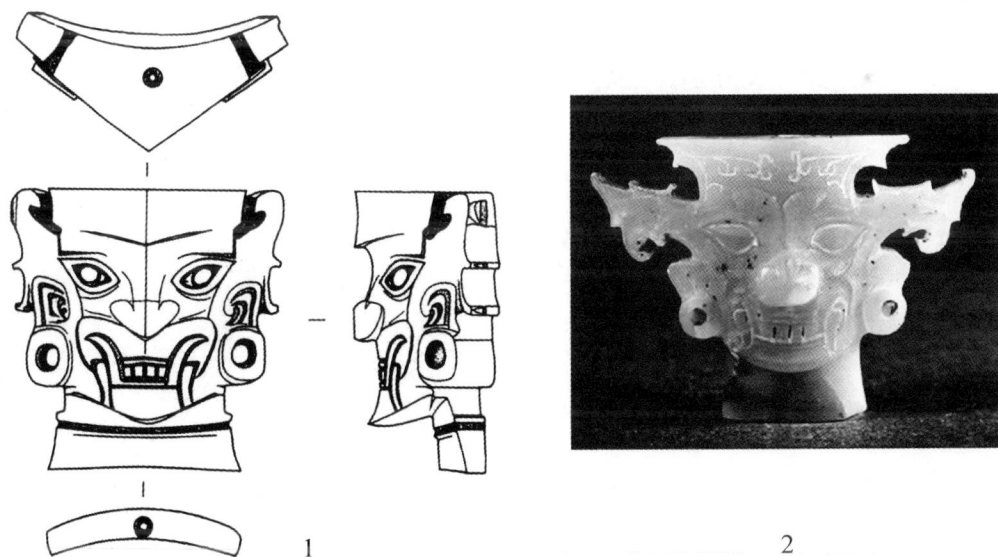

图 1-11　后石家河文化玉神人像

1. 肖家屋脊 W6　2. 谭家岭 W9

---

① 杨建芳：《大溪文化玉器渊源探索——兼论有关新石器时代文化传播、影响的研究方法》，《南方民族考古》（第一辑），四川大学出版社 1987 年版，第 15—20 页；转引自荆州博物馆编著《石家河文化玉器》，文物出版社 2008 年版，第 14 页。

祇、祖先以及神灵动物是三位一体的，三者也能相互转形。他还指出，
"祖先的生命既是源自上帝，又可与上帝相互转形，所以在宗教美术品
上所雕琢的神像，其真实含义为'神祖'，而其造型常取自现实生活中
的人，再加上一些代表神灵动物的符号，如獠牙、鸟羽等"①。我们认为
"玉神人"虽然有龙之獠牙、长尾鸟形象，但在整体上更偏向为人，其
形象上集龙、凤、人为一体，反映了这一时期宗教信仰更趋于实际，前
一时期崇拜对象为太阳神和祖先，到该时期变为了首领"神"。

在后石家河文化中共发现有普通人像玉器（参见图1-12）20多件，
应当有一些特殊内涵。这些人像往往戴着帽子，挂有耳环，部分人像存
在胡须形刻划，综合这些特征来看可能是部落中的男性首领。而且这些

1　　　　　　　　　　　　2

图 1-12　石家河文化玉人

1-2. 肖家屋脊 W6：14、17

---

① 邓淑苹：《再论神祖面纹玉器》，邓聪主编《东亚玉器》（第一册），香港中文大学中国
考古艺术研究中心 1998 年版，第 56 页。

玉人像数量如此之多，说明这一时期原始先民的信仰崇拜对象有了较大的改变，以前主要是对神（特别是自然神）的崇拜，这一时期是对现实中"人"（首领）的崇拜。此时，世俗中的统治阶级不需要再以神力去获取原始先民们的敬畏了。例如唐尧死后，人们"如丧考妣"。这一转变反映了国家机构的形成，所谓的世俗之王开始产生。如拙著《长江中游地区文明进程研究》第一章所论，马克思讲的"文明"即"国家"（Civitas）。上述该时期的大量玉人像反映了文明（国家）社会的产生和发展，由对"神"的崇拜转为对"人"的崇拜。这里的龙凤崇拜也是中国人崇拜龙、凤的最直接渊源，也与自称龙子龙孙的帝王传说相适应。那种认为晚期发生了信仰危机而导致其灭亡的观点值得商榷。

第五节　上古蜀地太阳与祖先神信仰

按前辈考古学家们的意见，长江上游四川地区新石器时代文化既可以单独作为一个区域，又可以因其与长江中游地区文化很相似而划为同一区域。本书将其归入同一章来讨论。

一　上古蜀地考古学文化及与周边地区文化的关系

四川考古网资料显示，近年来，在成都平原南部及南边长江水系的山地发现了汉源富林、简阳龙垭、眉山坛罐山与武阳、资阳濛溪河、遂宁桃花河、稻城皮洛等多处旧石器时代遗址，表明四川盆地的南面山地在旧石器时代就已经有早期人类在此居住。在成都平原的北部及边缘山地发现了距今 5500—5000 年前的姜维城、营盘山、桂圆桥等遗址，其早期文化与马家窑文化有些类似，晚期则与宝墩文化相同。近年来，在成都平原南部地区还发现了距今 6000 多年的眉山莲花坝、洪雅二坪上等新石器时代遗址，这些遗址与宝墩文化近似。除此之外，在长江沿线还发现了宜宾屏山叫化岩遗址、会理猴子洞遗址，等。它们距今 5000—4700 年。①

---

① 引自四川考古网"考古发现"栏目：https://www.sckg.com/xinshiqishidai，最后确认时间：2023-08-05。

成都平原为古蜀所在地，其北部地区在大约距今 5000 年前出现了桂圆桥一期文化。距今约 4500 年前，宝墩文化从西南、再向西、向中、向北占领了整个成都平原。按孙华的意见，距今 3700—3200 年为三星堆文化，以建三星堆大城墙为起始标志，以几个大祭祀坑为结束标志，距今约 3200 年以后演变为十二桥文化，其文化中心也转移到成都金沙遗址。

宝墩文化基本来源于峡江地区大溪文化的后裔文化，其建城方式、住房式样、陶器型式皆同于峡江地区，笔者已撰专文论述。[①] 赵殿增最近发文，其观点与笔者大同小异，也认为宝墩文化主要来自江汉地区。[②] 笔者认为，三星堆文化的玉璧、玉琮等多与良渚文化、后石家河文化、齐家文化相似；玉璋则与石峁文化、二里头文化等相似。向桃初认为，川西平原所见二里头文化遗物分属三星堆文化三星堆类型和十二桥文化，属前者的有陶盉、鬶形器、细高柄豆、觚、铜牌饰及玉璋、圭、戈等，属后者的有陶盉、觚及玉璋等。前者器类和数量均多于后者，且后者形态变异较大。一般将三星堆文化的起始年代定为二里头文化晚期。向桃初认为应不早于夏商之际，十二桥文化的形成年代则在殷墟晚期。[③] 笔者认为，向桃初认为二里头文化对川西的影响是不错的，但三星堆文化不完全是受二里头文化影响而出现的。可以这样说，从大约距今 3700 年前建三星堆大城开始，三星堆文化就已经出现，它主要是在原宝墩文化的基础上，吸收峡江地区文化以及齐家文化的某些贵族用器而出现的，到大约夏商之交又受到二里头文化的影响，从而出现二里头文化的一些因素，之后，中原文化因素也不断地影响到该地区，而三星堆一带仍保留着浓厚的地方特色。

江章华认为，香炉石文化约在殷墟二期时西迁，对三星堆文化造成强有力的冲击并使之发生变异，这可能成为十二桥文化形成的一个动因。[④] 白九江等也提出尖底器最早出现在鄂西和峡江地区，十二桥类型

---

① 刘俊男、李春燕：《宝墩文化来源研究》，《中华文化论坛》2019 年第 2 期。

② 赵殿增：《从古城址特征看宝墩文化来源——兼谈"三星堆一期文化"与"宝墩文化"的关系》，《四川文物》2021 年第 1 期。

③ 向桃初：《二里头文化向南方的传播》，《考古》2011 年第 10 期。

④ 江章华：《试论鄂西地区商周时期考古学文化的变迁——兼谈早期巴文化》，《考古》2004 年第 11 期。

尖底器应当是受其影响而产生的。[1]

二　上古蜀地出土的相关器物及所反映的思想信仰

关于宝墩文化信仰的资料不多，但高山古城等遗址已经出现人祭、人殉以及祭祀现象。在高山古城遗址中，发现了人祭坑、奠基坑各1个。人祭坑 K1，平面为圆形，人骨侧身蜷缩在墓坑内，坑内未发现随葬器物。[2] 城墙西南转角处发现了一处小孩奠基坑。[3] 到距今 3700—3200 年的三星堆文化时期的晚期，亦即相当于殷墟时期的八个祭祀坑则充分反映了古蜀地区的信仰。成都金沙遗址则继承了三星堆文化传统，信仰几乎完全一致。

考察三星堆—金沙文化遗存，可以发现，大约相当于殷墟时期的八大祭祀坑出土了青铜人头像、青铜兽面、大立人、青铜树、金杖，这些颇具地方特色；但也出土了大量龙、凤器物以及中原式玉器（瑗、圭璋等）、青铜尊等，出现了二里头文化式的陶盉、陶豆等。考察这些铜、玉器物，可知其基本信仰与江汉地区一致，是太阳崇拜、天地崇拜、山神祭祀、祖先崇拜的表现。比如，与太阳崇拜相配套的是对龙凤的崇拜。除了青铜太阳轮、青铜眼形饰、青铜（玉）龙凤等与太阳相关的铜、玉器外，还出土有江汉地区式的虎玉（石）雕、鹰玉（石）雕，良渚经石家河文化期有所变形的玉璧、玉琮、玉璜、玉蛙等，也有北方传统的玉（石）蛇雕，等等。

三星堆出土有金箔套包的权杖，金箔上有人头、鸟、鱼和羽箭等组成的精美图案（如图 1-13，4）。蔡运章认为鸟是"日精"和"阳气"的象征，鱼是黑暗和阴气的象征，羽箭是升腾的象征，人头是太阳的象征，树是扶桑、若木，大立人是帝喾的象征。[4] 除帝喾一说笔者不敢苟

---

① 白九江、李大地：《试论石地坝文化》，李禹阶主编《三峡考古与多学科研究》，重庆出版社 2007 年版。

② 成都文物考古研究所：《成都市大邑县高山古城 2014 年发掘简报》，《考古》2017 年第 4 期。

③ 成都文物考古研究所：《成都平原史前聚落考古的新收获》，《中国文物报》2016 年 6 月 3 日第 6—7 版。

④ 蔡运章：《三星堆文化的太阳神崇拜——从古蜀金器"人头、鸟、鱼和羽箭"母题图案谈起》，《中华文化论坛》2007 年第 2 期。

同之外，其他数说皆有道理，可备一说。

八号坑新出四羊方尊与湖南宁乡四羊方尊大同小异，唯上面多半个立鸟，这些神物与长江中游地区如出一辙。

三星堆出土的铜凸目面具、铜眼形饰、太阳、太阳鸟铜饰（如图1-14）当是眼睛、太阳崇拜的遗存，眼睛崇拜也可以说太阳崇拜的体现。

三星堆出土的大量青铜人头像（如图1-15），依据其发式及装饰，可能是各族死去的首领人物头像，它们汇聚于一处，表明了当地各族人民已经融合为一体，实现了川西平原局部的统一。三星堆文化中各式青铜人头像不仅不同于中国其他地区，而且也不同于世界各地古文化，是其独有的文化创造。

金沙遗址出土的十余个双手反缚石人当是巫人。[①] 可以对巫人进行惩处，表明世俗王权已占领导地位。《吕氏春秋》卷九秋季"昔者汤克夏而正天下，天下大旱五年不收，汤乃以身祷于桑林……于是翦其发，磨其手，以身为牺牲"，这种"磨其手"即反缚其手的形态，与三星堆、金沙遗址所出遗物完全相符，可见三星堆文化与商文化的共同点。

另外，三星堆遗址出土了一些青铜祭坛，通过观察几件器物的分层图像，结合巫觋通神仪式等宗教学内容，我们认为，这些图像的构图特点与文化内涵，并非单一的神像、祭祀场景图像、神兽、神界图像，而是各种元素结合的产物。图像所表达的内容是巫觋乘神兽（穿过仙山）到达天界与神沟通的场景。作为人骑兽升天图像的一种，详见下文第十一章进行讨论，此处不再赘言。

综观三星堆文化各类崇拜物，我们认为，古蜀信仰体系是以青铜大立人、青铜人头像为代表的首领（祖先）崇拜为主的，其首领又以通天、崇拜太阳为主要特征。之所以说是以崇拜首领（祖先）为主，是因为青铜大立人等具有明显的人治色彩，与中原及江汉等早已进入王国时代的文明水平大体一致。结合三星堆遗址出土的如同方向盘的铜太阳形器以及金沙遗址出土的四凤绕日金饰、铜立人像（2001CQJC：17）上的13道光，我们认为，三星堆先民及金沙先民已经掌握了一年四季五节十二月（加上闰月为十三月）的历法，与商朝的水平大体一致。

---

① 施劲松：《金沙遗址出土石人像身份辨析》，《文物》2010年第9期。

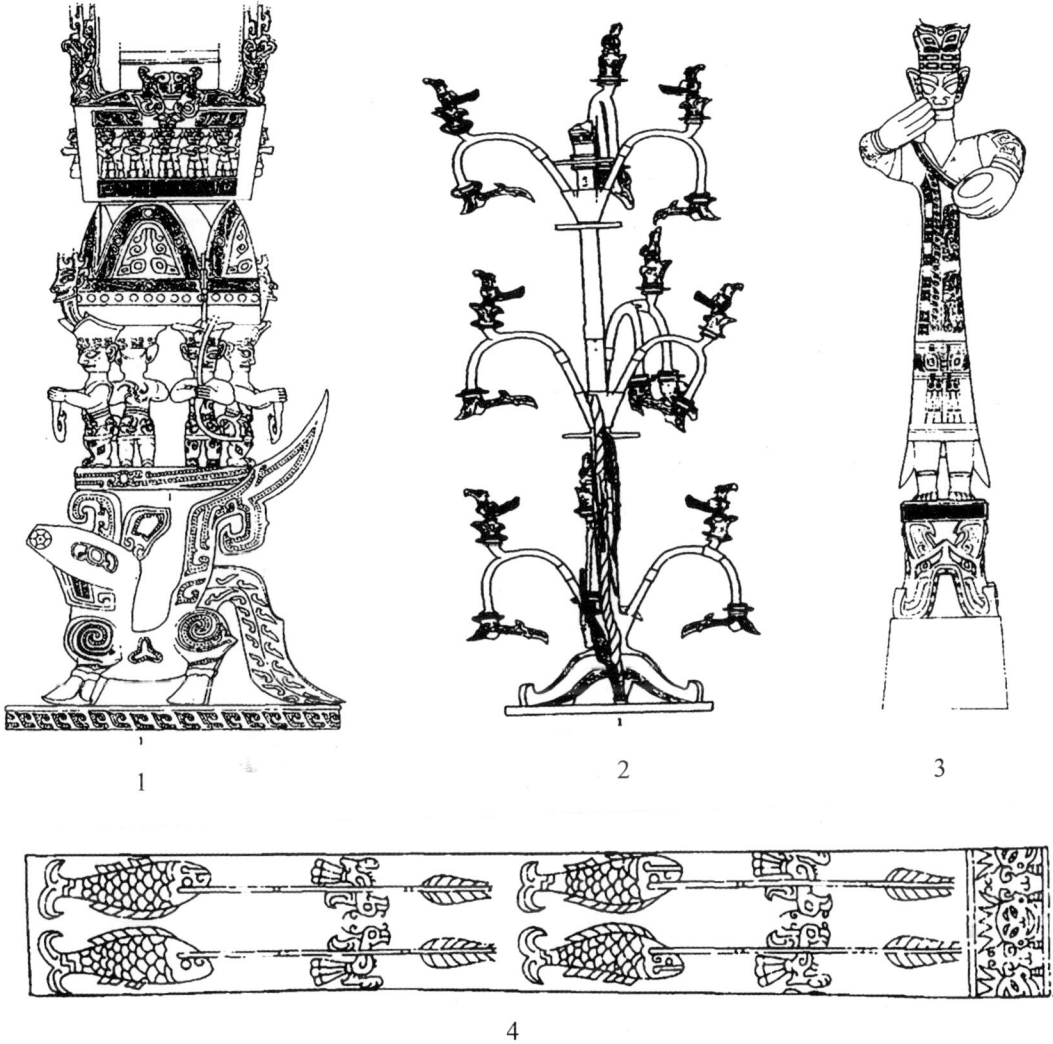

图1-13 三星堆遗物图

1. 青铜神坛（K2③：296） 2. 青铜树（K2②：94） 3. 铜大型立人像（K2②：149、150） 4. 金杖（K1：1）

小 结

长江中上游的湘鄂渝川地区，史前宗教大体可以分为五个阶段：

第一阶段：以彭头山文化为代表，出土的土墩祭坛、高台式房址、以人头像为代表的偶像、整齐的墓葬区，表明该文化开始有冥界观念出现。

第二阶段：高庙下层文化祭坛及其众多太阳鸟图案、汤家岗文化八

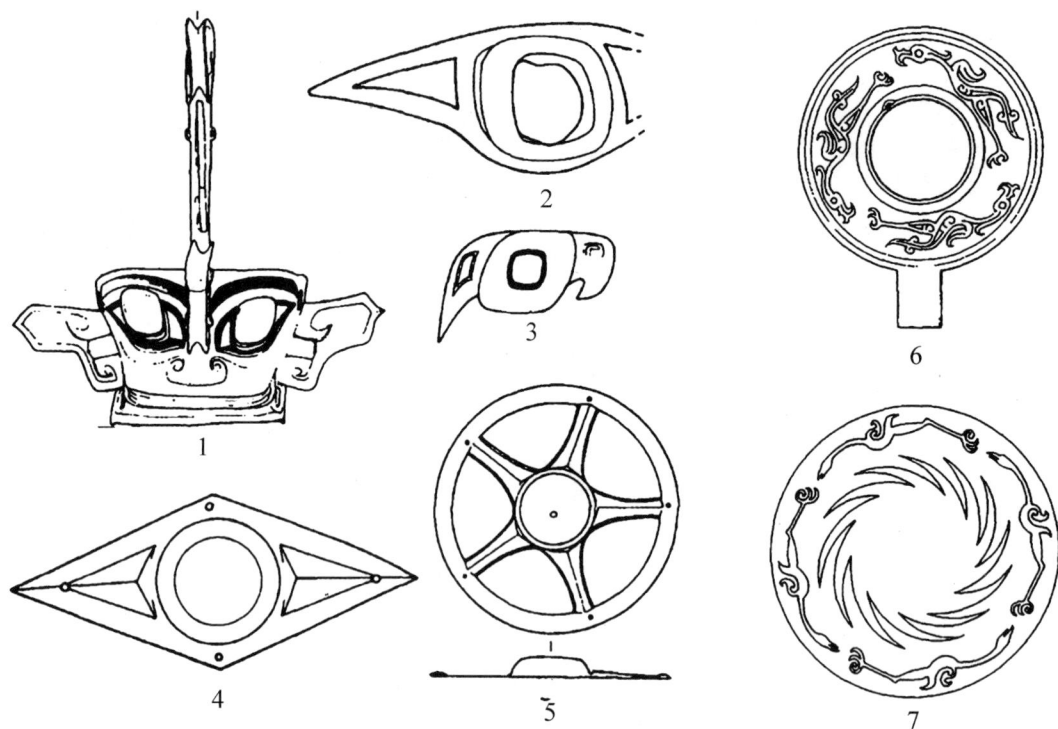

图1-14　三星堆、金沙遗址眼睛、太阳、太阳鸟

　　1. 铜凸目面具（K2②：142）　　2、3、4. 铜眼形饰（K2③：103-24、K2③：214-2、K2②：142）　　5. 铜太阳形器（K2③：1）　　6. 玉璧形器（2001CQJC：588）　　7. 四鸟绕日金饰（2001CQJC：477）

角纹图徽等之信仰遗迹是主要代表，体现了对太阳鸟及天帝的崇拜。八角纹图徽应是对历法探索的开始。其人祭现象只限于宗教领域。此时也出现了对生产工具的崇拜，详见结语部分。

　　第三阶段：以城头山大溪文化祭台为代表的宗教遗迹，表现出了自然神崇拜向祖先神崇拜的过渡。城墙奠基用的人祭现象与城墙本身一起，说明了早期暴力国家（城邦）开始萌芽。

　　第四阶段：石家河古城屈家岭—石家河文化早期独有的组合器、套缸遗迹以及图形文字，体现了对祖先神的崇拜，兼及自然神，说明男性完全占据了统治地位。其与金属的出现、城邦的繁荣、战争开始在文化交叉区进行等因素一起，标志着早期的宗主国与从属国的格局初步形成。

　　第五阶段：出土的玉人像等体现了对首领的崇拜，兼及其他诸神。

图 1-15　三星堆青铜人头像

1. 铜戴头簪头像（K2②：58）　2. 铜椎髻头像（K2②：63）　3. 铜戴帽箍头像（K2
②：83）　4. 铜人面具（K2②：153）　5. 铜戴冠头像（K2②：90）

渝川地区距今 4500 年以降的信仰与长江中游地区大体相似，也有人祭、人殉，至三星堆文化时，以首领以及太阳崇拜为主要特征的信仰占主要地位。

这种信仰的演变，与该地区文明化进程步调一致。

第 二 章

▼

江淮下游地区

本书所谓江淮下游地区，指长江、淮河、钱塘江下游地区，简称为江淮下游地区，主要包括苏浙皖赣四省之地。这里新石器时代的考古文化主要有距今10000—8500年的上山文化，距今8500—7000年的跨湖桥文化，距今7000—5800年的河姆渡文化、马家浜文化，距今5800—5300年的凌家滩文化、北阴阳营文化、薛家岗文化，距今5300—4200年的良渚文化。

第一节　距今10000—7000年的原始信仰

在距今10000—7000年前的江淮下游地区，已经出现了一些信仰现象。我们以上山、跨湖桥、顺山集等遗址为例来作说明。

一　上山、跨湖桥文化以太阳崇拜为主的信仰

在距今10000—8500年前的浙江浦江县上山遗址中，有一些特殊的坑，这些坑里通常会有一些好像是故意置放的完整或较为完整的陶器，数量在一件或几件不等。这些坑的平面为不规则圆形或长方形，其内部呈斜壁、平底，坑内通常不超过30厘米深。这些形状各异的坑，可能与"祭祀"等原始信仰行为有关，也可能是墓葬。①

在浙江义乌的桥头遗址中发现了一些带彩色（乳白、红）纹饰的彩

---

① 浙江省文物考古研究所、浦江博物馆：《浙江浦江县上山遗址发掘简报》，《考古》2007年第9期。

陶，其上的纹饰多为条带纹。但在这些纹饰中还发现了太阳纹①、长短线条构成的组合纹饰，② 其中一个纹饰竟然与卦象完全一样。张驰认为，该遗址彩陶的制作工艺水平很高，质地方面夹砂陶很少，色彩主要是红衣白彩，猜测或与祭祀相关。顾万发从星象学的角度，对桥头遗址的方形台地、太阳纹、X 纹等纹饰进行了推测解释，认为上述这些器物和祭祀相关，其中的纹饰细节则可能和季节相关。③

跨湖桥遗址位于浙江萧山，该遗址发现有太阳纹和火焰纹，前者形象为同心圆四周加放射纹。④ 这两种纹饰体现了跨湖桥遗址先民对太阳和火的力量有所认识，并有了对太阳及火的崇拜。该遗址出土的陶器上的、木器上的刻划符号，是我们目前所见到的时间最早的可能与数卦有关的符号类型，有学者认为这种符号有可能是用于记录占卜的数字卦象。⑤ 笔者认为，卦象说理由较为充分，至少说明其时有抽象思维的萌芽。

二　顺山集遗址体现的冥界观念

在江苏省泗洪县的顺山集第一期文化遗址中，发现有一兽坑 SK1，位于 T2055，其坑口略呈椭圆形，兽坑内有一副完整的狗骨架，呈蜷缩状。我们认为，狗是食用材料，也是打猎的助手。人们将完整的狗葬于坑内，似表明人们存在着冥界观念，期望来世狗仍能为他们服务。在该遗址中，还有一件鸟状陶塑 C：47，质地为红陶，整体为鸟首形，其上似塑有突出的喙部，下端大致为平面，整体高 4.3 厘米。⑥ 这件鸟首形陶器尚无法判断其具体用途，但可以凭此了解到该时期人们已经开始模仿自然动物进行器物制作，这是其后产生在陶塑上、玉器上鸟

---

① 蒋乐平：《浙江义乌桥头遗址》，《大众考古》2016 年第 12 期。

② 参见蒋乐平《义乌桥头遗址（考古进行时）》，《人民日报》2020 年 1 月 5 日第 8 版。

③ 张枫林、黄美燕：《上山文化的重要新发现——上山文化论坛暨义乌桥头遗址考古学术论证会纪要》，《中国文物报》2019 年 8 月 23 日第 6 版。

④ 浙江省文物考古研究所、萧山博物馆编：《跨湖桥》，文物出版社 2004 年版，第 62 页。

⑤ 王长丰、张居中、蒋乐平：《浙江跨湖桥遗址所出刻划符号试析》，《东南文化》2008 年第 1 期；柴焕波：《跨湖桥契刻考释》，《湖南考古辑刊》（第八集），岳麓书社 2009 年版。

⑥ 南京博物院、泗洪县博物馆编著：《顺山集——泗洪县新石器时代遗址考古发掘报告》，科学出版社 2016 年版，第 52、279 页。

纹和鸟塑的基础。

苏浙皖地区发现的墓葬较少，顺山集遗址中发现了数座墓葬。其形制都是长方形竖穴状土坑，大致成排分布，墓主的头部多朝向北偏东方向，有极少墓主头部朝向为南方。该遗址大部分墓葬没有随葬品，且最多者也仅有三件而已。在以前，人们不会对墓葬进行规划，多是随意埋葬，而到了该时期，墓葬出现了统一规划的现象，当出现了埋葬制度。彭景认为，头朝北方、脚向南方这样的固定墓向应当是祖先崇拜的体现，是为了让死者头向或面向祖先的发祥地，[①] 即北方。魏女认为，该时期的原始先民相信过世之人会继续存在，他们（死者）存在于一个与现世不同的灵魂世界中，并有能力影响仍在世间的活人，于是，给死者以墓穴和生产生活用品以供居住和使用，并且在埋葬时还举行一定的仪式，因此，墓葬的出现意味着以灵魂不灭观念为主的原始信仰的诞生。[②]

综上，在江淮下游地区 9000—7000 年前即已经出现了冥界观念、太阳崇拜、火焰崇拜等信仰，甚至出现类似卦象的纹饰，为我们研究八卦的起源提供了早期资料。

第二节　距今 7000—5800 年的信仰

这个期间的遗址较少，本节以河姆渡与骆驼墩遗址为例作些讨论。

一　河姆渡文化的太阳鸟崇拜

在距今 7000—5800 年前的浙江宁波余姚市河姆渡遗址中，发现有大量的鸟纹，如敞口盆 T29（4）：46，口沿饰有一圈"八"字形斜线，并将鸟和植物（禾）、鸟和抽象性兽面图案等纹饰刻在这个陶盆腹壁的两侧。骨匕 T21（4）：18，有两组连体鸟纹在骨匕之正面，图案中的两只鸟同体，其鸟首部分往后仰，背部为山峰形，喙呈鹰嘴状，眼部较大，都是没有钻透的圆窝，整体构成了一幅太阳图案。该处鸟纹应当是指太阳鸟。其身体中部也有与眼部相同的圆窝，鸟纹图案的两侧则装饰弦纹、

---

① 彭景元：《马家浜诸文化墓葬头向等变化探源》，《南方文物》1998 年第 4 期。
② 魏女：《从考古资料看史前原始宗教的产生和初步发展》，《东南文化》2002 年第 5 期。

斜线纹相间的图案。[①] 残陶器 T33④：98 则有枝叶纹。[②] 另外，该遗址还有大量的蝶（鸟）形器的发现。以上都与该地所存在的太阳崇拜相关。比该遗址更早时期的湖南怀化高庙文化遗存中已有太阳鸟图案，汤家岗、大溪、屈家岭文化也有类似的图案发现。崧泽文化、良渚文化时期的遗存中也可以看到鸟图案的延续。这些都说明当时人们对自然界某些生物的崇拜。之所以要崇拜鸟，当是农业生产判断季节的需要，因为候鸟是知时节的。

二 骆驼墩遗址人牲的出现

在江淮下游地区河姆渡文化和马家浜文化中，明显的祭祀活动遗迹很少发现，这里以骆驼墩遗址发现的祭祀遗迹来分析当时的情况。

骆驼墩遗址马家浜文化时期发现的祭祀遗迹共有四处。主要分布于北区Ⅱ号墓地以及Ⅰ、Ⅱ号墓地的中间。发掘报告介绍了其中 JS2 的情况。JS2 平面为不规则状，其开口在第③层下，并打破第④层，其坑口平面最宽约为 6.1 米，坑内深度为 0.05—0.15 米，面积大致为 20 平方米。

JS2 的面积较大，在坑里发现许多动物骨渣以及已破碎的陶器。特别值得注意的是该坑中还埋有一具人骨，这具人骨的头向和墓区墓葬的一般朝向不同，朝向为东北方，且该人骨架是斜着插埋在堆积中，身体呈侧身曲肢状。[③]

从 JS2 出土的位置看，与墓地关系密切，发掘报告认为很有可能是与墓地相关的祭祀坑，其中的人骨是祭祀品。祭祀遗迹 JS2 属于骆驼墩遗址早期（距今 7000—6500 年间）文化的末期，所以大概推测 JS2 的时间在距今 6500 年左右。JS2 中人骨的发现，说明了在 6500 年前的骆驼墩遗址出现了祭祀人牲的现象。

太阳鸟崇拜、人牲祭祀性遗迹的发现，表明江淮下游地区信仰文化已经发展到较高的水平，比长江中游地区高庙文化同类信仰现象略晚。

---

① 浙江省文物考古研究所：《河姆渡——新石器时代遗址考古发掘报告》，文物出版社 2003 年版，第 47、116 页。

② 浙江省文物管理委员会、浙江省博物馆：《河姆渡遗址第一期发掘报告》，《考古学报》1978 年第 1 期。

③ 南京博物院、宜兴市文物管理委员会：《江苏宜兴骆驼墩遗址发掘报告》，《东南文化》2009 年第 5 期。

这个阶段的末期，草鞋山、东山村等遗址已经萌生了不平等现象，综合判断，应已经出现了神邦。

第三节 距今 5800—5300 年凌家滩高级神邦及信仰

凌家滩文化实际上是与北阴阳营文化、薛家岗文化、崧泽文化相似的文化，而凌家滩遗址是这些文化的中心，其发展水平也相对较高，这个时期出现了凌家滩遗存所示的高级神邦。

一 凌家滩周边神邦要素

（一）大坟遗址崧泽文化中期的葫芦瓶所体现的信仰

嘉兴大坟遗址发现的一件陶人像葫芦瓶（如图 2-1），属于崧泽文化中期，该器整体呈三部分，上部小、下部大，其顶部为一个人头像。遗址发掘报告推测该器是象征母性的陶偶。[①] 周庆基认为可能是母神崇拜。[②] 笔者以为，这个时段虽已出现男性地位高于女性现象，但从绰墩崧泽文化等遗存中女性墓葬中也随葬石制农具看，女性仍有较高地位。

（二）兽面神徽的产生

朱乃诚[③]认为，兽面题材的装饰风格发轫于崧泽文化。崧泽文化晚期出现的兽面纹玉雕作品——海盐仙坛庙遗址 M51 出土的龙首形玉饰，[④] 与海宁达泽庙遗址良渚文化早期的 M10：4 玉雕兽面饰、[⑤] 江苏常熟罗墩遗址 M8 出土的玉龙牌饰，[⑥] 是同类纹饰题材的玉雕作品，应具有前后演

---

① 陆耀华：《浙江嘉兴大坟遗址的清理》，《文物》1991 年第 7 期。

② 周庆基：《河姆渡人的宗教观念和"凤"的起源》，《河北大学学报》1993 年第 2 期。

③ 朱乃诚：《崧泽文化的文化成就以及在中国文明起源中的地位与作用》，中国考古学会编《中国考古学会第十四次年会论文集（2011）》，文物出版社 2012 年版，第 37 页。

④ 器物照片见浙江省文物考古研究所《浙江海盐仙坛庙遗址》，国家文物局主编《2003中国重要考古发现》，文物出版社 2004 年版，第 30 页。

⑤ 浙江省文物考古研究所、海宁市博物馆：《海宁达泽庙遗址的发掘》，浙江省文物考古研究所编《浙江省文物考古研究所学刊》，长征出版社 1997 年版，第 105—106 页；又见嘉兴市文化局编《崧泽·良渚文化在嘉兴》，浙江摄影出版社 2005 年版，第 85 页。

⑥ 苏州博物馆、常熟博物馆：《江苏常熟罗墩遗址发掘简报》，《文物》1999 年第 7 期，图片见彩版贰：1。

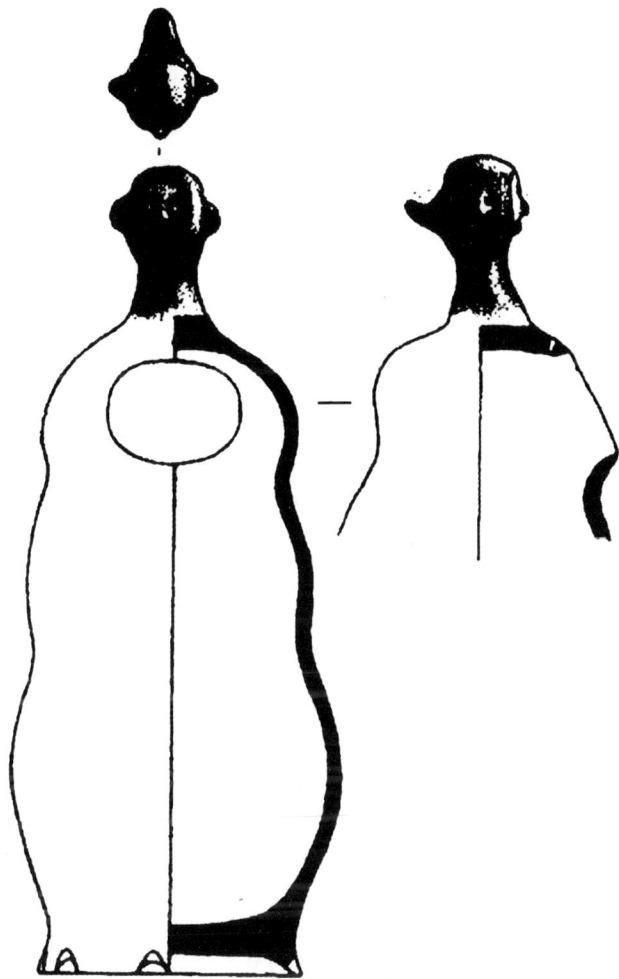

图 2-1　陶人像葫芦瓶

图片来源：陆耀华：《浙江嘉兴大坟遗址的清理》，《文物》1991 年第 7 期。

变关系。崧泽文化的这种玉雕兽面作品，应是良渚文化中期盛行的玉雕兽面纹饰的前期形式。由仙坛庙 M51 龙首形玉饰，到达泽庙 M10∶4 玉雕兽面饰，再到瑶山、反山的各种玉雕兽面牌饰、龙首玉镯等，可以看出良渚文化玉雕兽面的源头及其演变关系。这种兽面题材的装饰风格对后世的影响，从商周以降，达数千年之久。笔者以为，朱先生所讲的良渚文化兽面纹源于崧泽文化同类纹之说可从。

（三）南河浜祭坛

　　浙江嘉兴南河浜遗址①是一处连续不断的典型崧泽文化遗址，年代

---

① 　浙江省文物考古研究所：《浙江嘉兴南河浜遗址发掘简报》，《文物》2005 年第 6 期。

距今 6000—5100 年。其早期带有一些马家浜文化特征，晚期带有一些良渚文化特征，其文化层共有 14 层，第 3 层为良渚文化层，第 4 层大体是人工堆筑层，第 5 层则为祭坛层。祭坛的具体时间未见明确报告，但从地层来判断，当属崧泽文化晚期，距今约 5300 年。祭坛略呈正南北向，长方形覆斗状。顶面东西宽 10 米、南北残长 10.5 米，底部东西宽 12.5 米、南北残长 13 米，现存垂直高度约 1 米。祭坛用不同的土逐次筑成，土质较纯净，包含物较少。祭坛最初由三部分土组成，三块土之间交界线垂直。在使用一段时间后，向南用青胶泥以贴筑的方法扩建约 0.5 米，向东用褐色黏土和灰色黏土分两次贴筑，扩展约 1.2 米。后来又经两次向南向东扩建。① 祭坛北面和东面有两条与祭坛修筑和使用有关的灰沟。在吴江市同里遗址也发现一座呈正方形覆斗状的崧泽文化祭坛，顶部宽 10 米、底部宽 16 米、高约 1.3 米，土台五个面贴有红烧土块，其下四周场地也用红烧土铺垫，祭坛北侧发现同期墓葬 64 座，呈南北三列排列。② 祭坛及墓葬的发现，表明了祭祀的对象应当为祖先。男性大墓也表明以祭祀男性祖先为主。

二　凌家滩高级神邦与天文历法学的萌芽

中国高级神邦的一个典型代表要算长江下游北岸的安徽含山凌家滩遗址，该遗址是其所处区域里最大的一处聚落，其面积达 160 万平方米，遗址坐落于一处东西向岗地以及周边的平地上，绝对年代距今 5600—5300 年，出现了以显贵为核心的专有墓地，面积达上千平方米，以石筑祭坛为核心，具有明显的分区。③ 既有随葬大量精美玉器的高等级墓，也有只随葬数件遗物或随葬较多石器、玉石边角料和少量小件玉器的低等级墓，表现出一种虽已有等级结构但规范程度尚不完善的状况。④ 居

① 浙江省文物考古研究所：《浙江嘉兴南河浜遗址发掘简报》，《文物》2005 年第 6 期。
② 张昭要、朱颖浩：《江苏吴江市同里遗址进行抢救性发掘》，《中国文物报》2004 年 12 月 1 日第 1 版。
③ 安徽省文物考古研究所编著：《凌家滩——田野考古发掘报告之一》，文物出版社 2006 年版，第 278 页；朔知：《崧泽时代皖江两岸的聚落与文化》，《东南文化》2015 年第 1 期。
④ 宋建：《从凌家滩墓地看古国的社会分化》，《中国社会科学院古代文明研究中心通讯》2013 年第 24 期。

住区域外是一圈平面呈不规则状的环壕，环壕平均宽度 30 米，岗地部分深达 7 米左右。大型的墓地是在这圈环壕之外，有通道连通生活区，遗址周边一个相对封闭的区域内有一些小型的聚落，形成早期特有的天然与人工结合的防御体系。①

（一）墓地所反映的等级

凌家滩墓地发掘报告认为，以 87M4 和 87M15 两墓为坐标，凡在墓地中轴线上或靠近中轴线的墓葬主人，在部落或氏族内当享有较高的身份地位，这一区域有的墓葬随葬品不如葬在墓地东西两侧的墓葬丰富，可能是其墓主人原来地位较高，但在经济上已走下坡路，说明氏族内成员已产生严重的贫富分化。②

2007 年发现的大墓 07M23（如图 2-2），位于大型祭坛之南，西距 87M15 约 5 米，东、西、北三面打破祭坛坛体，本身被 M22 打破，长约 3.6 米、最宽约 2.1 米，面积约 7 平方米，该墓可以视为中国在该时期发现的有着最多遗物的、最豪华的墓葬。该墓出土了 200 件玉器、97 件石器、31 件陶器、1 件碎骨、1 件绿松石，共计 330 件遗物。此外，该墓中部偏西位置还发现了 1 件与 87M13∶1 十分相似的猪形玉雕，长约 72 厘米、重 88 公斤。出土的诸如钺、璜、璧、镳等大件多制作精良。为遗址中最大墓。③

张忠培先生对凌家滩遗址 87M15、87M4、98M20、98M23、98M29 等几座大墓作了分析，他从随葬品的农业、手工业、军事、宗教等属性入手，认为已经出现掌管神权、军权的首领人物，而且他们还同时拥有经济权力。④ 笔者赞同张先生的分析，认为凌家滩遗址已经出现明显的行业分工与阶层分化。

（二）巫觋与天文历法学的萌芽

该遗址 87M4 出土 1 件（组）玉龟版 87M4∶29（如图 2-3），其背

---

① 刘松林：《凌家滩遗址防御体系及其社会意义之蠡测》，《巢湖学院学报》2014 年第 5 期。

② 安徽省文物考古研究所编著：《凌家滩——田野考古发掘报告之一》，文物出版社 2006 年版，第 272 页。

③ 张敬国、吴卫红：《含山凌家滩遗址最新发掘获重要成果》，《中国文物报》2007 年 7 月 13 日第 5 版；李宸：《大酋长之墓——含山凌家滩 07M23 墓文化内涵试析》，《文物天地》2015 年第 4 期。

④ 张忠培：《窥探凌家滩墓地》，《文物》2000 年第 9 期。

图 2-2　凌家滩 07M23

图片来源：安徽省文物考古研究所：《安徽含山县凌家滩遗址第五次发掘的新发现》，《考古》2008 年第 3 期，图版肆。

甲长、宽、高、厚分别为 9.4 厘米、7.5 厘米、4.6 厘米、0.6—0.7 厘米，腹甲长、宽、厚分别为 7.9 厘米、7.6 厘米、0.5—0.6 厘米，玉版在考古发掘揭露时被发现夹在玉龟背甲和腹甲间。背甲为圆弧形，其上琢有背脊与龟纹。各边还有数目不等的小孔。[1] 李修松认为，这是通过山体位置判断四季中太阳周转方向的作用，并以此总结出四时八节。[2] 张忠培、俞伟超两位先生都认为这是占卜所用。[3] 陈久金先生认为其是历法工具，即古代的"河图""洛书"。[4]

　　笔者认为，这应当是一种历法工具，纬书等文献中有"龙衔马甲"

[1]　安徽省文物考古研究所编著：《凌家滩——田野考古发掘报告之一》，文物出版社 2006 年版，第 47 页。

[2]　李修松：《试论凌家滩玉龙、玉鹰、玉龟、玉版的文化内涵》，《安徽大学学报》2001 年第 6 期。后收入安徽省文物考古研究所编《凌家滩文化研究》，文物出版社 2006 年版。

[3]　张忠培：《窥探凌家滩墓地》，《文物》2000 年第 9 期。

[4]　陈久金、张敬国：《含山出土玉片图形试考》，《文物》1989 年第 4 期。

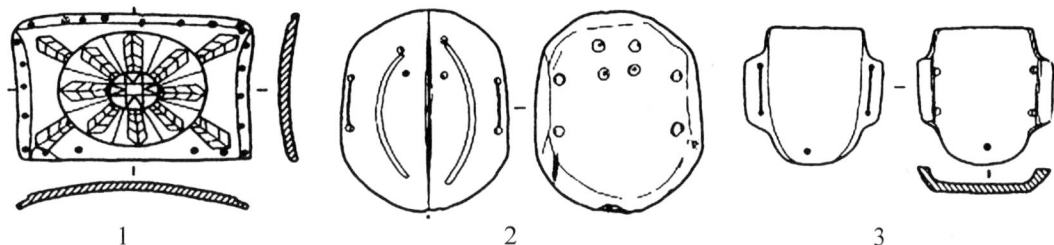

图 2-3　凌家滩遗址 87M4 出土玉龟、版

1. 版（87M4：30）　2. 龟背甲（87M4：35）　3. 龟腹甲（87M4：29）

图片来源：安徽省文物考古研究所编著：《凌家滩——田野考古发掘报告之一》，文物出版社 2006 年版，第 49 页。

"龙马负书"等传说，而该遗址发现的玉龟版就是其实证遗物。[①] 其反映了这个时期的巫觋已经是独立于普通民众的另一个特殊群体，这些器物就是体现其身份的随葬物。在夏、商、周时期，历法工具皆由天子掌握，显示其重要性。历法工具（或神徽）的出现，是首领产生的一种体现。除了神徽之外，还有玉琮与玉璧，其中玉琮首先是在凌家滩遗址发现的。此外，凌家滩遗址还存在大量的鸟形图案，如 87T1107④：2[②] 鸟头饰，其他遗物还有玉鹰。

（三）祭坛

祭坛在该遗址最高的地方，面积共约 1200 平方米，从上至下可分成三层，最底部是一层纯净细腻的黄斑土，中间一层是以大量小石子混合了一种黏合剂铺成，这种灰白色的黏合剂黏性较强，顶部一层是以小型鹅卵石、碎石混合着黏土铺成的。有草木灰以及红烧土的遗迹位于其东南角，堆积较厚，应该是原始先民祭祀时在此用火。还发现有与祭坛连成一体、与祭坛同时建筑而成的祭祀坑，内有禽骨、陶器、小石子。祭坛周围和祭坛上发现墓葬 44 座。[③]

（四）巫觋与红陶块大广场

凌家滩新石器时代墓葬大体分三期，在第二期墓葬 87M1、98M29 中

[①] 参见刘俊男《"河图""洛书"本义及原生地考论》，《湖南社会科学》2012 年第 1 期。

[②] 安徽省文物考古研究所编著：《凌家滩——田野考古发掘报告之一》，文物出版社 2006 年版，第 27 页图版八：2。

[③] 安徽省文物考古研究所编著：《凌家滩——田野考古发掘报告之一》，文物出版社 2006 年版，第 31—36 页。

分别出土 3 件站姿玉人（87M1：1、87M1：2、87M1：3）和 3 件坐姿玉人（98M29：14、98M29：15、98M29：16），形象大同小异（如图 2-4）。玉人有胡须，无大胸，无大臀，皆当为男性，其手上刻划 5—8 条线，发掘报告认为是玉镯。①

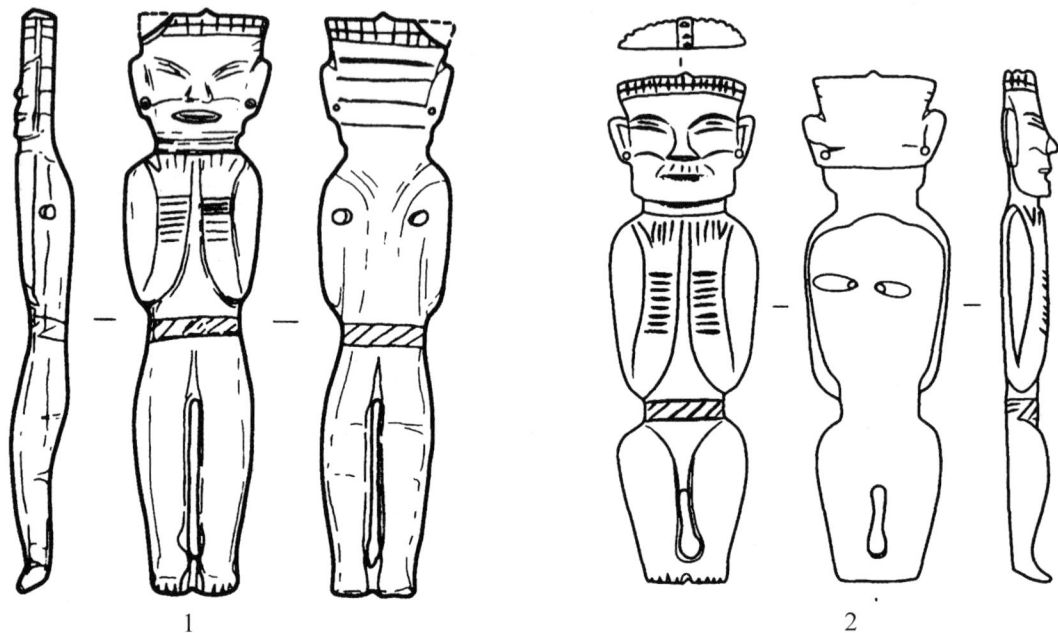

图 2-4　凌家滩玉人

1. 87M1：1　2. 98M29：14

图片来源：安徽省文物考古研究所编著：《凌家滩——田野考古发掘报告之一》，文物出版社 2006 年版，第 38、248 页。

在墓地东偏南位置，发现属于凌家滩文化时期的长约 90 米、宽约 30 米的红陶块建筑遗迹，总面积约 2700 平方米。红陶块是加稻壳、稻秆搅拌，经窑烧制后成为不同形状的，有的一面较平，质地坚硬。经测试，其烧成温度为 950 摄氏度。根据钻探资料，发掘者认为红陶块遗迹可能是神庙和宫殿建筑遗存，② 但并未报道遗迹堆积厚度等具体状况。在报道中只见红陶块广场，上面还有三组巨石阵遗迹。③ 有研究者描述

---

① 安徽省文物考古研究所编著：《凌家滩——田野考古发掘报告之一》，文物出版社 2006 年版，第 37、246—248、275 页。

② 安徽省文物考古研究所编著：《凌家滩——田野考古发掘报告之一》，文物出版社 2006 年版，第 35—36 页。

③ 张敬国、杨竹英：《凌家滩发现我国最早红陶块铺装大型广场》，《中国文物报》2000 年 12 月 24 日第 1 版。

说，有近 3000 平方米的红烧土遗迹，还有 0.5—1.5 米厚的红陶块垒筑墙体。① 但大型报告中不见墙下是否有墙基及墙体走向的相关资料。笔者以为，这可能只是个红陶块铺设的大广场。当然，能生产这么多红陶块，建造一栋神殿是不成问题的，有待今后去发现。

综上，凌家滩遗址既出现了"玉人"为标志的宗教领袖，他们拥有玉龟、玉版、玉琮、玉璧等神器；又出现了拥有石钺、石戈等的军事首领。但军事性或者说强制性权力尚不够明显，因为：其一，宗教性质太浓，也未见需要强制执行的人祭、人殉；其二，城、城门、宫殿等强制性暴力设施不明显；其三，宗教神器皆玉质，而钺却多为石质，且中小墓中也有钺。因此，我们认为，凌家滩文化时期已属高级神邦阶段或过去所说的国家前夕的军事民主制阶段，并且出现了文明的曙光，但还不能算作早期国家，可算作高级神邦。正如严文明所说："可以毫不夸张地说，在长江下游，凌家滩人是首先走上文明化道路的先锋队。"② 这一阶段还出现了"河图""洛书"的雏形，表明早期的天文、历法活动已经开始；凌家滩遗址玉版上的图案还表明有了八方、天圆地方等观念。

第四节　距今 5300—4200 年良渚先民祭祀遗存与信仰

良渚文化时期的祭祀更具规范性，如在墓葬区发现了较多祭祀遗迹，下面以余杭反山、瑶山、汇观山，昆山赵陵山，青浦福泉山等遗址为例作些介绍。

一　重要祭坛概况

（一）反山祭坛

在良渚文化反山墓地发现了一个高约 5 米的土台，即祭坛，包括约 10 米×8 米呈长方形的暗红色硬面遗迹，边线清晰。该硬面基本由不规

---

① 李乃胜：《凌家滩红烧土遗迹建筑基础初探》，《中国文物科学研究》2008 年第 3 期。
② 安徽省文物考古研究所编著：《凌家滩——田野考古发掘报告之一》，文物出版社 2006 年版，序第 v 页。

则的细块红烧土夹杂黄土铺成，厚约3—5厘米，很坚实。其南部边沿被M22、M23的北端打破。由于考古发掘时的失误，该硬面遗迹被破坏了一部分。被破坏的这一处暗红色硬面遗迹是这整个祭坛的中心遗迹，是祭坛的有机组成部分。可惜对当时的现场未正式记录。在这处遗迹的西南部，有该时期的9座贵族墓（编号为M12、M14—M18、M20、M22—M23），地层关系上都打破了祭坛，其中的两座墓葬M22、M23还打破了祭坛中心的硬面。从地层学的角度观察可知，是先修的祭坛，后有墓葬埋葬在此处，两者具有相对年代的早晚关系。但在考古工作所发现的材料中，并没有发现该祭坛在其后被"废弃"的证据，反而是墓葬分布规律整齐，与祭坛本身如同一体，应该将两者看作一个早晚连续的整体。良渚文化先民先建造了一些形态各异、大小不同的高大土台，而后在土台上埋入一些墓葬，这是该文化极突出的特色。①

（二）瑶山祭坛

与凌家滩遗址、反山遗址所出现的祭坛与墓地的位置关系一样，该时期的瑶山祭坛北面保存较好，祭坛南面被多座墓葬打破，两列墓葬呈东西向排列。祭坛整体平面为方形，依土壤颜色可以分为由中心到外周的三重土，最里面为一平面略呈方形的"红土台"，基本为正南北向，这部分红土中混有少量砾石块，该方形红土台平面东、北、西三边长分别为7.6米、5.9米、7.7米，其南面边长仅残留约6.2米，两端被墓葬打破。红土与其外的灰色土构成了一个"回"字形，再其外则是祭坛的最外面部分，是一个黄褐色斑土"土台"，台面散见较多砾石，围在灰土围沟的西、北、南三面，南面因历年垦殖已遭到破坏，仅存高约0.2米的"土坎"。砾石黄土台的西、北两面边缘都有一道石坎，皆由砾石砌成，两道石坎都叠筑整齐，在平面上看两者相连构成一个直角。②

（三）汇观山祭坛

汇观山祭坛同样是与墓地在一起，祭坛位于汇观山遗址中部最高点的西南角。祭坛东西长、南北宽约分别为45米和33米，整体平面形状为正南北向的长方形，在中部偏西处，祭坛中心是一个东西约7—7.7

① 浙江省文物考古研究所编著：《反山》，文物出版社2005年版，第16页。
② 浙江省文物考古研究所编著：《瑶山》，文物出版社2003年版，第7—8页。

米、南北约 9.5—9.8 米的灰土方框。与瑶山祭坛相似，在平面上形成
"回"字形里外三重土色的现象。祭坛主体为覆斗式，东西两端呈阶梯
状结构，总体年代约为良渚文化早期或中期偏早。祭坛的西、南、北三
面区域都发现了第三级台面，这级台面北部、西部、南部分别宽约 9.5
米、10 米、30 米。由此，我们可以发现，祭坛除南面外的三面都比较
窄，南面较阔，形成广场似的活动场所。祭坛的西南区域分布着 4 座土
坑竖穴型的良渚文化墓葬，共出土随葬器物 173 件（组），放置位置有
一定规律，陶器置脚部，石器（主要是石钺）置胸腹部，大件玉器大多
置于腰部以上。此祭坛应是与良渚文化玉器所体现的宗教巫术相适应的
祭祀场所。[①] 当为祭祀墓主的。

（四）赵陵山祭坛

该祭坛位于江苏昆山的赵陵山，是一处由人工堆筑的土丘，可分为
三层土台。台 I 的东西长度、南北宽度分别约为 100 米和 65 米，台面高
近 1 米，面积近 6500 平方米。在其中部偏西南区域发现了一处覆斗形小
型台体，上面有两层较薄的五花土堆积覆盖。台 II 是一个直边方形的土
台，其东西长度、南北宽度分别约为 18 米和 19.5 米，平均厚度约 1 米。
台 III 的顶面呈梯形，南窄而北宽，呈东北—西南向，台体为覆斗形，台
面南边的长度、北边的长度、南北宽度分别约为 45 米、60 米和 37 米，
台面中间高出周边近 2 米。早期的台 I 上有祭台遗迹，由内及外为四色
土堆筑而成，分别为五花土、黑淤土、褐土和粉黄土。早期祭台平面面
积近 200 平方米。在晚期祭台的东部偏南有一鼎倒扣于地，位于 M68、
M69 之间的烧土层下，该鼎呈圆方唇、外侈、宽沿状。[②]

（五）福泉山祭坛

福泉山遗址除墓葬外，主要就是祭祀遗迹，包括西南侧的祭坛一处，
中部燎祭址两处，东南侧介壳屑堆积一处，北侧积灰坑及积灰坑内祭祀
器物堆各一处。

祭坛位于遗址西南侧，同样与墓地在一起，南北长 7.3 米、东西最

---

① 浙江省文物考古研究所、余杭市文物管理委员会：《浙江余杭汇观山良渚文化祭坛与墓地发掘简报》，《文物》1997 年第 7 期。

② 南京博物院编著：《赵陵山——1990—1995 年度发掘报告》，文物出版社 2012 年版，第 34—40 页。

宽处 5.2 米，呈阶梯状，自北向南、自上而下共有三层台面，每级台阶高约 0.34—0.44 米。各台面中间比较规整，周围有较多的土块堆积，全为不规则的切割状。在最高一级台面的东南角，另有一中间置长 1 米、宽 0.4 米、厚约 0.1 米的长方形土平台的小平面，平台上下平整、周围整齐，中间已折断坍塌。其下发现有 1 件大口缸。整个祭坛包括土块和地面都被大火烤红，并撒有介壳末，但未见草灰。在祭台北面发现有两长条曾进行燎祭的红烧土堆积遗迹，一条长 11 米、宽 4.8 米、高约 0.5 米，另一条长约 6.5 米、宽约 2 米、高约 0.3 米。①

积灰坑位于山北面第一台阶上的第 3、5、6、9、10 五个探方的灰黄土层内，灰坑作不规则的长方形，长约 19.25 米、宽约 7.5 米，四周较浅，中间渐深，深约 0.25—1.15 米，中心有一个略呈圆形的小土台，径约 1 米，高 1.15 米，坑中填满纯净的草灰，而坑壁、坑底连同中间土台无任何火烧痕迹。坑中积灰像是山上大火燎祭后清扫堆此。

祭祀器物堆位于 M2 东北约 2 米处，叠压于积灰坑之下，属黄土层。共五件器物：大口缸 1 件，内置双鼻壶 1 件和猪趾骨 2 块；大口缸之南、西两面有陶罐 3 件。大口缸属于祭祀用器。这堆器物应与祭祀有关。

介壳屑堆积在山的东坡、探方 T18 的东部灰黄土层内，面积约 9 平方米，厚约 0.5 米，介壳种类有蚬、蛭、蚌、蛤、牡蛎等。燎祭时使用的介壳屑即从这里取用。②

二　神徽与神器

大量该时期的玉琮上都刻绘有饕餮纹"神徽"，其中最著名的当属反山遗址 M12 出土的"琮王"③。福泉山遗址的 M9 等四座墓葬中共发现玉琮 8 件，各雕刻有一个神脸或兽面。④ 寺墩墓葬 M3 也有许多带兽面纹

① 上海市文物管理委员会编著，黄宣佩主编：《福泉山——新石器时代遗址发掘报告》，文物出版社 2000 年版，第 64—69 页。
② 上海市文物管理委员会编著，黄宣佩主编：《福泉山——新石器时代遗址发掘报告》，文物出版社 2000 年版，第 64—69 页。
③ 浙江省文物考古研究所编著：《反山》，文物出版社 2005 年版，第 43 页。
④ 上海市文物管理委员会编著，黄宣佩主编：《福泉山——新石器时代遗址发掘报告》，文物出版社 2000 年版，第 78—79 页。

的玉琮发现。① 前述这类兽面纹基本都呈双圆眼、宽鼻和大嘴的形象，学术界通常认为该类纹饰是"神徽"②。这类纹饰具有威猛的形象，威严、恐怖，用以威吓、统治劳动者。③

玉琮形制主要有两种，分别为"内外俱圆"的筒形器和"内圆外方"的方柱形器。后者可能和中国传统中的"天圆地方"观念相关。张光直认为，"琮象征着天地贯通，其本身是贯通天地所用到的手段或法器"④。段渝认为，"神徽"图像所展现的场景是先祖的神灵骑着神兽在遨游巡视，反映出的是祖先神灵的强大，并由此对现实生活有着巨大的保护能力。⑤ 将这种"神徽"刻绘于玉琮上，就是赋予玉琮宗教意义。

玉璧亦为一种该时期的重要玉器，其数量较多，往往是随葬于死者的脚踝处或是墓葬的四周。长江流域的玉璧可能以大溪文化为最早。关于玉璧的功用，学术界有各种不同的说法，黄建秋、幸晓峰等对玉璧进行了音乐方面的测量，认为玉璧应是当时的一种打击乐器。巫觋可以将其佩戴于身，在祭祀活动时由其互相碰撞产生声响，以此祛除恶灵或者与天地沟通。⑥ 这可备一说。但玉琮、玉璧和玉钺成组合形式出现则反映了该时期已有某种礼仪制度形成。

《周礼·春官·大宗伯》："以玉作六器，以礼天地四方：以苍璧礼天，以黄琮礼地，以青圭礼东方，以赤璋礼南方，以白琥礼西方，以玄璜礼北方。"⑦ 因此，在古人看来，玉璧、玉琮是礼天地之器，而这种礼制的源头当在长江中下游地区。

璧、琮在祭坛遗址的大量出现，表明已经出现了对天、地的祭祀，大墓中多出土祭司才拥有的祭器，表明祭坛区内的大墓是巫觋之墓，这

① 南京博物院：《1982年江苏常州武进寺墩遗址的发掘》，《考古》1984年第2期。
② 段渝：《良渚文化玉琮的功能和象征系统》，《考古》2007年第12期；方向明：《良渚文化玉器所反映的原始宗教》，《江西文物》1991年第1期。
③ 张之恒：《长江下游新石器时代文化》，湖北教育出版社2004年版，第192页。
④ ［美］张光直：《谈"琮"及其在中国古史上的意义》，文物出版社编辑部编《文物与考古论集》，文物出版社1986年版，第254页。
⑤ 段渝：《良渚文化玉琮的功能和象征系统》，《考古》2007年第12期。
⑥ 黄建秋、幸晓峰：《良渚文化玉璧功能新探》，《东南文化》2008年第6期。
⑦ （清）孙诒让撰，王文锦、陈玉霞点校：《周礼正义》，中华书局1987年版，第1389—1390页。

些巫觋也当是健在巫觋的祖先，因此，我们认为，良渚祭坛在祭天、地的同时，还祭巫觋、祭祖。

三　对天、地、巫觋、祖先的信仰

关于良渚文化祭坛的祭祀对象，一般认为是祭祀墓主的，因为都与大墓相连。也有认为是祭祀天地的，但未详细讨论。王立新认为，瑶山祭坛相当于周代的大社，是祭地的。一是因为祭坛由三色土分层建成；二是因为此处祭坛附近的墓葬内玉器众多，但没有玉璧，只有玉琮等，并认为五色土代表五方不合周制，是战国以后"五行"思想影响的结果。[①] 笔者认为，王先生所言有理。良渚祭坛多有用不同色彩的土分层建筑的现象，很可能是大社一类祭土地的。祭坛上的墓很可能是主祭的大巫人之墓，墓内随葬祭祀性用具可以反映祭祀的实情。

笔者还以为，祭坛除祭土地之外，还可能祭天。这至少可从两处祭坛遗址得到证明。其一，反山祭坛墓中除出土玉琮之外，还有很多玉璧，据古文献记载，玉璧是祭天的；其二，反山位于瑶山南面稍偏西5公里，可能与瑶山在祭祀上有分工，即瑶山专祭土地，而反山主要祭天。祭地的居北，祭天的居南，符合阴阳的位置关系。从福泉山的祭坛可以更明显地看出上古祭天、地的实情。如上文所述福泉山的祭坛布局，位于南部稍偏西的祭坛分三层台阶，与后世的天坛相似，当为天坛之雏形。位于南面也与天（太阳神）的位置相关，更明显的证据是祭坛上层全为烧土层，表明经过燎祭。《礼记·祭法》云："燔柴于泰坛，祭天也；瘗埋于泰折，祭地也。"[②] 另外，此坛不见多色土，也不似祭地的。其三，福泉山祭坛北面有一颇像后世地坛的建筑，即上文所提的积灰坑，这个近似长方形的积灰坑内的祭祀器物堆埋在黄土层，与"瘗埋于泰折，祭地也"的记载相符，且坑内中间位置有一直径约1米、高1.15米的土台，当是有意留下的。这个形制当为后世地坛的雏形。所有的燎祭灰瘗埋于此，其中当有已腐朽的动物牺牲之骨。此一南一北、祭天祭地的祭坛当属中国较早的天、地祭遗址之一。

---

① 王立新：《瑶山祭坛及良渚文化神徽含义的初步解释》，《江汉考古》1994年第3期。
② （清）孙希旦撰，沈啸寰、王星贤点校：《礼记集解》，中华书局1989年版，第1194页。

良渚文化的祭坛还有很多，大体可分为几个等级，从高层贵族到低层平民皆有祭祀现象，唯规格不一。良渚文化的其他祭坛都与墓地在一起，其祭祖的目的也是明显的。各墓所祭要看其具体状况，抑或有祈祷祖先升天之意。

小　结

江淮下游地区早期的信仰大体可分为四个阶段：

第一阶段，距今 10000—7000 年，上山—跨湖桥—河姆渡文化的太阳崇拜较为明显；上山文化时期陶器上出现整齐的长、短横，表明已经有了数理、甚至八卦的萌芽。

第二阶段，距今 7000—5800 年，河姆渡遗址出现了太阳鸟的崇拜，骆驼墩遗址出现了人牲祭祀遗迹。

第三阶段，距今 5800—5300 年，当时的民众已经普遍地相信巫觋，出现了"河图""洛书"的雏形，表明早期的天文、历法活动已经开始；凌家滩遗址玉版上的图案表明有了八方、天圆地方等观念。出现了男性大墓，大墓与祭坛共处一地，表明男性祖先崇拜已经开始。

第四阶段，距今 5300—4000 年，以天地崇拜、兽面纹天神崇拜、祖先崇拜为主要内容。良渚文化各大遗址皆有祭坛，并且显示出祭祀天、地、巫觋、祖先等特征，出现了天坛与地坛的雏形。所出现的人祭、人殉，与巨大的城墙、护城河一起，表明了强制性公共权力机关——国家的出现。

第三章

▼

黄河中下游地区

有人通过考古材料证明黄河曾经常改道——或从河北入海并有多条旧河道，或从淮河入海。因此，本书所涉及到的黄河中下游地区，主要是指今河南全域、河北南部地区、山西南部地区、陕西东南部地区以及山东省。黄河中下游地区是我国新石器时代文化较发达的地区之一，从张弛所称的距今 9000—8500 年的"贾湖一期文化"，[①] 到距今 8500—7000 年的裴李岗文化，再到距今 7000—4500 年的仰韶文化时代（后冈一期文化）和距今 4300—3800 年的龙山文化时代，除距今 7700—7000 年的遗址数量很少之外，文化序列完整且富有特色。

该地区处于中国南方稻作农业与北方旱作农业区的交叉地区，研究这一地区的新石器时代至铜器时代信仰文化，既可看出南北文化的相互影响，又可看出文明进程的演进轨迹，帮助我们弄清信仰本身发展的基本线索，理清中国多元一体格局形成的途径。

第一节　距今 9000—7000 年的原始信仰

距今 9000—7000 年，中原地区主要有贾湖一期文化与裴李岗文化，贾湖一期文化是张弛提出的一个专门概念，主要包括贾湖一期遗存、八里岗遗址最早期遗存、班村遗址等，以出现稻作为特色。[②] 裴李岗文化的代表性遗址为裴李岗遗址，并以后者命名了该考古学文化。该文化大

---

① 张弛：《论贾湖一期文化遗存》，《文物》2011 年第 3 期。
② 张弛：《论贾湖一期文化遗存》，《文物》2011 年第 3 期。

致分布在北邻安阳，南至淮河以北，西到洛阳以东，东达开封的地域范围内，遗址多集中分布于郑州以南的河南中部地区。典型遗址还有长葛石固遗址、郏县水泉遗址等，以开始粟、黍等旱作为特色。舞阳贾湖遗址二三期5—9段，虽然仍以稻作为特色，但陶器与裴李岗文化几乎无别。由于贾湖一期与裴李岗文化存在区别，又由于这个地区存在南方稻作与北方旱作两个不同的生业形态，因此，对于该地区的信仰，我们将分别予以论述。裴李岗文化时期的贾湖二期出现了太阳崇拜，因后面第十一章有专论，此处从略。

一　南部稻作区的冥界观念与巫觋

（一）贾湖一期出现的人、狗冥界观念

在贾湖一期文化中，我们发现了很多墓葬，一般皆有随葬品，并且有一定的排列规则与葬式，说明人们已经有了冥界观念，其排列及葬式的规则当反映了人们生前的社会组织状况。

除人的墓葬之外，该遗址中还揭露出了10个兽坑，坑中均为狗的骨骼，坑长、宽、深分别为0.5—1.1米、0.3—0.72米、0.2—0.7米。其中SK4、SK5、SK6、SK7、SK8、SK10在墓葬区，SK1、SK2、SK3、SK9在房址内及房基邻近区域，其中SK9属于一期三段，SK1、SK8、SK10属于二期五段，SK3属于三期七段，SK5、SK7属于三期八段，SK2、SK4、SK6属于三期九段。本节所涉及的一期三段SK9的骨骼保存较好。[①]

《舞阳贾湖》将上述兽坑称作狗祭坑，认为将狗埋在墓地中或墓地边缘而不置于墓葬内，意味着此时的狗还是属于氏族的公有财产，位于房基邻近区域的则属于其他某种仪式的遗迹。我们认为，这种说法忽略了贾湖遗址渔猎仍然是主要经济活动的背景，在狩猎生活仍然占据重要地位的时候，狗当是狩猎工具，人们将完整的狗葬于房址或墓葬附近，表明对狗有一种特殊的愿景，即认为狗能帮助人们狩猎并保护人们的财产与安全，因而在狗死以后将它完整下葬，享受与人同等的待遇。不过，葬狗仅仅是冥界观念的一种体现，认为狗死了以后还可继续为主人服务，

---

① 此小节有关贾湖遗址遗存的描述请参见河南省文物考古研究所编著《舞阳贾湖》，科学出版社1999年版，第890、886、525、897—898、902、130、651页。

而不宜视为祭祀现象，因为尚未发现专门的祭坛及祭祀的主神。

（二）贾湖二期出土骨笛、柄形器体现的巫觋活动

贾湖遗址发现用丹顶鹤尺骨做的骨笛（如图3-1）25支，其中22支是在15座墓葬中发现的，据《舞阳贾湖》表七一（贾湖遗址骨笛及共出龟甲、叉形骨器一览表）统计，这15座墓分属三期，一期共2座，占比为13.3%；二期共9座，占比为60%；三期共4座，占比为26.7%。在这15座墓中，每座墓最多的随葬有2支骨笛，这类墓葬共有7座；剩下的几座墓则只各发现了1支。凡是发现有骨笛的墓，墓葬空间大，随葬器物也丰富，例如M282等墓中的随葬品达60件。除去被打破保存不完整的墓和二次葬墓外，葬有骨笛的15座墓中，随葬器物数量最少也多于6件；只有一座成年女性墓M55，属二期6段，其随葬品有石斧、石铲、龟甲、骨镞、牙削、石凿、骨笛等8件；另有一座无法判断性别和年龄，其他13座墓都为男性墓。可辨别年龄的14座墓中，25岁左右1座，30—40岁5座，50—55岁2座，另有6座只能确定为成年。[①]

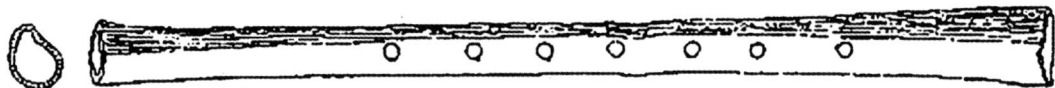

图3-1　舞阳贾湖骨笛 M282：20

图片来源：河南省文物考古研究所编著：《舞阳贾湖》，科学出版社1999年版，第449页。

叶春认为，不排除贾湖先民有使用竹笛的可能，但音色朴质沉稳的骨质笛子相对于音色清脆明亮的竹笛更适用于祭祀音乐；[②] 王子初认为，这些骨笛是当时贾湖遗址竹笛的一个高层次的反映，使用者可能是神职人员。[③] 在新石器时代早期社会中，生产力较低，骨笛制作不易，人们制作的骨笛当有重要的作用或含义。据《舞阳贾湖》表七一统计，大多出土骨笛的墓葬主人为30—40岁的男性。又从《舞阳贾湖》表一一二（死亡人群中两性的年龄分布表）来看，贾湖遗址中男性死亡高峰在中

---

① 河南省文物考古研究所编著：《舞阳贾湖》，科学出版社1999年版，第447—448、454页。

② 叶春：《从贾湖文明看原始宗教对史前音乐的作用及影响》，《岭南音乐》2017年第6期。

③ 王子初：《说有容易说无难——对舞阳出土骨笛的再认识》，《音乐研究》2014年第2期。

年期（35—55岁），占男性总死亡率的57%；其次为壮年期，占34%。[1]
15座有骨笛的墓葬，随葬品较多，这类墓占该遗址所清理墓葬（共349座）的4.3%。据此，我们认为，这些中老年男性可能是氏族的首领，骨笛可能既是宗教道具，也是娱乐工具。至今仍处于较原始状态的一些少数民族的晚会上，还有吹着笛子领着众人围着篝火跳舞的场景。

该遗址还出土1件柄形石饰M330：2（如图3-2），其顶部圆拱形的顶面上有契刻符号。出土该柄形器的M330位于T33东部，属二期五段。墓内填有含少量红烧土粒的灰褐色土，墓底有迁葬人骨架1具，头向西面朝上，四肢、锁骨、少量的脊椎骨、肋骨以及指骨等被整齐地纵向堆放于墓室中间，为单人二次葬中的堆放式，经鉴定墓主为中年女性。随葬品共3件，BbI型折肩壶置于墓室西南，刻符柄形石器平放于肢骨堆的上面中间，AbⅡ型牙削放于肢骨堆左侧。[2] 后来在仰韶文化中发现较多的圆算盘珠形权杖头，也可能源于贾湖文化。

《舞阳贾湖》一书认为，该柄形器的性质类似于澳大利亚阿兰达人的屈林加（churinga）这样的宗教法杖，[3] 或者是彝族的祭司（毕摩）进行宗教仪式时使用的引导死去之人灵魂回归祖先发祥地的指路手杖。这种杖首往往刻有祭司的咒符。[4] 我们同意上述观点。这个柄形器当是宗教仪式的工具，最初由家长、巫师用来进行宗教祭祀，再逐渐演变为权势的象征物。M330这种单人二次葬中的堆放式葬俗墓共发现15座，在贾湖遗址349座墓中占比为4.3%，这种葬俗相对于一次葬和乱堆式二次葬而言，应该是一种更隆重、认真的葬俗，其特征是将二次葬所取的人骨整齐地堆放于墓底，并且将长骨堆成一堆，头骨放置于其上或其西端，[5] 可见M330墓主应是当时有一定社会地位的人。从《舞阳贾湖》表一一二（死亡人群中两性的年龄分布表）[6] 来看，女性一般多在中年时

① 河南省文物考古研究所编著：《舞阳贾湖》，科学出版社1999年版，第857页。
② 河南省文物考古研究所编著：《舞阳贾湖》，科学出版社1999年版，第183、401页。
③ ［苏］托卡列夫（С. А. Токарев）：《世界各民族历史上的宗教》，魏庆征译，中国社会科学出版社1985年版，第49页。
④ 河南省文物考古研究所编著：《舞阳贾湖》，科学出版社1999年版，第974、989页。
⑤ 河南省文物考古研究所编著：《舞阳贾湖》，科学出版社1999年版，第151页。
⑥ 河南省文物考古研究所编著：《舞阳贾湖》，科学出版社1999年版，第857页。

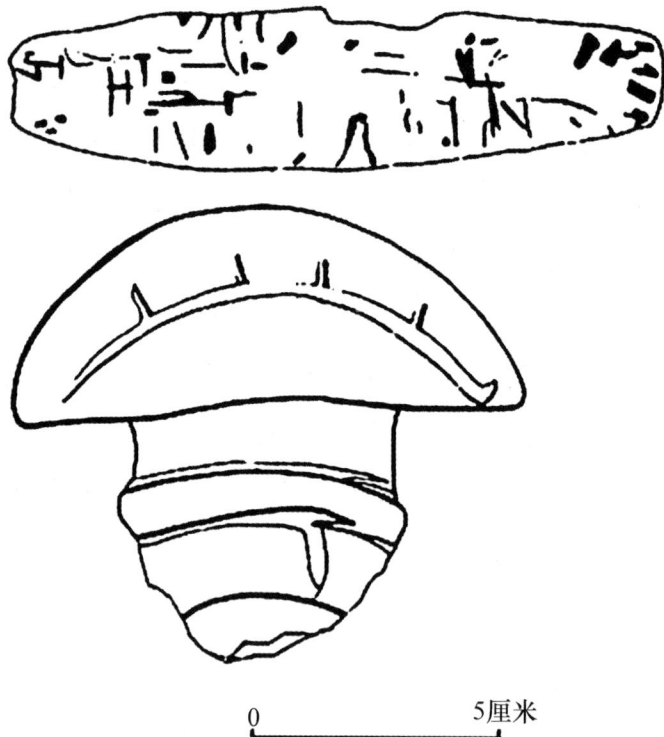

图 3-2　贾湖遗址柄形石饰 M330∶2

图片来源：河南省文物考古研究所编著：《舞阳贾湖》，科学出版社 1999 年版，第 397 页。

去世，该年龄段去世人数占女性总死亡人数的 29.2%，而青年期和老人期死亡的占比仅分别为 18.3% 和 5.8%。我们认为，M330 的女性墓主虽然只是中年，但对于贾湖遗址先民来说已经是长者了，她享有堆放式单人二次葬，应具备了巫师的职责。这个事实告诉我们，女巫是确实存在的，当然，其时也有男巫，男巫被称为觋。

柄形器和骨笛等祭祀用具的发现，证明该时期可能已经出现了某种祭祀仪式和女巫、男觋，如果从发现的唯一权杖头在女墓中来看，当时的祭司应为女性。时间、空间相距不远的距今 8000—7000 年前的北福地遗址一期遗存中，发现了祭祀场遗址、"刻陶假面面具"，[1] 这说明贾湖二期存在祭祀仪式是很有可能的。贾湖一期也发现了骨笛，但未有柄形器等宗教工具类的器物出现，若后续有发现，当可将祭祀仪式的出现提

---

① 河北省文物研究所段宏振主编：《北福地：易水流域史前遗址》，文物出版社 2007 年版，第 137、110 页。

前。又据上文所述的贾湖二期太阳崇拜的出现可知，其所祭祀的神当为太阳，即天神。

（三）贾湖遗址随葬的龟甲与宗教无关，当属工具袋材料

贾湖遗址还发现了许多龟、鳖类甲壳，多在各文化层中、填土中和废弃堆积中，几乎都为碎片而较少有完整个体。贾湖遗址有 24 座随葬龟（如图 3-3）、鳖甲的墓，根据《舞阳贾湖》表七三（随葬龟、鳖墓葬统计表），一期只发现一段 1 座、二段 1 座和四段（按张弛之说，将四段归入一期）1 座共 3 座墓葬随葬龟、鳖甲，而贾湖二期的五段有 8 座、六段有 10 座共 18 座墓葬，贾湖三期七段有 3 座。[①] 由此可见，贾湖二期出土龟、鳖甲墓葬占三个期段 24 座墓的 75%。另外，根据《舞阳贾湖》表七四，有些龟甲内部含有直径 1 厘米左右的石子，这样的墓葬在一期二段有 1 座，二期五段 5 座、六段 4 座，可知贾湖二期石子与龟甲成套出土的墓葬占三个期段成套出土 10 座墓总墓数的 90%，[②] 说明随葬龟甲以及石子现象在一期萌芽，二期时达到鼎盛，三期衰落。据《舞阳贾湖》附表六[③]记载，23 座随葬龟甲的墓中（不含只有鳖甲的墓），男性单人或男性合葬墓为 14 座，男女合葬 5 座，女性墓 2 座，未知性别的 2 座，说明龟甲随葬的现象主要出现在男性墓中。

据《舞阳贾湖》所述，随葬龟甲墓葬共有 23 座，以闭壳龟为主，鳖甲 1 座。其埋藏状态大体可分为三种形式：第一种，成组随葬共 13 座，其中 6 座墓葬各有 8 件龟甲，有 6、4、2 件龟甲者各有 2 座，还有 1 座有 3 件龟甲和 1 件鳖甲。出土时皆背、腹甲扣合整置成组堆放于墓中；第二种，单个随葬者 1 座；第三种，剩下的墓葬中只有龟、鳖甲碎片。[④] 可见，完整的龟甲大多是背与腹甲合在一起的。该遗址中的龟甲多带有穿孔，且一般在其背、腹甲上是可以对应上的，目的主要是为了进行缀合，另外还有不少未见穿孔的，可能是用易腐烂不能保存的物体缠裹代替缀合。

贾湖遗址中出土的龟甲与石子受到学术界的广泛关注。《舞阳贾湖》

---

① 河南省文物考古研究所编著：《舞阳贾湖》，科学出版社 1999 年版，第 457 页。
② 河南省文物考古研究所编著：《舞阳贾湖》，科学出版社 1999 年版，第 459—461 页。
③ 河南省文物考古研究所编著：《舞阳贾湖》，科学出版社 1999 年版，第 656 页。
④ 河南省文物考古研究所编著：《舞阳贾湖》，科学出版社 1999 年版，第 456—458 页。

图 3-3　贾湖遗址 M344 出土的龟甲及石子

图片来源：河南省文物考古研究所编著：《舞阳贾湖》，科学出版社 1999 年版，彩版四十一。

认为这些出土的龟甲和石子是用于占卜的，类似于现存于中国台湾地区的文王龟占法的数占法，[①] 反映了当时已经出现数占法这一占卜方式；而王子初认为是法器；[②] 陈星灿、李润权认为龟甲可能是类似于西方的摇响器。[③] 高广仁、邵望平等认为大汶口文化相关遗址中所发现的龟甲是一种灵物，墓主在活着的时候用来佩戴。[④]

另外，在该遗址还有其他一些特殊龟、鳖甲遗存的发现。如 1 件较完整龟壳在 H187 南边隔墙下，1 件完整鳖甲在 H37F3D8 柱洞底部，1 件龟甲和 2 件鳖甲在 H107 坑底，《舞阳贾湖》称上述甲壳或有奠基等宗教意义。[⑤]

---

① 河南省文物考古研究所编著：《舞阳贾湖》，科学出版社 1999 年版，第 978 页。

② 王子初：《说有容易说无难——对舞阳出土骨笛的再认识》，《音乐研究》2014 年第 2 期。

③ 陈星灿、李润权：《申论中国史前的龟甲响器》，邓聪、陈星灿主编《桃李成蹊集——庆祝安志敏先生八十寿辰》，香港中文大学中国考古艺术研究中心 2004 年版，第 72 页。

④ 高广仁、邵望平：《中国史前时代的龟灵与犬牲》，《中国考古学研究》编委会《中国考古学研究——夏鼐先生考古五十年纪念论文集》，文物出版社 1986 年版，第 63 页。

⑤ 河南省文物考古研究所编著：《舞阳贾湖》，科学出版社 1999 年版，第 455—458 页。

　　我们认为，贾湖遗址广泛分布龟、鳖类甲壳碎片，应当为餐食后的废弃物，而不是贾湖遗址先民的神祇。《舞阳贾湖》报告所称的具有奠基或宗教意义的情况仅三例，且一例在隔墙下，奠基的意义不大，奠基宜在主墙下或大门口；H107 龟鳖同出的情况也只有一例，较为偶然，且有 2 只鳖，并不全是后世所神化的龟；H37F3D8 底部只是 1 只鳖而非龟甲。因此，我们认为上述三例不能体现龟甲的宗教奠基意义。

　　贾湖遗址所葬的龟甲也不应是用于数占的，因为据《舞阳贾湖》表七三（随葬龟、鳖墓葬统计表）可以发现，该遗址所葬龟甲的墓葬中，龟甲及石子多者如二期六段的 M94 有 8 副龟甲、173 粒石子，少者如二期六段的 M290 只有 1 副龟甲而没有石子，数量如此悬殊，且各墓石子数量不一，很难说都是占卜所用的器具。贾湖遗址之后，直到距今4400—4100 年前龙山文化前期的郑州大河村遗存，才发现有第一件灼有四孔的卜甲 H170：27。[1] 在此之间出土的龟甲没有明显的占卜现象，龙山文化时期则出现了大量牛羊等肩胛骨卜骨。而占卜用的龟甲，除大河村遗址外未有见到，直到商代早期的南关外遗址才出现，到二里岗上层时期才开始扩大范围。[2] 从贾湖文化到商文化，鲜有卜甲出现，再次证明了贾湖遗址的龟鳖甲不是占卜用具。

　　那么，这些龟甲是干什么用的呢？为弄清龟甲的性质，我们不妨将贾湖遗址的龟甲与稍晚遗存中发现的同类龟甲一起讨论。除贾湖遗址外，在大汶口文化和仰韶文化某些类型中也广泛发现有龟甲随葬墓。刘林遗址中出土 6 副龟甲，背腹甲同出，部分背甲上有穿孔，和贾湖遗址相似的是 M182 中发现的两副龟甲中也有石子，发掘者猜测为甲囊（工具袋）；[3] 大墩子遗址部分龟甲中还有骨针、骨锥等，该遗址 M44 中有绳索磨损痕迹的两副穿孔龟甲（如图 3-4），里面分别有 6 枚骨锥和较粗的 Ⅱ型骨针。[4] 由于龟壳内装有骨针或骨锥，又有包缠工具缠绕，因此它不能发出乐音，不可能是摇响器，更不会是挂饰。

　　大墩子发现的龟甲，除放石子外，还伴有骨针、骨锥，并且龟背与

①　郑州市文物考古研究所编著：《郑州大河村》，科学出版社 2001 年版，第 585—586、452 页。
②　［韩］朴载福：《先秦卜法研究》，上海古籍出版社 2011 年版，第 186 页。
③　南京博物院：《江苏邳县刘林新石器时代遗址第二次发掘》，《考古学报》1965 年第 2 期。
④　南京博物院：《江苏邳县四户镇大墩子遗址探掘报告》，《考古学报》1964 年第 2 期。

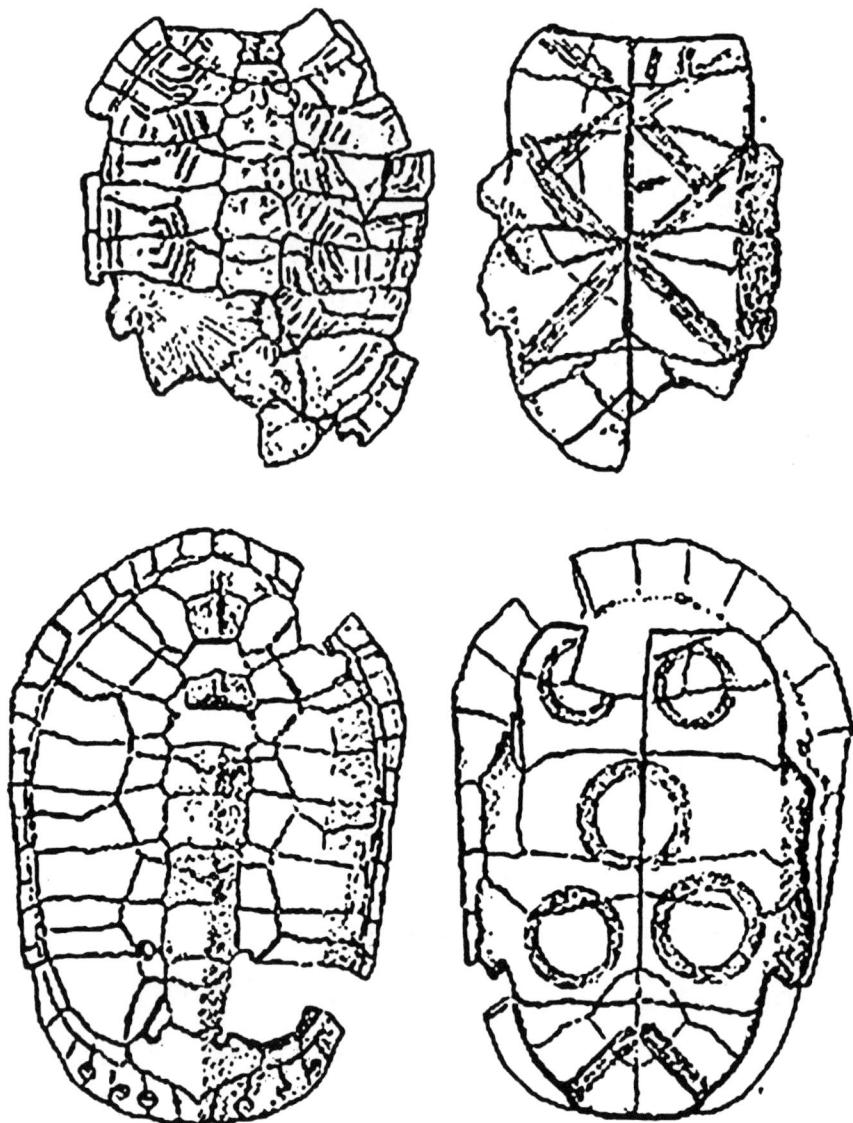

图 3-4　大墩子遗址穿孔、磨痕龟甲（上 . M44：26；下 . M44：13）

图片来源：南京博物院：《江苏邳县四户镇大墩子遗址探掘报告》，《考古学报》1964 年第 2 期。

龟腹有对称穿孔以利缀合，或背腹甲是用绳索绑定的，这些现象与贾湖遗址雷同。由此我们判断，这类将背与腹甲缀合在一起的龟甲当是一个工具袋。王因墓地大汶口早期遗存中所发现的龟甲内放骨锥，简报中称其起到了盒的作用，[①] 我们认为是正确的。

————————

① 中国社会科学院考古研究所山东工作队、济宁地区文化局：《山东兖州王因新石器时代遗址发掘简报》，《考古》1979 年第 1 期。

　　龟甲内放这么多石子又是干什么用的？我们认为，石子应是投掷工具或弹丸，其形制与陶弹丸极相似。弹弓在旧石器时代晚期已经出现，贾湖遗址发现有 5 件圆形或扁圆形陶弹丸，如标本 H55：1，泥质红陶，其长径 1.9—2 厘米，短径 1.4—1.5 厘米；还有石弹丸共 13 个，大多都为自然的砾石颗粒，多见为圆形，个别为半圆或椭圆形，直径最大者 1.7 厘米、最小者 0.9 厘米。[1] 磁山遗址也发现较多类似的陶弹丸。[2] 因此，小石子也当是弹丸。投掷石器在贾湖遗址中只占狩猎工具的 9.5%；[3] 该遗址清理的 349 座墓，出土有龟甲的墓占 6.6%，共 23 座，[4] 两者比例相近，因此，也可证明它们与狩猎的关联。在贾湖遗址的动物骨骼中发现有多生活在疏林草原、湖沼地带的三种鸟类，石子也可能就是一种弹弓的子弹，捕获鸟类所用。

　　贾湖遗址处于南方稻作农业区，但是处于稻作农业的萌芽期，狩猎仍占经济生活的重要地位。发现的 23 座随葬龟甲的墓中，包括了男女合葬墓共 5 座，另有 16 座为男性单人或合葬墓，也就是说，墓中有男性尸骨的墓之数量占这 23 座总墓数的 91.3%；女性墓 M290 中只有一块龟甲碎片，可能为填土时误入。大墩子遗址随葬龟甲的 M21、M44 墓主也是三四十岁左右的壮年男子。

　　综上，我们认为，随葬的龟甲是男子日常所用之物，当是男子外出狩猎时携带的一种工具袋，直径 1 厘米左右的石子是类似弹弓的弹丸或投掷工具，它们与宗教无关。

　　（四）贾湖遗址叉形骨器与宗教无关，可能是复合工具

　　贾湖遗址发现骨制叉形器 18 件，据《舞阳贾湖》表七十可知，叉形器在该遗址的三个时期皆有出土，最早于一期四段出现，二期较多，共 9 个标本，占出土总数的 50%，至三期衰落。大多数都在墓中成堆的龟甲上，其中个别的握在墓主的手中或置于墓主身旁。如图 3-5，叉形器分上下两段，上段是两股叉形，叉的端头有的平齐有的呈弧状；下段部

① 河南省文物考古研究所编著：《舞阳贾湖》，科学出版社 1999 年版，第 342、389 页。

② 河北省文物管理处、邯郸市文物保管所：《河北武安磁山遗址》，《考古学报》1981 年第 3 期。

③ 河南省文物考古研究所编著：《舞阳贾湖》，科学出版社 1999 年版，第 900 页。

④ 河南省文物考古研究所编著：《舞阳贾湖》，科学出版社 1999 年版，第 967 页。

分分为两面，分别为钩形和斜刃刀形，钩形那一面的端部和刀形面的下角相连。该器上下两段之间呈管状，锯有一两周的凹槽，或呈竹节状的凸起，大多都因长期使用而光滑，叉的端部应当经常使用，许多叉形器的中间管筒上有圆孔，发掘报告推测圆孔是破裂后缀合用的。①

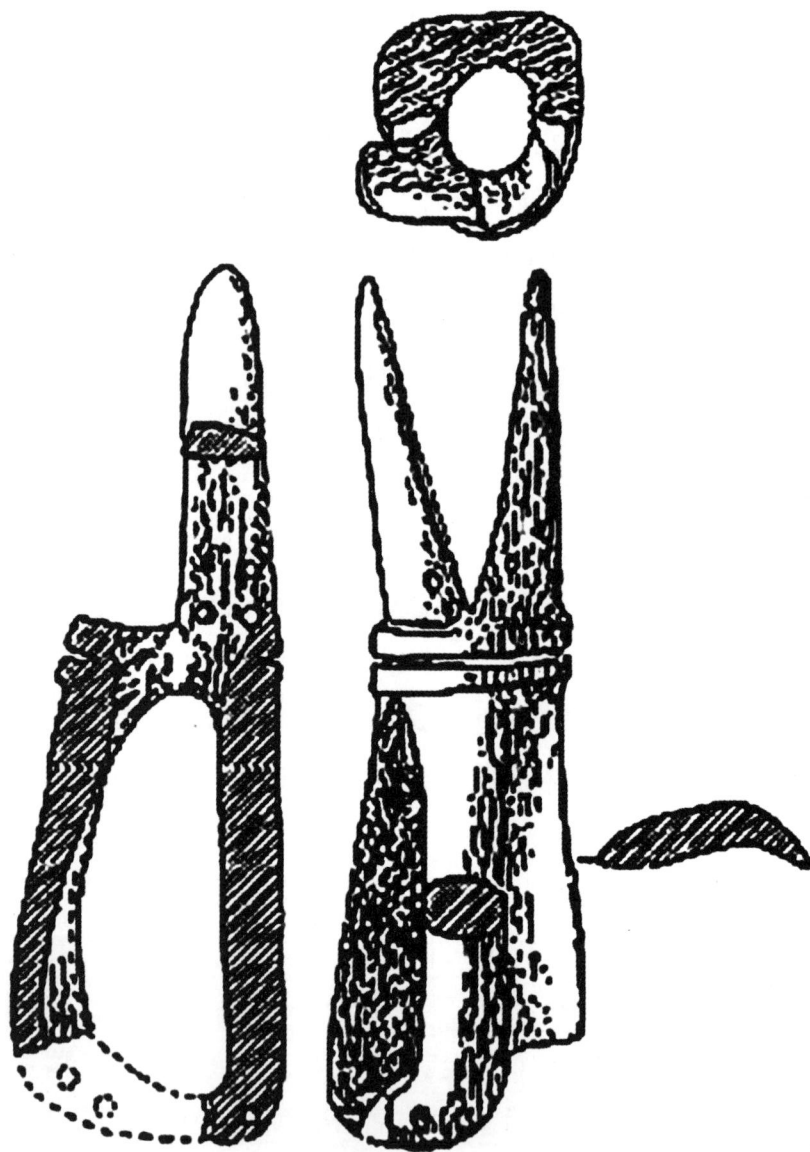

图 3-5 贾湖遗址 A 型叉形器 M395：2

图片来源：河南省文物考古研究所编著：《舞阳贾湖》，科学出版社 1999 年版，第 446 页。

---

① 河南省文物考古研究所编著：《舞阳贾湖》，科学出版社 1999 年版，第 445—447 页。

《舞阳贾湖》报告中认为,叉形器与龟甲有关,可能是法器。① 邓宏海认为,叉形器是鸟羽风筝式候风仪的放线器。② 我们认为,该遗址所出的骨制叉形器应当是用于生产活动的用具,理由有三:其一,长期使用而很光滑;其二,上有两个尖头,可有多种用途,既可用于掘土,也可用于加工动物,还可当弹弓使用,其侧面的刀形器也可用于刮削;其三,其与龟甲一起常随葬于墓中,可能与龟甲有关。如上文所述,作为工具袋的龟甲内有很多似弹丸的小石子,叉形器很可能是一种既可与小石子配合使用的弹弓,又可作刮削器,当是一种复合工具,与宗教无关。

二　北部旱作区原始的陷祭、祖先崇拜与对工具的祭祀

中原地区与贾湖遗址二、三期年代相当的文化主要是裴李岗文化,其北面是磁山文化。这两种文化都处于主要栽培栗、黍的旱作农业区,是当时北方地区的代表性文化。

(一) 裴李岗文化早期的冥界观念

裴李岗遗址位于河南省新郑市,校正年代不晚于距今 7700 年。根据发掘报告中所列表格,第一次发掘的 8 个墓葬,墓主头向都在南偏西6—24 度;③ 第二次发掘的 24 座墓葬中,除无法辨别墓向的 9 座外,其余 15 座墓葬的墓主头向都在南偏西 16 度内;④ 1979 年第三次发掘报告中表格所列共 92 座墓葬,48 座能辨别墓主头向,均向南。⑤ 墓葬多为向南或南偏西的朝向,又有较多的随葬品,表明裴李岗遗址所在的氏族有其固定的埋葬习俗,有了冥界观念。

(二) 裴李岗文化的荐祭与磁山文化的陷祭

位于河南省郏县县城东北 15 公里的水泉遗址,晚期遗存中碳十四测定

---

① 河南省文物考古研究所编著:《舞阳贾湖》,科学出版社 1999 年版,第 975 页。

② 邓宏海:《论贾湖骨笛、龟甲和叉形器的真相——兼驳"万物有灵论"》,http:www.360doc.com/content/12/0923/12/14224_237706712.shtml.

③ 开封地区文管会、新郑县文管会:《河南新郑裴李岗新石器时代遗址》,《考古》1978年第 2 期。

④ 开封地区文物管理委员会、新郑县文物管理委员会、郑州大学历史系考古专业:《裴李岗遗址一九七八年发掘简报》,《考古》1979 年第 3 期。

⑤ 中国社会科学院考古研究所河南一队:《1979 年裴李岗遗址发掘报告》,《考古学报》1984 年第 1 期。

的校正年代距今约 7920 年，故比其更早的第二期遗存应不晚于距今 8000 年。该遗址揭露出 120 座二期遗存的墓葬，保存状况良好。该墓地从西到东、由北至南，大约分为 18 排墓葬，特别是有的两座墓间似故意留有一些空间，似为某种特定次序预留出位置。二期墓区有两个烧土坑，其中较大者位于墓地中间（即第七与第八排墓之间），可依此将墓地分为东西两部，该烧土坑中只有大量乱石和烧土。较小者位于西边墓地东部，里面出土少量的兽骨。发掘报告认为其可能和某种埋葬时举行的仪式有关。①

我们认为，烧土坑应当不是人们一般认为的祭寒、月等神的"坎祭"或祭天的"燎祭"遗址，因为它位于墓区中间，明显是祭死去的亲人的，应是祭墓主的"荐祭"。墓中有随葬品出土，说明存在冥界思想。

冀南的磁山文化也出现了祭祀遗存。磁山文化与裴李岗文化时间相近，也同属旱作农业区。磁山遗址位于河北省武安市磁山村，碳十四测定年代为距今 7355—7235 年，校正年代距今 8300—8100 年。该遗址第一文化层中揭露了许多灰坑，包括 22 个（椭）圆形灰坑、157 个长方形灰坑和 7 个不规则形灰坑，共 186 个。至遗址的第二期，共发现 2 座房址，另有圆形和椭圆形灰坑 86 座，长方形灰坑 188 座。②

关于该遗址房址数量、灰坑的性质以及整个遗址的性质等问题，学术界尚存在争议。如卜工根据磁山遗址墓葬与灰坑的比例③、80 余个长方形灰坑埋有粮食或树籽且常出有猪狗骨架，以及第二期遗存中出土的45 处石制工具和陶器组合物等现象，认为磁山的灰坑即甲骨文"陷祭"和文献中"瘗埋"的前身，磁山遗址不是村落遗址，而是祭地祀年的祭祀场所。④ 乐庆森则认为，磁山遗址是一个聚落遗址，长方形灰坑不是祭祀坑，而是用途不同的窖穴，其窖穴底部绿灰土也不全是粮食堆积，底部兽骨是无意间丢入的。⑤

---

① 中国社会科学院考古研究所河南一队：《河南郏县水泉裴李岗文化遗址》，《考古学报》1995 年第 1 期。

② 河北省文物管理处、邯郸市文物保管所：《河北武安磁山遗址》，《考古学报》1981 年第 3 期。

③ 按卜工的说法，二期 2 座房址加上 1 处疑似建筑遗址的卵石面共 3 处房址，而二期共282 座灰坑，故二期房址与灰坑的比例应当是 1：94，而非 1：75。

④ 卜工：《磁山祭祀遗址及相关问题》，《文物》1987 年第 11 期。

⑤ 乐庆森：《磁山遗址灰坑性质辨析》，《古今农业》1992 年第 2 期。

笔者认为，卜工对该遗址的房址估计有误。第一，如报告所分析，第一、二期分别约有22个、47个长径在2米、短径在1.4米以上的圆形或椭圆形浅灰坑，认为也是房址；而且，可能用作粮食或其他物品储藏窖穴的方形灰坑，皆分布在这些房址周围，因而明显是个聚落。至于有的房址没有灶，这并不是否定它为房址的理由，因为同时期的贾湖一期遗址、裴李岗文化遗址、彭头山文化遗址也只有极少数房址有灶，人们过着集体生活。第二，并非如卜土所言的八十多个埋有粮食或树籽的长方形灰坑中常有兽骨，而是只有H5、H12、H14、H265、H107等极少数方形灰坑才这样。因此，我们认为，这少数方形灰坑有可能是祭祀遗迹，并且可能是祭地祈年的陷祭。这种陷祭在以后的半坡遗址等皆有例证。① 关于第二期45组陶石器组合为祭祀遗迹的看法，证据也似不足。此处有众多粮仓且储存丰富，加工粮食的可能性较大，即使在18平方米的小范围内发现10组加工器具，也有可供人们使用来进行手工加工的可能，因为他们可以利用10组工具所在的18平方米的周边区域，若每组加工器具由1人使用，人均可有大于2平方米的空间，完全可以进行粮食加工。至于是否有用作祭祀的器物，我们认为，虽然附近的裴李岗文化重视随葬工具类器物，约晚数百年的北福地遗址也有工具祭祀现象，② 但正如第二期两组组合物位于疑似房址的椭圆形灰坑H453中，显非祭坛之类，暂未发现磁山遗址的祭坛，尚难根据这些工具类器物断定其为祭祀遗迹，而处在储存丰富的粮仓附近的工具为加工粮食的工具可能性更大。

我们赞同乐庆森的观点——认为磁山遗址是一个聚落遗址，遗址中的灰坑是各种用途不同的窖穴，但他将其中有粮食和兽骨的灰坑也看作窖穴而不是祭祀坑的观点，笔者不敢苟同。

总之，我们认为磁山遗址已经出现了陷祭，至于是否有器物祭祀，现有材料尚不够，难以断言。

（三）磁山文化与裴李岗文化女性祖先（偶像）崇拜

裴李岗文化时期与磁山文化时期，女性的地位普遍较高，这首先可

---

① 中国科学院考古研究所、陕西省西安半坡博物馆编：《西安半坡——原始氏族公社聚落遗址》，文物出版社1963年版，第18页。

② 河北省文物研究所段宏振主编：《北福地：易水流域史前遗址》，文物出版社2007年版，第137—139页。

以从墓葬随葬品数量看出。据研究，裴李岗文化墓葬中石铲和石磨盘分别是男、女墓独有的随葬物——这已为大家所公认（详下）。其中女性墓随葬品普遍多于男性，裴李岗遗址下层随葬石磨盘的墓共 10 座，随葬品共 116 件，平均每墓 11.6 件；随葬石铲的墓 19 座，随葬品共 79 件，平均每墓 4.16 件。其中 M15、M27 两座大型墓有石磨盘随葬，推测也是女性墓。该遗址上层随葬石磨盘的墓有 6 座，有随葬品共 36 件，平均每墓 6 件；随葬石铲的墓有 21 座，有随葬品共 64 件，平均每墓约 3 件。整个裴李岗上下层，女性墓的平均随葬品数量约为男性墓平均随葬品数量的 2—3 倍，而且下层墓地随葬石磨盘的墓位于中心位置，大体成两行，这表明裴李岗文化时期应当处于母系氏族阶段，以女性为尊。朱延平也认为裴李岗文化处于母系氏族阶段。[①]

在女性为尊的文化背景下，出现了女性偶像崇拜。树轮校正后年代距今 8000 年左右的莪沟北岗遗址中，H35：1 是目前出土已知黄河流域年代最早的陶人头。[②] 磁山遗址也出土眼睛为圆窝形凸起、嘴唇肥大的石雕人像（如图 3-6）。

关于莪沟北岗遗址的女像，因刊物上图片太模糊，故不展示于此。原报告中的描述为：头部较为扁平，而前额陡直，两眉相连，眉骨部分刻划粗壮，鼻部较宽，眼部较深，下颌前突，脸型整体为方形。朱存明称其大如桃核，扁头方脸，前额较平，宽鼻、深目瘪嘴，当为老妇形象，可能是母系氏族社会的女巫师或女性祖先神。他还认为，磁山遗址石雕人像有神秘、怪异、可惧的色彩，是佩戴用的"珠灵卡"似的灵物。[③] 魏女也认为，莪沟北岗的陶人像或是指代所在氏族的老祖母，因为该人像有着老妇人嘴部等形象特点。[④] 李公明也称其为一尊造型简朴、稚拙的老妪头像。[⑤] 另

---

① 朱延平：《关于裴李岗文化墓葬的几个问题》，《考古》1989 年第 11 期。

② 河南省博物馆、密县文化馆：《河南密县莪沟北岗新石器时代遗址发掘报告》，《河南文博通讯》1979 年第 3 期。

③ 朱存明：《论先秦人形器及其文化意义》，《第七届海峡两岸先秦两汉学术研讨会论文集》，2009 年，第 248 页。

④ 魏女：《从考古资料看中国史前原始宗教向阶级宗教的转变》，《西北大学学报》（哲学社会科学版）2002 年第 4 期。

⑤ 李公明主编：《中国美术史纲》，湖南美术出版社 2004 年版，第 23 页。

图 3-6 磁山遗址石雕人像

图片来源：朱存明：《论先秦人形器及其文化意义》，《第七届海峡两岸先秦两汉学术研讨会论文集》，2009 年，第 248 页。

外，周晓光、裘士京称磁山遗址人头像五官造型极其夸张。[1]

笔者认为，陶人像为老妇形象的判断是与裴李岗文化母系氏族这一社会背景相符的，它当是偶像崇拜、祖先崇拜的体现，是对一名当时族群中女性长老的描绘。有学者说：偶像一般都采取人形，同偶像崇拜紧密相关的是那种以祖先崇拜为内容的宗教。也就是说，偶像崇拜应当是源于对祖先的崇拜，而裴李岗文化发现的这件人像时代早，且风格比较写实，没有过多的神格形式，可能是体现了这一时期属于初级的祖先崇拜向偶像崇拜的过渡阶段。但朱存明认为磁山文化石人像是"珠灵卡"（灵物）

---

[1] 周晓光、裘士京主编：《中国传统文化史》，安徽大学出版社 2014 年版，第 23 页。

的观点值得进一步讨论，因为"珠灵卡"又称"丘林噶""屈加林"等，是澳大利亚阿兰达部落和邻近各部落的一种图腾圣物。据斯宾塞和吉伦的记述："丘林噶"也可以表示一切秘密及神圣的东西，但主要还是各种尺寸为8—15厘米或更长的椭圆形石片及木块，其上大多绘刻一些由圆形、螺旋形等构成的形状独特的纹饰，而这些纹饰蕴含着图腾祖先及其故事传说，具有神话意蕴。[1] 磁山遗址的人像造型如眼睛、嘴巴等虽有些夸张，但以写实为主且其上部有一穿孔，表明其当是作为护身符或偶像。

（四）裴李岗文化晚期出现的男性祖先崇拜

属裴李岗文化晚期的水泉遗址第三期遗存中，发现了陶祖（如图3-7）2件，体型较大的一件H32：1长约10.3厘米，另一件H32：2长约7.2厘米。[2] 裴李岗文化晚期还发现了男性大墓。贾湖遗址在同时代的第二期五段时，墓主为男性的墓葬随葬品开始多于墓主为女性的墓葬。这些均表明，这一区域在裴李岗文化晚期，开始由女性祖先崇拜转向男性祖先崇拜。

（五）裴李岗文化、北福地一期文化的生产工具崇拜

1. 裴李岗文化随葬生产工具

关于裴李岗文化遗址中的墓葬随葬品的特点，学术界已早有研究，如张之恒在《中国考古通论》中称：裴李岗文化墓葬中，男性墓和女性墓随葬品有明显的区别。在莪沟北岗的墓葬中，石铲、石斧、石镰三者都未和磨盘、磨棒在同一墓中发现，而经人骨鉴定得知，墓中有石铲、石镰的为男性墓。[3] 裴李岗遗址第三次发掘的墓葬中，发现五种随葬品组合方式：有42座随葬陶器，有4座随葬石铲（M44、M62、M102、M106），有24座随葬石斧、石镰、石铲、石矛等农耕工具和陶器，有8座（M54、M61、M67、M72、M95、M103、M110、M115）随葬石磨盘、磨棒和陶器，而只有1座（M38）同时随葬陶器、食品加工工具（石磨盘、磨

_____

① ［苏］托卡列夫（С. А. Токарев）、托尔斯托夫（С. П. Толстов）主编：《澳大利亚和大洋洲各族人民》，李毅夫等译，生活·读书·新知三联书店1980年版，第277页。

② 中国社会科学院考古研究所河南一队：《河南郏县水泉裴李岗文化遗址》，《考古学报》1995年第1期。

③ 张之恒主编：《中国考古通论》，南京大学出版社2009年版，第143页。

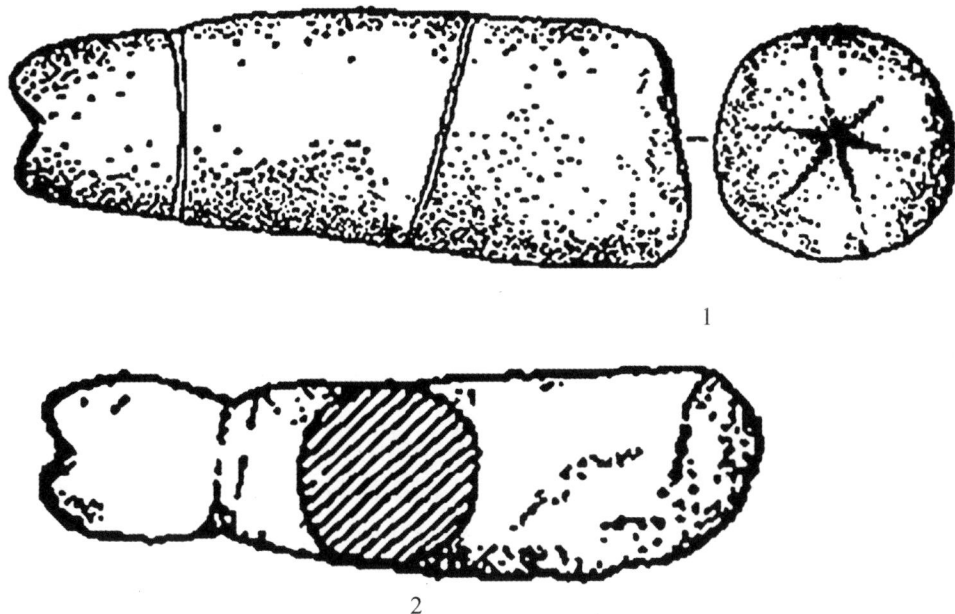

图 3-7　水泉遗址三期遗存陶祖

1. H32：1　2. H32：2

图片来源：中国社会科学院考古研究所河南一队：《河南郏县水泉裴李岗文化遗址》，《考古学报》1995 年第 1 期。

棒）和农耕工具（石斧、石镰、石铲）。[1] 郏县水泉遗址第二期遗存的 120 座墓葬中，共出土了 28 件（套）石磨盘、磨棒，32 件石铲，这两类器物基本不同出，唯 M110、M60、M68 二者兼有。[2] 我们又在《长葛石固遗址发掘报告》的墓葬统计表中发现，除 M61 为女性墓随葬一件石斧外，M56、M46、M54、M12、M23、M5、BM1 随葬有石铲、石斧而不见石磨盘、石磨棒，且均为男性墓；M39、M14、M86 随葬有石磨盘、石磨棒而不见石铲、石斧，且均为女性墓。[3] 以上说明，在裴李岗文化时，石质食品加工工具和石质农耕工具一般在墓葬中是不共存的，前者多在女性墓中，后者多在男性墓中。按男女性别分别随葬相应的生产工具、加工工具，表明对工具的重视甚至有按性别分工的意味。

---

[1]　中国社会科学院考古研究所河南一队：《1979 年裴李岗遗址发掘报告》，《考古学报》1984 年第 1 期。

[2]　中国社会科学院考古研究所河南一队：《河南郏县水泉裴李岗文化遗址》，《考古学报》1995 年第 1 期。

[3]　河南省文物研究所：《长葛石固遗址发掘报告》，《华夏考古》1987 年第 1 期。

2. 北福地一期文化以生产工具为祭

北福地遗址位于河北省易县易水河北岸，其虽不属于中原核心地区，但因与裴李岗文化相邻，时代与裴李岗文化有交叉，反映出旱作地区的宗教状况，并可弥补中原地区裴李岗文化至仰韶文化间的缺环，故予以论及。其一期遗存（树轮校正年代为距今 8000—7000 年）中发现一处平面近长方形的祭祀场遗址，总面积 90 余平方米，活动面上有大量遗物，不同类型的祭器进行分组排列堆积，主要是中、小型陶直腹盆和各种精制石器。发掘报告将遗物大致划分为 11 组，并以每组代表性器物命名。在 11 组器物中，生产工具包括大石耜组的石耜、石斧、石铲，三斧组的石斧，石铲与陶直腹盆组的石斧、石铲、石锛，石磨棒与磨盘组的石磨盘、石磨棒、石铲，有肩石铲组的石铲、石锛等。这些石器较为精致，如有一件石耜 J∶11（图 3-8）较为特殊，该石器体型大，整体长度有 46 厘米，而且制作十分精美，通体磨光。① 我们认为，这些器物制作精美，且成组地堆积于祭祀场中，应当是宗教祭祀所用。

上述裴李岗文化墓葬随葬工具且男女有别，北福地遗址成组的祭器当是北方工具崇拜的体现，表现出他们对工具的重视，希望来世加强生产，获得更多的粮食。

（六）裴李岗遗址的猪、羊头形陶塑祭品

树轮校正年代不晚于距今 7700 年左右的裴李岗遗址，出土了猪、羊头形状的陶塑（图 3-9），均发现于地层之中，包括猪首 2 件、羊首 1 件，另有一件疑似羊首，这些动物陶塑造型都较简单。该遗址还出土了较多的猪、羊等动物的骨骼。②

张绪球说：“学术界公认，史前时代的雕像都是宗教美术品，因此无论是人物雕像，还是动物雕像，它们所代表的都不是普通的人或动物，而是都属于神灵的范畴。”③ 我们认为，猪、羊是人们生活中必不可少的

---

① 河北省文物研究所段宏振主编：《北福地：易水流域史前遗址》，文物出版社 2007 年版，第 21、137—139、151 页。

② 开封地区文物管理委员会、新郑县文物管理委员会、郑州大学历史系考古专业：《裴李岗遗址一九七八年发掘简报》，《考古》1979 年第 3 期。

③ 张绪球：《石家河文化玉器的发现和研究概述》，荆州博物馆编著《石家河文化玉器》，文物出版社 2008 年版，第 14 页。

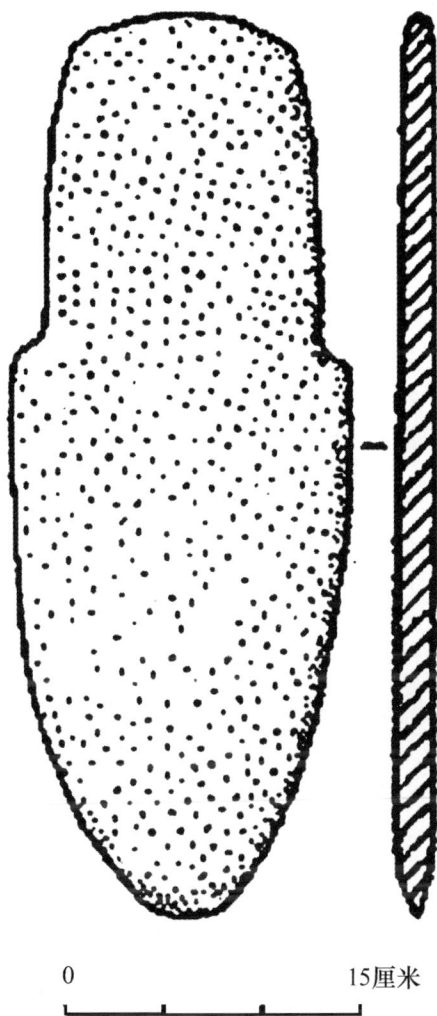

0　　　　　　　　　　15厘米

图 3-8　北福地一期祭坛场石耜 J：11

图片来源：河北省文物研究所段宏振主编：《北福地：易水流域史前遗址》，文物出版社 2007 年版，第 146 页。

食物来源，遗址中出土了较多猪、羊的骨骼，表明这些动物是一种食材，也说明该遗址发现的猪、羊头形状陶塑不应是神，如果是神，人们便不应食用这些动物，很多民族不食用自身的图腾动物即是证明。因此，这些陶猪、羊可能是祭神的牺牲替代品。

顺便一提，即使是地下发掘的人像也不一定是神，很多属"还愿像"，这一点可参见西亚的情形。两河流域的萨马拉遗址和梭万遗址均出土有公元前 7000—前 6300 年的陶、石人像。[①] 中国境内也出现较多类

———————————

① 参见杨建华《两河流域：从农业村落走向城邦国家》，科学出版社 2014 年版，第 227 页。

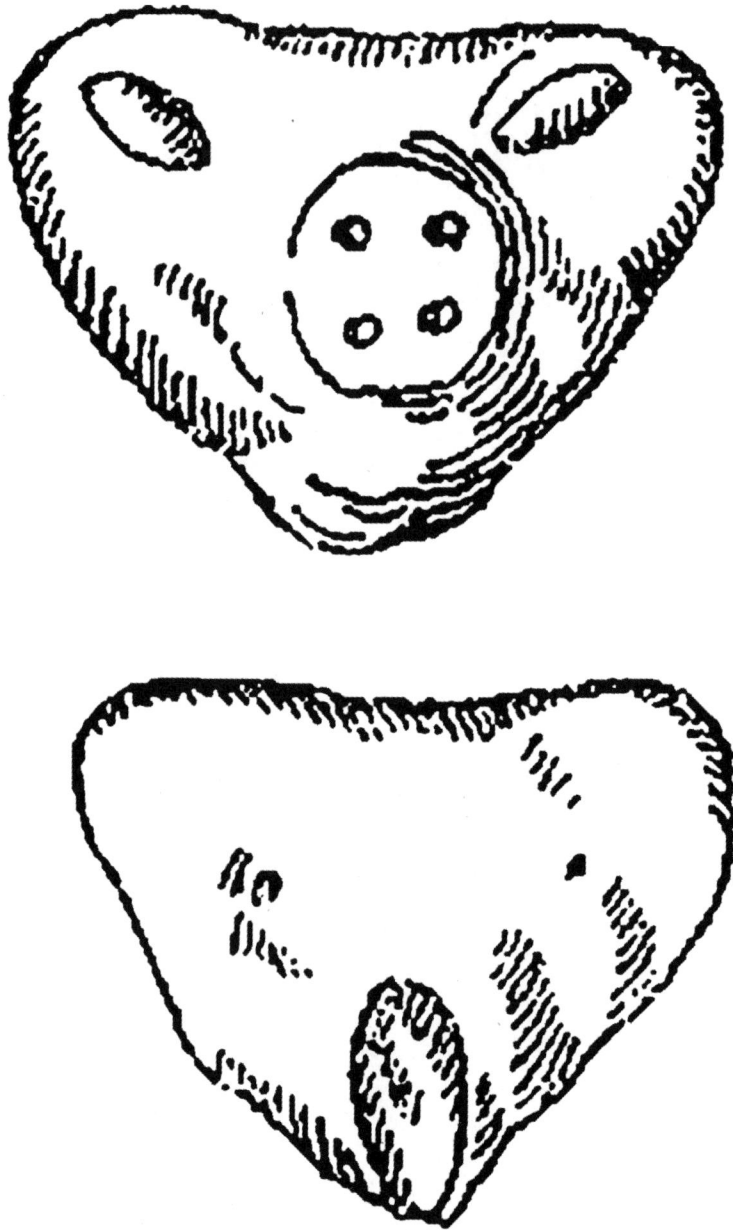

图 3-9　裴李岗遗址 B 区 T32 陶猪头

图片来源：开封地区文物管理委员会、新郑县文物管理委员会、郑州大学历史系考古专业：《裴李岗遗址一九七八年发掘简报》，《考古》1979 年第 3 期。

似的人像和众多动物雕塑，如石家河文化的众多动物雕塑及陶人抱鱼（或曰抱男祖）雕塑，[①] 也可能是还愿像，供祭神之用。贾湖遗址二期即

———————————

① 据龙啸《后石家河文化"抱鱼人偶"与祭山活动》，《江汉考古》2021 年第 5 期，为后石家河文化时期。

已存在太阳神崇拜，在当时食材较缺的情况下，制作一些陶猪头之类替代品来敬神是合理的。直到如今，祭神、祭祖也多用猪头等。

距今约 7000 年左右海岱地区的原始信仰迹象已较明显。如东贾柏遗址 H13 中发现了完整的地平龟遗骸，同遗址其他灰坑还发现有多枚规整的地平龟放置在一起。该灰坑（H13）中还发现有大量可以修复完整的陶器，以及各类石制、骨制工具，这些器物都体现了该灰坑性质或许和原始宗教有关。另外，该遗址第 2 层遗迹（北辛文化）F12，其坑口平面呈规整的圆形，直径、深分别为 2 米和 1.5 米。坑内堆积分为三部分，最底部为纯净黄土，中间为三只猪骨架，最上层是红烧土块堆积。发掘者推测或为祭祀建筑的遗存。① 这表明北辛文化时期可能已存在房屋奠基的祭祀活动。

三　北福地遗址的祭坛与神邦的萌芽

从目前的考古资料看，距今 8000—7000 年前的北福地遗址一期遗存，出现了华北地区较早的祭祀场及祭具。这当是 8000 年前磁山文化墓葬及坑祭等宗教的进一步发展。该遗址附近有著名的南庄头遗址②和东胡林遗址③，两者的年代都达距今万年之久，属于该地区新石器时代早期遗址。附近还有与北福地一期乙类遗存同时的上坡一期遗存。④ 因此，该地的文化有着悠久的历史演进过程。

北福地遗址已发掘区域约 3000 平方米，以新石器时代文化遗存堆积为主，分四期，三四期遗存很少，主要是第一、二期遗存，其中一期遗存绝对年代在距今 8000—7000 年，二期遗存在距今 7000—6700 年。⑤

在第一期文化遗存中，发现众多刻陶面具，残片总计 145 件，其中

---

① 中国社会科学院考古研究所山东工作队：《山东汶上县东贾柏村新石器时代遗址发掘简报》，《考古》1993 年第 6 期。

② 河北省文物研究所、保定市文物管理所等：《1997 年河北徐水南庄头遗址发掘报告》，《考古学报》2010 年第 3 期。

③ 北京大学考古文博学院、北京大学考古学研究中心、北京市文物研究所：《北京市门头沟区东胡林史前遗址》，《考古》2006 年第 7 期。

④ 河北省文物研究所、保定市文物管理处、容城县文物保管所：《河北容城县上坡遗址发掘简报》，《考古》1999 年第 7 期。

⑤ 河北省文物研究所段宏振主编：《北福地：易水流域史前遗址》，文物出版社 2007 年版，第 21—22 页。

可复原或完整的计有 12 件。面具残片通常是在房址中发现，少量集中出土于 3 座灰坑。除 F12：4 利用薄石片制成石面具外，其余面具的制作材料都是陶直腹盆的残片，多为腹部和底部的残片。很多面具边沿有修整切割的痕迹。按规格大小可分为两种类型：一种与真人脸部大小相近；另一种规格只有 10 厘米左右。图案内容的表现方式主要是逼真象形和变形抽象象形，内容主要有人面和兽面，后者又大致分为猪、猴和猫科动物等主题。艺术表现风格兼具写实性、象征性以及装饰性。①

祭祀场属第一期，现存平面接近长方形，东西 10.8 米、南北 8.4 米，总面积为 90 余平方米。发掘者认为其应直接挖建于生土之上，地面比较平整。祭祀场本身由上到下可分为三个层次，即覆盖土堆积层、活动面以及活动面上的深坑 H109。覆盖土堆积层的厚度一般在 20—35 厘米间，最厚处达 45 厘米。活动面又包括略高于附近地面的深褐土堆积、较平坦活动地面和地面上的小浅坑三部分。活动面上的小型浅坑共计有 9 处，平面形状有近圆形、椭圆形、长条形等多种，内填土深褐色，一般为浅圜底，深 10—30 厘米。

祭祀场内遗物主要是由 91 件各种不同类型祭器的分组排列堆积，这其中最多的是中小型陶直腹盆和各种精制石器，还包括玉器、小石雕和水晶等。但一些个体细小的直腹盆应归为陶杯。特别值得注意的是，有一件石耜 J：11（图 3-8）较为特殊，该石器体型大，整体长度有 46 厘米，而且制作十分精美，通体磨光。该遗址较少发现玉器，器型也只有匕、玦这两种。这些遗物均在祭祀活动面上，又可分三种形式：第一种，深褐色土堆积的表面或之内；第二种，活动地面上；第三种，浅坑填土表面或之内或底部。

祭祀遗物的堆放方式以平面铺排为主。但在中央部位深褐色土堆积表面上的器物，则放置在顶部或缓坡上，与周围的器物群形成约 10—40 厘米的高度落差。这个矮小的堆积土丘，不仅位置正处于祭祀场的中心，似乎也是整个祭祀场的核心功能区。器物无论何种放置方式，器物之间的叠压现象少见。从祭祀场出土遗物平面整体观察，大致可分为若干个

---

① 河北省文物研究所段宏振主编：《北福地：易水流域史前遗址》，文物出版社 2007 年版，第 110—111 页。

组合。考古工作者尝试划分为 11 组。①

总之，该遗迹本身具有鲜明的特征，整体表象上反映为一处器物群遗弃地。其祭祀仪式实现模式可能不是或不全是只在中央部位的坛台上进行的，小土丘可能只是一个中央核心的标志物。

笔者以为，此遗址第一期的较多房址里都发现陶质面具，祭祀场上的石耜高达 46 厘米（报告认为是实用器而非专门的祭祀器具），当是祭农神以祈农业丰收的；陶面具中有些兽面形象，应是祈求猎狩丰收，这反映了当时真实的生业状况。此外还以玉器、陶器等为祭品，则当是供农神享受的物品。此遗址虽然尚未发现农作物，但附近的兴隆洼文化、磁山文化皆有较发达的农业，因此，祈祷农业丰收应是祭祀的主题。

从北福地遗址所示的祭祀遗存看，陶面具分布在各处，说明无专门祭司，所祭对象不专一，无主神的形象——即未见"尊"者；房址、墓葬等也不见阶层分化的证据；祭坛及民众共同体的规模尚小；附近其他遗址同类祭祀现象发现较少——说明宗教的影响范围尚不广泛。但是，北福地遗址毕竟已经出现了祭坛及宗教，而这种专门的公共祭坛，已经不属于个人行为，说明宗教共同体在慢慢形成之中，应当是处于神邦的萌芽状态。北福地文化与兴隆洼文化有某种近似，在兴隆洼文化中也发现类似面具，可以推断，以南庄头、东胡林、北福地、上坡、梁庄等新石器时代早期遗址、27 个仰韶时期文化遗址②组成的北京附近易水河流域是一个重要的文明起源中心。

总之，中原核心地区介于南方稻作与北方旱作两大生业区之间，在距今 7000 年以前，中原内部的南北之间在宗教上也存在一定差异。自贾湖一期至裴李岗文化时期，皆首先出现人、狗等冥界观念，并出现由尊女祖到尊男祖的转变。在稻作区出现太阳崇拜，并出现骨笛、权杖头、女巫所映射出来的祭祀仪式。在旱作区则出现对生产工具的祭祀及工具随葬，体现出对工具的崇拜，又出现荐祭、陷祭，还出现或作祭品之用的猪、羊头陶塑。

① 河北省文物研究所段宏振主编：《北福地：易水流域史前遗址》，文物出版社 2007 年版，第 136—137 页。
② 河北省文物研究所段宏振主编：《北福地：易水流域史前遗址》，文物出版社 2007 年版，第 8—9 页。

第二节　距今7000—5500年仰韶文化早中期的信仰

仰韶文化与后冈一期文化时期的中原地区生业形态已趋一致，与大汶口文化也有诸多类似，其信仰现象主要体现在男性祖先崇拜、天象崇拜和龙、虎、鹿形的蚌壳堆塑等方面。因天象崇拜、鹿崇拜等将在第十一章进行专题讨论，因此本节只讨论男祖崇拜与祭礼性建筑。

一　男祖崇拜

在继裴李岗遗址发现陶祖之后，在洛阳偃师高崖遗址仰韶文化遗存中也发现了陶祖H7∶18，[①] 该遗址与裴李岗文化晚期的联系较紧密，当属仰韶文化早期阶段。

河南汝州洪山庙遗址属仰韶文化，据陶器特征分析与庙底沟遗址年代相近——参考后者年代为树轮校正后距今6150—5500年左右。[②] 该遗址发现一南北宽3.5米、东西长6.3米的瓮棺群墓地M1，有136件瓮棺，其中大多属于成年人的大型瓮棺，只有一列小孩的小型瓮棺以南北向排列分布在M1西墓壁。瓮棺上纹饰较多，且较少重复，而男根纹是其中重复最多的纹饰，如W10∶1（图3-10）和W116，这些墓主大多为成年女性。另外，W39∶1上的裸体人像，有男祖形泥塑。

发掘者认为，M1瓮棺群中成年女性瓮棺上的男根纹饰，毋庸置疑是一种生殖崇拜，祈求部落或家庭后代繁盛。[③] 此外，还发现了荥阳楚湾遗址仰韶文化时期陶祖XCC∶063。[④]

仰韶时期中原周边地区也有陶祖发现，如仰韶文化晚期的陕西华县

---

① 洛阳市第二文物工作队、偃师县文物管理委员会：《洛阳市偃师县高崖遗址发掘报告》，《华夏考古》1996年第4期。

② 河南省文物考古研究所：《汝州洪山庙》，中州古籍出版社1995年版，第69—70页。

③ 河南省文物考古研究所：《汝州洪山庙》，中州古籍出版社1995年版，第17、76、50、76—79页。

④ 郑州市文物工作队、荥阳县文物保护管理所：《河南荥阳县楚湾新石器时代遗址调查报告》，《考古》1995年第6期。

图 3-10　洪山庙遗址 Ab 型 II 式缸 W10：1

图片来源：河南省文物考古研究所：《汝州洪山庙》，中州古籍出版社 1995 年版，图版五。

泉护村二期文化遗存（晚于西王村遗址仰韶文化晚期阶段，早于庙底沟遗址）发现的陶祖 T107⑤：615。[1]

祖形器的出现，表明这一时期男性地位显著提高已经高于女性。

二　尉氏县椅圈马遗址祭礼性建筑

河南尉氏椅圈马遗址第二期遗存与大河村第一期遗存接近，年代大致相当，[2] 后者年代为距今 5800—5500 年。[3] 遗存中发现一座单间建筑基址 F3（图 3-11），F3 墙基内有 10 个柱洞较均匀排列，室内地面未经火

---

① 北京大学考古学系著，中国社会科学院考古研究所编：《华县泉护村》，科学出版社 2003 年版，第 120、92 页。

② 郑州大学考古系、开封市文物工作队、尉氏县文物保管所：《河南尉氏县椅圈马遗址发掘简报》，《华夏考古》1997 年第 3 期。

③ 郑州市文物考古研究所编著：《郑州大河村》，科学出版社 2001 年版，第 585 页。

烧。室内西南部有 10 个红烧土柱，直径约 25—28 厘米、残高 10—12 厘米，周围 9 个土柱、中间 1 个土柱，且每根土柱均由一层层被夯成臼窝状的薄层叠夯而成，每层皆是中间略厚，周边略薄，厚约为 1—1.2 厘米；房内西北部有 1 个装有小孩头骨碎片的双耳陶壶；房内西北、东北、东南三角各有 1 片上有灼痕的龟甲。发掘者认为 F3 是一座祭礼性建筑基址。①

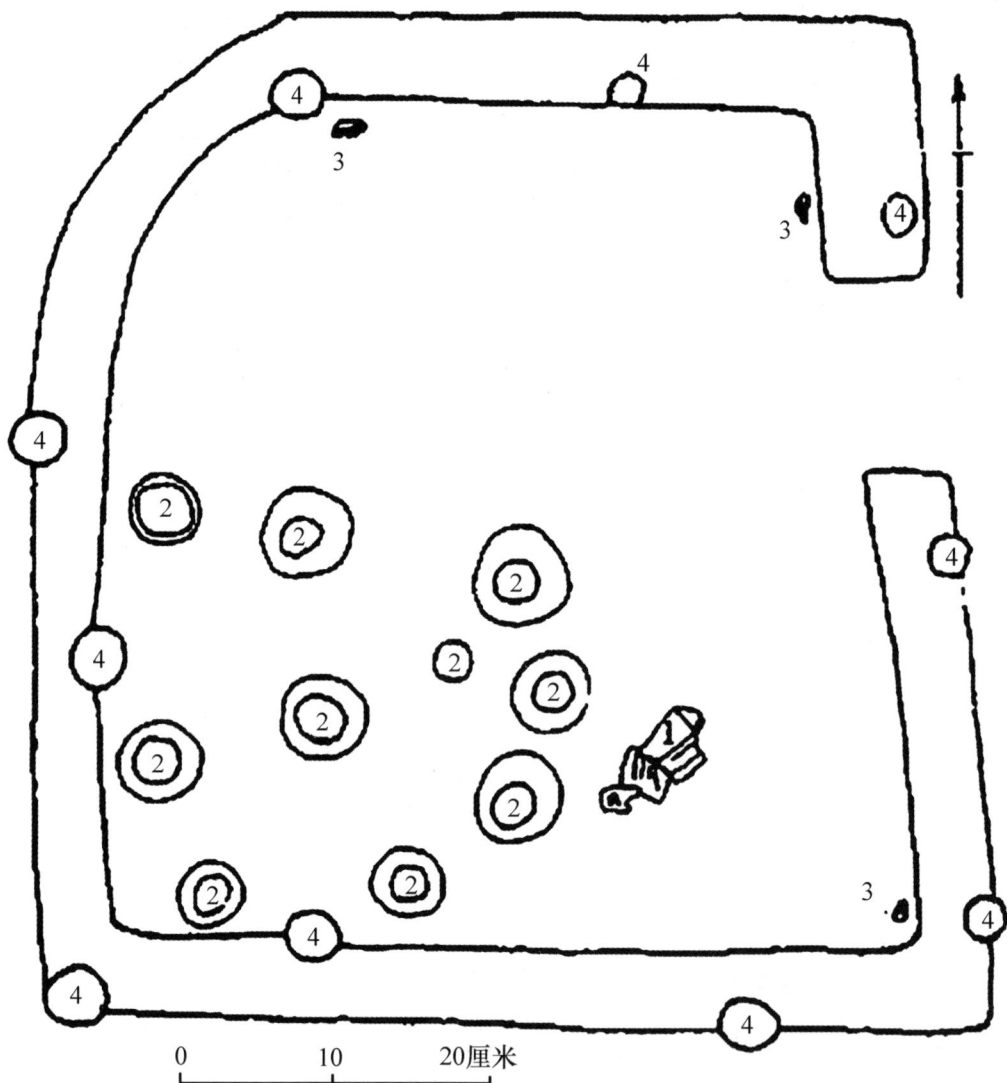

图 3-11　尉氏县椅圈马遗址第二期文化 F3 平面图

1. W14　2. 红烧土柱　3. 龟甲片　4. 柱洞

图片来源：郑州大学考古系、开封市文物工作队、尉氏县文物保管所：《河南尉氏县椅圈马遗址发掘简报》，《华夏考古》1997 年第 3 期。

---

① 郑州大学考古系、开封市文物工作队、尉氏县文物保管所：《河南尉氏县椅圈马遗址发掘简报》，《华夏考古》1997 年第 3 期。

我们认为，F3 当是一个祭祀场所，其内没有火塘，地面未经火烧处理，应该不是居住用房。红烧土柱是精心筑造的，房内有带灼痕的龟甲、有装儿童头骨的双耳陶壶，说明 F3 应该是举行某种祭祀活动的地方，且红烧土柱是一层一层夯成，表明可能经过多次祭祀活动。

大汶口文化也有一些祭祀类信仰现象。比如，考古工作者发现，王因墓地填土中夹杂大量红烧土，即在原有黄（灰）土中掺入相当多的红烧土细渣，所以在清理墓葬口部时，凡是墓圹范围内红烧土渣突出集中为一片，它告诉我们这就是墓葬中心部分。这说明埋葬时曾举行过某种祭祀。[①] 但这些宗教现象还只是小规模的个人活动，尚未发现公祭式的宗教活动场所。

综上，在仰韶文化早中期，除普遍出现的对男祖的崇拜之外，主要是对天象的崇拜，还可看到北方鹿崇拜对中原的影响；在椅圈马遗址出现了祭礼性房屋建筑，大汶口文化区则出现了对墓葬的祭祀现象。

第三节　距今 5500—4000 年仰韶文化晚期与龙山文化时期的信仰

仰韶文化晚期与龙山文化时期的信仰主要体现在出现大量人祭、人奠，对星宿的祭祀，以及占卜所反映的信仰上。

一　中原地区出现大量人祭、人奠

半坡遗址仰韶文化遗存中，有一件人头骨出土于房址 F1 南壁下方的白灰层中，同时其附近发现有破碎的粗陶罐 1 件。[②] 李健民、王克林等认为这是中国最早的人祭奠基。[③] 距今 6000—5000 年的庙底沟文化岔河口遗址第二阶段遗存，有一处鱼龙形夯土雕像被发现于围壕内，值得注意的

---

① 中国社会科学院考古研究所编著：《山东王因——新石器时代遗址发掘报告》，科学出版社 2000 年版，第 146 页。
② 中国科学院考古研究所、陕西省西安半坡博物馆编：《西安半坡——原始氏族公社聚落遗址》，文物出版社 1963 年版，第 18 页。
③ 李健民：《略谈我国新石器时代的人祭遗存》，《中原文物》1981 年第 3 期；王克林：《试论我国人祭和人殉的起源》，《文物》1982 年第 2 期。

是，有一具双手被捆在身后、整体呈跪姿的人骨，位于雕像中代表其眼部的圆形坑中，应当也是祭祀用的人祭。① 笔者认为，这些现象说明，仰韶文化早期的西北地区即出现了人祭，但它不是中国最早的。因为，长江中游地区距今 7000 多年的高庙文化，其高庙遗址祭祀场南部即发现有人祭坑。② 在该遗址中，T0914 离祭坛较近，其第 11 层之下有一处人祭坑，该坑有一件成年男性的头骨和动物尸骨同出，其中后者主要为鹿角、猪下颌骨，坑内的一些兽骨还被火烧过，故发掘者认为此人头骨可能与祭祀有关。③ 另外，城头山古城第一期城墙外坡属遗址一期的遗存中也有用人祭奠基的遗迹。④

中原地区的人祭遗迹可能最早出现在西山城址，该遗址属于仰韶文化晚期。据发掘报告描述，该遗址经常在房基的底部垫层中发现一些陶器，特别是一些陶器内还发现了不完整的婴儿骨骼，埋设陶器的仪式并非一次完成，多座房基垫土中有多层埋设的叠压现象。古城城墙的墙体中也有这类分层埋藏的现象。值得注意的是，墙体里的彩陶钵中也发现了婴儿骨骼。另外，在古城北门西侧墙基底部以及底夯层中也埋有一些陶器。发掘者分析认为，这两者都是奠基遗存，表明当时或许已有以婴儿为祭祀用牲的风俗。另外，该遗址存在和动物尸骨一起埋藏在废弃窖穴中、呈挣扎姿势的人牲。⑤

龙山文化时期人祭习俗更加兴盛。龙山文化早期的安阳后冈遗址（树轮校正后年代距今 5200—4615 年，比典型的龙山文化要早）房址中常见以儿童用作奠基（图 3-12），埋在房基下、墙基下、泥墙中或柱洞下。⑥ 汤阴白营遗址龙山文化晚期遗存也在居住面下填土、房基墙外或墙内发现有小孩瓮棺葬。⑦ 涧沟遗址龙山文化遗存中有一处房基里埋有 4

① 王大方、吉平：《内蒙古清水河县出土巨型鱼龙状夯土雕塑及大批文物》，《内蒙古社会科学》1998 年第 6 期。
② 湖南省文物考古研究所：《湖南洪江市高庙新石器时代遗址》，《考古》2006 年第 7 期。
③ 湖南省文物考古研究所：《湖南黔阳高庙遗址发掘简报》，《文物》2000 年第 4 期。
④ 湖南省文物考古研究所：《澧县城头山——新石器时代遗址发掘报告》，文物出版社 2007 年版，第 142 页。
⑤ 国家文物局考古领队培训班：《郑州西山仰韶时代城址的发掘》，《文物》1999 年第 7 期。
⑥ 中国社会科学院考古研究所安阳工作队：《1979 年安阳后冈遗址发掘报告》，《考古学报》1985 年第 1 期。
⑦ 安阳地区文物管理委员会：《河南汤阴白营龙山文化遗址》，《考古》1980 年第 3 期。

件带砍杀和剥皮特点的人头骨，显然为非正常死亡。[①] 王城岗遗址城内中部与西南部相对高的区域有与城墙一样属于王城岗二期（树轮校正后应为距今 4555 年左右）的奠基坑。较为特别的是其中的一号奠基坑，考古发掘展现了里面所残存下来的二十层夯土，有 7 具人骨架埋在其偏下的土层间，死者的年龄段包含了孩童、青年和成年。[②]

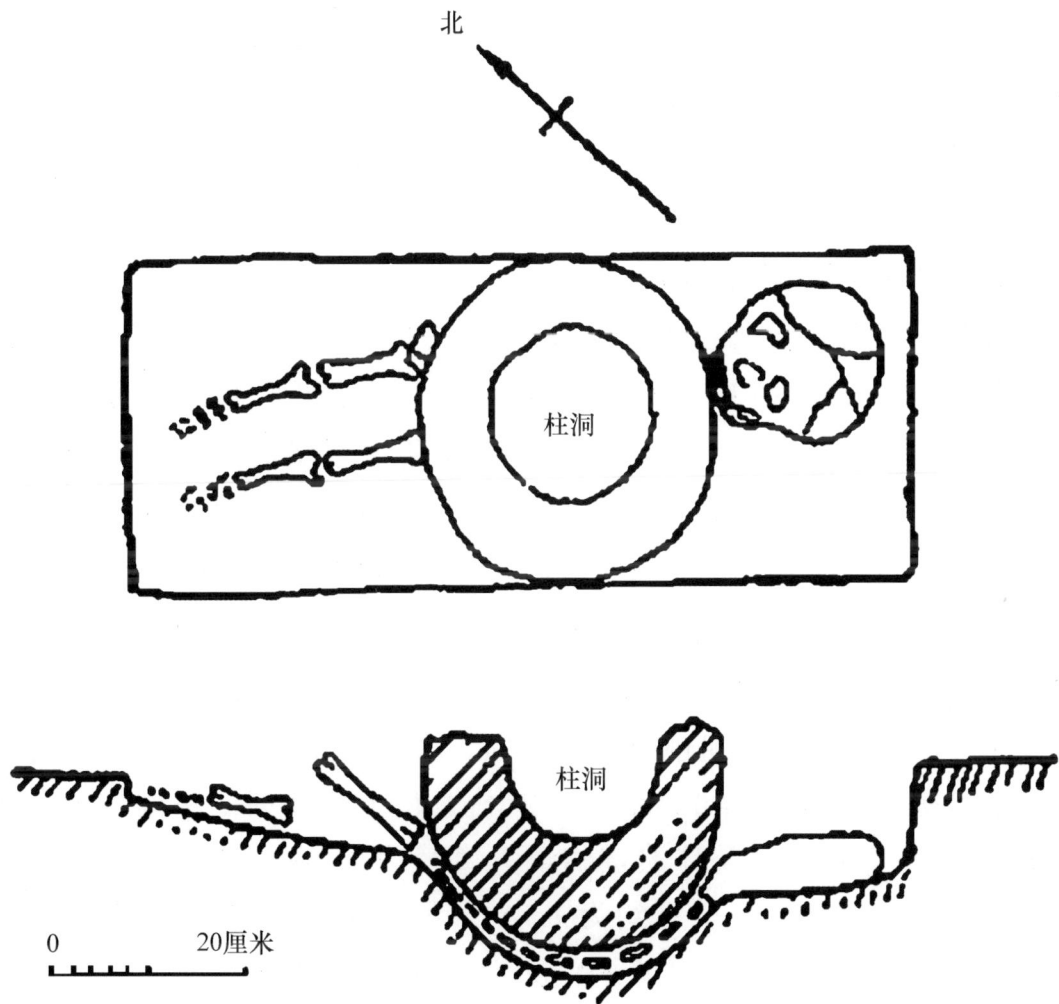

图 3-12　后冈遗址 M11

图片来源：中国社会科学院考古研究所安阳工作队：《1979 年安阳后冈遗址发掘报告》，《考古学报》1985 年第 1 期。

---

① 北京大学、河北省文化局邯郸考古发掘队：《1957 年邯郸发掘简报》，《考古》1959 年第 10 期。

② 河南省文物研究所、中国历史博物馆考古部：《登封王城岗遗址的发掘》，《文物》1983 年第 3 期。

马克思在根据摩尔根《古代社会》指出，历史时期分为蒙昧期、野蛮期和文明期，并提到人祭在野蛮期中级阶段中第一次出现。人祭与人殉不同，人殉是首领、家长等人的随葬品；而人祭主要是指因史前时期人类生产力低下，人们对自然山川和人格化的神灵等有所恐惧，同时也希望得到庇护而产生的祭祀活动，是以人为祭祀用的牺牲。恩格斯也提到，在野蛮期的中级阶段食人之风正在逐渐消失，仅仅当作一种宗教活动或巫术（在这里差不多是一回事）而保存着。龙山文化早期大量人祭奠基现象的出现，说明阶级压迫的存在。阶级形成，加上防御性城址，说明了早期国家的到来。

二　中原地区的祭祀遗址

河南杞县鹿台岗遗址龙山文化遗存中发现有自然崇拜遗迹两处。其中Ⅰ号遗迹（图3-13）有两道墙体，一道是平面布局为方形的外墙，另一道是平面布局为圆形的内墙，并通过两墙的套合而形成外室包围内室的布局，遗址整体高出当时的地面约1米。内墙的西面和南面各设有门道。圆形内墙框定的内室里面有两条"通道"，分别为南北、东西向，并近垂直成十字形相交，内室、外室和十字形通道应属同时期建筑。

Ⅱ号遗迹位于Ⅰ号遗迹的东北方向，大致相隔33米。Ⅱ号遗迹整体平面呈圆形（图3-14），由一个中心大圆土墩和周围一圈均匀分布的10个小土墩构成，整体遗迹的最大直径为4.4—4.5米。中间的大圆土墩直径、深（高）分别约为1.48米和0.4米；外侧10个较小的圆形土墩直径、深分别为0.6—0.65米和0.4—0.5米。整个遗迹不见墙基、柱洞、烧土面等居住痕迹，在距东南部圆墩外侧约1.5米范围内有厚约2厘米的烧灰。另外还有一间房址（F16）位于西南部圆墩外侧约2米处，房址平面呈长方形，其所处时期与遗迹同时，其北墙的西端开有一正对Ⅱ号祭祀遗迹的门道，故该祭祀遗迹和F16当有关联。①

----

① 郑州大学考古专业、开封市文物工作队、杞县文物管理所：《河南杞县鹿台岗遗址发掘简报》，《考古》1994年第8期。

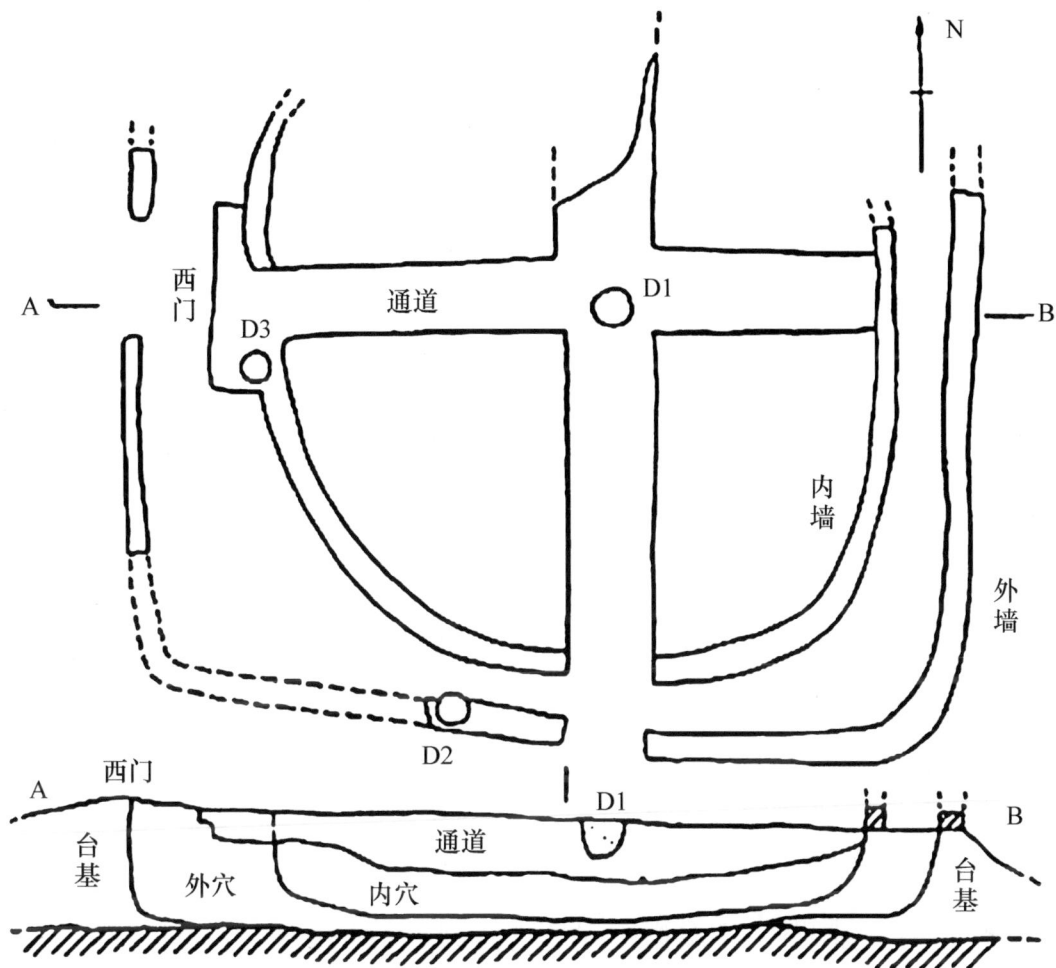

图 3-13　鹿台岗遗址 I 号遗迹

图片来源：郑州大学文博学院、开封市文物工作队编著：《豫东杞县发掘报告》，科学出版社 2000 年版，第 39 页。

　　关于鹿台岗两处祭祀遗迹的性质，已有学者研究。关于 I 号遗迹，刘春迎认为其是社坛，用于祭祀天地；[①] 井中伟同意该处是社坛的观点，而且以内室中十字相交的通道为根据，认为该遗迹还用来祭祀四方神。[②] 贺辉认为其是高台建筑，而不是露天的祭坛，并根据其精致的建筑布局认为其是一座祭祀性建筑，西门外发现的约 0.5 米厚的烧灰可能是燔烧遗留。[③] 匡瑜、张国硕根据圆形墙基被方形墙基包围，指出 I 号遗迹"天圆地方"的布局表现出当时的古人认为天没有地大

---

　　① 刘春迎：《试析鹿台岗遗址 I、II 号遗迹的性质》，《江汉考古》1997 年第 2 期。
　　② 井中伟：《我国史前祭祀遗迹初探》，《北方文物》2002 年第 2 期。
　　③ 贺辉：《新石器时代祭祀类遗迹研究》，南京大学，博士学位论文，2013 年。

的思想。①

关于Ⅱ号遗迹，刘春迎认为是专门祭祀太阳神的祭坛，与史前人们对太阳的认识有关。太阳东升、西落，一天中的颜色和大小都在不断变化，一年四季太阳的温暖程度和在天空的位置也不同，特定的气象条件会导致天空偶尔出现"幻日"现象，古人因对自然现象无法理解便产生多个太阳的思想。② 文献中有关于多个太阳的神话传说，如《山海经·大荒东经》"汤谷上有扶木，一日方至，一日方出，皆载于乌"③；《淮南子·本经训》"逮至尧之时，十日并出……尧乃使羿……上射十日"④。贺辉则认为Ⅱ号遗迹当是一个中部大祭坛和周边十个小祭坛组成的圆形祭坛群。⑤

我们认为，鹿台岗遗址Ⅰ号遗迹应是用于祭祀天地之神的社坛，据《广雅·释天》"圆丘、大坛，祭天也；方泽、大折，祭地也。"⑥ Ⅰ号祭坛形制"内圆外方"，说明其是祭天、祭地共用的，也是古人对天圆地方观念的体现。Ⅱ号遗迹由 11 个圆墩组成，当是十月太阳历的天文表现。现西南地区的彝族人仍然使用十月太阳历纪年。而遗迹东南部圆墩外侧厚 2 厘米的烧灰，应是当时一种火祭仪式的遗留，当时的祭司或在此处用火祭祀太阳神。《论衡·诘术》中有"日，火也，在天为日，在地为火"⑦ 的记载，古人把火与太阳结合来说，认为太阳就是天上的火。如图 3-14，在十个小圆墩围成的圆圈东南部的小缺口，可能是为祭司在此处用火祭祀之后前往祭坛而留的通道，或者说是沟通火与太阳的通道。祭坛西南部房址 F16 正对Ⅱ号遗迹的门道，可能是观测或观礼所在地。故Ⅱ号遗迹应是专门用于祭祀太阳神的天文祭坛。另外，在大河村遗址也发现太阳纹饰的陶器，⑧ 说明太阳崇拜是比较常见的。

---

① 匡瑜、张国硕：《鹿台岗遗址自然崇拜遗迹的初步研究》，《华夏考古》1994 年第 3 期。

② 刘春迎：《试析鹿台岗遗址Ⅰ、Ⅱ号遗迹的性质》，《江汉考古》1997 年第 2 期。

③ （晋）郭璞注，（清）毕沅校：《山海经》，上海古籍出版社 1989 年版，第 106 页。

④ 何宁撰：《淮南子集释》，中华书局 1998 年版，第 574—577 页。

⑤ 贺辉：《新石器时代祭祀类遗迹研究》，南京大学，博士学位论文，2013 年。

⑥ （清）王念孙著，张其昀点校：《广雅疏证》（点校本），中华书局 2019 年版，第 683 页。

⑦ 黄晖撰：《论衡校释》，中华书局 1990 年版，第 1031 页。

⑧ 郑州市文物考古研究所编著：《郑州大河村》，科学出版社 2001 年版，第 193 页。

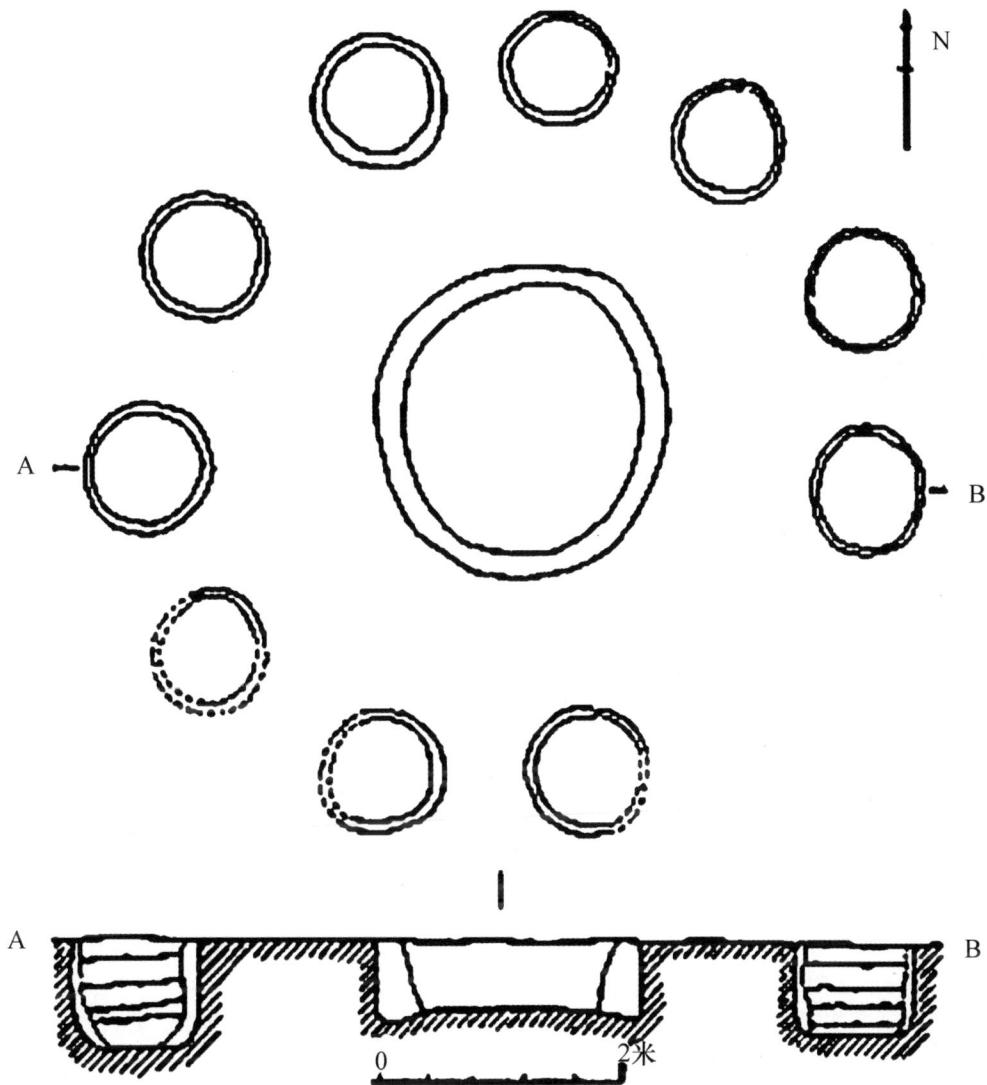

图 3-14　鹿台岗遗址 II 号遗迹

图片来源：郑州大学文博学院、开封市文物工作队编著：《豫东杞县发掘报告》，科学出版社 2000 年版，第 40 页。

三　中原地区大量出现的卜骨

在仰韶文化晚期到龙山文化时期，在中原地区的许多遗址中都有卜骨被发现，比如：下王岗遗址仰韶三期遗存[①]、下潘汪遗址[②]、后冈遗址[③]、

[①]　河南省文物研究所、长江流域规划办公室考古队河南分队：《淅川下王冈》，文物出版社 1989 年版，第 200 页。

[②]　河北省文物管理处：《磁县下潘汪遗址发掘报告》，《考古学报》1975 年第 1 期。

[③]　中国社会科学院考古研究所安阳工作队：《1979 年安阳后冈遗址发掘报告》，《考古学报》1985 年第 1 期。

南岗遗址①、大赉店遗址②、孟庄遗址③、上坡遗址④、煤山遗址二期遗存⑤、瓦店遗址⑥、程窑遗址第四层遗存⑦、小潘沟遗址⑧、王城岗遗址⑨、古城寨城址⑩、新砦遗址⑪、大河村遗址⑫、郝家台遗址三期遗存⑬、苗店遗址二期遗存⑭等。

综上，在仰韶文化晚期至龙山文化时期，除继续对男祖崇拜、星象崇拜之外，还出现偶像崇拜、祭坛、人祭，并出现大量的占卜现象，这表明这一时期文明已经达到较高程度。

四　海岱地区的信仰遗存

这一时期海岱地区的信仰遗存可大体分为大汶口文化晚期与龙山文化两个阶段。

（一）距今 5000—4600 年的信仰遗存

在该时期，海岱地区已出现较普遍的宗教祭祀活动遗存，主要可以分为两个部分：

---

① 中国社会科学院考古研究所安阳队：《安阳大寒村南岗遗址》，《考古学报》1990 年第 1 期。

② 尹达：《河南浚县大赉店史前遗址》，中国社会科学院科研局编选《尹达集》，中国社会科学出版社 2006 年版，第 21 页。

③ 河南省文物考古研究所编：《辉县孟庄》，中州古籍出版社 2003 年版，第 123 页。

④ 河南省文物考古研究所、驻马店市文物工作队、西平县文物管理所：《河南西平县上坡遗址发掘简报》，《考古》2004 年第 4 期。

⑤ 洛阳博物馆：《河南临汝煤山遗址调查与试掘》，《考古》1975 年第 5 期。

⑥ 河南省文物考古研究所：《河南禹州市瓦店龙山文化遗址 1997 年的发掘》，《考古》2000 年第 2 期。

⑦ 赵会军、曾晓敏：《河南登封程窑遗址试掘简报》，《中原文物》1982 年第 2 期。

⑧ 洛阳博物馆：《孟津小潘沟遗址试掘简报》，《考古》1978 年第 4 期。

⑨ 北京大学考古文博学院、河南省文物考古研究所编著：《登封王城岗考古发现与研究（2002—2005）》，大象出版社 2007 年版，第 139 页。

⑩ 河南省文物考古研究所、新密市炎黄历史文化研究会：《河南新密市古城寨龙山文化城址发掘简报》，《华夏考古》2002 年第 2 期。

⑪ 北京大学考古文博学院、郑州市文物考古研究所：《河南新密市新砦遗址 1999 年试掘简报》，《华夏考古》2000 年第 4 期。

⑫ 郑州市文物考古研究所编著：《郑州大河村》，科学出版社 2001 年版，第 435、504 页。

⑬ 河南省文物研究所、郾城县许慎纪念馆：《郾城郝家台遗址的发掘》，《华夏考古》1992 年第 3 期。

⑭ 中国历史博物馆考古部、河南省新乡地区文管会、河南省济源县文物保管所：《河南济源苗店遗址发掘简报》，《考古与文物》1990 年第 6 期。

第一部分是与祭祀相关的遗迹和遗存。如蒙城尉迟寺遗址就有大量此类遗迹和遗存，该遗址发现了应和祭祀活动相关的十多个祭祀坑，坑内埋藏有陶器（其中有带刻画符号的大口尊）、兽骨、龟甲等；另外还发现有 7 个兽坑，包括狗坑 1 个，猪坑 6 个，并且这几个猪坑的位置布局似有一定规律——它们在聚落中心线以东布局形成半圆形弧状。另外，该遗址还出土 1 件鸟形"神器"（T2318⑦：1），[①] 还有一处类似石家河遗址的套缸遗迹，这些现象都向人们展示了当时丰富的祭祀活动。

第二部分是在出土器物上的刻划符号。如大汶口、大墩子、尉迟寺、陵阳河等遗址的大口尊或陶背壶、陶豆、陶罐上，有 26 种共 37 个刻划符号。关于其性质和功能，牛清波认为，大汶口文化时期的这些刻划符号往往是在一些大口尊上发现，而且多是在级别较高、随葬品丰富的大型墓中，这一出土位置的特殊性说明了这些符号当有着某一特定礼仪性质，也就是祭祀仪式活动中所用到的符号，这些符号还可以通过不同类型以区分他们所属的祭祀仪式。如　、　符号或是和自然崇拜的祭祀仪式相关，　、　符号或是和农业生产的祈求祭祀仪式相关，如此等等。[②] 我们认为该观点是成立的。

高广仁、栾丰实等认为，陶文出自陵阳河、尉迟寺等遗址的大汶口文化晚期的后一阶段，距今 4800—4600 年。我们认为陵阳河遗址可能还要晚，目前该遗址两个标本 ZK—947、ZK—958 的碳十四数据树轮校正后分别为公元前 1690—前 1440 年、公元前 2019—前 1746 年。我们知道，石家河文化在距今 5000—4300 年，上述遗址的年代与石家河文化年代有交叉并晚于石家河遗址最早期段的文化，笔者曾有专文论述这些文化的传播与年代问题，并认为这些大汶口文化晚期的大口缸与陶符皆来自石家河文化、大溪文化。[③]

---

① 中国社会科学院考古研究所编著：《蒙城尉迟寺——皖北新石器时代聚落遗存的发掘与研究》，科学出版社 2001 年版，第 107—112 页；中国社会科学院考古研究所、安徽省蒙城县文化局编著：《蒙城尉迟寺》（第二部），科学出版社 2007 年版，第 99—103、148 页。

② 牛清波：《中国早期刻画符号整理与研究》，安徽大学，博士学位论文，2013 年。

③ 刘俊男、易桂花：《碳十四测年与石家河文化起讫年代问题》，《华夏考古》2014 年第 1 期。

在陵阳河遗址陶文中发现了一个钺形符号，非常清楚。① 我们认为，这个钺形符号可能与权力崇拜相关（因为钺代表着强制性权力，只有军事首领或王才能拥有）；这些祭祀符号表明人们对强权的崇拜，强制性权力也许在此时悄然产生了。这种符号或被称为原始文字，与龙山文化城址一起可证早期国家的产生。

（二）距今 4600—4000 年的信仰遗存

距今 4600—4000 年龙山文化的宗教信仰遗迹和遗存主要可分为三个部分，分别为城墙、房屋的奠基活动遗迹，大型祭祀活动遗存以及卜骨遗物。

1. 城墙、房屋的奠基遗迹

藤花落遗址的奠基活动遗迹分布在该遗址的外城城门东西两侧和东北角的城墙版筑土块下。H56 发现人骨遗骸，当为筑城时的祭祀坑；H146 发现小孩骨骸，当为城门口奠基祭祀坑；H148 中发现有许多的木炭灰，可能是建城活动中进行燎祭的坑；H179 坑中发现了一具完整的成年猪骨架，属于房址 F45 的奠基用坑，且猪骨架头部的朝向和该房址的门道朝向为同一方向。② 该时期的边线王城址也有 31 个奠基坑，它们分布在城门西侧和其他基槽中，坑中往往埋有人、猪、狗等骨架以及其他一些器物，如外城西门北侧基槽 D14 中有一具跪姿捆绑状的人骨。发掘报告认为，这些平面呈长方形或椭圆形的小坑是在建好的夯土层上挖出的，然后再置入人或动物的尸骨，或也放入一些完整陶器，夯土层中还有人与动物尸骨共置一坑的奠基坑或祭祀坑，也存在着多人尸骨放置在一个坑中的现象。③ 当是奠基或祭祀遗存。

教场铺遗址也有奠基活动遗迹，与藤花落遗址不同，该遗址的奠基坑是与房址相关。在大台基北部偏西处距离地表 2.3 米左右发现一夯土台基，台基东部边缘发现一圆形奠基坑，里面有一具葬姿怪异的成年人骨架，尸骨整体呈俯身直肢，其右手放在腹部位置，而半握拳

① 高广仁、栾丰实：《大汶口文化》，文物出版社 2004 年版，第 134 页。

② 南京博物院、连云港市博物馆编著：《藤花落——连云港市新石器时代遗址考古发掘报告》，科学出版社 2014 年版，第 216、308—309、340 页。

③ 山东省文物考古研究所、潍坊市博物馆、寿光市博物馆：《寿光边线王龙山文化城址的考古发掘》，《海岱考古》（第八辑），科学出版社 2015 年版，第 1、24、53 页。

的左手却反剪于背后，特别是该尸骨左侧锁骨和颈椎间有一把刺入的骨匕，或许导致了这人的最终死亡。① 通过这些情况的描述可知，这名成年人当属于非正常死亡，该坑很有可能就是大台基进行修建过程中的奠基坑。

2. 大型祭祀活动遗存

藤花落遗址的03Ⅰ区中有一处大型祭祀遗址，② 由房址F48、红烧土广场、烧土堆和祭祀坑组成。F48位于一个高出当时地面约0.2米的小高台中间，这个小高台台体为纯净的灰黄土，其周边是一片红烧土堆积，面积达300多平方米，根据其范围、形状、构成和其中的包含物进行分析判断，可以知道这处红烧土明显是人们精心铺就的，并非一般的房子倒塌形成的堆积，可能是一处围绕房址F48建造的大型活动广场。在该堆积东边发现的H199似为祭祀坑，其中放置有一个少年的人头骨，并发现一堆陶器残片。③ 以上遗存表明，这里当是长期举行祭祀活动的地方。

3. 卜骨遗物

占卜活动属于古代宗教活动的一种，对原始先民生产生活、思想信仰以及政治军事等具体活动极其重要。该时期的城子崖、尚庄、邢寨汪等遗址中发现了许多用于占卜活动的卜骨，一般原料是牛、羊或鹿的肩胛骨。比如，城子崖遗址中有包括12片牛肩胛骨、1片鹿肩胛骨在内的卜骨共计15片，另有2片在发掘报告中未涉及到原料。在该遗址十余片卜骨中，没有人为刮平就直接进行占卜的有6片，包括未经过钻凿加工的5片。而那些被刮、钻或凿加工过的，所使用的刮治技术也极其简陋。④ 再如，尚庄遗址共有5件，都是用烧灼对牛、羊肩胛骨进行加工

---

① 贾笑冰、周海铎：《鲁西教场铺龙山文化遗址发掘获重要收获》，《中国文物报》2001年9月2日第1版。

② 南京博物院、连云港市博物馆编著：《藤花落——连云港市新石器时代遗址考古发掘报告》，科学出版社2014年版，第23—26页。

③ 周润垦、李洪波、张浩林等：《2003—2004年连云港藤花落遗址发掘收获》，《东南文化》2005年第3期。

④ 何德亮、李钰、颜庭娟：《山东史前宗教祭祀遗存探析》，《海岱考古》（第四辑），科学出版社2011年版，第470页。

制成，没有钻、凿的痕迹，最长一件为 25 厘米长，[①] 如图 3-15。上述卜骨的出现，反映了原始宗教在这一时期的发展程度，它们与后世殷墟遗址的卜甲、卜骨一脉相承。

该时期的祭祀活动的特点是规模更大，不仅有以陶器、以动物甚至以人为供品的奠基遗存，而且还有藤花落、城子崖等遗址中存在的燎祭、卜骨占卜活动。这说明该时期的祭祀活动越发的频繁和普遍，与原始先民的生活生产等各方面息息相关，原始宗教在这一时期得到了发展。

文字虽然不是文明的本质要素，但它常与国家相伴而生，因而是国家产生的重要标志之一。山东地区在龙山文化时期就出现了原始文字，其中最为著名的当属丁公陶文。这些文字是在一件陶盆（H1235：2）的底部残片上，分为 5 行，共计 11 个刻文，如图 3-16。这 11 个刻文都是单字构造，而且这些具有相当进步性的文字书写的笔画已较为流畅，布局规整，大多是象形字，其中有的或为会意字。该陶片的绝对年代约距今 4100—4200 年，在龙山文化晚期偏早时段。[②] 除丁公遗址发现的陶文外，城子崖遗址也有带刻符的陶片，前期共 3 片。[③] 位于青岛的赵村遗址，也有一件带有

图 3-15 尚庄遗址出土
卜骨 H75：63

图片来源：山东省博物馆、聊城地区文化局、荏平县文化馆：《山东荏平县尚庄遗址第一次发掘简报》，《文物》1978 年第 4 期，图一二：2。

---

① 山东省博物馆、聊城地区文化局、荏平县文化馆：《山东荏平县尚庄遗址第一次发掘简报》，《文物》1978 年第 4 期；何德亮、李钰、颜庭娟：《山东史前宗教祭祀遗存探析》，《海岱考古》（第四辑），科学出版社 2011 年版，第 470 页。

② 山东大学历史系考古专业：《山东邹平丁公遗址第四、五次发掘简报》，《考古》1993 年第 4 期。

③ 傅斯年、李济、董作宾等：《城子崖（山东历城县龙山镇之黑陶文化遗址）》，"中央研究院"历史语言研究所 1934 年版，第 53—54 页。

"X"形刻划符号的陶片被采集到。[①] 但上述符号都比较简单古朴，学术界对其是否属于文字的性质仍有争议。

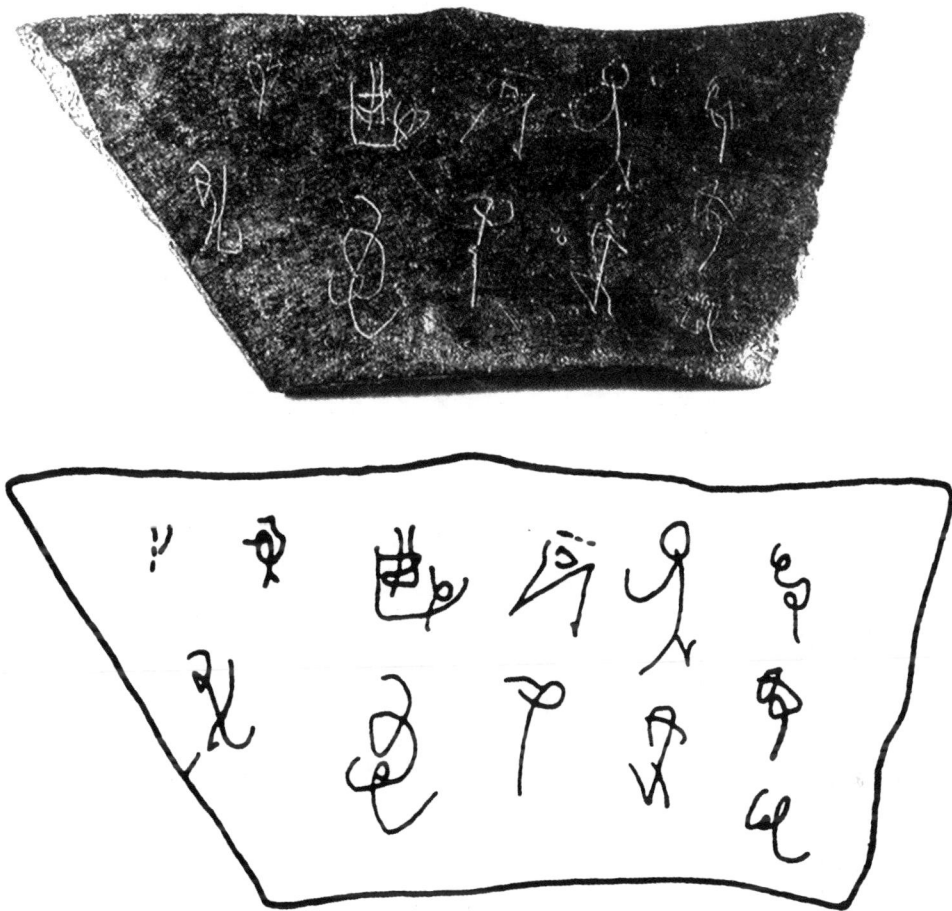

图 3-16　丁公遗址刻文拓片

图片来源：山东大学历史系考古专业：《山东邹平丁公遗址第四、五次发掘简报》，《考古》1993 年第 4 期。

对于丁公遗址的陶片刻文，学术界基本已达成共识，认为其属于文字。而这些文字的发现意义重大，既可探索文字产生的源头，又可窥探海岱地区文明的起源。

五　晋南地区天文观象台的发现与对太阳运行规律的认识

在陶寺古城中期遗存中，发现了大型天文台遗址 ⅡFJT1（如图

---

① 孙善德：《青岛市郊区发现新石器时代和殷周遗址》，《考古》1965 年第 9 期。

3-17），遗址北侧以陶寺中期城址内侧南垣 Q6 为依托。其形制大致为

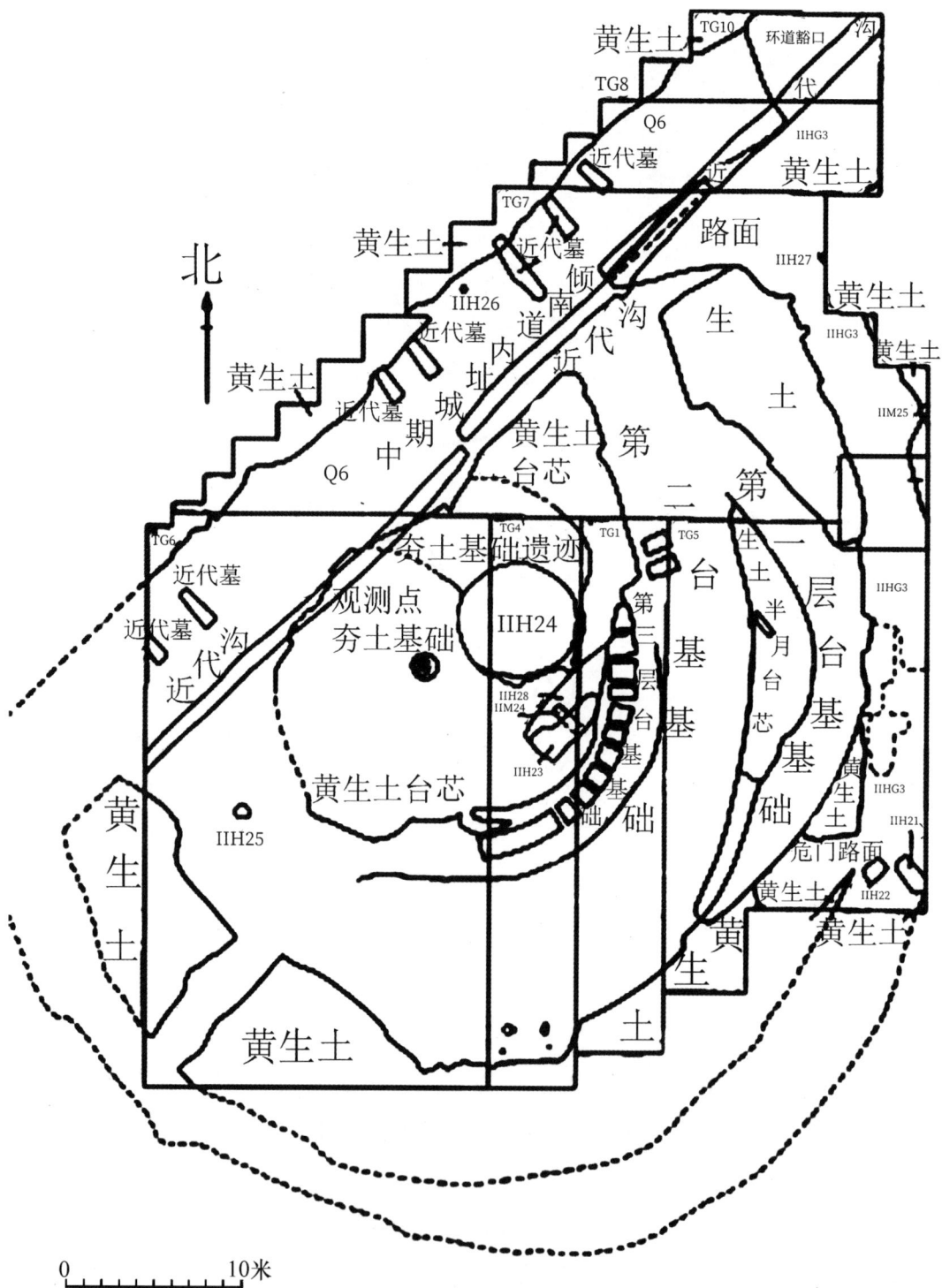

图 3-17　陶寺古城中期大型祭祀和天文台基址 ⅡFJT1 平面图

图片来源：中国社会科学院考古研究所山西队、山西省考古研究所、临汾市文物局：《山西襄汾县陶寺中期城址大型建筑 ⅡFJT1 基址 2004—2005 年发掘简报》，《考古》2007 年第 4 期。

朝东南的半圆形，共三层台基，总面积约 1400 平方米。有观点认为该遗址是一个观象台，有一个中心观测点，另有一面带 12 道狭窄缝隙的圆弧形墙体，两者都是夯土筑成。原始先民在此观察日出，并用来判断季节。① 如果以天文学的方式和角度对 E2、E12 缝的中心线方位角与其所对应的远山之仰角进行测量分析，我们可以发现，现代每年的夏至、冬至的日出，虽无法刚好进入 E2、E12 缝，但非常接近，这应该是历史时间演进过程中黄赤交角发生变化的结果，该遗址通过考古学技术分析进行判定，大致在公元前 2100 年前后，在那个时期，夏至日出到一半的时候，太阳正好在 E12 缝的右部，冬至日出到一半时，可以从 E2 缝近正中观察到，这一结果让我们可以相信其应当是古代观象台。② 天文台的出现表明当时先民对太阳运行规律的认识，也表明历法权的出现。上古，天子掌握历法权，所谓"天之历数在尔躬"（《尚书·尧典》），如不按天子历法行事，叫不奉正朔，将实行征伐（《尚书·甘誓》）。

小　结

黄河中下游地区介于南方稻作与北方旱作两大生业区之间，前文字时代信仰与宇宙观大体可分为三个阶段：

第一阶段为贾湖一期至裴李岗文化时期，出现人、狗等冥界观念，并出现由尊女到尊男的转变。在稻作区出现太阳崇拜，并出现骨笛、权杖头、女祭司及祭祀仪式。旱作区则出现对生产工具的祭祀及工具随葬，体现出对工具的崇拜，又出现荐祭、陷祭，还出现猪、羊头陶塑，或作祭品之用，不似动物神。

第二阶段为仰韶文化早中期，除普遍出现对男祖的崇拜外，主要是对星宿等天象的崇拜，还可看到北方鹿崇拜的影响；出现了祭礼性房屋建筑。

第三阶段为仰韶文化晚期至龙山文化时期，除继续对男祖、星象进

① 中国社会科学院考古研究所山西队、山西省考古研究所、临汾市文物局：《山西襄汾县陶寺城址祭祀区大型建筑基址 2003 年发掘简报》，《考古》2004 年第 7 期。
② 武家璧、陈美东、刘次沅：《陶寺观象台遗址的天文功能与年代》，《中国科学》（G 辑：物理学　力学　天文学）2008 年第 9 期。

行崇拜外，还出现偶像崇拜、祭坛、人祭和大量的占卜现象。陶寺遗址大型天文台遗址ⅡFJT1的发现，表明先民对太阳运行规律有了深刻的认识。

综观前文字时代中原地区的信仰，可发现：当时已经开始出现由女祖崇拜向男祖崇拜的转变；有稳定的对太阳、星宿等天神的崇拜。仰韶文化晚期至龙山文化时期出现了与文明进程相适应的人祭、人奠以及占卜的信仰形式。

第 四 章

▼

辽西及周边地区

辽西及周边地区是中国古代北方文化的重要发源地，处于中国的农业、畜牧业交界区，具有独特的地缘环境。该地区新石器时代主要的考古学文化序列已有杨虎、[①] 索秀芬、[②] 刘国祥等学者进行了研究，大致分为：距今9000—8500年的小河西文化、距今8200—7200年的兴隆洼文化、距今7000—6400年的赵宝沟文化、距今6400—5000年的红山文化、距今5000—4000年的小河沿文化和距今4000—3500年的夏家店下层文化。其北部地区有距今7200—5300年的富河文化。[③]

第一节　距今9000—7200年小河西至
兴隆洼文化原始信仰

本节以查海、兴隆沟、兴隆洼、大新井等遗址为例进行讨论。

一　灵魂观念和动物崇拜
（一）相关信仰遗存
1. 查海遗址的信仰遗存
查海遗址位于辽宁省阜新市，参照2011年北京大学进行的碳十四测

---

① 杨虎：《辽西地区新石器—铜石并用时代考古文化序列与分期》，《文物》1994年第5期。
② 索秀芬、李少兵：《燕山南北地区新石器时代考古学文化序列和格局》，《考古学报》2014年第3期。
③ 刘国祥：《西辽河流域新石器时代至早期青铜时代考古学文化概论》，《辽宁师范大学学报》2006年第1期。

年结果，其年代距今7680—7840年（树轮校正）。该聚落遗址中部为墓地，发掘出了M1—M10共10座墓葬和H34、H36共2个祭祀坑，另外还有一处龙形堆塑。两个祭祀坑中都有灰烬和烧过的猪骨碎块。①

查海遗址房址F39室内的居住面，出土了一件带有动物浮雕的AⅡ式斜腹罐F39：39（图4-1），雕塑都位于陶罐的下半部，一面为蛇衔蟾蜍的形象，另一面是一个独立的蟾蜍形象。②

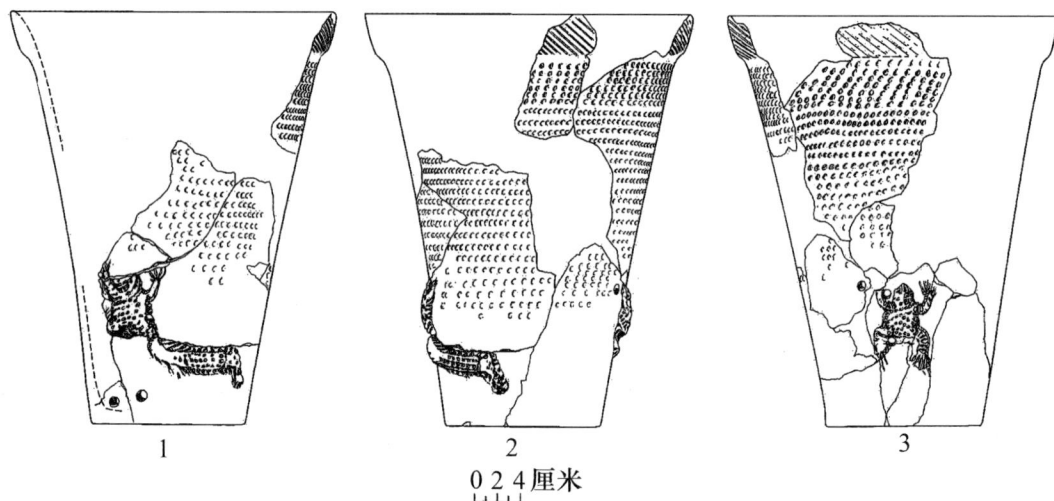

图4-1　查海遗址斜腹罐 F39：39

图片来源：辽宁省文物考古研究所编著：《查海——新石器时代聚落遗址发掘报告》，文物出版社2012年版，第332页。

2. 兴隆沟、兴隆洼遗址的信仰遗存

兴隆沟遗址位于内蒙古赤峰市。遗址中出土的标本ZK—3156、ZK—3157经碳十四测年及树轮校正后，年代为距今7660—7480年。③ 其中第一地点属于兴隆洼文化中期，在该地点发现了有圆形钻孔的陶罐、墓主眼眶嵌玉块、成组摆放带有钻孔的动物头骨等遗迹。

---

① 辽宁省文物考古研究所编著：《查海——新石器时代聚落遗址发掘报告》，文物出版社2012年版，第654、525、536、538页。

② 辽宁省文物考古研究所编著：《查海——新石器时代聚落遗址发掘报告》，文物出版社2012年版，第330页。

③ 中国社会科学院考古研究所考古科技实验研究中心碳十四实验室：《放射性碳素测定年代报告（三十）》，《考古》2004年第7期。

　　该遗址房址 F19 中有一座居室墓 M15，成年男性墓主的头部位置有两个陶罐，都是竖立摆放，罐体下半段埋在墓穴填土内，其中较大陶罐腹部有钻孔，且该陶罐底部正好位于头骨上方。[①]

　　另一座居室墓 M4，其中所葬女童右边眼眶部位发现一件玉块，头骨是竖立放置，没有发现双脚，而且其他的肢骨散布凌乱。在该墓葬的填土中也发现一块玉块，[②] 不知是不是另一只眼眶部位原有。

　　该遗址许多房址中发现了兽骨，特别是一些房址中的头骨是规整摆放的，还在前额处钻有孔洞，其中两例留有明显的灼痕。在 F17、F33 等房址中亦有这样的发现。另外，还有一些房址有鹿角或狗下颌骨等。该遗址还发现两件人头骨牌饰，均出于房址 F22，其中一件长、宽分别为 11.1 厘米和 9.2 厘米，利用人头部前额骨加工而成。正面隆起，顶边外弧，两侧及底边较直。顶部偏中有两个小圆孔，左侧有一窄道弧形镂空，右侧略残，其下有一道弧形的阴刻线纹。中部有两道对称的弧形镂空，呈倒"八"字形，外侧及通过弧形镂空两端中部各有两道较细的阴刻线纹。左、右两侧边缘的中、下段各有一竖排小圆窝，每排有 8 个。下侧边缘的中部有 4 个小圆孔，左、右两端各有 1 个小孔。[③]

　　兴隆洼遗址中期房址 F180 出土的木炭标本，经碳十四测年及树轮校正后，年代为距今 7529—7339 年。M118（图 4-2）位于上述房址内，其墓中男性人骨的右边随葬有一雄一雌两只猪，依次摆放，两具骨架都很完整。[④]

　　3. 白音长汗遗址的信仰遗存

　　白音长汗遗址二期甲类遗存发现三座墓葬，均位于遗址附近山顶，且有石头圈或积石环绕。三座墓葬中仅 M13 未被盗掘，出土陶筒形罐和筒形石罐各一件。[⑤]

---

　　① 中国社会科学院考古研究所内蒙古第一工作队：《内蒙古赤峰市兴隆沟聚落遗址 2002—2003 年的发掘》，《考古》2004 年第 7 期。

　　② 刘国祥：《兴隆沟遗址第一地点发掘回顾与思考》，《内蒙古文物考古》2006 年第 2 期。

　　③ 刘国祥：《兴隆沟遗址第一地点发掘回顾与思考》，《内蒙古文物考古》2006 年第 2 期。

　　④ 中国社会科学院考古研究所内蒙古工作队：《内蒙古敖汉旗兴隆洼聚落遗址 1992 年发掘简报》，《考古》1997 年第 1 期；中国社会科学院考古研究所实验室：《放射性碳素测定年代报告（二一）》，《考古》1994 年第 7 期。

　　⑤ 内蒙古自治区文物考古研究所编著：《白音长汗——新石器时代遗址发掘报告》，科学出版社 2004 年版，第 28—30 页。

图 4-2 兴隆洼遗址 M118

图片来源：中国社会科学院考古研究所内蒙古工作队：《内蒙古敖汉旗兴隆洼聚落遗址1992 年发掘简报》，《考古》1997 年第 1 期，图版二。

该遗址二期乙类遗存，校正后年代距今约 7400 年以前，属兴隆洼文化白音长汗类型。该遗存 AF19 出土了 1 件蛙形石雕 AF19②：1，长2.05 厘米、宽 1.3 厘米、厚 1 厘米，整体为葫芦形，其一端较粗，似蛙的臀部，另一端较细，似蛙头，顶端为表示蛙口的横向凹槽，中部两侧的凹线，似蛙蹲卧的四肢。在墓葬 M7 墓主左肢骨下发现 1 件小石雕熊M7：4，高 2.7 厘米、直径 1.5 厘米，短耳，有两个圆坑代表眼睛，墓主耳骨下还发现了 1 件玉蝉 M7：1。[①]

4. 大新井遗址的信仰遗存

大新井遗址位于内蒙古自治区翁牛特旗少朗河（西拉木伦河南支）北岸的山坡上，隔沟与西侧的兴隆洼文化遗址两相对峙。1988 年进行发掘。根据出土的两件素面筒形陶罐罐口外侧贴敷粗疏的短泥条等分析，遗存属千斤营子类型。该遗址揭出两座方形半地穴式房址，其中一座出土有多件圆饼形石器和磨制石斧，以及 1 件双头兽形石雕。[②]

另外，在这一时期，居室墓这一特殊葬俗非常常见。根据兴隆洼遗址

---

① 内蒙古自治区文物考古研究所编著：《白音长汗——新石器时代遗址发掘报告》，科学出版社 2004 年版，第 501、133、308、204 页。

② 王巍总主编：《中国考古学大辞典》，上海辞书出版社 2014 年版，第 153 页。

1992 年发掘统计，兴隆洼文化房址与居室墓葬的比例为 6.6：1；根据查海遗址 1986—1994 年发掘统计，房址与居室墓葬的比例约为 9.2：1。[①]

（二）相关信仰遗存分析

关于白音长汗二期甲类遗存三座墓葬出现石圆圈的现象，我们认为，这是当地后世墓葬石圆圈的开始，它在给墓葬留下标志物的同时，也表明死者后裔有寻找祖先并祭墓的需要，祖先崇拜已经开始。

对于查海基地葬俗所体现的灵魂观念，笔者据发掘报告分析认为，其反映出的是原始祭祀形式，即先民在此祭祀神灵，并按着某种习俗下葬死者、告慰亡灵。其主要祭品是猪。[②]

笔者认为，发掘者所言之"祭祀"是正确的。原始先民在梦境等事件中会产生一种灵魂观念，即认为世界万物除了可见的本体之外，与之相生的还有一种不可见的存在。对于人而言，梦境这一虚幻的景象，会使原始先民坚信除了肉体以外，还存在与自己共存的灵魂，而这种灵魂，由于具有一定的超自然力（如在梦中可以做出很多不可能做到的事），人们认为人死后可能依然存在（如在梦中见到逝去的人）。正是基于这种灵魂观念，使得葬俗开始出现，人们试图通过安葬死者或完成某种尸体的处理方式，去祈求死者灵魂的保佑，或远离恶灵。

查海遗址存在特定的"中心"墓区，说明原始先民们不仅存在灵魂观念，将人死去之后妥善埋葬，而且产生了公共墓地，在一定程度上是氏族制在信仰上的反映。生前生活在一起，死后也埋葬一处。墓区中的祭祀坑进一步说明了灵魂观念的产生，这些灵魂开始受到崇拜和祭祀，就像现代人类在清明节去祭扫祖先，在缅怀亲人的同时，祈求祖先在天之灵庇护后人安康顺利。

关于查海遗址的蛇、蟾蜍浮雕，它们当是该地区发现年代较早的动物浮雕。发掘者认为，此处的蟾蜍、蛇造像应当是图腾标志，查海先民

---

① 中国社会科学院考古研究所内蒙古工作队：《内蒙古敖汉旗兴隆洼聚落遗址 1992 年发掘简报》，《考古》1997 年第 1 期。

② 辽宁省文物考古研究所编著：《查海——新石器时代聚落遗址发掘报告》，文物出版社 2012 年版，第 670 页。

将保佑人类繁衍的愿望寄托于多子的蟾蜍，并祈求蛇的威力保护氏族。[①]
常经宇等认为，这处以蛇和蟾蜍为对象的动物浮雕，分别象征男、女生殖器，蛇衔蟾蜍体现了生殖崇拜中男性与女性已经对等，从而得出家庭经济单位出现，以及男性社会经济地位上升的结论。[②]

笔者认同其动物崇拜的观点。但发掘者认为蟾蜍、蛇造像当是图腾标志，常、孙二先生关于家庭经济形式出现、男性社会经济地位上升的结论，还可商榷。笔者以为，图腾是将一种动（植）物作为祖先进行祭祀崇拜，而查海遗址动物造像并没有直接证据说明这一关系。蟾蜍、蛇造像固然可以根据后世文献和民族志材料引申为男女生殖崇拜，但要进一步探讨其中蕴含的男女地位，还需要更多的材料证明。

总的来说，原始社会的生产力低下，在尽力保障原始先民食物资源的前提下，还进行原始艺术品的创造——如动物形象的造像，其目的不仅仅是为了娱乐，而是一种信仰方面的需求。张绪球曾谈到，"史前时代的雕像……不是普通的人或动物……属于神灵的范畴"[③]。

动物形象的雕塑，最有可能是动物崇拜的体现。泰勒认为，原始人无法分清有生命的和无生命的东西，使得他们认为那些天然的物体也有二重性，也有一个像他自己那样的灵魂。[④] 在原始社会中，人类不是自然的主宰，而是自然系统中的一部分，受自然的影响和限制程度较高。他们进行动物崇拜，即是为了丰产或保佑狩猎活动的顺利，或者希冀获得某些动物的特殊力量，如野猪獠牙等是勇猛神力的象征。

这里的蛇衔蟾蜍造像，应当是蛇为主要崇拜对象，蛇吃蛙本就是自然中常见的景象，蛇衔蟾蜍反映了蛇的强大。在原始社会，自然环境恶劣，野外难免遇到蛇害（埃及和印度的古文明对蛇都有着极大的敬畏），查海遗址原始先民通过蛇衔蟾蜍造像，对蛇灵进行崇拜，主要是希望不

①　辽宁省文物考古研究所编著：《查海——新石器时代聚落遗址发掘报告》，文物出版社2012年版，第672页。

②　常经宇、孙永刚：《查海遗址生殖崇拜考》，《赤峰学院学报》（汉文哲学社会科学版）2017年第8期。

③　张绪球：《石家河文化玉器的发现和研究概述》，荆州博物馆编著《石家河文化玉器》，文物出版社2008年版，第14页。

④　［法］E. 杜尔干：《宗教生活的初级形式》，林宗锦、彭守义译，中央民族大学出版社1999年版，第53页。

被蛇伤害，也可能是希望借助蛇的能力。

查海的蛇崇拜，大约是北方地区蛇的崇拜开端。《山海经》载东、南、西皆崇拜龙，唯北部及西北地区崇拜蛇，其《海外北经》载："北方禺强，人面鸟身，珥两青蛇，践两青蛇。"① 到陶寺文化的所谓龙盘，其实也是蛇盘。

关于兴隆沟遗址 M15 墓主头部带有孔的陶罐，发掘者认为，圆形钻孔可能是墓主人"灵魂"的出入通道。② 笔者认为，陶罐腹壁上的圆形钻孔为灵魂通道的观点应当是正确的。此处的陶罐与其他地方发现的瓮棺葬非常类似，竖立摆放，有圆形钻孔。而关于钻孔位置，云南大墩子遗址多数瓮棺的底部或肩腹敲有小孔，③ 说明小孔在墓中的位置不一定是存在于器盖或器底上。这种葬具上存在孔洞的现象，在民族志材料中也有所记载，如纳西族去墓地放置逝者骨灰袋时，会抽掉袋底的线，使得尸骨触土，以便让灵魂可以"自由"活动。④ 兴隆沟遗址发现的大陶罐一半在墓中一半在墓外，腹部上有钻孔，器物底部正好位于头骨上方。通过这个钻孔，陶罐成了墓穴与地上的一个媒介通道，是墓主的灵魂寄居之所或通道。

关于兴隆沟遗址墓 M4 眼眶嵌玉现象，发掘者认为，这一现象很有可能是后世牛河梁女神像玉眼装饰的直接源头，⑤ 是中国以玉示目现象的第一次发现。⑥ 笔者认为，该现象的一个可能的原因是死者去世前就有眼伤，葬时便以玉代目，玉毕竟只是一种石头，用它来代替眼眶，可能是原始先民们在某种祭祀或巫术中想象为玉玦注入了一种灵魂，即超自然力量，而由此仪式之后，这块玉玦也就成为一块灵物，可以当作死者的眼睛。

另外，从灵魂观念上考虑，以玉放于眼睛处可能有保护死者灵魂精

---

① 袁珂校注：《山海经校注》，上海古籍出版社 1980 年版，第 248 页。
② 中国社会科学院考古研究所内蒙古第一工作队：《内蒙古赤峰市兴隆沟聚落遗址 2002—2003 年的发掘》，《考古》2004 年第 7 期。
③ 云南省博物馆：《元谋大墩子新石器时代遗址》，《考古学报》1977 年第 1 期。
④ 李近春、王承权：《纳西族》，民族出版社 1984 年版，第 100 页。
⑤ 中国社会科学院考古研究所内蒙古第一工作队：《内蒙古赤峰市兴隆沟聚落遗址 2002—2003 年的发掘》，《考古》2004 年第 7 期。
⑥ 刘国祥：《兴隆沟遗址第一地点发掘回顾与思考》，《内蒙古文物考古》2006 年第 2 期。

气的作用。先民们认为玉器拥有灵气，可以阻挡死者精气的流失。西周中期的玉冥巾就是在织物上缝上代表五官的玉片。至汉代，出现了形制固定的一套玉殓具，其中的玉九窍塞就包括了玉眼盖。

还有一种可能，是为了保存墓主面貌——至少是要保存墓主人最重要的眼睛部位。大量考古材料和人类学材料中都出现了眼睛部位的强调表达，甚至可以说世界各种文化中多有将双目视为具有超自然力器官的情形。[1] 公元前 8000—前 7000 年的西亚，人们以泥覆面、用贝象征双目，用意可能就是为了保护死者的面貌。[2]

但兴隆洼遗址墓 M4 的墓主头部竖立摆放，不见双脚，肢骨散乱。若未遭扰动，则极有可能下葬时就已遭肢解，那么此处以玉示目就另当他解了。可能如民族志中所载，人头可作为灵物，以作为部落保护的精灵（见后文关于猎头习俗的讨论）。若如此，则以玉代目即是此人头灵物的一种赋予神性的装饰了，可能墓主是最早发现的一处人祭，但此处未有其他证据，只能言于此，以为一说。

关于兴隆沟遗址房址中发现的大量兽骨，我们认为可以解释为日常食用所遗留，但其中多为动物的头骨（包括鹿角），可能有财富和宗教的意义。如纳西族人会将猪下颌骨视作与财富、安危相关的物品，将其挂在家中，但若有坏事，就会将其丢弃。[3] 这说明在万物有灵的观念下，猪下颌骨这种动物头骨可能在原始先民看来仍寄居有猪灵等，可以庇护家宅安宁。F5 中的动物头骨摆放规整，多在前额有圆形或长方形孔，应该有一定的信仰意义，就如瓮棺葬上的小孔一般，这些头骨上的孔可能也是供兽灵出入。将这么多的钻孔兽骨整齐摆放在房址中，即是祈求这些兽灵保卫家宅和促进养殖丰产。据民族志资料记载，日本北部的虾夷人，他们的巫觋会拥有一套法器，其中就包含鸟兽的头骨。[4]

另外，在兴隆洼遗址房址中也有许多兽骨出土。发掘者认为，这些

---

① 夏奇艳：《原始艺术中眼睛形象的意义》，《中华文化论坛》2016 年第 4 期。
② 李连、霍魏、卢丁编著：《世界考古学概论》，江苏教育出版社 1989 年版，第 86 页。
③ 宋兆麟：《云南永宁纳西族的葬俗——兼谈对仰韶文化葬俗的看法》，《考古》1964 年第 4 期。
④ ［美］乔治·彼得·穆达克：《我们当代的原始民族》，童恩正译，四川省民族研究所 1980 年版，第 122 页。

猪、鹿等兽骨是用于祈求狩猎成功的宗教典礼。① 笔者认为，还需对居住面上的骨骼特点进行分析后再作探讨，不排除只是食用剩下的动物骨骼。

关于兴隆沟遗址 F22 的两件人头盖骨牌饰，我们认为可能有特殊的宗教含义。据民族志记载，美洲的一些印第安人部落，会在死者二次葬时拾取一些骨骼并携带，因为他们确信这些遗骨里还存在着超自然力，同时这也是对去世之人的一种留念。安达曼人会将亲人的一些尸骨做成一些佩戴用的饰品；塔斯马里亚人还会在火葬之后拾取部分遗骸作为护身符。这样的民族志材料还见于近代日本等，近代日本人中也存在火葬后拣取遗骨保留的习俗。② 兴隆沟遗址发现的人头盖骨牌饰有钻孔，应当是供佩戴使用，虽未有直接证据说明其与佩戴人之间的亲属关系，但其上并无其他明显符号，常理推之，应当也是在灵魂观念下，亲属将逝者头盖骨作为寄托灵魂的灵物，随身佩戴而获得庇佑。E. 杜尔干在《宗教生活的初级形式》一书中认为："死者的骨骸、他们的头发都很重要，算得上是巫师常常使用的媒介。"③ 总之，人骨作为人体的一部分，在蒙昧的时代，无疑是一件灵物。

关于兴隆洼遗址 M118 整猪骨架陪葬。据原发掘报告，墓主与两头整猪同穴并列埋葬，既体现出对于祖先灵魂的祭祀，也是对猎物灵魂的祭祀，是祭祖活动与祭祀猎物活动相结合的真实见证。兴隆洼先民对于猪灵的祭祀应具有图腾崇拜的意义。④

从 M118 两具猪骨都较完整、一雌一雄并列摆放可以看出，应是精心埋葬的。这种随葬方式，一方面可能作为丧葬者财富的象征，另一方面可能是满足墓主死后所享受，但这两者至少都体现了人死后存在灵魂的观念。英国纪录片《非凡仪式》中曾记录，印度尼西亚托拉雅族人认

① 中国社会科学院考古研究所内蒙古工作队：《内蒙古敖汉旗兴隆洼聚落遗址 1992 年发掘简报》，《考古》1997 年第 1 期。
② ［德］利普斯：《事物的起源》，汪宁生译，四川民族出版社 1982 年版，第 389—390 页。
③ ［法］E. 杜尔干：《宗教生活的初级形式》，林宗锦、彭守义译，中央民族大学出版社 1999 年版，第 42 页。
④ 中国社会科学院考古研究所内蒙古工作队：《内蒙古敖汉旗兴隆洼聚落遗址 1992 年发掘简报》，《考古》1997 年第 1 期。

为动物的灵魂会护送死者走完最后一程，所以会在葬礼上宰杀十头水牛。

联系上述同时期的兴隆沟遗址等地的房址和墓葬中也出现了大量的猪骨，我们认为可能是当时该地区以猪作为食物较多，故而有以猪灵为主的动物崇拜。原始社会对生存中的食物需求十分强烈，进行动物崇拜，祈求蓄养动物的丰产或狩猎活动的顺利，对于他们十分重要。这个墓中一雌一雄的猪骨可能也是基于动物繁衍的考虑。

另外，发掘者认为，其有图腾崇拜意义的观点似还值得商榷，因为动物与人同葬一穴的现象非常常见，并不能说明是将祖灵与猪灵相结合。此墓中不同性别的两具猪骨，似表明祈求猪的养殖丰产。

关于居室葬，杨虎等认为，居室墓在旧石器时期就以洞穴墓的形式出现，该时期出现的居室葬葬俗是具有宗教内涵的，是为了祈求丰产和繁衍。埋在居室墓里的人，可能有着特定地位，或者有特殊的死亡情况。①常经宇等认为，居室葬是为了让死者灵魂庇佑新生儿，竭力增加部落新的成员，是一种生殖崇拜。②

笔者认为，将居室葬作为生殖崇拜的遗存尚缺乏直接证据，还值得商榷。据上文所引考古报告给出的统计，房址数量远远大于居室葬的数量，说明居室葬并不是所有人的墓葬形式，必定是作为一种特殊的葬俗，对墓主进行的特殊安葬，这种特殊的丧葬形式可能有其特殊的信仰背景。将死者葬于室内的现象在民族志材料中主要有以下目的：一是为了亲人的肉体不被野兽吃掉；二是为了以死者的灵魂来保佑家宅。如果是前者，则无法解答为什么只是少数人的墓葬形式。故笔者认为后者更具说服力，对特别的人采取这样的葬俗，可能是部落民众以此利用死者的亡灵来保佑本家的安全与福祉。

这些居室葬的墓主可能是社会中较有权势的人。太平洋地区的美拉尼西亚人有信奉一种非人格的超自然力量"玛纳"的观念。在他们的认知中，"玛纳"属于行时走运者，首领或其他杰出的人会被认为是拥有许多"玛纳"的，常人之灵几乎不拥有玛纳，连祭奠之礼都不一定需要；但生

① 杨虎、刘国祥：《兴隆洼文化居室葬俗及相关问题探讨》，《考古》1997 年第 1 期。

② 常经宇、孙永刚：《查海遗址生殖崇拜考》，《赤峰学院学报》（汉文哲学社会科学版）2017 年第 8 期。

前有着滔天权势的人的大量"玛纳"会在其死后继续保持作用，所以对待他们的死后之事不敢怠慢。[1] 故笔者认为，不排除某些居室葬墓主生前是社会的权势者，他们死后的灵魂需要专门对待。

二　偶像崇拜

（一）蛇（"龙"）偶像崇拜

辽宁葫芦岛市杨家洼遗址，经树轮校正后年代可达距今 8500 年左右。[2] 该遗址中发现了两条"龙"形堆塑，都是以红褐色地面为背景，其上用米黄色粘土制成头朝南、飞翔状的形象，两条"龙"身长分别为 1.4 米和 0.8 米。[3] 查海遗址也有一处"龙"形堆塑，整体是以红褐色石块堆砌而成，呈腾飞状，长 19.7 米，整体位于该遗址的"中心墓区"北部。[4] 在查海遗址还发现两块龙纹陶片：一为残件，只保留蜷曲的尾部；另一为盘旋的龙体。皆系采用贴塑泥条制成。[5] 这两块龙纹陶片都只有 10 余平方厘米，但龙的形象却表现得很清晰，主要特征有两个：一是龙体可以弯曲、盘旋；二是龙体布满鳞状纹。在自然界所有动物中，这两个特征只有蛇才具备。

关于查海遗址龙遗存，该发掘报告认为，其性质应当类似于濮阳西水坡遗址发现的同类遗迹，都是氏族信仰祭祀的神祇，龙是氏族图腾，以期保护本氏族。[6] 常经宇等认为，查海遗址堆石是先民将蛇作为男性生殖器象征而进行生殖崇拜的遗存。[7] 刘德刚等根据查海遗址龙形堆塑中龙头部

---

[1]　［苏］托卡列夫（C. A. Токарев）：《世界各民族历史上的宗教》，魏庆征译，中国社会科学出版社 1985 年版，第 81 页。

[2]　辽宁省文物考古研究所、葫芦岛市文物管理办公室：《辽宁葫芦岛市杨家洼新石器时代遗址发掘简报》，《博物馆研究》2005 年第 2 期。

[3]　高美璇：《辽宁八千年前新石器时代遗址中发现龙图腾》，《中国文物报》1997 年 6 月 8 日第 1 版。

[4]　辽宁省文物考古研究所编著：《查海——新石器时代聚落遗址发掘报告》，文物出版社 2012 年版，第 539 页。

[5]　辽宁省文物考古研究所编著：《查海——新石器时代聚落遗址发掘报告》，文物出版社 2012 年版，第 216 页。

[6]　辽宁省文物考古研究所编著：《查海——新石器时代聚落遗址发掘报告》，文物出版社 2012 年版，第 672 页。

[7]　常经宇、孙永刚：《查海遗址生殖崇拜考》，《赤峰学院学报》（汉文哲学社会科学版）2017 年第 8 期。

略呈三角形以及长吻、大口等特征和野猪头相似，躯干下方有短小的四肢，再联系兴隆沟遗址 H35 底部摆放的猪头骨和"S"形堆塑，认为查海龙形象来源于野猪。塑造这样的偶像，是对野猪神灵的崇拜，以期猎取、繁殖更多的野猪，最终成为氏族图腾。[①]

笔者认为，查海遗址发掘者和刘德刚等学者将龙形堆石当作图腾神祇的观点尚可商榷。上文分析同遗址的蛇、蟾蜍造像浮雕时已经提到，尚无考古证据可以证明其与祖先崇拜有关，故直接定为图腾崇拜尚不足据。至于常经宇、孙永刚两先生将其称为生殖崇拜，也缺乏证据。刘德刚、李井岩二先生将其直接判断为野猪崇拜，认为龙雕塑的原型和兴隆沟遗址发现的猪首摆塑一样是猪的抽象表现，也需商榷。因为龙形雕塑的主体部分应当是修长蜿蜒的蛇身，其头部和短肢都是蛇身的虚拟化，若将其四肢看作猪的形象，这个比例未免也太不可思议。在后来相似的器物演变中，其头部一直存在变化，但蛇身是普遍的基础形象，说明蛇身是这类虚拟形象的基础原型，如上所论，这与北方长城地区长期流行的蛇崇拜一脉相承。

这两处"龙"形状奇特，在自然动物的造型基础上还进行了加工，应当是偶像崇拜遗存。尚民杰也将此类动物形堆塑归入偶像崇拜的一种。[②]文苑仲称："原始艺术的雕塑……是一种宗教或巫术活动。"[③] 陈淳认为"在史前社会……这些艺术品和图像被视为超自然的象征"[④]。关于偶像崇拜的概念已在绪论中讨论，此处不再赘述。

总之，我们认为，先民们从蛇等动物原型出发，构造了一种抽象的堆塑（或陶器上的纹饰），将自己崇拜的超自然力量寄予其中，祈求得到保佑。

（二）猪偶像崇拜

在兴隆沟遗址第一地点，发现有直径达 4.2 米的最大圆形灰坑 H35。该灰坑坑底有两具组合型的猪骨摆塑，一东一西分布，分别长 1.92 米和 0.72 米，都是以猪本身的头骨加上用陶、石堆塑的躯干组成，形体略呈

---

① 刘德刚、李井岩、夏晨光等：《查海龙及其与原始农业的关系研究》，《文物鉴定与鉴赏》2020 年第 8 期。

② 尚民杰：《史前时期的偶像崇拜》，《中原文物》1998 年第 4 期。

③ 文苑仲：《论艺术与宗教之关系》，《艺术百家》2008 年第 8 期。

④ 陈淳：《考古学研究入门》，北京大学出版社 2009 年版，第 215 页。

"S"形。另外，东边猪头骨额骨有圆孔，西边猪头骨破损无法判别。①

关于兴隆沟遗址猪龙摆塑，发掘者根据该地区后续发现的赵宝沟、红山等文化猪龙造型与兴隆沟遗存的猪龙形制相似，得出结论，认为兴隆沟猪龙堆塑是中国最早的猪首龙造型。表明该时期原始先民的宗教已经进入了图腾崇拜时期。②

笔者认为，兴隆沟遗址的猪首堆塑造型可能确为赵宝沟文化、红山文化时期猪首龙形象的前身，但依然无法直接证明其与氏族祖先有血缘关系，无法判定其为图腾崇拜。这里的猪首龙形象是在猪的原型下进行加工的特殊非自然样式，当为偶像崇拜的一种，从祭祀动物本体到祭祀此类偶像，是对非自然力的灵物崇拜阶段向偶像崇拜阶段的发展，是将氏族所信奉的超自然力量寄予偶像中，祈求保佑。因此，这个圆坑当是一个祭祀坑，祭祀主题仍是动物神崇拜，希望通过这些祭祀活动，祈求丰产和狩猎成功。

（三）人偶像崇拜

兴隆沟遗址房址 F22 出土了石人面饰、蚌人面饰各一件（图 4-3）。其中石质人面饰品长、宽分别为 3.5 厘米和 2.6 厘米，呈倒三角形，其上刻有两个圆窝代表眼睛，在其下方雕出一个三角形代表口部，然后在口内置有雕刻为一排牙齿的蚌饰，整体呈现为一个人面；另外，该器物最上部为两个钻孔。蚌质人面饰品长、宽分别为 4.9 厘米、3.6 厘米，呈圆尖状，面部刻有两眼，分别为一孔和一未透的圆窝，在其下方还有两个竖排小孔。③

笔者认为，这两件人面饰体现了西辽河地区最早的以人为主题的偶像崇拜。所谓偶像，特别是人像，最开始就是逝者形象的复原，也就是说，前者是祖先崇拜的延伸。但这两件人面像制作十分粗糙，应当是由祖灵这一思想维度的幻想反映，开始向偶像崇拜这一造型实物延伸发展的初级阶段产物。王仁湘曾提及，"最初出现的造型艺术……是他们要

① 中国社会科学院考古研究所内蒙古第一工作队：《内蒙古赤峰市兴隆沟聚落遗址 2002—2003 年的发掘》，《考古》2004 年第 7 期。

② 中国社会科学院考古研究所内蒙古第一工作队：《内蒙古赤峰市兴隆沟聚落遗址 2002—2003 年的发掘》，《考古》2004 年第 7 期。

③ 刘国祥：《兴隆沟遗址第一地点发掘回顾与思考》，《内蒙古文物考古》2006 年第 2 期。

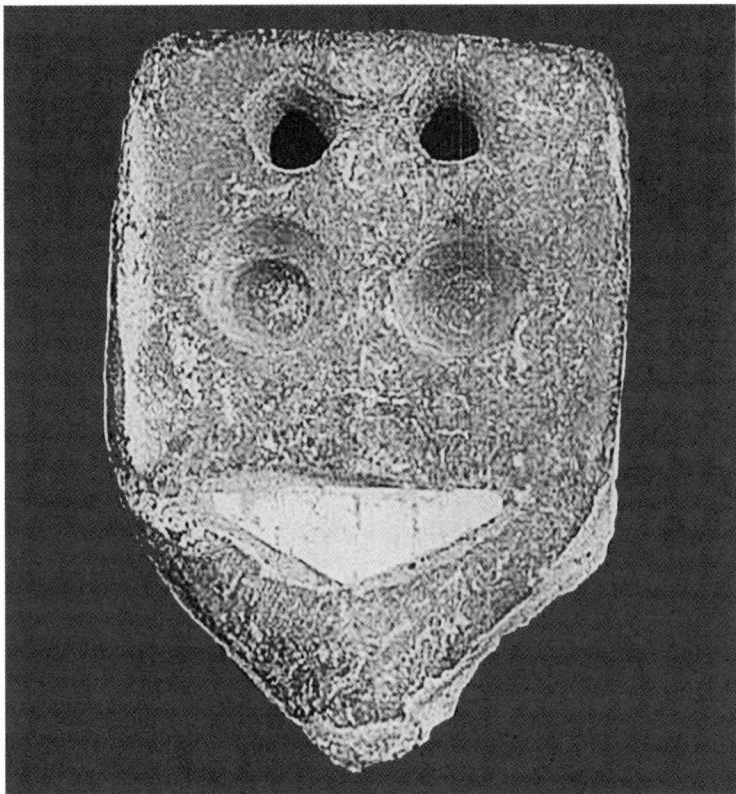

图 4-3　兴隆沟遗址 F22 嵌蚌石人面饰

图片来源：中国社会科学院考古研究所内蒙古第一工作队：《内蒙古赤峰市兴隆沟聚落遗址 2002—2003 年的发掘》，《考古》2004 年第 7 期，图版二。

表现的神灵偶像"①。

　　原始先民一旦存在灵魂观念，那么人的灵魂就一定会成为这个超自然世界中最为重要的部分。与其他自然崇拜形式一样，原始先民对祖先偶像的崇拜最开始也是为了自身的生存而祈求超自然力的庇护。鄂伦春人现在依然供奉祖先神偶像"阿娇鲁"。该族人认为，人逝去之后灵魂还会存在，而作为亲属关系的祖先的灵魂，一定会庇护其族人经济丰产和繁衍兴盛。②在现实社会中存在局部的不平等之后，这样的崇拜会更为明显。正如前文居室葬讨论时提到的美拉尼西亚人一样，某些生前高级的人，死后其灵魂

---

　　①　王仁湘、肖宇：《驽马加鞭　独行踽踽——王仁湘先生访谈录》，《南方文物》2020 年第 3 期。

　　②　吕大吉、何耀华总主编，满都尔图等分册主编：《中国各民族原始宗教资料集成·鄂伦春族卷·鄂温克族卷·赫哲族卷·达斡尔族卷·锡伯族卷·满族卷·蒙古族卷·藏族卷》，中国社会科学出版社 1999 年版，第 28 页。

被认为依然具有超自然力，将他们塑造为偶像就更为必要了。

类似上述兴隆沟遗址人面饰这种以人为原型的小型雕塑或饰品，或许还有另一种可能的性质，即巫术中使用的人偶。原始人认为，已经接触过的两个物品，不再处于一处时，依然会相互产生影响。这就是弗雷泽所谓的"接触律"。另外一个法则是，一个事件往往会特定地出现在另一件事之后，认为只要掌握了事物这个关联的奥秘，就可以达到预期的目的，弗雷泽将这种幻想的定律叫作"相似律"[1]。基于这些观念，就可以通过模拟活动（"交感巫术"）对事物施加影响。[2] 南非的祖鲁人就有这样的人偶。欧洲的女孩会针刺抛弃她的人的画像，并相信情人会因此而死。[3] 现在中国香港、中国广东地区民间依然盛行打小人的巫术，通过用鞋子或其他物品殴打虚拟小人，可脱离霉运或诅咒他人。考古资料中，人偶难以留下巫术的痕迹，故在本书中将人形制品主要视为偶像崇拜和祖先崇拜。

三　简单的祭祀遗迹

该时期出现了一些简单的祭祀遗迹。主要有位于聚落中部的查海遗址墓地，占地约 500 平方米，除 10 座墓葬外，还有 2 个祭祀坑及 1 处龙形堆塑；[4] 另外还有，位于兴隆沟遗址第一地点居住区内的以 H35 为代表的室外祭祀坑群。[5]

《查海》作者认为，查海聚落早期至晚期的整个墓区都是祭祀活动区域。[6] 刘国祥认为，兴隆沟第一地点祭祀坑群体现了这一时期居住区与祭

---

① 原始人在特定的一些事件后产生一种想法，即一个事件总是紧随着另一事件而出现，认为只要掌握了事物这个关联的奥秘，就可以达到预期的目的，弗雷泽称此为"相似律"，而且物体切断实际接触后仍可在远方相互作用，弗雷泽称此为"接触律"。

② ［英］弗雷泽（Frazer, J. G.）：《金枝——巫术与宗教之研究》，徐育新等译，大众文艺出版社 1998 年版，中译本序第 6—7 页。

③ ［德］利普斯：《事物的起源》，汪宁生译，四川民族出版社 1982 年版，第 330、331—332 页。

④ 辽宁省文物考古研究所编著：《查海——新石器时代聚落遗址发掘报告》，文物出版社 2012 年版，第 525 页。

⑤ 刘国祥：《兴隆沟遗址第一地点发掘回顾与思考》，《内蒙古文物考古》2006 年第 2 期。

⑥ 辽宁省文物考古研究所编著：《查海——新石器时代聚落遗址发掘报告》，文物出版社 2012 年版，第 656 页。

祀区还未独立分开，祈求狩猎成功是当时宗教典礼的核心内容之一。①

笔者认同上述观点。因为该时期信仰还主要是灵魂观念和基于此产生的简单的动物崇拜和偶像崇拜，故该时期祭祀遗迹较少，比较简易，主要是墓区和一些祭祀坑，而且都是在聚落中，还未形成专门的祭祀区和较为复杂的祭祀遗迹。

另外，朱延平还认为兴隆洼文化等遗址中被烧毁的房屋是一种有意的祭祀现象。② 笔者认为，如果居住面上有人体被烧毁的房屋，可能确有祭祀意义，但也应只是另一种特别的葬俗。

四　生产工具崇拜

查海遗址发现有一座特大房址 F46，面积约 157 平方米，房址中出土了一对特大型铲形器，大小是该遗址其他同类器物的两倍，其刃部无使用迹象；③ 兴隆洼遗址也有斧、锛等小型玉器的发现，主要是居室墓中出土。④

发掘者认为，查海遗址 F46 中这对特大铲形器不是一般的生产、生活实用器，而可能是礼器，是氏族部落中特殊身份者的地位象征，也是宗教仪式用具，很可能与原始农业活动密切相关。⑤ 兴隆洼遗址出土有斧、锛等小型玉器，其中有的通体抛光、精巧别致、刃部无使用痕迹，推断为祭祀活动中使用的"神器"，用以驱邪。⑥

查海遗址出土的特大铲形器和兴隆洼遗址出土的斧、锛等小玉器，明显都不是实用器具，但两者又有些区别。查海遗址的特大型铲形器出土的房址正好是特大型房址，而兴隆洼遗址的小型玉生产器具，多是在居室墓

---

① 刘国祥：《兴隆沟遗址第一地点发掘回顾与思考》，《内蒙古文物考古》2006 年第 2 期。

② 朱延平：《辽西区古文化中的祭祀遗存》，张忠培、许倬云主编《中国考古学跨世纪的回顾与前瞻（1999 年西陵国际学术研讨会文集）》，科学出版社 2000 年版，第 216 页。

③ 辽宁省文物考古研究所编著：《查海——新石器时代聚落遗址发掘报告》，文物出版社 2012 年版，第 672 页。

④ 中国社会科学院考古研究所内蒙古工作队：《内蒙古敖汉旗兴隆洼聚落遗址 1992 年发掘简报》，《考古》1997 年第 1 期。

⑤ 辽宁省文物考古研究所编著：《查海——新石器时代聚落遗址发掘报告》，文物出版社 2012 年版，第 670 页。

⑥ 中国社会科学院考古研究所内蒙古工作队：《内蒙古敖汉旗兴隆洼聚落遗址 1992 年发掘简报》，《考古》1997 年第 1 期。

中发现。笔者认为，前者当是日常进行生产工具崇拜的用具，祈求经济活动的丰产；而后者是照顾墓主灵魂生活的随葬，以使得墓主死后依然能拥有生产工具和随之产生的经济实力。两者一个过大，一个过小，都无法进行事实上的生产活动。

远古时代物资缺乏，先民们制作这些非实用性的器具当是为了祭祀所用。生产工具的崇拜在中原及其周边地区的裴李岗文化、北福地一期文化中也有发现，具体讨论详见本书第三章，此不赘述。

五　骨笛与巫术

兴隆洼遗址的房址 F166 有居室墓 M134，出土了一件骨笛，系用猫头鹰翅膀骨制成。[1] 时代略晚的榆树山遗址也出土了一件骨笛 F102①：4，其周身有精细的几何纹饰，较舞阳贾湖的素面骨笛精美得多。[2]

关于贾湖遗址的骨笛，笔者在第三章已有探讨。叶春认为，不排除贾湖先民使用竹笛的可能，但音色朴质沉稳的骨质笛子相对于音色清脆明亮的竹笛，更适用于祭祀音乐。[3] 王子初认为，贾湖骨笛是当时竹笛的一个高层次反映，使用者可能是神职人员。[4] 贾湖遗址出土骨笛的同一遗址中同时有柄形器等发现，故而可将其视为祭祀仪式所用的工具。因此，我们认为该骨笛也当与巫术有关。

据许兆昌考证，中国先秦的巫与西方的巫师不同，更似萨满，[5] 萨满巫师本身并不具有超自然力，需要借助工具、歌舞等连接神灵。在这种背景下，音乐自然就与祭祀和巫术有关，文献中亦有相关记载，如《礼记·礼运》中说："夫礼之初……蒉桴而土鼓，犹若可以致其敬于鬼神。"[6] 殷代也有专门的"巫乐"，由专门的神职人员（通

①　席永杰、张国强、杨国庆：《内蒙古敖汉旗兴隆洼文化八千年前骨笛研究》，《北方文物》2011 年第 1 期。

②　杨虎、林秀贞：《内蒙古敖汉旗榆树山、西梁遗址出土遗物综述》，《北方文物》2009 年第 2 期。

③　叶春：《从贾湖文明看原始宗教对史前音乐的作用及影响》，《岭南音乐》2017 年第 6 期。

④　王子初：《说有容易说无难——对舞阳出土骨笛的再认识》，《音乐研究》2014 年第 2 期。

⑤　许兆昌：《先秦社会的巫、巫术与祭祀》，《史学集刊》1997 年第 3 期。

⑥　（清）孙希旦撰，沈啸寰、王星贤点校：《礼记集解》，中华书局 1989 年版，第 586 页。

神者）演唱于祭祀仪式。^① 童恩正在《中国古代的巫》中也谈到，古代巫师通过乐舞而通神，最早的规范化乐舞也当是人们为了连接"超自然的力量"的一种手段。^② 当代许多少数民族依然用唱歌的形式传颂其祖先神话和进行祭祀活动——比如，苗族的神职人员端公就善于唱歌诵词；^③ 老挝傣仂族群的原始宗教仪式，也有赞哈歌手担负请神、送神等重要神职作用；^④ 现在民间依然有晚上吹笛子会招善鬼的说法。这些材料说明音乐一直以来对于宗教祭祀都十分重要。而在原始社会，物质生活水平十分落后，耗费大量精力来制作一个精细的骨笛十分不易，应当是先民们在骨笛中寄予了对精神生活的追求。综上，这一时期发现的骨笛及其产生的音乐，应当是为了祭祀活动和精神信仰而存在的。

总之，距今 9000—7200 年前的小河西文化至兴隆洼文化时期，该地区的信仰主要为：兴隆沟遗址动物头骨堆积、兴隆洼遗址雌雄整猪陪葬、查海遗址"中心"墓区、蛇衔蛙浮雕和居室墓等体现的灵魂观念和动物崇拜；杨家洼龙形堆塑、查海遗址龙形堆石、兴隆沟遗址猪首龙形堆塑和人面像等体现的偶像崇拜；查海遗址"中心"墓区、兴隆沟遗址室外祭祀坑群等体现的简单祭祀遗迹；查海遗址特大型铲形器和兴隆洼遗址居室墓中小型玉斧、玉锛等体现的生产工具崇拜。

该时期动物崇拜，主要体现如下：第一，随葬雌雄整猪。第二，居住面上放置大量动物头骨。第三，雕刻品仅见几处浮雕造像。该时期偶像崇拜主要体现如下：第一，有龙等简易的虚拟动物形象。第二，人面像仅石饰、蚌饰各一件，都十分原始。该时期的祭祀遗迹主要是墓区中的祭祀坑，祭祀区与居住区尚未分离。另外，还有生产工具崇拜的遗存。该时期祭祀活动主要是自然崇拜，又以动物崇拜为核心，包括以动物崇拜为祖形的动物形堆塑偶像崇拜；因为这一时期随着原始农耕技术和畜

---

① 陈燕、任怡霖：《商代"巫乐"与"淫乐"探究》，《兰台世界》2014 年第 15 期。
② 童恩正：《中国古代的巫》，《中国社会科学》1995 年第 5 期。
③ 文山壮族苗族自治州民族宗教事务委员会编：《文山壮族苗族自治州民族志》，云南民族出版社 2005 年版，第 99 页。
④ 李纬霖：《老挝傣仂族群赞哈演述中的仪式音声与信仰实践》，《民族艺术》2020 年第 4 期。

牧技术的出现，人们需要通过自然崇拜的祭祀活动，以寻求丰产和保佑经济活动的开展。

第二节 距今 7200—6400 年兴隆洼至赵宝沟文化时期的信仰

一 动物神崇拜

上宅遗址位于北京平谷，树轮校正后年代为距今 7170—6655 年。[①] 该遗址出土了一些动物形象的石制品，有猴、鸮等形象的饰品，有羊、龟等雕塑；陶器制品也有诸多动物形象，如猪、羊、蚕和海马等。其中最为特殊的还属一件陶制镂孔器 T0606④：6（图 4-4），略呈圆锥形，上部为一简单的鸟头，有鸟喙和双目，下部是逐渐变粗的圆柱形，并开四道竖长镂孔。柱体上有羽毛状刻划纹。这件器物下部略残，现存高 21.8 厘米，发掘者认为这件鸟头状镂孔器属宗教用具。[②]

赵宝沟遗址位于内蒙古赤峰市，晚期（第一区）标本的碳十四测年经树轮校正后，年代下限在距今 6800 年左右。动物形纹是该遗址的特色纹饰之一，数量较少，通常是在尊形器的腹壁位置刻划。如 F6①：3，器残，仅存有鹿角有三叉，并以菱形图案作为眼睛象征的鹿形纹饰。[③]

小山遗址位于赤峰市敖汉旗，树轮校正年代距今 6800—6665 年，出土有尊形器 F2②：30，其腹部刻划猪形首、鹿形首和鸟形首等灵物图像，各形象都以头辨别，其身体部分皆是盘旋似腾飞状的类蛇形纹饰，其中猪状纹饰中包含细长的弯曲状獠牙。[④]

南台地遗址位于内蒙古敖汉旗，其中赵宝沟文化遗存中采集到 5 件腹壁饰以鹿首神兽等纹饰的尊形器。如：3546F1：1，为两个躯干弯曲似鱼的鹿

① 北京市文物研究所、北京市平谷县文物管理所上宅考古队：《北京平谷上宅新石器时代遗址发掘简报》，《文物》1989 年第 8 期。

② 北京市文物研究所、北京市平谷县文物管理所上宅考古队：《北京平谷上宅新石器时代遗址发掘简报》，《文物》1989 年第 8 期。

③ 中国社会科学院考古研究所编：《敖汉赵宝沟：新石器时代聚落》，中国大百科全书出版社 1997 年版，第 207、169 页。

④ 中国社会科学院考古研究所内蒙古工作队：《内蒙古敖汉旗小山遗址》，《考古》1987 年第 6 期。

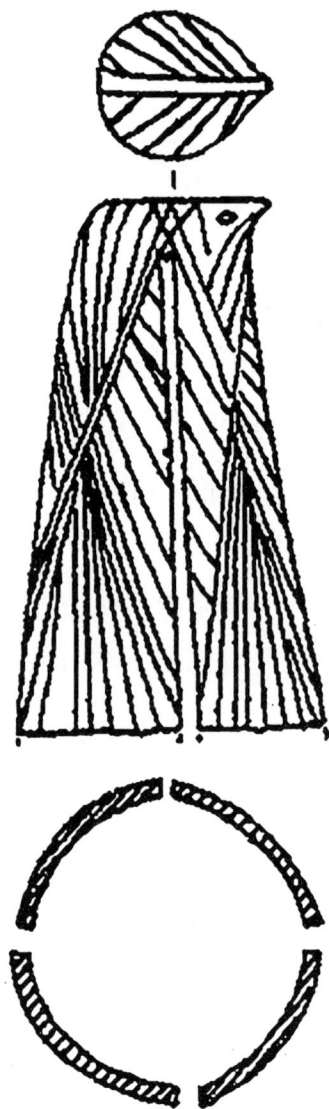

图 4-4　上宅遗址鸟首形镂

孔器 T0606④：6

图片来源：北京市文物研究所、北京市平谷县文物管理所上宅考古队：《北京平谷上宅新石器时代遗址发掘简报》，《文物》1989 年第 8 期。

首形纹饰；3546F1：2，为两个有类似翅膀形象且兽尾呈三角形的鹿首形纹饰；3546F1：3（图 4-5），为鸟和鹿纹；另有一件高足盘 3546F1：14，口沿下有一道弦纹，弦纹向下至足根压有双鹿纹，间饰卷云纹。[①]

白音长汗遗址三期乙类遗存，介于赵宝沟文化与红山文化之间，出土了 1 件鹿头石雕件 BF56①：2，残长 5.2 厘米、残宽 2.2 厘米、厚 0.9 厘米，双角均残，钻孔成圆形双眼，用四条浅细线标出较长的鼻子。[②]

关于上述现象，笔者作如下讨论：

首先，关于动物类雕像。这一时期的雕塑纹饰出现了一些抽象虚拟的动物形象。如平谷上宅遗址的鸟首形镂孔器，明显超越了对动物本身实物的崇拜，赵宝沟遗址、小山遗址等鹿图案也并非真鹿图形，产生了各种抽象化并带有神性的图案，也是自然崇拜形象化为偶像崇拜的体现之一。故而这些都当是动物崇拜的产物，是对陶塑体现的动物神灵的崇拜。该时期动物雕塑大量出现，且多为独立个体，制作工艺也包括石雕、陶塑和玉雕等多种形式，动物种类也多种多样。反映了该时期原始先民社会生产力尚处在以狩猎为主的阶段，动物崇拜趋于强盛。

其次，关于上述赵宝沟文化各遗址的动物纹饰。赵宝沟遗址发掘者将该遗址动物纹饰称为瑞兽灵物，认为 F2、F6 房址作为甲（Ⅰ）

---

① 敖汉旗博物馆：《敖汉旗南台地赵宝沟文化遗址调查》，《内蒙古文物考古》1991 年第 1 期。

② 内蒙古自治区文物考古研究所编著：《白音长汗——新石器时代遗址发掘报告》，科学出版社 2004 年版，第 376 页。

图 4-5　南台地遗址鹿纹尊形器 3546F1：3

图片来源：敖汉旗博物馆：《敖汉旗南台地赵宝沟文化遗址调查》，《内蒙古文物考古》1991 年第 1 期。

类中型房址，建筑精良，应当是重要头人所住。① 小山遗址发掘者认为该尊形器动物形纹为灵物图像。②

南台地遗址的发掘者认为，小山遗址发现的猪首形纹饰应当是一种龙的纹饰，是最早龙形象之一。南台地遗址尊形器 3546F1：1、3546F1：2 上装饰有图案化的龙鳞纹，这种带有龙鳞纹的鹿首蛇身纹饰可称为"鹿首龙"。这些鹿纹的最末处往往是放射性图案，像阳光四射，整个纹饰充满神秘化。这样有神灵题材出现的房址往往出现在遗址较高的位置，这些房址不应只是生活居住场所，可能还是宗教活动、公众议事的场所。③

布谷认为，小山遗址陶尊上的纹饰是一幅《伊甸园》，体现的是雄性

① 中国社会科学院考古研究所编：《敖汉赵宝沟：新石器时代聚落》，中国大百科全书出版社 1997 年版，第 169、203 页。

② 中国社会科学院考古研究所内蒙古工作队：《内蒙古敖汉旗小山遗址》，《考古》1987 年第 6 期。

③ 敖汉旗博物馆：《敖汉旗南台地赵宝沟文化遗址调查》，《内蒙古文物考古》1991 年第 1 期。

野猪追逐"玄牝之门"的生殖崇拜。① 陈国庆认为，这一时期发现的这些以动物为底本的奇特纹饰并不是动物本身，而是用以崇拜的神化灵物。②

笔者认同陈国庆先生的观点，这些生动的动物纹饰不是自然界中动物原有的状态，而是被人神圣化了。据考古报告，赵宝沟遗址的动物骨骼分析表明，该时期猪、狗似为家养，其他的各类兽禽尚未被驯化。另外，在该遗址中，鹿类动物的可鉴定标本数与遗址动物可鉴定标本总数的比值为 0.66，其产生的最小个体数与遗址总数的比值为 0.515，鹿类的纯肉量估计占哺乳动物纯肉量的 63.1%。这些数据说明，当时的聚落虽然已有猪、狗为家养动物，但仍需大量狩猎野生动物，其中更以鹿类为主。③ 人们通过将鹿的形象神秘化、夸张化，或是显示其背后动物神灵的强大，从而庇护他们狩猎活动的成功；或是乞求丰产——体现了当时盛行的鹿崇拜。布谷将纹饰看作男女生殖器的象征缺乏证据，特别是"玄牝之门"（女阴），似欠说服力。

中国古代视鹿为北方神物，鹿崇拜多见于北方各地。如距今 5500—4000 年（碳十四数据，未注明树轮校正，校正之后大约可加 10% 的年代）的谢洛沃文化时期，鹿牙坠饰和岩画体现了对鹿的特别崇拜；墓葬中人身、人头上佩戴马鹿牙饰，弓上缀挂马鹿牙饰，是将马鹿牙饰当作保护弓箭、能使猎手获得猎物的神物。④ 陈久金对龟蛇崇拜替代鹿崇拜的问题进行了研究，认为在战国之前的中国古代四灵中，龟的位置是由鹿所占有的。⑤ 可见，北方的鹿崇拜有着极其悠久的历史。

二　偶像崇拜

该时期，兴隆洼遗址墓葬中发现有一件人面蚌饰，编号为 Ml17∶02，

---

① 布谷：《猪龙根三部曲——生殖：赵宝沟文化雄性野猪龙的浪漫主义神话　礼治：伏羲氏"龙师"是红山文化的特定产物　崇祖：殷商甲骨文的"龙"字都是雄性野猪龙》，《昭乌达蒙族师专学报》（汉文哲学社会科学版）1996 年第 1 期。
② 陈国庆：《燕山南北地区史前原始宗教的形成与发展》，《考古与文物》2008 年第 2 期。
③ 中国社会科学院考古研究所编：《敖汉赵宝沟：新石器时代聚落》，中国大百科全书出版社 1997 年版，第 199 页。
④ 冯恩学：《俄国东西伯利亚与远东考古》，吉林大学出版社 2002 年版，第 121 页。
⑤ 陈久金：《从北方神鹿到北方龟蛇观念的演变——关于图腾崇拜与四象观念形成的补充研究》，《自然科学史研究》1999 年第 2 期。

出土于房址 F176 的居室墓 M117 中，属于该遗址晚期遗存。该遗物整体是一个平面的三角形，上面分布三个圆窝，构成人脸状，下部分有缺损，尚存一处钻孔。[1]

白音长汗遗址该时期的房址 AF14 内出土 3 件人面形蚌饰品，属该遗址二期乙类遗存，这三件遗物皆是以蚌壳为材料，加工制成人面的形象。同期遗存的探方中，还出土一件石头质地辅以蚌质材料的人面形饰品，编号为 AT27②：7（图 4-6）。如图所见，该件遗物呈圆形平面状，上半部有象征眼睛的刻痕，以中间一道直线为界，左右两边呈对称状的两个弧形凹槽，用以象征双目；下半部有一略宽的长方形凹槽，上下再交错刻上四个獠牙状凹槽，用以象征口部和牙齿（且代表牙齿的四个凹槽都以蚌片进行贴嵌，与上半部双目形成一个脸部形象）。在其背面刻划一个长的凹槽，两端都有钻孔，两处钻孔的另一端分别是该饰品的左右两个侧面。[2]

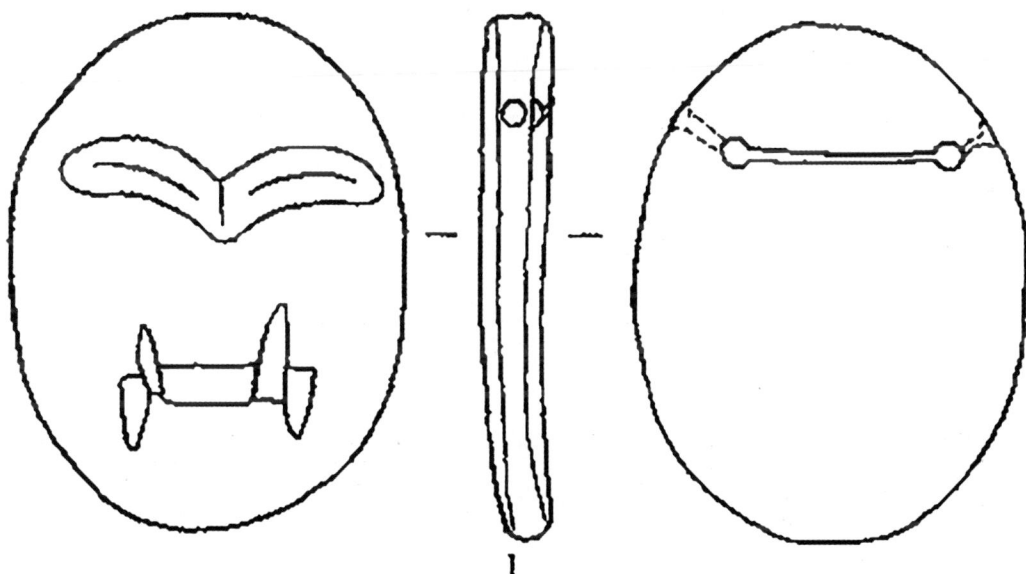

图 4-6 白音长汗遗址人面石饰 AT27②：7

图片来源：内蒙古自治区文物考古研究所编著：《白音长汗——新石器时代遗址发掘报告》，科学出版社 2004 年版，第 306 页。

---

[1] 中国社会科学院考古研究所内蒙古工作队：《内蒙古敖汉旗兴隆洼聚落遗址 1992 年发掘简报》，《考古》1997 年第 1 期。

[2] 内蒙古自治区文物考古研究所编著：《白音长汗——新石器时代遗址发掘报告》，科学出版社 2004 年版，第 124、304 页。

在塔尺营子遗址兴隆洼文化遗存Ⅰ地点的一个长方形半地穴房址中，发现一件长方形石雕制品（编号9295）（图4-7），其上一面雕似人脸的纹饰。①

图4-7　塔尺营子遗址长方形石雕制品

图片来源：滕铭予、［以色列］吉迪、苏军强等：《2015年辽宁省阜新蒙古族自治县塔尺营子遗址试掘报告》，《边疆考古研究》2019年第1期。

榆树山、西梁遗址位于内蒙古敖汉旗，杨虎等将其归入兴隆洼文化

---

① 滕铭予、［以色列］吉迪、苏军强等：《2015年辽宁省阜新蒙古族自治县塔尺营子遗址试掘报告》，《边疆考古研究》2019年第1期。

的小河西类型晚段，[①] 碳十四数据树轮校正后年代可达距今 6730 年前，[②] 在其房址 F9 中发现了一件陶塑人头像，编号为 F9② : 1。[③]

迁西东寨遗址所处的年代和兴隆洼遗址的年代大体相当，也发现一件双人面石雕像 G1 : 46，长 3.5 厘米、宽 2.5 厘米、厚 1.3 厘米，呈椭圆形，用圆孔表示眼、嘴，背面有四个系孔。[④]

另外，在赵宝沟等同时期遗址中，也有这类人面形式的刻划或塑像。[⑤]

白音长汗遗址发掘者认为，二期乙类遗存发现的人面饰品是作穿挂之用，可能和某种信仰、巫术有关。[⑥] 迁西东寨遗址发掘者认为，该遗址发现的双人面石雕像，体形小巧，且背面有四个孔，应是身上佩戴之物，可能是以此表达对祖先的崇拜。[⑦]

笔者认为，该时期大多数人面像都是以面饰为载体，多有钻孔，当如白音长汗遗址发掘者所说，为穿挂之用，与信仰和巫术有关，上文已经进行了讨论，即是在对人的灵魂崇拜基础上发展为偶像崇拜的结果。佩戴人面像的初衷，可能是为了替代如民族志资料中美洲诺泽人携带的逝者遗骨，借此继续获得巫术力量。

值得注意的是，白音长汗遗址人面石饰 AT27② : 7 和塔尺营子遗址长方形石雕制品（编号 9295）上的人脸纹。这两个人面饰与其他人面饰不同的突出特征是獠牙。很明显，这样的獠牙已经超出了以人为对象的偶像崇拜的自然生理特征，这样具有獠牙的人面像多被称为神面像。笔者认为，这样的神面像是对人类灵魂崇拜的升级和神格化、神秘化，獠牙当是野兽獠牙的嫁接，通过将野兽的恐怖性赋予人类灵魂，使偶像崇

---

① 杨虎、林秀贞：《内蒙古敖汉旗榆树山、西梁遗址出土遗物综述》，《北方文物》2009年第 2 期。

② 中国社会科学院考古研究所编：《中国考古学中碳十四年代数据集 1965—1991》，文物出版社 1992 年版，第 58 页。

③ 杨虎、林秀贞：《内蒙古敖汉旗榆树山、西梁遗址出土遗物综述》，《北方文物》2009年第 2 期。

④ 河北省文物研究所：《河北省迁西县东寨遗址发掘简报》，《文物春秋》1992 年增刊。

⑤ 中国社会科学院考古研究所编：《敖汉赵宝沟：新石器时代聚落》，中国大百科全书出版社 1997 年版，第 137 页。

⑥ 内蒙古自治区文物考古研究所编著：《白音长汗——新石器时代遗址发掘报告》，科学出版社 2004 年版，第 304、506 页。

⑦ 河北省文物研究所：《河北省迁西县东寨遗址发掘简报》，《文物春秋》1992 年增刊。

拜中的人的超自然力更加强劲。这样的变化，是史前祖先崇拜和自然崇拜的结合，是信仰形式的进一步发展。这种獠牙的形式在长江中游的高庙文化中已十分常见。

三　女性生殖崇拜

上文曾提到，白音长汗遗址发现有蛙形石雕 AF19②：1。在出土蛙形石雕的房址中，还发现一件用石头雕刻的人像，编号为 AF19②：4（图4-8）。其位于灶的西面近处，再向西，距房址西壁 0.95 米处即是蛙形石雕。这件石雕人通高 36.6 厘米，为圆雕，整体可分为三部分，最上部是刻划出的人面像，中部刻划出手臂，在两臂之间有一处凸起，而最下部被雕刻成一个向下延伸的圆锥形。[1]

后台子遗址位于河北承德市，该遗址下层遗存年代与赵宝沟文化相近，参照年代为距今 6870±120 年（已经树轮校正）。该遗址共采集到 6件石头雕刻成的裸体女性雕塑，其中 5 件明显为孕妇状。如采：18，残高和肩宽分别为 20 厘米和 8.5 厘米，头残缺，乳部突起，手指抚腹，阴部刻有沟状，臀部发达，呈蹲坐姿，颈后部阴刻一条凸起的发辫。还采集到 1 件怀孕状的石兽雕，采：20。[2]

发掘者认为，白音长汗二期乙类遗存 AF19 房址中的石雕人像是一件拥有多重神格的裸体女性神像，是信仰的体现，其功能可能即是繁衍丰产，抑或是镇宅护家，是神的人格化。[3]

笔者部分认同发掘者的观点，这是女神像，是女性生殖崇拜的偶像。一方面，它是偶像崇拜的一种；另一方面，上述几个遗址中的人像都有明显的女性甚至孕妇特征，笔者认为其主要是女性生殖崇拜的遗存。该时期虽然已经进入对偶婚阶段，但仍处于母系为主的时期，女性地位较高。人们认为繁衍主要是依靠女性祖先的生育能力，所以塑造这种具有

---

[1]　内蒙古自治区文物考古研究所编著：《白音长汗——新石器时代遗址发掘报告》，科学出版社 2004 年版，第 131 页。

[2]　承德地区文物保管所、滦平县博物馆：《河北滦平县后台子遗址发掘简报》，《文物》1994 年第 3 期。

[3]　内蒙古自治区文物考古研究所编著：《白音长汗——新石器时代遗址发掘报告》，科学出版社 2004 年版，第 506 页。

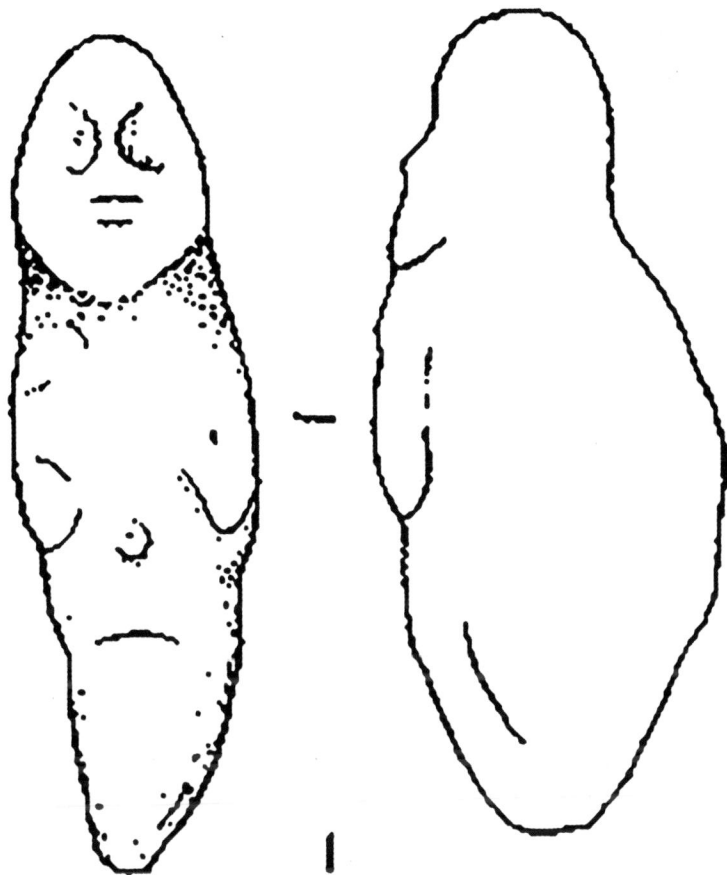

图 4-8　白音长汗遗址石雕人 AF19②：4

图片来源：内蒙古自治区文物考古研究所编著：《白音长汗——新石器时代遗址发掘报告》，科学出版社 2004 年版，第 308 页。

明显生育特点的人像以期盼生育旺盛。该房址中的蛙形石雕亦是生殖崇拜的表现，蛙向来也是繁衍的象征。

笔者认为，与其他遗址发现的几件具有女性突出特征的雕像一样，这些雕像都是人类生育情况的再现，是"相似律"和"接触律"观念的一种具化。原始先民认为女性在生殖繁衍的过程中起到十分重要的作用，在万物有灵观念下，希望可以通过制作相似的偶像来获得超自然的力量，祈求生育的旺盛。

四　祭台遗存

赵宝沟遗址有一个方形石头堆坐落在山坡顶上，编号为 JS1（图 4-9），属于该遗址早期遗存第二区，长、宽分别为 18.5 米和 17.5 米，高

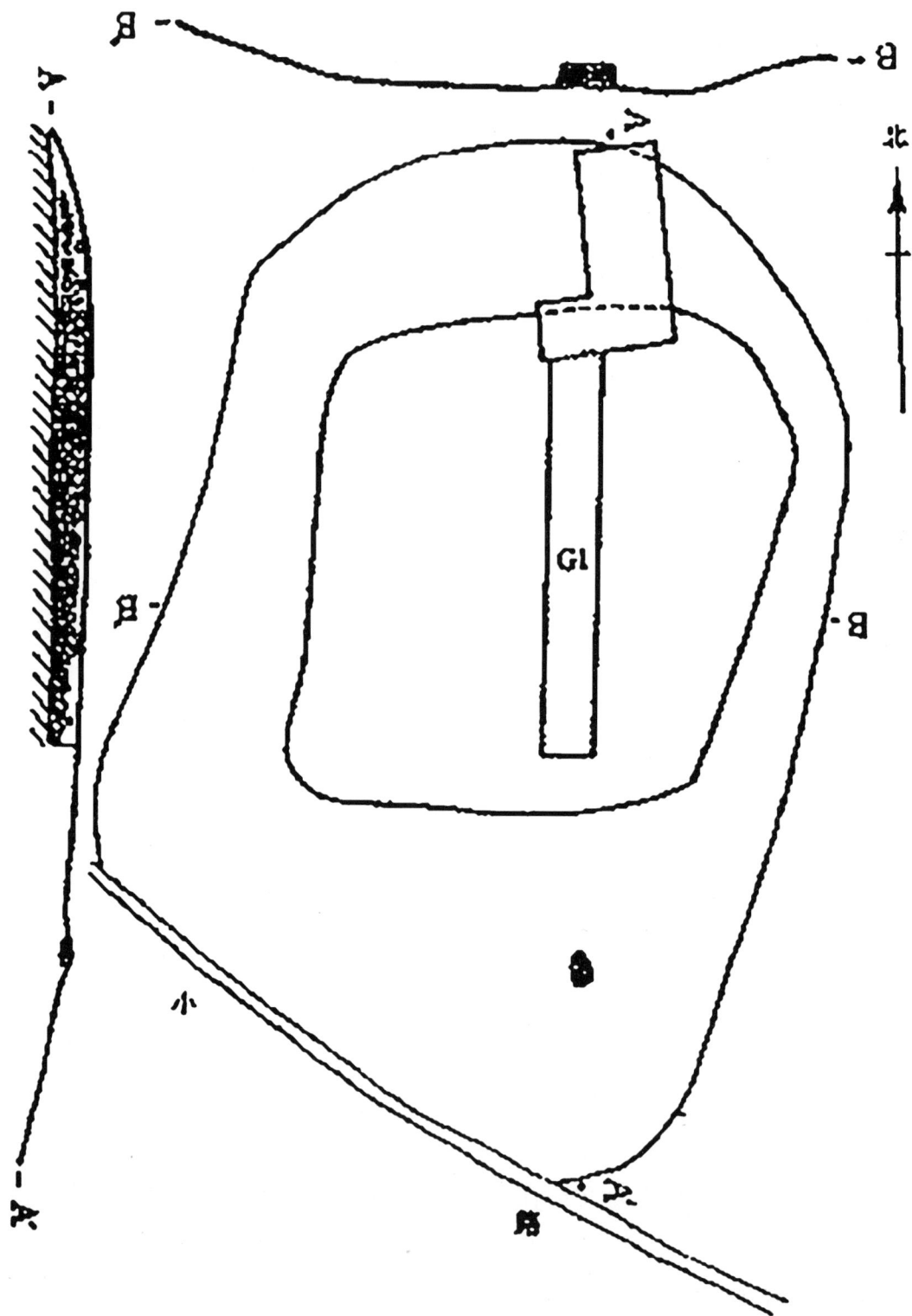

图 4-9　赵宝沟遗址石头堆遗迹 JS1

图片来源：中国社会科学院考古研究所编：《敖汉赵宝沟：新石器时代聚落》，中国大百科全书出版社 1997 年版，第 128 页。

度残存 1.3 米。该遗迹整体位于一座高起的平台上，后者还可能曾有墙体。①

迁西西寨遗址二期遗存，年代与赵宝沟文化相当，有一处特殊的圆形陶器堆积区。整体结构以筒形罐堆积为中心，在距其 1 米的圆形区域内放置有其他陶器，形成一个堆积圆形区域。这些堆积的陶器，制作粗劣，且没有用过的迹象。②

塔尺营子遗址的 I 地点区域内的一座房址地下，发现有一处特殊的器物堆积区（图 4-10），首先是有上文提到的带人面的石雕，而在同一个平面上，还发现一个体型庞大的石制穿孔器，两者相距仅 15 厘米。在它们之下不深处，发现了两个石球和遭毁坏的大型陶器的组合。该组合出土的位置是房址南面突出的半圆区域内，该区域还发现了较多的黑灰以及红烧土。③

发掘者认为，赵宝沟遗址第二区（早期）石头堆遗迹（JS1），可能是该遗址一处用于祭祀的重要建筑。④ 迁西西寨遗址特殊摆放的陶器堆是纪念性活动的遗存。⑤

笔者认为，赵宝沟遗址的祭祀遗迹，堆积在呈方形的坡顶平台，与古籍中记载的祭祀场所很贴近。《后汉书·祭祀下》："封者，谓封土为坛，柴祭告天"⑥。《礼记·祭义》："祭日于坛，祭月于坎。"⑦ 这里发现的石头堆遗址与后世的祭坛相似，与白音长汗遗址山顶石圈墓葬一样，都可能是红山文化时期大型石砌祭坛的雏形，是河套地区老虎山文化时期出现的大量石堆祭坛的滥觞，可能是社祭遗迹。后文将详述。

迁西西寨遗址发现的圆形陶器堆积，是用筒形陶器进行特殊摆放堆

① 中国社会科学院考古研究所编：《敖汉赵宝沟：新石器时代聚落》，中国大百科全书出版社 1997 年版，第 127 页。
② 河北省文物研究所、唐山市文物管理处、迁西县文物管理所：《迁西西寨遗址 1988 年发掘报告》，《文物春秋》1992 年增刊。
③ 滕铭予、［以色列］吉迪、苏军强等：《2015 年辽宁省阜新蒙古族自治县塔尺营子遗址试掘报告》，《边疆考古研究》2019 年第 1 期。
④ 中国社会科学院考古研究所编：《敖汉赵宝沟：新石器时代聚落》，中国大百科全书出版社 1997 年版，第 127 页。
⑤ 河北省文物研究所、唐山市文物管理处、迁西县文物管理所：《迁西西寨遗址 1988 年发掘报告》，《文物春秋》1992 年增刊。
⑥ （南朝宋）范晔撰，（唐）李贤等注：《后汉书》，中华书局 1965 年版，第 3205 页。
⑦ （清）孙希旦撰，沈啸寰、王星贤点校：《礼记集解》，中华书局 1989 年版，第 1217 页。

图 4-10 塔尺营子遗址祭祀遗存

图片来源：滕铭予、[以色列] 吉迪、苏军强等：《2015 年辽宁省阜新蒙古族自治县塔尺营子遗址试掘报告》，《边疆考古研究》2019 年第 1 期。

积形成的一个祭祀遗迹，这种类似用陶器构建的祭祀遗迹还有：红山文化牛河梁遗址积石冢上成行排列的无底筒形陶器、[1] 长江中游屈家岭文化的筒形组合器祭祀遗迹。[2] 这些均可能是祭祖的遗存。在该时期，西辽河地区已经开始出现独立于居住区之外的祭祀遗迹。

塔尺营子遗址房址内的祭祀遗存也有着特殊之处。此遗存发现了带有人面纹的石雕，且遗物摆放规律，并发现有大量红烧土和灰烬，笔者认为这里可能是目前发现的最早的房内祖先崇拜遗址。

另外，大新井、兴隆洼等遗址还有圆饼形石器出土，这种石器在新石器时期较为常见，朱延平认为其与后来的"璧"相似，是祭天礼器。[3]

总之，距今7200—6400年的兴隆洼文化末期与赵宝沟文化时期，西辽河及其周边地区的信仰主要为：平谷上宅遗址、南台地遗址、小山遗址兽形雕塑体现的动物崇拜；迁西东寨等遗址人面像体现的偶像崇拜；后台子遗址人像雕塑等体现的女性生殖崇拜；赵宝沟遗址石头堆遗迹、迁西西寨遗址筒形陶器堆积等祭祀遗迹；鹿头石雕、动物绘图体现的鹿崇拜。

偶像崇拜方面，该时期较上一时期人像增多，且更加精美，特别是出现了两件带有獠牙的人面像，当是祖先崇拜和自然崇拜的结合。这一时期还出现了以女性特征的雕塑为代表的生殖崇拜。动物崇拜方面，上一时期多为兽骨随葬和堆砌现象，动物雕塑仅有几处浮雕，而该时期出现了动物的独立雕像，且鹿崇拜较为突出。相较上一时期，该时期的祭祀遗迹，除遗址中墓区和一些祭祀坑等祭祀遗址外，开始出现独立于居住区外的祭祀场所。赵宝沟遗址坡地顶部石头堆遗迹JS1、白音长汗遗址二期甲类遗存山顶上石头圈或积石环绕的三座墓葬，可能是后来红山文化时期的积石冢和祭坛、河套地区老虎山文化时期的石城祭坛等之的雏形。而塔尺营子遗址房址内的祭祀遗存可能是目前较早的房内祖先崇拜遗迹。这一时期还有

① 辽宁省文物考古研究所编著：《牛河梁——红山文化遗址发掘报告（1983—2003年度）》，文物出版社2012年版，第16页。

② 严文明：《邓家湾考古的收获（代序）》，湖北省文物考古研究所、北京大学考古学系、湖北省荆州博物馆编著《邓家湾：天门石家河考古发掘报告之二》，文物出版社2003年版，序第3页。

③ 朱延平：《辽西区古文化中的祭祀遗存》，张忠培、许倬云主编《中国考古学跨世纪的回顾与前瞻（1999年西陵国际学术研讨会文集）》，科学出版社2000年版，第207页。

可能已出现宗教仪式。

第三节 距今6400—5000年红山文化时期的信仰

红山文化时期的信仰遗迹主要有东山嘴、牛河梁等大型祭祀遗址。老虎山河流域和旗蟒河流域及其附近地区也有众多祭祀遗迹，如4511遗址祭坛与积石遗迹、4838遗址祭坛、4841遗址积石冢和小石堆等。[①] 阜新胡头沟遗址有石圆圈祭祀遗迹，该遗址的石圆圈附近和凌源城子山遗址的碎石带下，都压有无底的筒形器。后者还有类似于东山嘴祭坛的石堆遗址。[②] 我们以东山嘴、牛河梁两处大型祭祀遗址为例来进行讨论。

一 东山嘴大型祭祀遗址所反映的信仰

东山嘴遗址（图4-11）位于辽宁朝阳市，发现一组石砌建筑基址，经树轮校正年代为距今5485±110年，[③] 包括中心、两翼和前后两端等部分。其中心部分为大型方形基址（g1），东西长11.8米、南北宽9.5米，基址内放置有大量的石块，成三处石堆，其中又有三四块立石聚为一组的现象。基址底部的中部烧土面上有玉璜、石弹丸各1件，南墙中段发现1件双龙首玉璜紧贴墙壁，基址四边均砌石墙基。两翼分为南、北两部分，北部的两翼是两道南北走向并对称的石墙基，西翼石墙基（g3）下压有一座房址F1。南部两翼都有锥状石立置成组的石堆。前端部分有石圈形台址与多圆形石砌基址各一处，石圈形台址（g6）为直径2.5米的正圆形，周围以长30厘米左右的近长方形石片镶边，石圈内铺有一层大小相若的小河卵石，这种河卵石在该遗址其他堆积中未见，应当是特意从山下河流中拣选而来的。多圆形石基址（g7）已残缺，可分辨出相连的三个圆形基址，其中两个尚存有轮廓，为近椭圆形，一个南北径

---

① 中国社会科学院考古研究所内蒙古工作队、内蒙古自治区敖汉旗博物馆：《内蒙古敖汉旗蟒河、老虎山河流域新石器时代遗址调查简报》，《考古》2005年第3期。
② 李恭笃：《辽宁凌源县三官甸子城子山遗址试掘报告》，《考古》1986年第6期。
③ 郭大顺、张克举：《辽宁省喀左县东山嘴红山文化建筑群址发掘简报》，《文物》1984年第11期。

图4-11　东山嘴遗址

1. 方形基址；2. 东翼墙基；3. 西翼墙基；4. 东侧石堆；5. 西侧石堆；6. 东边铺石；

7. 西边铺石；8. 石圈型台址；9. 多圆型基址；10. 人骨；11. 房址；13. 方形基址内成组立石

图片来源：郭大顺、张克举：《辽宁省喀左县东山嘴红山文化建筑群址发掘简报》，《文物》1984年第11期。

3.1米、东西径3.8米，另一个南北径2.9米、东西径4.1米，两个基址皆为单层石块砌成，石圈内铺较小石块形成台面，边缘用大块河卵石砌出两圈。多圆形基址形成时间早于石圈形台址。石建筑基址下发现多处红烧土面，其中明确定为房址的为F1，房址约为长方形，南北长7.4米，为半地穴式，西翼石墙基、铺石压在房址活动面上，未破坏地面。房址东墙中部向外凸出形成一个十分规整的长方形坑，长110厘米、宽80厘米，坑四壁草拌泥抹面的火烧程度较高，坑内呈台阶状，台面抹平，甚光滑，坑底较室面深40厘米，略呈锅底状，内填压小石块和一层黑灰烧土，坑内北端置一件磨光甚精的石斧，平卧，刃部朝正南，不像是作为一般工具使用的。遗址南部石圈形台址东北侧发现一具人骨架，位于黄土层底部的一层红烧土面下，未见明确墓框，墓主头骨和脚端两侧各有两块不规则形石板，墓中无随葬品，大块泥质红陶和黑陶片紧贴覆盖墓主胸、腹部。①

在东山嘴遗址中，还发现有不少陶塑人像残块，可辨别形体的有两类：

第一类，整体体型较小，有表现阴部的记号，并有突出的腹部和较大的臀部，这一类被发掘者称为小型孕妇塑像。例如，TD9②：7残高5厘米，其腹圆鼓，体肥硕；TD8②：5残高5.8厘米。两件塑像均在石圆圈周围发现，这一石圆圈是一个祭坛，女性塑像位于石圈外，说明不是祭祀的主角或主要的祭祀用品，而当是作为一种低一级的供品出现在此处。

第二类，整体体型较大，发掘者称为大型人物座像，也是在石砌圈形台址附近发现的。其上身残块为手臂和胸腹部分，高18厘米、宽22厘米，双手交叉于腹部的中间，左手似攥拳，右手握住左手腕部；下身残块高12.5厘米、宽22厘米，为盘膝正坐式，右腿搭在左腿上，左足及足趾裸露，右足已残缺。按残损的陶塑片比例估算，这个陶塑尺寸是真人的一半，但报告未能显示它的性别。②

笔者以为，这种座像明显比女塑像高大，形成巨大反差，当不属于女性，攥拳、左右手交叉、盘膝等特征，与兴隆沟第二地点采集到的陶片复原的陶人塑像特征相符，当属有较高地位的男性。

兴隆沟遗址第二地点采集到的陶片复原的陶人塑像（如图4-12），属红山文化晚期，陶人为泥质红陶，通高55厘米；双腿弯曲，双脚相对，盘腿而坐；双臂自然下垂，臂肘弯曲，双手交叠，右手在上，搭放在双脚上；乳头微凸，右侧稍高，左侧稍低；腹部较平，肚脐眼用小圆孔表示，与腹部内侧通连。关于陶人的性别，大多数考古学家都认为是男性。③ 笔者认为，这一座像没有高挺的女性乳房，没有高高鼓起的孕

---

① 郭大顺、张克举：《辽宁省喀左县东山嘴红山文化建筑群址发掘简报》，《文物》1984年第11期。

② 郭大顺、张克举：《辽宁省喀左县东山嘴红山文化建筑群址发掘简报》，《文物》1984年第11期。

③ 唐亦阳：《祖先神秘力量的召唤——兴隆沟红山文化整身陶人发现的意义》，《中国社会科学报》2012年10月24日。

图 4-12　兴隆沟遗址采集红山文化陶人座像图

图片来源：唐亦阳：《祖先神秘力量的召唤——兴隆沟红山文化整身陶人发现的意义》，《中国社会科学报》2012 年 10 月 24 日。

妇肚，且五官没有女性的圆润之感，所以支持这一座像为男性的观点。与上述东山嘴遗址发现的大型人塑座像对比，两个座像惊人地相似，那么上文与他相似的座像也极有可能是男性。正如发掘报告指出，东山嘴陶塑人像的出土是"同具有某种祭祀活动的大型遗迹联系在一起……这就突破了把这种女像直接理解为母系氏族社会证据的传统概念"①。这样，东山嘴祭坛男性地位高于女性的认识大体可以确定。

东山嘴遗址发掘者认为，整个遗址石砌建筑基址，材料和砌筑技术比较讲究，总体布局注重南北轴线对称，有主次之分，南北方圆对应，具有中国传统特色；且遗址建于面向河川、山口的梁顶，又有成组的石堆、陶塑人像群，显然是进行包括祭祀等社会活动的中心场所；该遗址房址 F1东墙中部的长方形坑，应当不是灶址或取火坑，可能还有与祭祀相关的意

---

① 郭大顺、张克举：《辽宁省喀左县东山嘴红山文化建筑群址发掘简报》，《文物》1984年第 11 期。

义；遗址南部石圈形台址东北侧的人骨架，应与遗址性质有关。①

关于东山嘴祭祀遗迹的祭祀对象，王震中认为，东山嘴的方形祭坛是祭祀社神的社坛，方形祭坛内竖立的平底尖顶的长条石头是以石为社主的"石社"②；魏建震指出，方坛南部约 15 米处的圆坛，则是祭祀天神的祭坛。③

根据遗址内发现祭地用的玉璜，基址内放置有大量的石块且成三处堆积，其中又有三四块立石聚为一组等现象，笔者同意方坛为一处社坛的论述。笔者认为，中国的土地神可分为两种。

一种为自然土地神，即所谓"祇"。《说文·氏部》："氏，巴蜀山名。岸胁自之旁箸欲落堕者曰氏。氏崩，闻数百里。象形，乁声。"杨雄："响若氏隤。"可见，"氏"指土地（神），而祭土地神叫"祇"。《说文》："祇，地祇也"，《尸子》："天神曰灵，地神曰祇"。《史记·司马相如列传》："修礼地祇，谒款天神。"《论语·述而》："祷尔于上下神祇。"《易·坎》"坎不盈，祇既平，无咎。"这些都是自然的土地之神。

另一种为祭祀平治水土的英雄，即社神。《礼记注疏》卷四十六云："厉山氏之有天下也，其子曰农，能殖百谷，夏之衰也，周弃继之，故祀以为稷。共工氏之霸九州也，其子曰后土，能平九州故祀以为社。"《淮南子·氾论训》："禹劳天下，故死而为社。"因此，所谓社主其实是指后禹之类平治水土的人，男性英雄。那么为什么用长条形石头代表社主？笔者认为，长石是男根的象征物。因此，此处祭坛祭祀社主，其实也是祭祀平治水土的祖先。《礼记·郊特牲》"社祭土而主阴气也"，孔颖达疏引汉代许慎曰："今人谓社神为社公。"汉代蔡邕《独断》卷上："社神，盖共工氏之子勾龙也，能平水土。帝颛顼之世，举以为土政，天下赖其功，尧祠以为社。凡树社者，欲令万民加肃敬也。"社称为"社公"，可见，那些长条形的立石，就是代表平治水土的男性英雄。当然也有祭男祖之意。

---

① 郭大顺、张克举：《辽宁省喀左县东山嘴红山文化建筑群址发掘简报》，《文物》1984年第 11 期。

② 王震中：《东山嘴原始祭坛与中国古代的社崇拜》，《世界宗教研究》1988 年第 4 期。

③ 魏建震：《先秦社祀研究》，人民出版社 2008 年版，第 77 页。

陈星灿认为，东山嘴、牛河梁遗址的两种不同规格的人像，代表了两种不同的宗教形式。东山嘴遗址小型孕妇塑像等具有明显女性特征的人像当是用作丰产巫术；大型的人像是进行祖先崇拜的偶像。[1] 田广林认为，兴隆沟遗址红山文化人像是区域祖神；东山嘴、牛河梁遗址的大型人像，不仅是祖神，也是天神，是整体大范围区域内共同的保护神。[2]

笔者认同陈星灿将东山嘴遗址小型孕妇塑像等具有明显女性特征的人像用于祈求丰产巫术的观点。这类器物在赵宝沟时期的白音长汗和后台子等遗址中也有发现。后台子遗址还采集到一件怀孕状的石兽雕（采：20），用于祈求动物的丰产巫术。

这类雕像作为祈求丰产的巫术工具，并不影响它们作为崇拜对象的地位。如上文所讨论的白音长汗遗址石雕人等，那些具有明显女性特征的石雕像不是神灵的人格化，而是将人类生育情况再现，是"相似律"和"接触律"观念的一种具化，是人的神格化。这样的偶像一定是人们生活中的或者已经逝去的女性的再现，是崇拜的对象。

拜物教是对神的进攻，偶像崇拜则是对神的服从。[3] 人们是祈求借助这些偶像背后的超自然力，而不是通过某种灵物去操控神灵。

二　牛河梁大型祭祀遗址所反映的信仰状况

牛河梁遗址位于辽宁建平和凌源交界处牛河梁北山，年代为公元前3600—前3000年。该红山文化遗存中有一处特殊建筑引起学术界广泛关注，被称为"女神庙"。该建筑中人像的性别，以及通过该性别所体现的性别崇拜，可以为我们判定该时期这一地区处于父系氏族与否提供重要的依据，是该地区史前文明进程研究中的重要内容。学术界对此建筑及其人像所体现的信仰与崇拜仍存有异议，主要分为以下四种：

---

[1] 陈星灿：《丰产巫术与祖先崇拜——红山文化出土女性塑像试探》，《华夏考古》1990年第3期。

[2] 田广林、文茜：《牛河梁"女神庙"及其出土人形泥塑造像性质研究》，《地域文化研究》2020年第1期。

[3] ［德］马克思：《马克思古代社会史笔记》，中共中央马克思恩格斯列宁斯大林著作编译局编译，人民出版社1996年版，第530页。

其一，考古报告作者将其视作母系祖先崇拜的遗存，称其为"女神"。[①] 其二，张忠培认为："红山文化居民奉祀的却是女神。崇奉女神当是母权制社会的思想。"[②] 其三，冯利认为，并非母系社会只崇拜女阴，父系社会只崇拜男根，而是二者共生共存。[③] 其四，徐子峰认为："女神具有多种功能说是不恰当的……牛河梁红山文化女神头像是红山先民的女始祖的观点，尚且不能令人信服。"[④]

基于不断深入的国内考古发掘，同时与国外同类器物进行比较，我们得出了以下结论：即"女神庙"并非是所谓的"女神"崇拜遗存，该建筑里的女塑像的性质或与西亚两河流域的"还愿像"更为接近。

（一）《牛河梁》报告中"女神庙"的精确年代

1. "女神庙"遗址的遗迹布局

据《牛河梁——红山文化遗址发掘报告（1983—2003 年度）》[⑤]（以下简称《牛河梁》）记载，该遗址有 16 个地点，已经揭露的有第一（含"女神庙"）、二、三、五、十三和十六地点；除第一地点为庙类建筑外，余下地点皆为坛、积石冢建筑。第一地点又可以分为四处建筑基址（N1J1、N1J2、N1J3、N1J4）：N1J1 即"女神庙"的所在地，这里发现了"女神"头像，还有大量杂乱且不完整的遗物，属半地穴式建筑，从建筑材料上看属于土木结构。N1J2 相对位置比 N1J1 高些，是一处布局为"品"字形的三个方形山台，其上还发现了人工砌筑的石墙，有仿土木建筑的遗物。N1J3 在整体上是一个平面呈不规整圆角长方形的坑洞，其在东山台之东南坡，内部发现的无底筒形器达 80 多个，坑的北、西为基岩，东、南为土壁。N1J4 在 N1J3 北面的制高点，处在东山台的正北方向，是礼堂式的建筑结构，共发现 17 个柱洞，3 个在南侧，5 个

① 辽宁省文物考古研究所：《辽宁牛河梁红山文化"女神庙"与积石冢群发掘简报》，《文物》1986 年第 8 期。

② 张忠培：《仰韶时代——史前社会的繁荣与向文明时代的转变》，苏秉琦主编，张忠培、严文明撰《中国远古时代》，上海人民出版社 2010 年版，第 435 页。

③ 冯利：《红山文化中的生殖崇拜》，《民族艺术》2001 年第 1 期。

④ 徐子峰：《红山文化之"女神"及相关问题》，《内蒙古社会科学》（汉文版）2004 年第 6 期。

⑤ 辽宁省文物考古研究所编著：《牛河梁——红山文化遗址发掘报告（1983—2003 年度）》，文物出版社 2012 年版，第 1—54 页。

近南壁，6个近北壁，3个在中部北侧，这些柱洞还呈中轴线分布，规划很讲究，其地面平且经修整，中部区域发现2块近方形烧土面，两者相连。

2. "女神庙"所处的年代

该遗址一号地点中的J1B建筑，即学术界通常所称的"女神庙"，据考古学碳十四测定，再经树轮校正后，其绝对年代为距今5580±100年；而遗址中的Z1碳十四测年加树轮校正后为5000±130年。[①] 依据该遗址当前所揭露的范围来看，可以对其层位关系和相对年代早晚进行一个大致的梳理，即：最早（即最下面）为"女神庙"近处灰坑，其次是下层积石冢之下的积石冢，再次是下层积石冢，然后才是"女神庙"，最后（即最上面）是上层积石冢。当然也有一些同时段的其他建筑，如上下层积石冢时代之间，除了"女神庙"外，也有积石冢。遗址揭露部分能体现出上下积石冢的地层关系的有以下几处：第二地点的四号冢发现了一些墓葬分属于上下层积石冢。第五地点的遗存可分为上、下层积石冢及下层之下红山文化堆积，共三层。第十六地点分三层也与第五地点同，其下层积石冢之下发现更早期墓葬。[②]

我们如果把该遗址中下层积石冢及其下层（更早）遗存所处时代的社会状况研究清楚，则可以判定"女神庙"所处时代的社会形态，甚至找到在文明发展过程中所处的节点。我们就可以判断"女神庙"的文化性质。

关于此论，我们在本章的第二节中围绕兴隆洼遗址M118和白音长汗遗址二期遗存中的男性大墓进行了讨论，此处不再赘述。

（二）牛河梁"女神庙"非女神崇拜

1. "女神庙"可能是收藏祭祀或还愿时所用神像的仓库

据考古报告的资料，"女神庙"或为一处仓库，用于存放祭祀时所

---

① 辽宁文物考古研究所：《辽宁牛河梁红山文化"女神庙"与积石冢群发掘简报》，《文物》1986年第8期。笔者按，此处最晚年代应有误，碳十四距今4995年的校正年代应为距今5600年，查《考古》1986年第7期所公布的牛河梁4个碳十四数据，最晚一个为ZK-1354，年代为4605±125，查校正表为5145±92年，最早年代为ZK-1355，年代为4995±110，校正为5600±74年。中国社会科学院考古研究所实验室：《放射性碳素测定年代报告（一三）》，《考古》1986年第7期。

② 辽宁省文物考古研究所编著：《牛河梁——红山文化遗址发掘报告（1983—2003年度）》，文物出版社2012年版，第8—9页。

用神像（或"还愿像"）。

首先，我们将该地点各处建筑基址作整体分析。品字形大祭坛 N1J2 当为中心，"女神庙"地势较低位于其南面，大祭坛北部的最高点 N1J4 当是正庙，其不仅地势最高，且在其周边出土了泥塑人像的残件，大小是真人体型的 3 倍。大祭坛东坡的 N1J3 发现了大量无底筒形器，当为祭祀用器。其次，"女神庙"基址里发现的遗物虽多，但往往都是残片或杂乱琐碎的，目前还无法判断是后来外在因素损坏还是原本即是残次品。而从此基址的平面布局来看，并不像一个奉祖之庙，反而像个过道。再次，第二和第三建筑基址中发现一些同时代规格较高的石制建筑材料，如石墙、基岩等，但所谓的"女神庙"却仅为规格较低的半地穴式土木建筑，说明"女神庙"规格不高。最后，"女神庙"中出土的"女神"像，大小规格与真人近似，而在该庙内还发现了为真人 2—3 倍大小的人体塑像残件，以及一些龙、凤类动物泥塑。① 有学者把这些人塑像残片都判定为女性，证据不足。根据比"女神庙"更早即已进入男性为主的社会来推断，这些大小为真人 2—3 倍的耳、鼻等泥塑残件也可能是男性塑像的部件，如同当今如来佛与观世音同处一庙一样，女神当只是配角。

2. 红山文化女塑像可能只是"祭品"或"还愿像"

早于红山文化的兴隆洼文化塑像发现不多。1989 年，白音长汗兴隆洼文化遗址第 19 号房址内，出土一尊耸立着的高 36.6 厘米的石雕女神像（AF19②：4）。② 整体作屈身蹲踞状，裸体，凸乳鼓腹，孕妇特征隐约可辨，双臂下垂，两手置于腹侧，五官朦胧，造形古朴拙稚，下端为楔形，除头部经过雕琢外，躯体部分皆敲击而成。该遗址距今约 7000 多年，此神像当是中国较古老的女性雕像之一。20 世纪 90 年代初，在兴隆洼文化的首次发现地兴隆洼遗址，又发现一件石雕像。它是用阴线镂刻在一块椭圆形的石柱上，高 10 厘米，仅刻出两个圆圈表示眼窝，眼上方刻出网格表示头发，没有鼻口，上下肢都用线条线刻，上肢两手合抱

---

① 辽宁省文物考古研究所编著：《牛河梁——红山文化遗址发掘报告（1983—2003 年度）》，文物出版社 2012 年版，第 17—54 页。

② 内蒙古自治区文物考古研究所编著：《白音长汗——新石器时代遗址发掘报告》，科学出版社 2004 年版，第 307 页。

胸前，下肢横腿盘坐，四肢与身躯比例失调。① 这尊人像同白音长汗所出石雕人像一样，原始古朴。

以上 7000 年以前的石雕像属何种性质的遗物？我们可以对比两河流域大体同时或更早的雕像来认识。两河流域的萨马拉遗址和梭万遗址均出土有公元前 7000—前 6300 年的陶、石人像。杨建华评论说："这些陶、石像主要出土在墓葬中，还有一部分发现在埋葬建筑的地面上和壁龛下边。这些现象说明这类遗物是与埋葬有关的，有些是在祭祀活动中使用的。在梭万遗址小孩墓中（例如 M201a 和第 222 号房间的墓）往往有 3 个石像，两个较大的高约 11 厘米，一男一女，还有一个较小的高约 3.5 厘米。发掘者推测这个小石像很可能代表墓主人，而一男一女的大石像则是他的父母，这是死者生前的需要，反映当时已经出现了夫妻关系比较固定的小家庭。墓中的人像与龛下的形状相同，因此龛下的人像不可能是被人们祭拜的神像或'母神像'，而是代表祭拜者的形象，即所谓的'还愿像'。这种还愿像在两河流域的古代文明中极为普遍。"②

西辽河地区现今所发现的女性人像多为红山文化时期的，且多不在神龛或祭坛之中，而在灰坑或房址内。比如，白音长汗兴隆洼文化遗址石雕女神像出于房址内；西水泉遗址的陶塑小型女像出于灰坑内；兴隆沟遗址的三个女性裸体蹲坐、手臂交叉相拥的陶塑群雕像，③ 与该地点发现的男性大像（如图 4-12）形成明显的对比。这些女塑像的出处主要集中在灰坑和房址内，出土地点有平民化之感，所以有可能只是作为祭品或"还愿像"存在的。正如杨建华所说："神庙崇拜的对象是神像，按理说，它应位于祭坛上或挂在壁龛的墙上，但至今尚未发现这类遗物。有人认为，或许是神像很贵重而且易于搬动，因而难以发现。代表祭拜者向神殿提出某种请求的'还愿像'则比较常见，它们的功能是通过其上的铭文得以确定。这些泥像有的呈碎片散在地下，多位于它们原来站立的泥凳附近，有的被埋入殿堂地下或祭坛里。阿斯马尔方庙二号祭室祭坛下的一个窖穴中发现了 21 尊泥像。泥像双手交叉呈祈祷状。有的手

① 马金花：《试论我国北方地区史前女性塑像与雕像》，《内蒙古文物考古》2009 年第 2 期。
② 杨建华：《两河流域：从农业村落走向城邦国家》，科学出版社 2014 年版，第 227 页。
③ 马金花：《试论我国北方地区史前女性塑像与雕像》，《内蒙古文物考古》2009 年第 2 期。

里还拿着杯子。"① （如图 4-13）

图 4-13 两河流域阿斯马尔神庙塑像

图片来源：杨建华：《两河流域：从农业村落走向城邦国家》，科学出版社 2014 年版，图版三-3。

兴隆洼文化至红山文化时期，与两河流域古文明有很多相似的地方，如兴隆洼文化的房屋无门无窗、只从房顶开洞出入；兴隆洼文化的居室葬；牛河梁红山文化女陶塑用泥涂抹在真人骨头上烧制而成；用玉石之类作为眼珠；陶器上的钩形纹饰；如此等等，都与两河流域古文化相似。因此，考察女塑像的性质，也可参照两河流域的状况。在两河流域发现了较多的女塑像，但这些一般都是"还愿像"，真正的主神尚未发现。牛河梁"女神庙"中目前被大多数学者认定为女性的塑像残件只有真人大小，最大的乳房直径 17.5 厘米，也不过真人大小，或稍大于真人；另外，还有 2 倍、3 倍于真人大小的残件。这种大小不一的残件很像阿斯马尔方庙的还愿像——大小不一。况且，尚不能排除 2 倍、3 倍于真人大小的残件为男性的可能。如果最大的像属男性，那么也就不能确定此

---

① 杨建华：《两河流域：从农业村落走向城邦国家》，科学出版社 2014 年版，第 296—297 页，图版 3。

"女神庙"为女神崇拜的依据。从逻辑上说，自兴隆洼文化中期以来的大墓均为男性，男性地位高于女性，那么认为"女神庙"崇拜女性似难成立，其 3 倍于真人大小的残件也很可能是属于男性的主神。再者，"女神庙"中还有较多动物陶塑件，这与两河流域也如出一辙。

3. 早在"女神庙"之前已有男性偶像崇拜

如果说东山嘴遗址出土的相当于真人二分之一大小的座像还不太明确为男性，兴隆沟遗址整身陶人像时间还比较晚（约 5300 年以前），或者说证据还不够充分的话，我们还可用更早的男人像来作说明。

辽宁东沟县后洼遗址发现一尊 6000 年以前的明显为男性的有座人头像（ⅤT21④：10）（如图 4-14），通高 5.5 厘米、座径 3.5 厘米、面宽 3.5 厘米，其座为平底圆柱状，头圆形。面部微向内凹，头顶前倾。眼圆且内陷，弯月形眉，眼下部有弧线形眼眶。嘴用一条向下的弧线表示，弧线下有几道短竖线，报告分析这些线表示牙齿。我们认为，将这些竖线看作牙齿的观点值得怀疑，从图片可以看出，这些"牙齿"所在部位，应该是男性胡须的生长部位。若认为这尊塑像的嘴与胡须不够明显，与之一起出土的另一件 5000 多年前的人头像（ⅤT3②：58）则足以说明（如图 4-15），该像高 4.3 厘米、宽 3.2 厘米、厚 2.8 厘米，额部凸

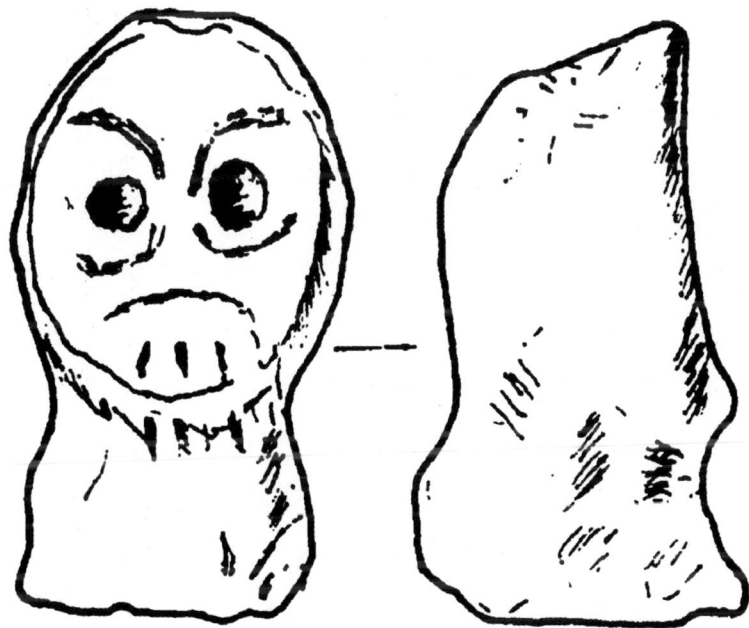

图 4-14 后洼遗址陶塑有座人头像（ⅤT21④：10）

图片来源：许玉林、傅仁义、王传普：《辽宁东沟县后洼遗址发掘概要》，《文物》1989 年第 12 期。

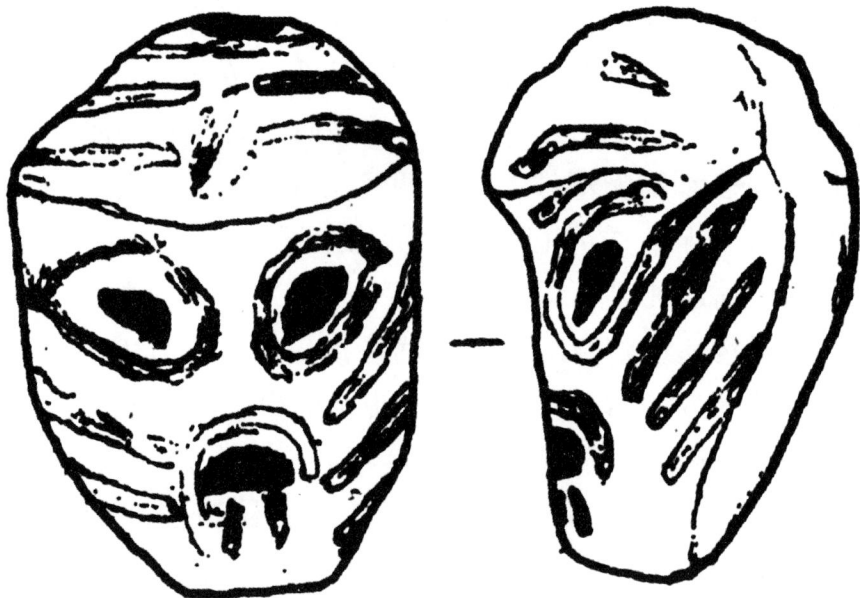

图 4-15 后洼遗址陶塑人头像（ⅤT3②∶58）

图片来源：许玉林、傅仁义、王传普：《辽宁东沟县后洼遗址发掘概要》，《文物》1989年第 12 期。

起，斜立扁圆孔状眼，有眼眶，嘴呈半月形凹窝，下颏处刻几条短线表示胡须。[①] 这尊像所刻划的嘴十分清楚，因此报告将嘴下的两道竖线明确为"胡须"。其实，前一尊像ⅤT21④∶10 所刻划的短竖线与这一尊像的"胡须"如出一辙，因此这两尊像都当是男性。后洼遗址共出土人像 10尊，这两尊男性特征最明显，其他像体形较小，刻划简单，难辨性别。

从后洼遗址出土的 6000 年前的男性塑像可知，当时男性已取得高于女性的突出地位，并被视为崇拜的偶像。

4. 牛河梁"女神庙"时代之后即已进入完全的父权时代

从西辽河地区新石器时代考古发掘报告及诸文明起源研究专家的研究可知，从兴隆洼文化到红山文化，当地先民的居室在不断地变小，大房址从早期 F220 的 108.98 平方米，发展到中期 F180 的 41.98 平方米，再发展到晚期 F176 的 22.1 平方米、F177 的 12.2 平方米，说明家庭在不断变小，家庭人口也在不断减少。再从兴隆洼 M118 等居室葬及白音长汗二期等级墓葬可知，男性已经处于主导地位，说明小家庭内已经是父权制了。

父权制小家庭除了上述诸例外，我们还可从兴隆洼文化兴隆沟遗址

---

① 许玉林、傅仁义、王传普：《辽宁东沟县后洼遗址发掘概要》，《文物》1989 年第 12 期。

得到印证。该遗址 F22 西北部居住面上出土人骨 4 具，成年男女各 1 具、儿童 2 具，人骨周围出土大量的遗物也大多成组放置。另外，该遗址 F36 中的 M23 是一处成年男女合葬墓。[①] 这些现象也说明，偶婚制家庭已经在西辽河地区出现。

牛河梁遗址上层积石冢时代（距今约 5300 年）以后，社会发生了更为剧烈的变化。我们发现，在已发掘的几个地点中，所有中心大墓（如 N2Z1M26、N2Z1M21、N5Z1M1、N16M4）均为男性墓，其他中小型墓环列其周围。这种大墓周围有成群中小型墓相拥的情况，很像恩格斯所讲的"家长制家庭公社"。这表明西辽河地区进入完全的以男性为主导的社会。

牛河梁遗址第一地点最北端的第四建筑址（N1J4），位于东山台北墙以北约 20 米，西与北山台相对，为长方形半地穴式建筑，南北宽约 5 米，东西长约 10 米，方向南偏西 20 度。已清理西半部分，东部尚未揭开，其全貌尚不清楚。已揭出的 17 个柱洞表现出一定规律如下：北、南壁和中部都有东西排列的规律可循，这样可确定建筑址东西共 4 排柱洞；南北方向柱洞排列情况尚不清楚；南壁中部两个柱洞甚大而深，且间距甚宽，应与房址中部的轴线布局有关。建筑址地面平且修整过，中部有烧土面，烧土面范围东西长 3.2 米、南北宽 1.88 米。有两个相连的近方形烧土面，大小相若，长宽各约 1.1 米。居住面室内堆积中出土石器、泥质红陶片和夹砂灰陶片，其中石器有磨制石饼、带钻窝石件，陶器有泥质红陶的折肩筒形器、"塔"形器、折腹盖盆、彩陶敛口罐、盆式钵和夹砂灰陶的压印纹筒形罐等器物的残片，都为第一地点常见器类。

我们认为，此建筑址位置在东山台的正北，方向与山台石砌界墙及"女神庙"相同，从分布的柱洞和烧土面的位置看，此建筑址有按中轴线分布的规律，应非一般居住址，而是与庙台有关的建筑物。[②]

此房虽与庙台有关，属祭祀遗迹的一部分，但从其中有烧土面（从该文化各主要遗址材料可知，该文化的民居，一般皆筑一片烧土面以供人睡觉、餐饮之用）可知，此房曾居住过人，抑或居住过宗教领袖一类

---

① 中国社会科学院考古研究所内蒙古第一工作队：《内蒙古赤峰市兴隆沟聚落遗址 2002—2003 年的发掘》，《考古》2004 年第 7 期。

② 辽宁省文物考古研究所编著：《牛河梁——红山文化遗址发掘报告（1983—2003 年度）》，文物出版社 2012 年版，第 45 页。

的人，因此，整个祭祀庙台标志着一个神邦的存在。

　　总之，在"女神庙"之前的兴隆洼文化晚期至红山文化早期，西辽河地区即已经出现了男性大墓及父权制家庭，同时还出现了贫富分化，至红山文化中期的"女神庙"时代，社会不可能逆转为以女性为主导。因此，从"女神庙"所处的地理位置及整个遗址的布局看，"女神庙"不是女性崇拜的产物，它很可能只是个储存祭品的仓库，其泥塑很可能是还愿像，其2—3倍于真人大小的像可能是主神像；抑或主神未发现，2—3倍于真人大小的像都是还愿像。至红山文化上层积石冢时代，社会发生更为剧烈的变化，男性处于更为明显的统治地位。牛河梁神邦已经出现。

三　玉、石、陶神器

　　红山文化发现了一大批与信仰相关的玉、石、陶神器。其中有一种无底筒形彩陶器，只发现于墓葬及祭坛附近，一般绕墓或绕祭坛周边排列，其用途尚无定论——有通天说、有器座说、有男根说。这些玉、石、陶神器少见于房址内，因而器座说理由不充分；因墓葬周边多见，通天说似不合理，不是每个墓主都能通天的。笔者认为，其形象有似于男根，用来代表男性祖先并传宗万代似更合理。这种筒形器与石家河文化筒形套缸外形有相似之处，代表男性祖先当更具说服力。

　　东山嘴遗址发现的石质或玉器等饰品一般体型较小。其中有两件器物形制较为特殊，即方形石砌台基内发现的双龙首璜形玉饰，以及方形台基东外侧黑土层中的鸮形绿松石饰。[1] 胡头沟遗址墓葬中出土有玉质的各种动物形器。[2] 积石冢上的M1、M3只随葬有玉器，没有陶器随葬。玉器的种类除珠、环、璧等外，一大特点是多见鸟、龟、鱼等动物形象。[3] 牛河梁遗址等红山文化遗址中都发现了大量玉器，包括玉人和大量抽象的玉制动物像（图4-16）。巴林右旗那斯台遗址发现有3件棍棒头，其中一件圆形石中间对穿圆孔，另一件在圆体上又加工8个瓜菱瓣

---

① 郭大顺、张克举：《辽宁省喀左县东山嘴红山文化建筑群址发掘简报》，《文物》1984年第11期。
② 王巍总主编：《中国考古学大辞典》，上海辞书出版社2014年版，第197页。
③ 方殿春、刘葆华：《辽宁阜新县胡头沟红山文化玉器墓的发现》，《文物》1984年第6期。

状，制作精致。还采集到了几件动物形石雕，如：鸟形玦、似猪石兽等。还有百余件玉器，种类有蚕、鸮、鸟、鱼等动物，或斧等工具形象。① 另外，这一时期还发现大量作为中国古代重要的祭器和礼器的玉璧等，据古籍所载，当是祭天神器。

探究这些玉器的象征意义，我们还得从这些玉器的形象入手。

大多动物或其他纹饰的玉器，只单纯用于动物崇拜或其他自然崇拜，但如"玉凤""玉猪龙""玉熊龙"等，都不是天然存在的动物形象，而是经过抽象化的形态。这样的抽象形态最早可以追溯到小河西文化的土龙堆塑和兴隆洼文化的猪首龙摆塑，学术界多将此类抽象化的形态赋予较为高级的信仰内涵，认为这是动物崇拜向神灵崇拜的转变。

笔者认为，红山文化玉器之中，真实存在的动物形的玉器，是动物崇拜（多是为了祈求丰产或狩猎活动成功）。另外的猪首龙、鹿首龙等龙形雕塑，其身体和尾部为蛇形，可能是灵魂的特征（和当今在各种书的插图中往往将灵魂离开身体的形象描绘为蛇尾一样）。作为一种虚拟抽象的形象，玉猪龙这样的器物，本身对于原始先民来说就具有一种震慑力，就是一种通灵工具。龙形这样的抽象形式也是有其祖形的，如郭大顺认为，目前学术界所称的猪龙形玉器可分为"C"字形龙和玦形龙，其中"C"字形龙为猪首龙或鹿首龙，玦形龙是以熊为原型的玉雕龙，是玉熊龙，② 但总的说来，都是动物崇拜的延伸，作为通灵工具的同时，可能也有其最初动物崇拜的因素，各种动物形象是由其经济活动所影响的，是与生活息息相关的动物或动物变形，表明在世的安葬者企求死者以后能够继续得到这些作为生活物资的动物。

综上，红山文化大量的玉器并不能仅仅从其玉的材质就判定其特殊功用，而是要结合器型和出土地分析。比如，大量的动物形玉器为动物崇拜的延续，玉贝为装饰品，等等。

虽然玉器在此时比较普遍，但该时期确实出现了一些较为特殊的器物，如 N16M4 发现的玉人，有额间钻孔和夸张的肚脐。发掘者认为，是巫

---

① 巴林右旗博物馆：《内蒙古巴林右旗那斯台遗址调查》，《考古》1987 年第 6 期。
② 郭大顺：《龙出辽河源》，百花文艺出版社 2001 年版，第 124 页。

图 4-16　牛河梁遗址玉龙（N2Z1M4∶3）

图片来源：辽宁省文物考古研究所编著：《牛河梁——红山文化遗址发掘报告（1983—2003 年度）》，文物出版社 2012 年版，图版七十。

师作法上下沟通之意。① 但笔者认为，此玉人没有女性的性特征，摆放在葬者双腿之间，很像男根，因此，当是男祖的象征物，是祖先崇拜的反映。

———————————

① 辽宁省文物考古研究所编著：《牛河梁——红山文化遗址发掘报告（1983—2003 年度）》，文物出版社 2012 年版，第 473 页。

关于那斯台遗址棍棒头，据其形制，应当是权杖头，是反映当时权力的一种礼器。关于其起源，杨琳、井中伟等学者已进行过研究讨论，认为其起源于近东，分两条路线传入中国。[①]

四　卜骨与占卜

该时期数个遗址出现了卜骨，如：建平水泉遗址下层遗存（属红山文化）[②]、富河沟门遗址。富河沟门遗址发现的卜骨，有灼痕，但没有钻孔，如 H3：24，原料为没有修整过的鹿肩胛骨、羊肩胛骨。[③]

学术界对于卜骨具体起源地点和时间的认识存在差异，龙山文化之前出卜骨的遗址有：下王岗遗址仰韶三期遗存[④]、傅家门遗址石岭下类型遗存[⑤]、富河沟门遗址[⑥]三处，龙山文化早期只见于阿善文化寨子塔遗址，其他地区要到龙山晚期才大量出现。[⑦] 富河沟门遗址 ZK-0188 标本碳十四测年加树轮校正后为距今约 5300 年；[⑧] 傅家门遗址石岭下类型的年代无直接数据，《武山傅家门遗址的发掘与研究》一书，在讨论卜骨时参照灰地儿遗址石岭下类型遗存数据，[⑨] ZK-0186 标本碳十四测年加树轮校正后为距今约 5765 年；[⑩] 下王岗遗址中的仰韶三期遗存也没有直接的测年数据，该遗址仰韶二期遗存碳十四测年加树轮校正后为距今约

① 杨琳、井中伟：《中国古代权杖头渊源与演变研究》，《考古与文物》2017 年第 3 期。

② 辽宁省博物馆、朝阳市博物馆：《辽宁建平水泉遗址发掘简介》，辽宁省博物馆、辽宁省文物考古研究所编《燕山南北长城地带考古专题座谈会文集》，共青团辽宁省委机关印刷厂 1986 年版，第 51 页。

③ 中国科学院考古研究所内蒙古工作队：《内蒙古巴林左旗富河沟门遗址发掘简报》，《考古》1964 年第 1 期，图版一。

④ 河南省文物研究所、长江流域规划办公室考古队河南分队：《淅川下王冈》，文物出版社 1989 年版，第 200 页。

⑤ 中国社会科学院考古研究所甘青工作队：《武山傅家门遗址的发掘与研究》，《考古学集刊》（第十六集），科学出版社 2006 年版，第 412 页。

⑥ 中国科学院考古研究所内蒙古工作队：《内蒙古巴林左旗富河沟门遗址发掘简报》，《考古》1964 年第 1 期。

⑦ ［韩］朴载福：《先秦卜法研究》，上海古籍出版社 2011 年版，第 180 页。

⑧ 中国社会科学院考古研究所编：《中国考古学中碳十四年代数据集 1965—1991》，文物出版社 1992 年版，第 55 页。

⑨ 中国社会科学院考古研究所甘青工作队：《武山傅家门遗址的发掘与研究》，《考古学集刊》（第十六集），科学出版社 2006 年版，第 448 页。

⑩ 中国社会科学院考古研究所编：《中国考古学中碳十四年代数据集 1965—1991》，文物出版社 1992 年版，第 276 页。

6355 年，① 三期当略晚于该数据，据原报告，三期遗存中鼎和敛口曲腹钵等器物形制，和庙底沟遗址仰韶文化遗存的同类器相似，庙底沟遗址仰韶文化遗存标本碳十四测年加树轮校正后为距今 5940—5725 年。② 由于还缺乏直接的年代数据，我们尚无法判断傅家门遗址石岭下类型遗存中发现的卜骨是否早于下王岗遗址仰韶三期遗存。

占卜所用的动物骨头，早期常用牛、羊、猪等动物的肩胛骨。占卜的方法在近代民族志中可得到验证。比如，云南永胜县的彝族人在进行祷祝之后，用唾液将火草团粘在羊卜骨无脊的一面，然后用火点燃，一般不到一分钟，卜骨就会烧裂。这时，"录锡"（巫师）就会立即抹去卜骨上的余烬，用沾有黑灰的手去涂抹卜骨爆裂处，然后再用沾了唾液的手去抹掉表面的黑灰，就会发现卜骨上的裂痕通过黑灰填充而显现出来，即"卜兆"③。又如，许多美洲印第安人在动物的肩胛骨上放置燃烧的木柴（tisons），直到骨头上出现裂缝，并对得到的裂缝结构进行解释，以产生与即将到来的狩猎或日常生活事件有关的预测。

李禹阶认为，在中国礼制诞生的过程中，占卜等形式逐渐被赋予了仪式性。④ 这便说明占卜所导致的国家对宗教的垄断，以及卜兆解释的理性化是礼制出现的一个原因，而礼制的出现是国家出现的必要前提。

占卜是原始宗教发展的一大进步，在此之前，史前先民们经过了万物有灵、图腾崇拜和祖先崇拜等阶段。这些原始信仰是人们在对自然界产生恐惧而又无助时产生的，人们希望得到"神灵"保佑，祈祷能够逢凶化吉。占卜产生结果后，国王可以此来领导国家。

卜骨所展示卜兆，需要进行解释，并呈现程序化和抽象化的假象，使外人看到它的客观性。汪德迈将中国的占卜称为"占卜方程式"，认为这一准科学的占卜程序化，导致了中国文字的起源，并进一步决定了中国的

---

① 河南省文物研究所、长江流域规划办公室考古队河南分队：《淅川下王冈》，文物出版社 1989 年版，第 335 页；中国社会科学院考古研究所编：《中国考古学中碳十四年代数据集 1965—1991》，文物出版社 1992 年版，第 149 页。
② 中国社会科学院考古研究所编：《中国考古学中碳十四年代数据集 1965—1991》，文物出版社 1992 年版，第 149 页。
③ 林声：《云南永胜县彝族（他鲁人）"羊骨卜"的调查和研究》，《考古》1964 年第 2 期。
④ 李禹阶、常云平：《史前宗教、礼与文明起源中的政、教关系》，《历史研究》2017 年第 5 期。

思想模式。①

实际上，卜兆并无定解，解释权完全由国王和卜官行使，吉凶完全由国王和卜官说了算，尤其是对重要人事的安排——如武丁占梦得傅说，周文王占卜得姜尚，皆是借助神力来施展最高统治者自身的意志。因此，占卜的出现，是人治战胜了神治的结果，是文明的进步。占卜、人祭、礼制、祭坛和阶级的出现，使得中国的原始信仰开始与国家联系起来，最终成为一种阶级、国家的统治工具。

总之，距今6400—5000年的红山文化，可分为距今6400—5500年前的前段、距今5500—5000年前的后段。其前段与前一时期并无大的区别，至第二段则出现大型祭祀中心——东山嘴、牛河梁、老虎山河上游专用祭祀区、胡头沟遗址石围圈祭祀遗迹等大型祭祀遗址，祭祀对象当主要为天、地、社、祖。

与上一时期的赵宝沟遗址石头堆遗址、迁西西寨遗址圆形陶器堆积遗址不同，该时期的祭祀遗址规模巨大，数量多，且周边几乎无居住区，坛冢结合，出土人像、玉器，自成体系，是独立存在的大型祭祀场所。

在距今约5300年以后，男性为尊的现象更为明显，出现了明显大于女性的较大型的男性独立座像雕塑。该时期还出现了占卜用的卜骨，在信仰演进过程中具有重要意义。

这一时期的信仰形式反映了当时社会性质的复杂化，即开始向家庭公社这一社会阶段逐渐过渡。该时期女性生殖崇拜仍然存在，但男性地位明显更高。社会复杂化使得宗教权集中。独立的大型祭祀遗址的出现是个人宗教向集体宗教转变的一个表征，集体宗教遗迹反映了少数上层人员已经将宗教作为私有权力，或者说这小部分人已经作为祭司集团垄断了祭祀权，反映其时可能已处于神邦阶段。西辽河地区红山文化诸祭坛方圆结合，常与有墓葬的积石冢同出。这种祭坛与墓葬一体共存形式，是宗教发展中天地崇拜结合祖先崇拜的现实表征，是整个西辽河地区广域范围内的祭祀中心。这种结合，还是私有财产出现、社会等级剧烈分化的反映，统治阶级可以将远近亲疏原则与宗教祭祀权相结合，从而使

---

① ［法］汪德迈：《中国思想的两种理性：占卜与表意》，金丝燕译，北京大学出版社2017年版，第1、142页。

统治权确立起来。

第四节 距今5000—4000年小河沿
文化时期的信仰

小河沿文化时期，由于气候变冷，原农业区大多变为游牧区，西辽河地区遗址相当少，因此，有关信仰的资料也相对较少。我们以大南沟墓地的墓葬习俗、哈拉海沟的祭祀遗迹为例展开讨论。

一 特殊葬俗观念

大南沟墓地，位于内蒙古翁牛特旗，碳十四测年加树轮校正后年代距今为5410—3955年，分为两区。在大多数墓葬填土中，都可以发现大量红烧土等燃烧过的遗迹，一些人骨也无法避免。如M35墓主肢骨大部烧黑。发掘者分析称，这一时期盛行埋葬前火烧墓坑、下葬后继续焚烧的习俗。[1]

该遗址的墓葬M52，出土1件A型石钺，为白色大理岩磨制而成，刃不锐，且有使用过的痕迹，两面穿单孔，器长15.5厘米、宽7.2—10.2厘米、厚0.45—0.7厘米；还出土有成组图像符号的A型筒形陶罐。发掘者认为，大白钺是权力的象征，刻划成组符号的罐是一种非实用的神器，M52同时葬有这两种器物，表明墓主是军权所有者和神权拥有者。M52是该遗址中唯一随葬这两样器物的墓葬，但该墓的随葬品数量及质量在墓地中却显得一般，应该是"贵高于富"的体现。[2]

该遗址还存在无头骨墓的特殊葬式。该葬式在第一墓地有4座，包括1座双人合葬。在这些墓中，无头人骨和随葬品和布局都与正常墓葬一致，且往往会在空置的头部倒放1件陶器，如M35扣钵、M31扣豆等，大概是以此代替人头。在M31（图4-17）扣于头部位置的彩陶豆上，还放置1件束发用的骨饰件。这些墓的随葬品并不贫乏，其中如M20、M31还是遗址中随葬品较为丰富的墓。发掘者认为，这种埋葬现象可能是与死亡情况

---

① 辽宁省文物考古研究所、赤峰市博物馆编著：《大南沟——后红山文化墓地发掘报告》，科学出版社1998年版，第144、7页。

② 辽宁省文物考古研究所、赤峰市博物馆编著：《大南沟——后红山文化墓地发掘报告》，科学出版社1998年版，第108、63页。

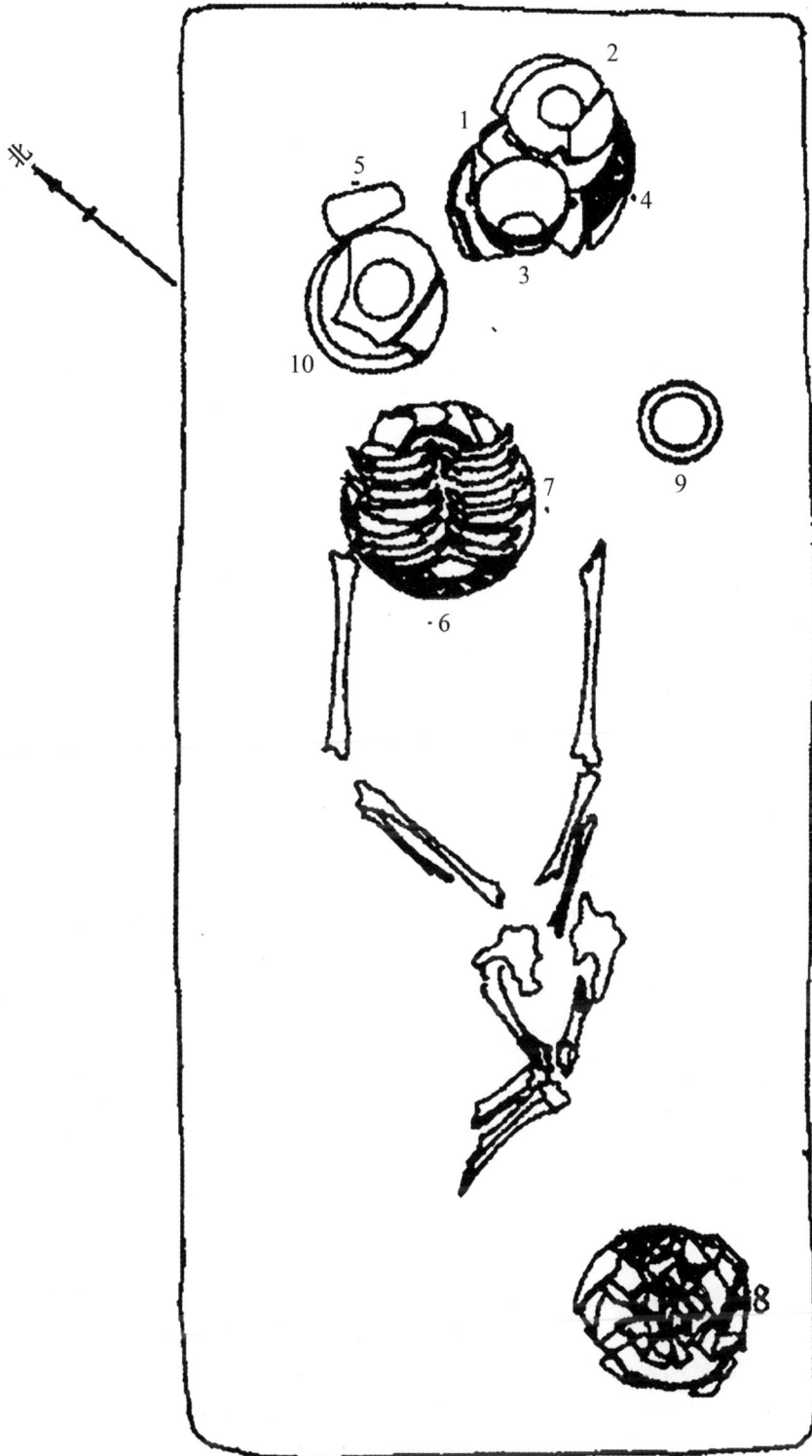

图 4-17 大南沟遗址无头骨墓 M31

图片来源：辽宁省文物考古研究所、赤峰市博物馆编著：《大南沟——后红山文化墓地发掘报告》，科学出版社 1998 年版，第 11 页。

有关，而非与墓主身份高低有关，抑或是一种具有特殊含义的葬俗。

第一墓地另有无骨架墓4座，随葬品的摆放位置也与普通墓葬相同，其中部分墓葬随葬品还较丰富，未见扰动迹象。M67无人骨，但却是该遗址两处墓地中随葬品最多的。墓地其他墓葬人骨的保存情况都较好，说明这些无人骨墓是最初便没有死者埋入的。发掘者认为，这种葬俗的性质可能与民族志、古文献中的"招魂葬""衣冠葬"类似。①

笔者认为，大南沟墓地火烧墓、燎尸葬、无头骨墓和无骨架墓等特殊葬俗，虽然与以前阶段的葬俗有所不同，但总的来说也是体现了灵魂观念。在东西伯利亚地区的谢洛沃文化时期，墓中的篝火遗址和燃烧过的人骨说明当时也存在燎尸葬。②

无骨架墓应当是战斗中牺牲者或其他枉死者的象征性墓地，如有丰富随葬品的M67，似后世的"衣冠冢"。距今5500—5000年大汶口文化中期的潍坊前埠下遗址第二期文化遗存也有类似墓葬，如M10无人骨，墓内有陶三足钵3件和龟甲1副。③

无头骨墓这样缺少部分骨骼的葬俗，更是多见于西安半坡遗址、宝鸡北首岭遗址等地，在世界各地的民族志中也有记载。甘青地区的民和阳山墓地也发现了一些墓中没有头骨。④ 这些无头骨墓，可能与猎头习俗有关。进入新石器时代以来，仰韶文化半坡遗址房基、大溪文化桂花村遗址墓葬和马家窑文化柳湾遗址墓葬等考古发现中都有人头发现，⑤这些头骨多与宗教祭祀有关。另外，还有一种可能，即逝者的头骨被自己氏族所保存，如美拉尼西亚人有时候会将祖先的颅骨奉于特定的圣所。⑥

---

① 辽宁省文物考古研究所、赤峰市博物馆编著：《大南沟——后红山文化墓地发掘报告》，科学出版社1998年版，第11—12、12—13页。

② 冯恩学：《俄国东西伯利亚与远东考古》，吉林大学出版社2002年版，第107、129页。

③ 山东省文物考古研究所、寒亭区文物管理所：《山东潍坊前埠下遗址发掘报告》，山东省文物考古研究所编著《山东省高速公路考古报告集（1997）》，科学出版社2000年版，第80、58页。

④ 青海省文物考古队：《青海民和县阳山墓地发掘简报》，《考古》1984年第5期。

⑤ 宋兆麟：《民族学中的人头祭与有关的考古资料》，《广西民族研究》1986年第1期。

⑥ ［苏］托卡列夫（С. А. Токарев）：《世界各民族历史上的宗教》，魏庆征译，中国社会科学出版社1985年版，第79页。

大南沟墓地 M52 随葬器物特殊，墓主具有特殊身份应当无误。刘国祥也认为，相关的两种象征物表明 M52 墓主是一位具有特殊地位或特殊身份的 20—22 岁的成年男性，墓主既是军权所有者，亦是神权所有者。[1] 我们基本赞同这一观点。而成组刻划符号的罐也有可能是神器。

二　小型祭祀遗址

元宝山哈啦海沟墓地，发现了小河沿文化时期遗存，其中包括祭祀坑 H1，坑中有焚烧痕迹，出土如彩陶豆、玉璧和石斧等遗物较多。发掘者推测其为祭祀坑。[2]

笔者认为，此灰坑存在于墓区中，且出土大量遗物，坑壁等经过火烧修整，似墓区中专门用于祭祀的墓祭坑。

这个时段，彩陶大量出现，表明小河沿文化是红山文化的直接继承者。[3] 但相较于上一时期，小河沿文化时期信仰方面的遗存非常少见，红山文化时期那种神权鼎盛状态完全不见。而各种信仰遗存所体现的灵魂观念在该地区新石器时代最早阶段便已出现，只是葬俗形式有所差异而已。信仰方面主要体现在特殊的葬俗和早已出现的墓祭坑形式，这些现象的出现虽然具有宗教性质，但同时也意味着阶级对立的加剧，被砍头或被分离肢体者当是下层人物。

总之，在距今 5000—4000 年的小河沿文化时期，西辽河及其周边地区的信仰遗存主要为：大南沟墓地火烧墓、燎尸葬、无头骨墓和无骨架墓等特殊葬俗；还有哈啦海沟墓地墓区祭祀坑。钺、人殉、人祭等遗存反映了社会的日益复杂化，表明文明已经在这个地区悄然萌生。

---

① 刘国祥：《西辽河流域新石器时代至早期青铜时代考古学文化概论》，《辽宁师范大学学报》2006 年第 1 期。

② 内蒙古文物考古研究所：《内蒙古赤峰市哈啦海沟新石器时代墓地发掘简报》，《考古》2010 年第 2 期。

③ 刘国祥：《西辽河流域新石器时代至早期青铜时代考古学文化概论》，《辽宁师范大学学报》2006 年第 1 期。

第五节 距今 4000—3500 年夏家店下层文化时期的信仰

本节主要以夏家店下层文化时期的祭坛等为例来进行讨论。

一 大型祭祀遗址

赤峰大南沟石城遗址，属于夏家店下层文化中晚期，调查发现该处地表有 11 处石圈遗迹。发掘者判断 6 处为房址，用大小不一的自然石块砌筑，平面均呈圆形；另 5 处为灰坑。①

据相关工作人员在阴河中下游区域的调查，发现多处夏家店下层石堆、平台遗迹。比如，总编号 003（三座店遗址）距北墙 50 米的城北侧有一处石堆；总编号为 007 的石城遗址中部最高处发现的一个直径为 7 米的石堆；总编号 021 的城址东南 30 多米处发现的一大型石堆；总编号 024 的石城遗址，南山上发现的一个高约 10 米、直径 21 米的圆形大平台，由夯压土堆积而成，北山亦有一个同类但略小的建筑；总编号 033（西山跟石城）的遗址中心的一个 35×28 米的石砌马蹄形平台；总编号 041 遗址内的性质不详的石堆；总编号 042 的遗址墙外发现的 2 座大石堆，且与东墙有石墙相连。这样的石堆，在总编号 047、063、066、092、093、100 等遗址中亦有发现，有的直径可达 10 多米。另外，总编号 096 的北城子山遗址等处，还有圆形石基。②

二道井子遗址的房址 F8（图 4-18）位于古城中部偏东位置，外围广场顺地势修成倾斜状，使得广场向四周倾斜；F8 居高临下，且广场的周边大约 150 平方米范围内没有其他遗迹；该房址无疑是遗址的中心，形制呈圆角方形，墙高现存约 2 米。该房址至少经历了三次重建修葺，其早期回廊并未有短墙隔间，回廊外墙与房屋的主墙在门口两侧相连，廊内有柱洞，说明房址早期的回廊可能只是用于存放杂物或防雨等简单

---

① 乌兰察布市博物馆：《赤峰松山区水地乡大南沟石城调查简报》，《草原文物》2015 年第 1 期。

② 王惠德、薛志强、[以色列] 吉迪等：《阴河中下游石城的调查与研究》，《昭乌达蒙族师专学报（汉文哲学社会科学版）》（北方民族文化）1998 年第 4 期。

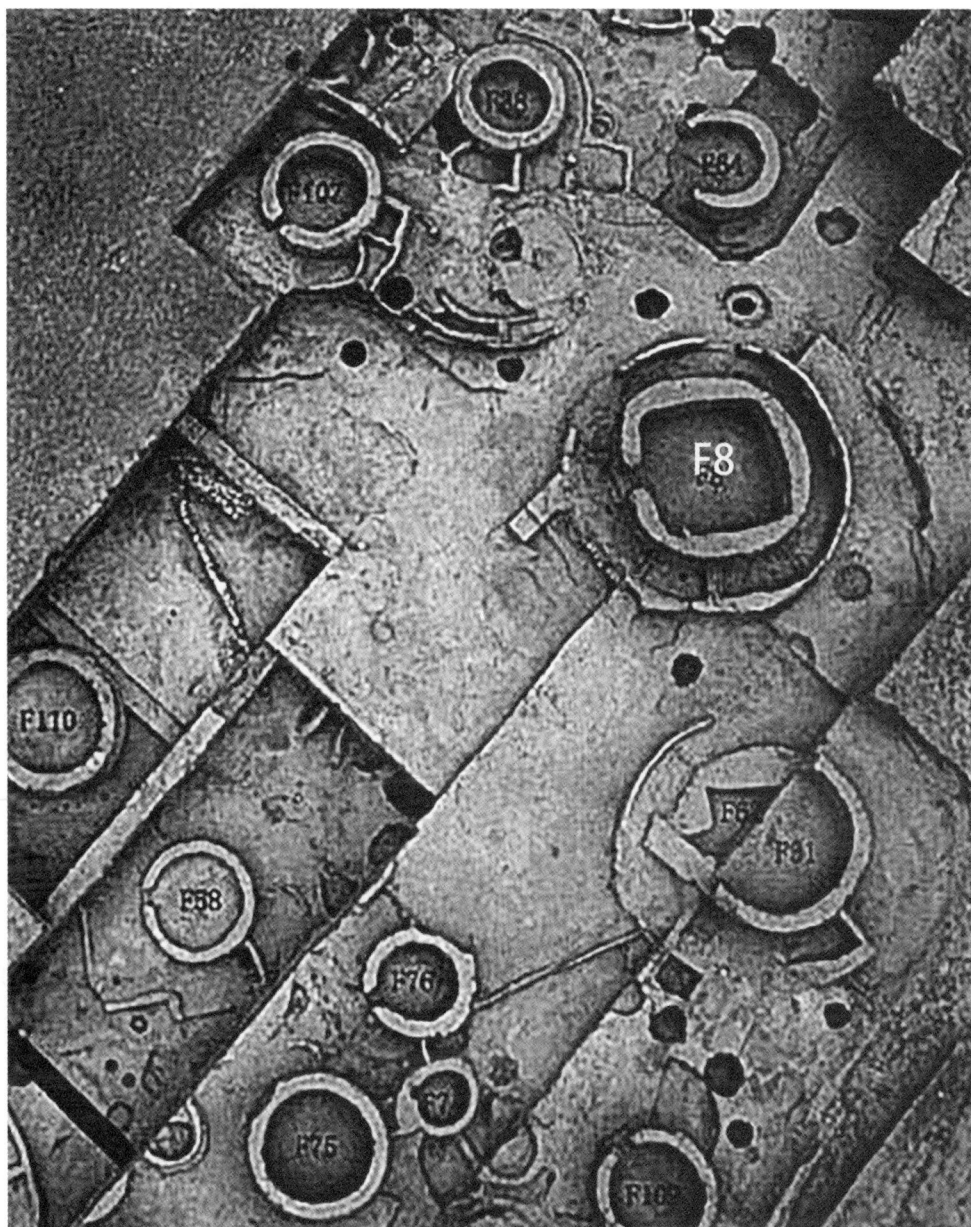

图 4-18　二道井子遗址 F8 和周边广场

图片来源：曹建恩、党郁、孙金松：《完美再现青铜时代的"东方庞贝城"内蒙古二道井子遗址发掘纪实》，《中国文化遗产》2010 年第 3 期。

用途。发掘者认为是古城首领居所。[1]

---

[1]　曹建恩、党郁、孙金松：《完美再现青铜时代的"东方庞贝城"内蒙古二道井子遗址发掘纪实》，《中国文化遗产》2010 年第 3 期。

另外，城子山遗址位于敖汉北部最高处。该遗址本体有石砌坛式建筑达 200 多座；主体之外的山头等处还发现有祭坛分布，达 20 余处。[①]南区主墙还有 1 件巨型的石雕猪首像。[②] 在赤峰西道和凌源，分别发现了建于高台上的宗教性房屋，[③] 还有圆形祭坛的宗教性质石圈子遗迹。[④]

对于阴河中下游古代遗存，调查者认为，诸多石城特有的"台"值得注意。它们常依附于内墙，位置是石城的显要之处，多为圆形、椭圆形，其上有的有石砌圆形建筑发现，这种平台没有防御意义，但却需要投入大量的劳动。这样的平台可能类似于古籍中所载的"社""坛"。[⑤]

刘国祥也认为，这类"石城"遗址应是该时期的宗教遗址，其中的圆形石砌建筑，承袭了红山文化，也是祭坛。[⑥] 郭治中等亦认为，这类"石城"周围缺少耕地及水源，所以不是单纯的"城市"或单纯的聚落。已经有越来越多的学者认为，这些"石城"作为社区聚落的同时兼有宗教祭祀的功能。[⑦] 朱延平认为，这些"石城"所处位置及所谓的马面不便进行防御，石圆圈也不具生活用途，故这样的"石城"多半是以祭祀为主的特殊遗址。[⑧]

笔者认为，该时期的西辽河地区发现了大量的"石城"，"石城"内发现了大量的石圈遗址和台地，有些石圈遗址应当是房址，因为发现了灶址，但这只是小部分，可能是祭祀场所偶尔存在的守护者居址。其余的大量石圈遗存应当属于祭祀遗址。除总编号为 003、041、047、066 以及 096 等遗址外的石堆或圆形石基址，多发现于城外，而且多在断崖或

---

① 邵国田：《城子山遗址》，《内蒙古文物考古》2001 年第 2 期。

② 康爱国、孙国军：《赤峰市国家级重点文物保护单位⑧——敖汉城子山山城遗址简介》，《赤峰学院学报》（自然科学版）2011 年第 10 期。

③ 王立早：《西道村遗址发掘获重大成果》，《中国文物报》1991 年 3 月 31 日第 1 版。

④ 张洪波：《凌源发现夏家店下层文化祭祀遗址》，《中国文物报》1992 年 2 月 23 日第 1 版。

⑤ 王惠德、薛志强、[以色列] 吉迪等：《阴河中下游石城的调查与研究》，《昭乌达蒙族师专学报（汉文哲学社会科学版）》（北方民族文化）1998 年第 4 期。

⑥ 刘国祥：《西辽河流域新石器时代至早期青铜时代考古学文化概论》，《辽宁师范大学学报》2006 年第 1 期。

⑦ 郭治中、郭丽：《三座店石城遗址与夏家店下层文化若干问题之我见》，《草原文物》2014 年第 1 期。

⑧ 朱延平：《辽西区古文化中的祭祀遗存》，张忠培、许倬云主编《中国考古学跨世纪的回顾与前瞻（1999 年西陵国际学术研讨会文集）》，科学出版社 2000 年版，第 217—219 页。

山岗之上，这种祭祀遗址形式可以追溯到赵宝沟遗址坡顶石头堆和白音长汗遗址石头圈墓。另外，还有诸多石城的"台"，位置显要，多为圆形或椭圆形，其上有些有石砌圆形建筑，像这样需耗费大量人力物力，大规模建设的建筑，多为城址的公共场所，原始社会的公共场所一般既是公共集会场所也是祭祀场所。

二道井子遗址的 F8 位于古城中部居高临下的地方，没有居址常见的院落，早期也没有灶的发现，应当也不是部落首领住所，而是古城公共活动的地方。

二　小型祭祀遗迹

据统计，大山前遗址夏家店下层文化时期遗存中共发现人骨 6 具，分别出自长方形墓葬 98KDIVM2、M3，废弃灰坑 H140、H141，上层填满废弃物的小灰坑 98KDIH413（笔者反复核对所引原文，该文其他处未见有此编号灰坑的相关描述，疑为 97KDIH413 之讹）。有一些灰坑中人骨残缺不全，如出土女性腿脚的 96KDIF8-H1、出土婴儿头骨的 97KDI-H206、出土 7 个人骨（成年人和儿童）残片和动物尸骨混合存在的 98KDIVH189 等。[①]

大山前遗址的第 1 地点、第 4 地点的夏家店下层文化，都是在生土上挖出一批分布密集的祭祀坑，这些坑往往两两成组，同组坑内堆积中的陶片，常能相互拼接，有的则十分明显，将同一陶器的上半部置于一坑，下半部另放别坑。坑内堆积多样，但最具代表性的是一层黑土一层灰白土交替叠压，甚至有的坑中这类堆积可达数十层之多。经检验，它们应是树干和树枝燃烧后产生的。待这些坑堆满后，于坑上再建石墙和房屋，这些建筑是否用于居住尚不得知，但可以明确的是，它们在很大程度上也应属于与祭祀活动相关的重要遗迹。石磬、石钺、石璧等礼器多出自这些遗迹中。一些房址中还发现有肢解的人骨，甚至把整具人骨砌于石墙体中。[②]

笔者认为，大山前祭祀坑多发现破碎的人骨，97KDIH413 是一具婴

---

① ［美］阿瑟·罗恩（Arthur H. Rohn）、埃思尼·巴恩斯（Ethne Barnes）：《赤峰大山前遗址埋葬行为的重建》，杨建华译，《边疆考古研究》（第二辑），科学出版社 2004 年版，第 339—340 页。

② 《大山前发掘半支箭河调查有重要发现》，《中国文物报》1999 年 2 月 7 日第 1 版。

儿骨骼，排除是食人后的残渣，所以这类灰坑可能与人祭有关。该遗址的第 1 地点、4 地点出现的一件陶器分开置两坑、灰坑两两一组、且多有树枝燃烧堆积等，明显具有宗教意味，但其中蕴含的具体宗教思想还不得而知。牛河梁遗址第一地点也有同一陶器不同部位分置各处的情况。① 另外，在堆满燃烧产生的堆积物的灰坑（祭祀坑）上再建石墙和房屋，把整具人骨砌于石墙体中，当与奠基习俗有关。

三　特殊葬俗观念

据发掘报告，大甸子遗址墓葬中的成人骨骼都似被紧密捆扎过。② 相关考古报告附录五的墓葬登记总表二显示，该遗址墓葬中有猪狗随葬情况，但有等级差别，特大墓 M371 有 4 个猪的个体，也有狗骨，特大墓 M612 有狗头骨和猪骨同出。随葬猪骨和狗骨情形较多，但中小型墓多为随葬一副猪趾骨，无固定陶器组合的小墓多不见猪骨和狗骨。③

大山前遗址墓 98KDIVM2 葬 1 名 6—7 岁的儿童，据出土骨骼位置状态分析，死者在葬前已被分解，尸骨被绑在一起。④

笔者认为，大甸子遗址的猪狗随葬与兴隆洼文化时期的猪狗随葬所蕴含的宗教思想是一致的，都是灵魂观念和动物崇拜的体现，前文已有详述。大山前遗址被肢解的儿童尸体可能也与祭祀有关。捆缚葬在新石器时代较为常见，哈民忙哈遗址的文化遗存、白城双塔遗址第二期文化遗存，民族志材料中澳大利亚原住民都有缚而后葬等现象。⑤

---

① 辽宁省文物考古研究院：《牛河梁遗址第一地点 2 号建筑址 2020 年度发掘收获》，2021 年 2 月 14 日，https：//mp. weixin. qq. com/s/LiR_ jjfh1HFxOPQTSuNdcg。2 号建筑址中的 T3，其垫土共三层，每层均有可复原的并不完整的陶器，不同的层位和位置出土的少数陶片可拼合。发掘者认为可能是奠基或其他祭祀活动的体现。

② 中国社会科学院考古研究所编著：《大甸子——夏家店下层文化遗址与墓地发掘报告》，科学出版社 1996 年版，第 65 页。

③ 中国社会科学院考古研究所编著：《大甸子——夏家店下层文化遗址与墓地发掘报告》，科学出版社 1996 年版，第 362 页；郭大顺：《大甸子墓地初析》，《古代文明》（第二卷），文物出版社 2003 年版，第 108 页。

④ ［美］阿瑟·罗恩（Arthur H. Rohn）、埃思尼·巴恩斯（Ethne Barnes）：《赤峰大山前遗址埋葬行为的重建》，杨建华译，《边疆考古研究》（第二辑），科学出版社 2004 年版，第 339—340 页。

⑤ ［苏］托卡列夫（C. A. Токарев）：《世界各民族历史上的宗教》，魏庆征译，中国社会科学出版社 1985 年版，第 57 页。

　　另外，大山前、① 二道井子、② 三座店石城③和大甸子④等遗址有卜骨出土。

　　总之，在距今4000—3500年的夏家店下层文化时期，西辽河及其周边地区的信仰遗存主要有：阴河中下游石城石堆、圆形石基址，西道村遗址浓厚宗教色彩的个别房址，凌源夏家店下层文化祭祀遗址祭坛，城子山遗址祭坛等祭祀场所；大山前遗址发现人骨的废弃袋形灰坑、堆积的陶片和有灰烬的祭祀坑，以及人骨砌于石墙体的奠基情况等小型祭祀遗迹；大甸子遗址捆绑或肢解的特殊葬俗和卜骨形式的祭祀工具遗迹。

　　夏家店下层文化时期，在经历小河沿文化的低沉之后，相关信仰方面的遗存再次多了起来，甚至在数量上是红山文化后的又一次高峰。但不同于红山文化，夏家店下层文化并不常见红山文化时期那种如东山嘴、牛河梁等遗址的坛冢结合的大型祭祀场所，而是出现了大量的石砌祭坛、石头堆，场所多似石城，规模不大，数量繁多，甚至一个小河流域内可以密集出现。其形制与阿善文化时期河套地区的石城带和祭坛可能存在某种联系。另据石峁遗址发现的奠基人头与夏家店上层文化人群基因相近，说明这两个地区是可能有交流的。这一时期，卜骨也开始在多地出现。大山前遗址的人祭现象和奠基现象在该地区可能尚属首见。这些较发达的人祭、奠基等宗教现象有其社会背景，该地区在这一时期已经开始进入专偶制家庭的阶段，私有制的发展导致不断的阶级分化，出现了大量的城邑，其社会组织形式不断复杂化，从部落开始转变为国家。

---

　　① 中国社会科学院考古研究所、内蒙古自治区文物考古研究所、吉林大学考古系赤峰考古队：《内蒙古喀喇沁旗大山前遗址1996年发掘简报》，《考古》1998年第9期。

　　② 内蒙古文物考古研究所：《内蒙古赤峰市二道井子遗址的发掘》，《考古》2010年第8期。

　　③ 内蒙古文物考古研究所：《内蒙古赤峰市三座店夏家店下层文化石城遗址》，《考古》2007年第7期。

　　④ 中国社会科学院考古研究所编著：《大甸子——夏家店下层文化遗址与墓地发掘报告》，科学出版社1996年版，第33页。

小　结

综上所述，辽西及其周边地区前文字时代的信仰与宇宙观演进可分为四个阶段：

第一阶段，小河西文化至兴隆洼文化时期。此时期特点是：出现动物崇拜，主要体现在兽骨的随葬和堆砌，偶见浮雕造像；偶像崇拜主要是龙（蛇）等简易的虚拟动物形象，人面像仅为少数石、蚌饰等；祭祀遗迹主要是墓区及祭祀坑，祭祀区与居住区未分离；有生产工具崇拜的遗存。

第二阶段，兴隆洼文化末期至赵宝沟文化时期。此时期特点是：偶像崇拜的偶像较上一时期增多，且更加精美，特别是出现了带有獠牙的人面像，当是祖先崇拜和自然崇拜的结合。出现了以女性雕塑为代表的生殖崇拜；出现了独立的动物雕像，鹿崇拜较为突出。除遗址中墓区和一些祭祀坑等祭祀遗址外，开始出现独立于居住区外的祭祀场所。

第三阶段，红山文化时期。此时期特点是：出现了大型的祭祀遗址，规模巨大，数量多，坛冢结合，且周边几乎无居住区，出土人像、玉器，自成体系。此时期出现了明显的男性崇拜迹象。"女神庙"开始出现独立的人像雕塑，且大小与真人相似，甚至大真人两三倍，但"女神庙"不应是女性崇拜的产物，它很可能只是储存祭品的仓库。主神可能尚未发现，2—3 倍于真人大小的像抑或都是还愿像。至红山文化上层积石冢时代，社会发生更为剧烈的变化，男性处于更为明显的统治地位。牛河梁神邦已经出现。另外，出现了卜骨。

第四阶段，小河沿至夏家店下层文化时期。此时期特点是：小河沿文化遗迹很少，信仰主要体现在特殊的葬俗和早已出现的墓祭坑等方面。夏家店下层文化时期，反映信仰的遗存又多了起来，但与红山文化出土有巨大的祭坛不同，出现了大量的石砌祭坛、石头堆，场所多有"石城"，规模不大，但数量繁多，形制与阿善文化时期河套地区的石城带和祭坛可能存在某种联系，卜骨在多地出现。

第 五 章

▼

西北半月形地区

西北半月形地区是指内蒙古中南部、陕北、晋北及甘青地区。关于该地区新石器时代的考古学文化及其序列，已有索秀芬、李少兵等学者进行了研究。大致可划分为：距今 6800—6200 年的后冈一期文化石虎山类型、半坡文化鲁家坡类型；距今 6200—5500 年的庙底沟文化王墓山坡下类型；距今 5500—5000 年的海生不浪文化庙子沟类型；距今 5000—4500 年的阿善文化；距今 4500—4300 年的老虎山文化、永兴店文化；[①] 距今 4250—3750 年的石峁文化。[②] 邻近陇东地区和关中地区有距今 8000—7000 年的老官台文化。[③]

第一节 距今 8000—7000 年
老官台文化原始信仰

在新石器时代早期该地区遗存较少，狭义的河套地区尚未有材料较为丰富的遗址发现。关于该地区早期宗教的研究，笔者主要通过老官台文化秦安大地湾遗址和临潼白家村遗址的葬俗和随葬品进行研究。

一 固定墓向、瓮棺小孔等灵魂观念遗迹

白家村遗址位于陕西临潼，在该遗址晚期遗存中，多数墓向都在

① 索秀芬、李少兵：《中国北方地区新石器时代考古学文化与周边的关系》，《内蒙古社会科学》（汉文版）2014 年第 2 期。
② 孙周勇、邵晶、邸楠：《石峁文化的命名、范围及年代》，《考古》2020 年第 8 期。
③ 张宏彦：《渭水流域老官台文化分期与类型研究》，《考古学报》2007 年第 2 期。

220—280 度之间，其中在 240 度左右的有 10 座（M1、M2、M3、M10、M14、M16、M17、M18、M24、M25），应该是当时标准的墓向，这接近当地寒冷季节的日落方向，也就是直观的西向。正西向 270 度上下的墓有 6 座，西南向和西北向共有 7 座，广义上的西向墓合计有 23 座，占晚期土坑墓总数 26 座的绝大多数。另外，该遗址晚期遗存中发现瓮棺葬 8 座，分布于 T113、T114、T115 三个探方内。瓮棺葬分布集中，可能是同时埋葬，且往往是横向成对放置，如 W6、W7 两座紧靠，W4（图 5-1）、W5 和 W2、W3 也分别成对放置在两座灰坑中。瓮棺在文化层中未有发现，应当是专门用于埋葬小孩尸骨，器盖为实用物。W4 圜底钵的腹壁上有两个孔。[①]

关于白家村墓向多为广义的西方的现象，目前有两种解释，其一是死后四归祖居地，所谓"狐死必首丘"[②]，应当是为了将墓主的灵魂送归祖先之地。据民族志资料记载，傈僳族人会有专门针对逝者灵魂返回发祥地的送魂仪式。[③] 其二是，西方为日落方向，许多原始民族都把西方认作魂魄之所，以为人死后都要到那里去继续生活。发掘者认为，白家村墓葬头向西的传统为关中地区的仰韶文化居民所继承，其用意大概相同，都可能是鬼魂崇拜的表征之一。[④] 笔者认为，暂无证据证明白家村人来自西方，因而，第二种观点比较可取。

关于瓮棺葬的性质和来源，学术界有较多研究，也有许多争议。这一葬俗在中国范围内广泛分布，国外在土耳其高原东部国家、波兰、罗马尼亚等国也有发现。吴存浩认为，这些瓮棺是最早被大规模采用的葬具。[⑤]

在老官台文化时期，成人墓都为土坑墓无葬具，只有小孩为瓮棺葬。后来的姜寨遗址，发现有两座成人二次瓮棺葬，说明瓮棺葬的出现不只是由于小孩的尸骨适合放置于瓮棺之中。在白家村遗址中，瓮棺葬都是

---

① 中国社会科学院考古研究所编：《临潼白家村》，巴蜀书社 1994 年版，第 44、46—47 页。

② （汉）王逸撰，黄灵庚点校：《楚辞章句》，上海古籍出版社 2017 年版，第 108 页。

③ 李德洙、杨聪主编：《中国民族百科全书 13·白族、傈僳族、纳西族、怒族、独龙族卷》，世界图书出版西安有限公司 2015 年版，第 393 页。

④ 中国社会科学院考古研究所编：《临潼白家村》，巴蜀书社 1994 年版，第 44、46、111 页。

⑤ 吴存浩：《我国原始时代葬俗演变分类试论》，《民俗研究》1991 年第 1 期。

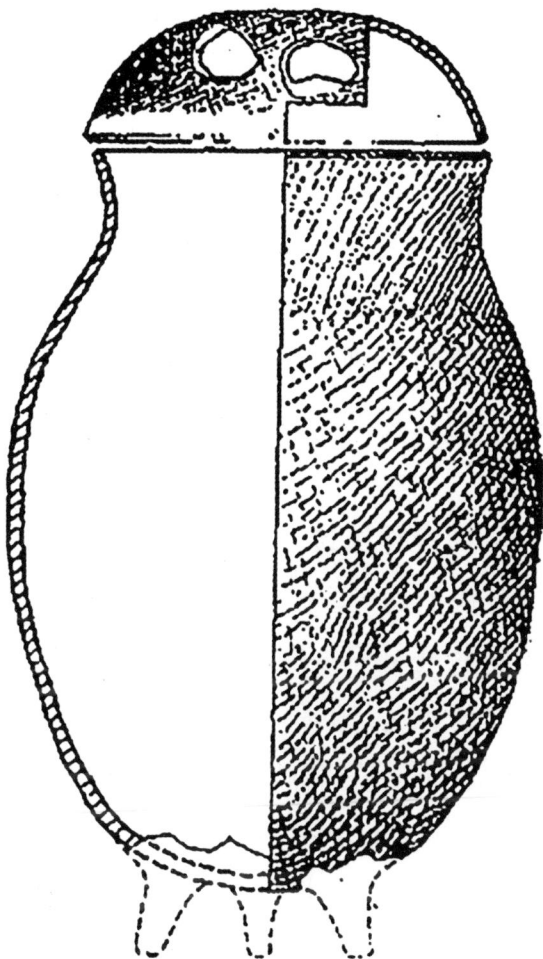

图 5-1　白家村遗址 W4

图片来源：中国社会科学院考古研究所编：《临潼白家村》，巴蜀书社 1994 年版，第
48 页。

小孩墓，且与大人的墓葬区分离，说明当时孩童时期去世的人属于特殊
的死者而有特殊的葬俗。后世很多地方对凶死者都有特殊的葬仪。比如，
当今民间对年轻的凶死者也有不同的葬俗。纳西族人认为氏族公共墓地
是正式成员的葬所，而在成丁之前的小孩并不属于这一范畴。①

　　特别值得注意的是，瓮棺及其盖上的小孔的出现。所用的器盖都是日
用器，所以小孔应是故意所为。一般认为，在灵魂观念下，这些小孔能够

---

① 宋兆麟：《云南永宁纳西族的葬俗——兼谈对仰韶文化葬俗的看法》，《考古》1964 年
第 4 期。

照顾亡故小孩灵魂自由出入。云南大墩子遗址多数瓮棺的底部或肩腹部有小孔，[1] 说明小孔的位置不一定只存在于器盖上。世界各地的葬俗中也有类似的小孔出现，如新几内亚的超卜连兹人认为，他们从大地的孔洞中来，死亡后也要到孔洞中去;[2] 中国的纳西族去墓地放置逝者骨灰袋时，会抽掉袋底的线，使得尸骨触土，以便让灵魂可以"自由"活动。[3] 在欧洲和南亚等地也有这种类似凿孔供灵魂出入的记载。[4]

墓向的统一、瓮棺葬的出现及葬具上的小孔，表明老官台文化时期灵魂观念的存在，而早逝儿童的灵魂可能更为人们所忌惮和关心。

二　野兽獠牙等灵物崇拜遗迹

大地湾遗址位于甘肃省天水市，其中第一期是老官台文化的典型代表，碳十四测年加树轮校正年代为距今 7800—7350 年。[5] 该遗址出土的哺乳类动物骨骼，猪的份额为 50%，有家养的也有野猪，另外，也发现了其他大量的动物骨骼，原始的畜牧业已经出现并发展。大地湾遗址一期遗存的 M14 等三座墓中都出土有猪下颌骨，置于人骨架的腹部。[6] 在白家村遗址墓葬 M12（图 5-2）中有一对野兽獠牙，置于腹部的手中。白家村遗址发掘者认为，这两者与原始宗教和巫术有关。[7] 另外，在北首岭遗址下层（距今 6970±145—7100±140 年）墓葬中，也有将野猪獠牙放置于墓主手臂旁的情况，中层墓中更加流行。[8]

笔者认为，大地湾遗址、白家村遗址墓葬中已发现随葬品和葬式，

---

① 云南省博物馆：《元谋大墩子新石器时代遗址》，《考古学报》1977 年第 1 期。

② ［英］马林诺夫斯基（B. Malinowski）：《巫术科学宗教与神话》，李安宅译，上海社会科学院出版社 2016 年版，第 160 页。

③ 李近春、王承权：《纳西族》，民族出版社 1984 年版，第 100 页。

④ G. G. Maccurdy, *Human Origins* Vol. Ⅱ, New York and London：D. Appleton and Company 1924，p. 30，转引自许宏《略论我国史前时期瓮棺葬》，《考古》1989 年第 4 期。

⑤ 甘肃省博物馆文物工作队：《甘肃秦安大地湾遗址 1978 至 1982 年发掘的主要收获》，《文物》1983 年第 11 期。

⑥ 甘肃省文物考古研究所编著：《秦安大地湾——新石器时代遗址发掘报告（上）》，文物出版社 2006 年版，第 875、68 页。

⑦ 中国社会科学院考古研究所编：《临潼白家村》，巴蜀书社 1994 年版，第 111 页。

⑧ 中国社会科学院考古研究所编著：《宝鸡北首岭》，文物出版社 1983 年版，第 123、126 页。

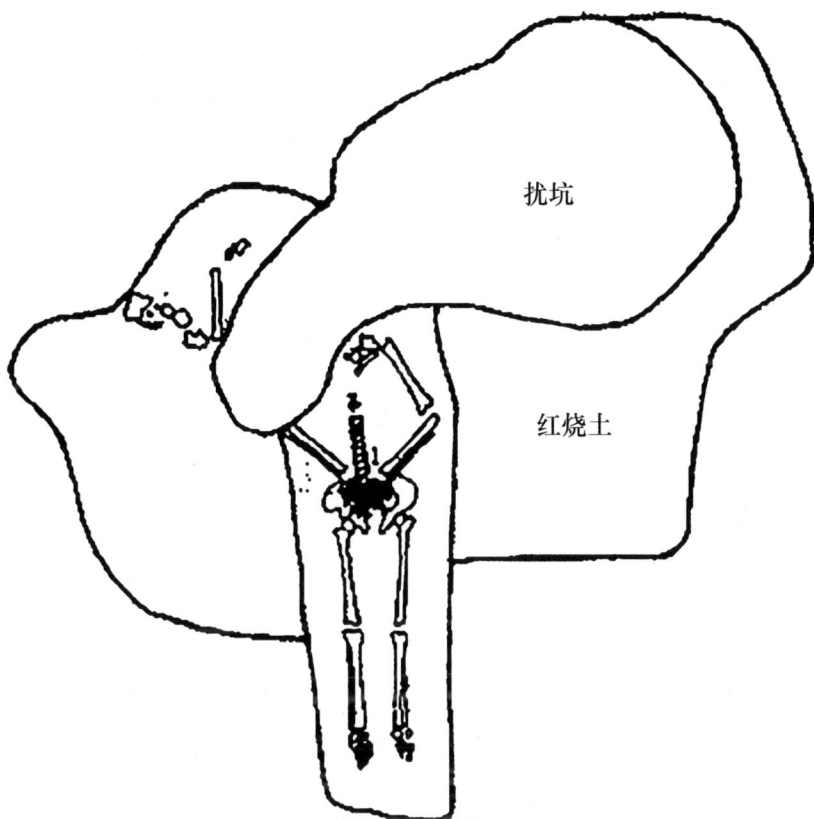

图 5-2　白家村遗址 M12

图片来源：中国社会科学院考古研究所编：《临潼白家村》，巴蜀书社 1994 年版，第 49 页。

说明当时灵魂观念已经产生。在此情况下，人们开始把某些物体也寄予灵魂，随身携带或随葬墓中，作为保护自身的物品，也就是灵物崇拜的对象。

大地湾遗址墓中的猪下颌骨和白家村遗址墓中的野兽獠牙，可能与东西伯利亚基托伊文化时期一样，是人们将野猪当作勇猛之神的结果。[①] 古文献中有将猪作为恐怖象征的记载，如《淮南子·本经训》："逮至尧之时，十日并出……封豨、修蛇，皆为民害。"[②] "封豨修蛇"中的"封豨"就是指远古作乱的大野猪。这反映了在当时社会生产力低下的背景中，人们对野兽的惧怕。基于这种惧怕，原始先民可能对野兽的骨骸赋予了超自然的力量（通过某种仪式）。猪下颌骨可能被作为一种庇护平

———————————

① 冯恩学：《俄国东西伯利亚与远东考古》，吉林大学出版社 2002 年版，第 144 页。

② 何宁撰：《淮南子集释》，中华书局 1998 年版，第 574 页。

安的灵物。如纳西族人将猪下颌骨视作与财富、安危相关，将其挂在家中，但若有坏事，就会将其丢弃（正是拜物教的特征）。[①] 王仁湘指出，先民们认为随葬猪下颌骨等物品可以护卫逝者灵魂。[②]

在秦安大地湾遗址的一期遗存陪葬有猪下颌骨的 3 座墓葬中，除 M14 性别不明外，M15 和 M208 都是成年男性墓主；[③] 白家村遗址的 M12 墓主推测为老年男性。[④] 这几处墓主人都是男性，说明应该是用猪下颌骨和野兽獠牙作为勇武之力的象征和载体。

综上所述，距今 8000—7000 年的老官台文化时期，这一地区的先民们已经有了最初级的宗教崇拜形式，但社会发展水平较低，还十分简略，主要表现为刚产生的灵魂观念及其衍生的灵物崇拜。这一时期，原始农业、牧业已经出现，但渔猎经济仍有较大比重，整体尚处于母系氏族的阶段。

第二节　距今 7000—5500 年仰韶文化早中期的信仰

距今 7000—5500 年的半坡早期、后冈一期至庙底沟文化时期，发现反映信仰的材料相对较多，主要有：后冈一期文化石虎山类型人面形刻像，仰韶文化时期长武、商县采集的人头形器口瓶，姜西村采集的人面半浮雕陶片，大地湾遗址二期遗存陶器人头像雕塑，南殿村遗址蛇类动物泥塑，北首岭遗址陶塑人头像、半身像，半坡遗址人头型塑像；半坡、姜寨和北首岭遗址人面鱼纹等；半坡遗址"割体葬"等特殊葬俗；北首岭、半坡遗址发现的特殊祭祀场所；清水河县岔河口遗址鱼龙形夯土雕像中的人祭现象等。形式主要包括偶像崇拜、人面鱼纹代表的巫觋崇拜，割体葬与祭祀性遗迹等代表的信仰。

---

① 宋兆麟：《云南永宁纳西族的葬俗——兼谈对仰韶文化葬俗的看法》，《考古》1964 年第 4 期。

② 王仁湘：《新石器时代葬猪的宗教意义——原始宗教文化遗存探讨札记》，《文物》1981 年第 2 期。

③ 甘肃省文物考古研究所编著：《秦安大地湾——新石器时代遗址发掘报告》，文物出版社 2006 年版，第 725 页。

④ 中国社会科学院考古研究所编：《临潼白家村》，巴蜀书社 1994 年版，第 49 页。

一 偶像所代表的祖先崇拜遗迹

仰韶文化半坡类型早期至庙底沟类型早期，该地区人面、人头雕塑出现较多。例如：内蒙古凉城石虎山遗址，其 I 区围沟第一层发现有蚌饰SIG①：32，是用蚌壳修整而成，其平面呈长方形，平背，直刃，横轴线略偏一侧发现有两个单向钻孔，长 9.2 厘米、宽 4.5 厘米、厚 0.5 厘米。蚌刀竖起来看，则如一个人面形刻像，两个钻孔分别对应人像的嘴和眉心，另外刻有双眼、双眉及鼻子，都是半镂空，人面的下方有三条横线，一条靠近下颌，另两条较远，紧靠下端。[1] 性别不好分辨。碳十四测年加树轮校正为距今 6440—6530 年，相当于后冈一期的早期阶段。

又如大地湾遗址二期遗存发现 1 件人头彩陶瓶；[2] 半坡遗址早期出现的人头型塑像 P.1660，做工不精致。[3] 长武、商县等地亦有人头形器口瓶发现。[4]

关于偶像崇拜遗迹，笔者认为，人们在进行陶塑创作时，会把陶塑作为崇拜对象。在灵物崇拜和灵魂崇拜的时期，人们只能对某些自然的、具体的物体进行崇拜，以期获得庇护和帮助。而随着社会生活的发展，人们开始自己制作陶塑并取代以前天然的灵物。朱天顺认为，"偶像崇拜同灵物崇拜有许多方面是相似的，只是偶像崇拜的对象是经过人工加工，把神灵形象化而已。镇守一村的灵物（如一块石头或一根木桩），如果原形有点儿像人的模样或其他兽类，经人们稍加修饰，用有色的土或其他什么颜料，粗粗地画出双目和口鼻，灵物就转化为偶像了。经过人工加工之后形象化了的崇拜对象，确有使人对神灵威力加强信心的作用。如果偶像面目凶恶，就使人相信它确有驱除恶灵的能力。如果偶像长着三头六臂，就能使人想象其有许多超人的能力。如果在神像背上插

① 内蒙古文物考古研究所、日本京都中国考古学研究会岱海地区考察队：《石虎山遗址发掘报告》，内蒙古文物考古研究所、日本京都中国考古学研究会编著，田广金、［日］秋山进午主编《岱海考古（二）——中日岱海地区考察研究报告集》，科学出版社 2001 年版，第 130、35 页。

② 甘肃省文物考古研究所编著：《秦安大地湾——新石器时代遗址发掘报告》，文物出版社 2006 年版，第 152 页。

③ 中国科学考古研究所、陕西省西安半坡博物馆编：《西安半坡——原始氏族公社聚落遗址》，文物出版社 1963 年版，第 189 页。

④ 张瑞岭：《仰韶文化陶塑艺术浅议》，《中原文物》1989 年第 1 期。

上一对翅膀，就使人相信其有在空间活动的超人能力。"① 那么，具有孕妇特征的人像，可能是用于生殖崇拜或者生殖巫术。也就是说，祖先崇拜与偶像崇拜密切相关，甚至可以认为祖先崇拜和偶像崇拜有重合的一部分。上文在西辽河地区的相关讨论中，已经对偶像崇拜的起源和意义进行过多次讨论，此处不再赘述。

这一时期发现的这些人像雕塑，最开始可能就是后人用来祭祀或日常纪念逝者的雕像。詹鄞鑫认为："人像雕塑艺术起源于原始偶像巫术。"② 值得注意的是，北首岭遗址发现的陶塑人头像具有胡须等男性特征，可能是该地区最早的男性雕塑，表明男性地位的提高。

二　人面鱼纹代表的巫觋形象

在仰韶文化半坡类型中，陶器上发现了大量鱼、蛙以及复合型的人面鱼纹（图5-3）。北首岭遗址出土的陶器 M52：（1），其腹肩上有一处黑色纹饰，表现了一处鸟啄鱼尾的场景。③

关于人面鱼纹，发掘者认为，渭河流域等地区鱼纹等纹饰盛行，是与当时渔猎经济较为重要的背景相关的。鱼纹可能就是图腾崇拜的徽号，人面、人面鱼纹演变抽象化的图腾崇拜可能是一种人头鱼身的祖先。④

学术界对仰韶文化半坡类型的人面鱼纹和鱼纹已经做了大量的研究，1990年以前观点即达20种之多。⑤ 其中以张光直"巫师"说⑥、李荆林"出生图"说⑦和王宜涛"图腾"说⑧等观点为代表。而杨玥认为，仰韶文化的"人面鱼纹"，代表着一种生死轮回观念；鱼作为生死轮回的媒介，引导灵魂重生；上古传说中颛顼、后稷化身为鱼死而复生的故事，

① 朱天顺：《原始宗教》，上海人民出版社1964年版，第62页。
② 詹鄞鑫：《心智的误区——巫术与中国巫术文化》，上海教育出版社2001年版，第694页。
③ 中国社会科学院考古研究所编著：《宝鸡北首岭》，文物出版社1983年版，第102页。
④ 中国科学院考古研究所、陕西省西安半坡博物馆编：《西安半坡——原始氏族公社聚落遗址》，文物出版社1963年版，第217—218页。
⑤ 刘云辉：《仰韶文化"鱼纹""人面鱼纹"内含二十说述评——兼论"人面鱼纹"为巫师面具形象说》，《文博》1990年第4期。
⑥ ［美］张光直：《考古学专题六讲》，文物出版社1986年版，第5页。
⑦ 李荆林：《半坡姜寨遗址"人面鱼纹"新考》，《江汉考古》1989年第3期。
⑧ 王宜涛：《半坡仰韶人面鱼纹含义新识》，《文博》1995年第3期。

为鱼作为生死轮回的媒介的观点提供了文献资料的支持。①

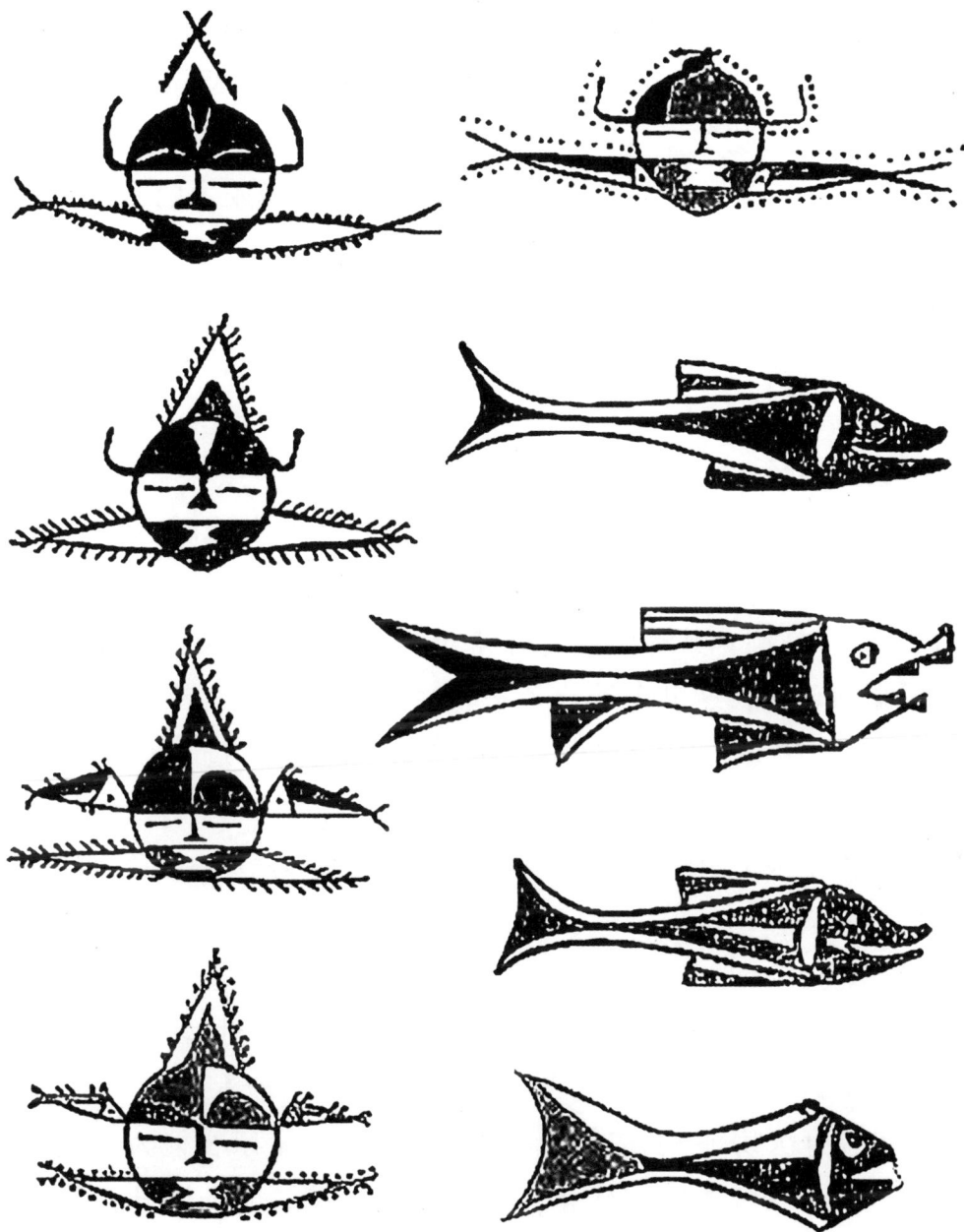

图 5-3　西安半坡遗址人面鱼纹

图片来源：中国科学院考古研究所、陕西省西安半坡博物馆编：《西安半坡——原始氏族公社聚落遗址》，文物出版社 1963 年版，第 166 页。

　　近年，又有更多学者支持"巫师"说。如：冯利认为，半坡遗址出

---

① 杨玥：《"人面鱼纹"新探》，《中原文物》2009 年第 1 期。

土的人面鱼纹彩陶盆与原始巫觋文化有着极大的关联。[1] 袁广阔等认为，"鱼类有繁殖能力强的特性，且又寓意丰收富余，因此古人在祭祀活动中为祈求家族繁衍兴旺，会举行'祭鱼'仪式……人面鱼纹则是宗教祭祀中巫师形象的反映"[2]。

笔者认为，巫师形象说与鱼图腾说都是比较有说服力的，该文化陶器表面单独出现较多鱼纹，表明仰韶先民大体也是崇拜鱼的民众。图腾崇拜与巫师形象相统一是可以理解的，崇拜龙、凤的先民也常常将龙、凤与巫师形象结合，如良渚文化、后石家河文化人头玉器上常附有龙、凤。

三　祭祀遗址

该时期出现了祭祀遗迹。如宝鸡北首岭遗址中期遗存（属仰韶文化半坡类型）中，发现一处特殊遗迹，遗迹所在地是该遗址晚期的中心广场。有 20 余个柱洞；其地面经过特殊处理；还有多处焚烧的地面痕迹和兽骨。发掘者认为，这里当是一个宗教性质的场所，主要仪式活动是剽牲祭祀。[3] 姜寨中心广场偏西也有两处祭祀性遗迹，过去被认为是牲畜的夜宿场。[4]

笔者认为，根据至今仍保存的佤族、景颇族等民族剽牲祭祀的习俗，所祭对象应是天、地、山、水、祖，各不相同或都加祭祀。中国前文字时代的祭祀遗迹，如红山文化、大溪文化、凌家滩文化、良渚文化等等，莫不是祭天、祭地、祭祖同处一地，拥有专门的祭祀区域。因此，北首岭、姜寨中心广场的祭祀遗迹，祭天地的可能性比较大。

在半坡遗址大房址 F1 东北十多米的地方发现了以石柱为中心的祭祀遗迹，周围分布着陶器坑、墓葬、红烧土硬面或红烧土块堆积等，这里未发现房屋遗迹，更多是路土硬面，可能是大广场的一小块。

石柱南面发现 4 座墓葬，其中 3 座为长方形成人土坑一次葬，1 座为

---

① 冯利：《半坡陶彩人面纹的巫师属性》，《民族艺术》2001 年第 3 期。
② 袁广阔、崔宗亮：《仰韶文化鱼纹研究》，《中原文化研究》2018 年第 1 期。
③ 中国社会科学院考古研究所编著：《宝鸡北首岭》，文物出版社 1983 年版，第 127 页。
④ 何周德：《论仰韶文化的祭祀——从半坡遗址发现祭祀遗迹谈起》，《西部考古》（第一辑），三秦出版社 2006 年版，第 90—91 页。

小孩二次葬，为圆形土坑墓，均有二层台和随葬品。①

石柱西面不远处发现有埋藏在地下的两个盛有粟米的小罐。② 半坡遗址最大房址 F1 地面之下，建房时埋有陶罐和人头。发掘者认为，前者是为了祭祀"粟米之神"，后者应当是用于奠基之物。③

何周德认为，半坡遗址以石柱为中心，周边存在墓葬、祭祀坑和烧土块堆积的遗迹群，应是一处祭祀天地的遗址。④ 石柱遗迹本身是立地、通天的形象。原始先民们对无法解释的自然现象、灾害和疾病，就以石柱祭天来寻求精神安慰。而在地下埋藏一组组的陶器，是为了祈求农业、渔猎等丰收。⑤

笔者认为，北首岭遗址剽牲类祭祀活动场所、F1 奠基的性质都较为明确，而半坡遗址中大房址附近以石柱为中心的祭祀遗迹的相关宗教性质、西安半坡遗址祭祀"粟米之神"遗迹仍可继续研究。装有粟米的陶罐，除有祈祷丰收的可能之外，还有可能是以粟米来祭各类神灵，以期保佑家宅平安。大型石柱也有表示多种信仰的可能。

其一，可能与图腾柱有关。美洲西北沿海的印第安人往往会在屋前或墓地竖立图腾柱，刻上族徽和图腾。⑥ 中国满族有一种类似的神杆"索罗杆子"，是由神树转变而来，其下都要摆三块或五块石头。⑦ 俄罗斯滨海区的新石器时代鲁德纳亚文化村落遗址的圆形广场中发现一个柱

① 何周德：《2002—2005 年半坡遗址考古新发现》，西安半坡博物馆、三星堆博物馆编《史前研究（2006）》，陕西师范大学出版社 2007 年版，第 99—101 页。
② 何周德：《论仰韶文化的祭祀——从半坡遗址发现祭祀遗迹谈起》，《西部考古》（第一辑），三秦出版社 2006 年版，第 88 页。
③ 中国科学院考古研究所、陕西省西安半坡博物馆编：《西安半坡——原始氏族公社聚落遗址》，文物出版社 1963 年版，第 18、220 页。
④ 何周德：《论仰韶文化的祭祀——从半坡遗址发现祭祀遗迹谈起》，《西部考古》（第一辑），三秦出版社 2006 年版，第 93 页。
⑤ 何周德：《2002—2005 年半坡遗址考古新发现》，西安半坡博物馆、三星堆博物馆编《史前研究（2006）》，陕西师范大学出版社 2007 年版，第 101 页。
⑥ ［苏］托卡列夫（C. A. Токарев）：《世界各民族历史上的宗教》，魏庆征译，中国社会科学出版社 1985 年版，第 143 页。
⑦ 吕大吉、何耀华总主编，满都尔图等分册主编：《中国各民族原始宗教资料集成·鄂伦春族卷·鄂温克族卷·赫哲族卷·达斡尔族卷·锡伯族卷·满族卷·蒙古族卷·藏族卷》，中国社会科学出版社 1999 年版，第 498 页。

洞，可能就是用于树立这种祭祀使用的石柱或木杆。① 半坡遗址发现的这一石柱，形制与印第安人、满族的图腾柱、神杆有所不同，该石柱较大且经过磨光修整，上面也不见图腾形象，因此，图腾说虽有可能，但不理由不够充分。

其二，可能是石崇拜留下的产物。澳大利亚原著民用石块象征植物的块根，在他们进行丰产巫术时，就会模仿采集食物的行为，去挖掘石块。②中国云南文山的仡佬族等还将怪石当做"石菩萨"，进行崇拜。③

其三，这个石柱可能是一块生育用的"蹭石"。年轻女子若想生孩子就在圣石上面蹭一下。这种习俗在世界范围内都比较常见，④ 是一种生殖崇拜的体现。另外，中国西南地区布朗族等民族村寨中，会竖立木柱或石块，名为"寨心柱"，以作为祭祀场所。有些民族对崇拜的神祇不设像，而是以白石作为代指。⑤

此外，还有许愿石、坟墓立石（如同后世之墓碑）、灵魂避风港等各种说法。

我们发现，该石柱是这一祭祀中心的重要遗物，可能同时具有多种用途。石柱竖立在墓旁可能是墓葬的标志物，如同后世的墓碑；也可能是"社祭"中的"社"，古代社神或竖木、或竖土、或竖石，有的地方做成男根之形，象征男性。此处石柱若是男根的象征，则应与该时期男性生殖崇拜联系起来，表明已经有男性祖先崇拜的雏形了。这种立石与红山文化东山嘴祭坛上立很多长条形石头、石峁古城夹道里第47号立石雕像意义也可能相近，与南方城头山古城祭坛上的象征男根的石祖意义也可能一致，是祭祀男性祖先的。笔者在上文指出，"社"是祭后土、大禹之类有开土、治水功绩的人士。无论是墓碑、还是"社"，皆与祖先、治水英雄相关。不过，此时还未闻治水英雄的故事。而4个墓中有

① 冯恩学：《俄国东西伯利亚与远东考古》，吉林大学出版社2002年版，第237、242页。
② ［德］利普斯：《事物的起源》，汪宁生译，四川民族出版社1982年版，第327页。
③ 文山壮族苗族自治州民族宗教事务委员会编：《文山壮族苗族自治州民族志》，云南民族出版社2005年版，第207页。
④ ［美］伊利亚德：《神圣的存在：比较宗教的范型》，晏可佳、姚蓓琴译，广西师范大学出版社2008年版，第211页。
⑤ 李禹阶、孔令远编：《汪宁生藏西南民族老照片》，巴蜀书社2010年版，第152、158—159页。

1 个是小孩墓，处在最大的房址 F1 旁边，因此，石柱很可能只是墓的标志，或许同时还祭天。

四　割体葬俗

在半坡遗址早期有一种"割体葬俗"。比如，M66，很显然是将下腿骨砍断后，再与大腿骨放在一块埋葬的。M83 腿骨也不全。更多的墓是一些骨架没有手指，但在随葬的钵内或填土中，往往发现有零星的指骨。例如 M8 在距腿骨以上 0.2 米的填土中有几块指骨，M31 和 M59 手指骨皆缺，M67 手指足趾皆残缺，M27 陶钵内发现指骨一节，墓 153 的随葬陶器间夹 1 块趾骨。这种指骨缺失的情况，有些可能是自然腐烂或是后期被小动物扰乱的，也可能是发掘时不慎毁弃的。然而，有些墓并没有被扰乱，而指骨却出于陶钵中的淤土内。因此，发掘者认为，这是当时的一种葬俗，或有其他特殊的意义。[①]

同为长城地带的甘青地区，在距今 4745 年（校正后）左右[②]的马家窑文化马厂类型的永昌鸳鸯池墓地中，也存在"割体葬仪"，一些墓葬的随葬陶器中有墓主的脚趾。[③]

关于"割体葬"的原因，学术界也有争议。萧兵认为这种割体葬仪是"厌胜巫术"，也就是对凶死者的特殊埋葬方式。[④] 容观夐等则认为孩子或成年人的身体缺失、残伤可能是生前对死去亲人进行的献祭，或者墓中的肢体是死者的陪葬、献祭。这种说法在世界民族志资料中得到了有力的印证，如太平洋群岛上的萨摩亚人，在酋长死后被号召剁指。[⑤] 北首岭遗址的发掘者认为，割体葬有可能是驱除邪祟。[⑥] 陈星灿根据某

---

① 中国科学院考古研究所、陕西省西安半坡博物馆编：《西安半坡——原始氏族公社聚落遗址》，文物出版社 1963 年版，第 202 页。

② 中国科学院考古研究所实验室：《放射性碳素测定年代报告（一）》，《考古》1972 年第 1 期。

③ 甘肃省博物馆文物工作队、武威地区文物普查队：《永昌鸳鸯池新石器时代墓地的发掘》，《考古》1974 第 5 期。

④ 肖兵：《略论西安半坡等地发现的"割体葬仪"》，《考古与文物》1980 年第 4 期。

⑤ E. Bendann, *Death Customs: an Analytical Study of Burical Rites*, London: K. Paul, Trench, Trubner, New York: Knopf, 1930, pp. 95-98；转引自容观夐《释新石器时代的"割体葬仪"》，《史前研究》1984 年第 4 期。

⑥ 中国社会科学院考古研究所编著：《宝鸡北首岭》，文物出版社 1983 年版，第 128 页。

传教士在巴布亚新几内亚写的游记指出，割体的手指有可能是一种表达愤怒或哀伤的方式，后来随着主人一起下葬。①

此外，还有两种观点。第一种，"割体葬"可能是灵魂观念的一种衍生。儿童用带孔的瓮棺是为了使得其灵魂更好地出入，那么成人墓中的割体葬是否也是为了灵魂的出入呢，儿童躯体尚未成熟所以放置在瓮棺中并设一小孔，而成年人将躯体破坏可以说是为了使灵魂逃出肉体。② 就像很多墓葬中的毁器现象一样。第二种，取下的部分遗骨也有可能被当作墓主灵魂的寄居物。如美洲的一些印第安人部落，会在死者二次葬时拾取一些骨骼并携带，因为他们确信这些遗骨里还存在着超自然力，同时也是对去世之人的一种留念；安达曼人会将亲人的一些尸骨做成佩戴用的饰品；塔斯马里亚人还会在火葬之后拾取部分遗骸作为护身符。③ 显然，这两者都是将部分遗骨作为了灵魂的寄居物。

关于一些骨架没有手指，但在随葬的钵内或填土中却往往发现指骨的现象，陈星灿所说的"可能是一种表达愤怒的方式"的确可信。发展手指被砍下当即又被埋葬在墓里，未作他用；也许这些人生前干了一些不利于聚落的坏事，聚落内部采取了一些惩罚性措施。如果这种情况属实，那么家内法可能早于国家法首先流行起来。

总之，相较于上一时期，该时期信仰有了巨大的发展——信仰形式多样化、高级化（出现了大量作为崇拜对象的人像雕塑，最初可能是在灵魂观念下作为祖先崇拜的形式出现的，是一种偶像崇拜）；出现了祖形器出土物所体现的男性生殖崇拜（其背景是随着向家长制家庭公社这一社会阶段的发展，社会中的男性地位开始占有一定的优势）；出现了牺牲类祭祀场所（表明聚落中出现了固定的祭祀建筑、祭祀形式和专职

---

① Andre Dupeyrat, *Mitsinari: Twenty-One Years among the Papuans*, Staples Press, 1955；转引自陈星灿《考古随笔2》，文物出版社2010年版，第59—61页。

② James Hustings ed., *Encyclopaedia of Religion and Ethics*, Vol. IV, Scribner, 1912, pp. 442-443；转引自夏鼐《临洮寺洼山发掘记》，《考古学报》1949年第4期。

③ ［德］利普斯：《事物的起源》，汪宁生译，四川民族出版社1982年版，第389—390页；［苏］托卡列夫（С. А. Токарев）：《世界各民族历史上的宗教》，魏庆征译，中国社会科学出版社1985年版，第66页。

的巫觋阶层，出现了利用神权进行统治的神邦）；特殊葬俗"割体葬"可能是聚落内部或家族内部法制与暴力的体现，若属实，那么家内法早于国家法律而产生。

第三节　距今5500—5000年仰韶文化晚期的信仰与文明曙光

这一时期的信仰主要体现在男性崇拜出现、大型殿堂出现及人祭出现上。大地湾四期遗存、岔河口遗址等保存了这类遗迹。

一　大地湾四期的男性崇拜与大型殿堂

在甘肃秦安大地湾四期H831发现一件绘有人面的陶塑器口标本H831：1（图5-4），圆形器口分为三等份，分别塑了两个成年人和一个小孩的人面像。[①] 其中完整的一个，在嘴唇左右两侧有隆起的小泥块，似为胡须或是隆起的脸蛋，当为男性；半身像似有束发，颈部用泥条堆起的"V"字形，似项链，当为女性；半身像右边的头像勾勒得较为简单，像一个小孩。这可能是一个专偶制小家庭。[②]

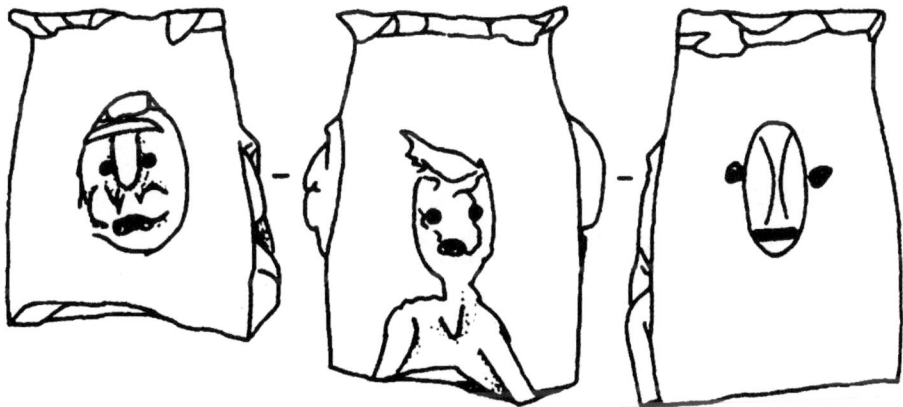

图5-4　第四期中段陶塑标本H831：1平面图

图片来源：甘肃省文物考古研究所编著：《秦安大地湾——新石器时代遗址发掘报告》，文物出版社2006年版，第583页。

[①] 程晓钟：《大地湾考古相关问题研究》，《华夏考古》2009年第3期。

[②] 甘肃省文物考古研究所编著：《秦安大地湾——新石器时代遗址发掘报告》，文物出版社2006年版，第582—583页。

这一时期出现了几处男性生殖崇拜遗迹，如杨官寨遗址①、大地湾遗址（四期）陶祖②，以及后者同遗址晚段 F411 的特殊地画（图 5-5）。小家庭及男根崇拜的出现表明男性地位已经上升到统治地位，文明已经来临。

图 5-5 大地湾遗址第四期 F411 地画

图片来源：尚民杰：《大地湾地画释意》，《中原文物》1989 年第 1 期。

甘肃秦安大地湾第四期聚落中发现大型房址 F901，是一间占地 420 平方米的复合型大房址，前面有宽大的殿堂，后面有居室，左右各有厢房，在房前还有一座广场。广场上，距前堂约 4 米有两排柱子遗迹，柱子前面发现一行青石板。发掘者认为是进行公共仪式的建筑。③ 其殿堂当是当时酋长及首领们集会、布政的地方，也可能兼作宗教祭祀活动的庙堂。

---

① 陕西省考古研究院：《陕西高陵杨官寨遗址发掘简报》，《考古与文物》2011 年第 6 期。

② 甘肃省文物考古研究所编著：《秦安大地湾——新石器时代遗址发掘报告》，文物出版社 2006 年版，第 584 页。

③ 甘肃省文物考古研究所编著：《秦安大地湾——新石器时代遗址发掘报告》，文物出版社 2006 年版，第 413—425、427 页。

二　人祭遗迹

岔河口遗址位于内蒙古呼和浩特，属庙底沟文化，遗址二期遗存（距今 6000—5000 年）中有一条祭祀沟，其内有两处鱼龙形的夯土雕塑，体型巨大。更为特殊的是，在象征眼部位置的坑洞中，有一具捆缚跪状的人骨。发掘者认为应当是祭祀的人祭。[1]

拉法格认为"人是神灵的最受欢迎的牺牲"[2]，人祭也叫作人牲，即是人作为祭祀神灵的牺牲。与后世殉葬的人殉不同，后者是以人为随葬品。人祭现象的出现，在一定程度上是人的不平等现象在宗教层面上的反映。

中国出现人祭的时间较早。黄展岳认为，中国最早有实证的人祭现象是红山文化的辽宁东山嘴祭祀遗迹。[3] 但笔者认为，高庙文化、仰韶文化时期就已经出现人祭（人牲），半坡遗址房址下的人头和岔河口遗址鱼龙雕塑中的人骨就是人祭现象。人祭可分为两种：一种是以半坡遗址中的人头奠基为代表的奠基人祭，或用来祈祷居住平安；另一种是祭坛上或祭祀遗迹中的一个组成部分，如岔河口遗址的鱼龙形雕塑中的人祭，应该是在祭祀其他崇拜对象时作为牺牲。二者都是宗教祭祀仪式的一部分。

总之，这一时期的祭祀性遗迹，主要体现为对男性的崇拜，表明男性地位迅速超越女性而成为世界的主宰；人祭遗迹的发现更表明阶级的出现，人与人之间不平等达到你死我活的程度，这也是进入文明时代门槛的标志之一。

第四节　距今 5000—4300 年阿善、老虎山文化时期的信仰

距今 5000—4300 年的老虎山文化、阿善文化，主要遗迹有：阿善遗

---

① 王大方、吉平：《内蒙古清水河县出土巨型鱼龙状夯土雕塑及大批文物》，《内蒙古社会科学》1998 年第 6 期。

② ［法］拉法格：《宗教和资本》，王子野译，生活·读书·新知三联书店 1963 年版，第 31 页。

③ 黄展岳：《中国古代的人牲人殉问题》，《考古》1987 年第 2 期。

址、黑麻板遗址、包头威俊遗址和莎木佳遗址等。开始出现大量依附于石城的祭坛，并且出现大量卜骨。

一　石砌祭坛等祭祀遗址

阿善文化、老虎山文化时期，发现了大量祭祀遗迹，如在包头阿善石城址之外发现了以圆形祭坛为主的祭祀遗迹；在威俊、黑麻板、莎木佳石城址中发现了方形祭坛；在凉城板城石城址之外则发现有成组的"詛"形祭坛。由此可见其时祭祀的规模与形式。而主祭者可能为一个特殊阶层，他们利用通神特权，取得了很高的社会地位。

阿善遗址位于内蒙古包头，该遗址西台地上发现 18 座石块垒砌的圆石堆，呈南北向一线排开，全长 51 米，[1] 发掘者推断，这组石堆建筑应该是一处祭坛遗址。黑麻板遗址阿善文化三期遗存，发现一处大致长方形、其上有回字形石圈的大型建筑台基，其西侧有类似莎木佳遗址的祭坛。莎木佳遗址西台西南角一道南北向的岗梁上有 3 个方形祭坛（图 5-6），由低到高、从大到小呈一字排列，其结构较为复杂，总体形制大体同于东山嘴红山文化祭坛，但未发现祭坛中部长条形石头，而代之以石斧，在中间祭坛中部发现两件磨制石斧。[2] 园子沟遗址南面 2 公里处岗梁上有23 个石堆呈一线分布，中间石堆建筑外形呈圆丘形，底部实际是方形，四周有约 25 平方米的石墙，或认为是先民举行祭祀的"敖包"。[3] 威俊遗址也有回字形石圈的土丘祭坛。距今约 4500 年的老虎山文化老虎山遗址也有一个祭坛遗址。[4] 另外，在板城遗址中心有烧土迹的方坛，[5] 可能是"燔柴"祭祀的遗存。

---

① 田广金：《内蒙古长城地带石城聚落址及相关诸问题》，田广金、郭素新《北方考古论文集》，科学出版社 2004 年版，第 333 页。

② 包头市文物管理所：《内蒙古大青山西段新石器时代遗址》，《考古》1986 年第 6 期。

③ 田广金：《内蒙古长城地带石城聚落址及相关诸问题》，田广金、郭素新《北方考古论文集》，科学出版社 2004 年版，第 330 页。

④ 内蒙古文物考古研究所编：《岱海考古（一）——老虎山文化遗址发掘报告集》，科学出版社 2000 年版，第 208、330、359、377 页；田广金：《内蒙古长城地带石城聚落址及相关诸问题》，田广金、郭素新《北方考古论文集》，科学出版社 2004 年版，第 331 页。

⑤ 内蒙古文物考古研究所、日本京都中国考古学研究会岱海地区考察队：《板城遗址勘查与发掘报告》，内蒙古文物考古研究所、日本京都中国考古学研究会编著，田广金、[日]秋山进午主编《岱海考古（二）：中日岱海地区考察研究报告集》，科学出版社 2001 年版，第 211 页。

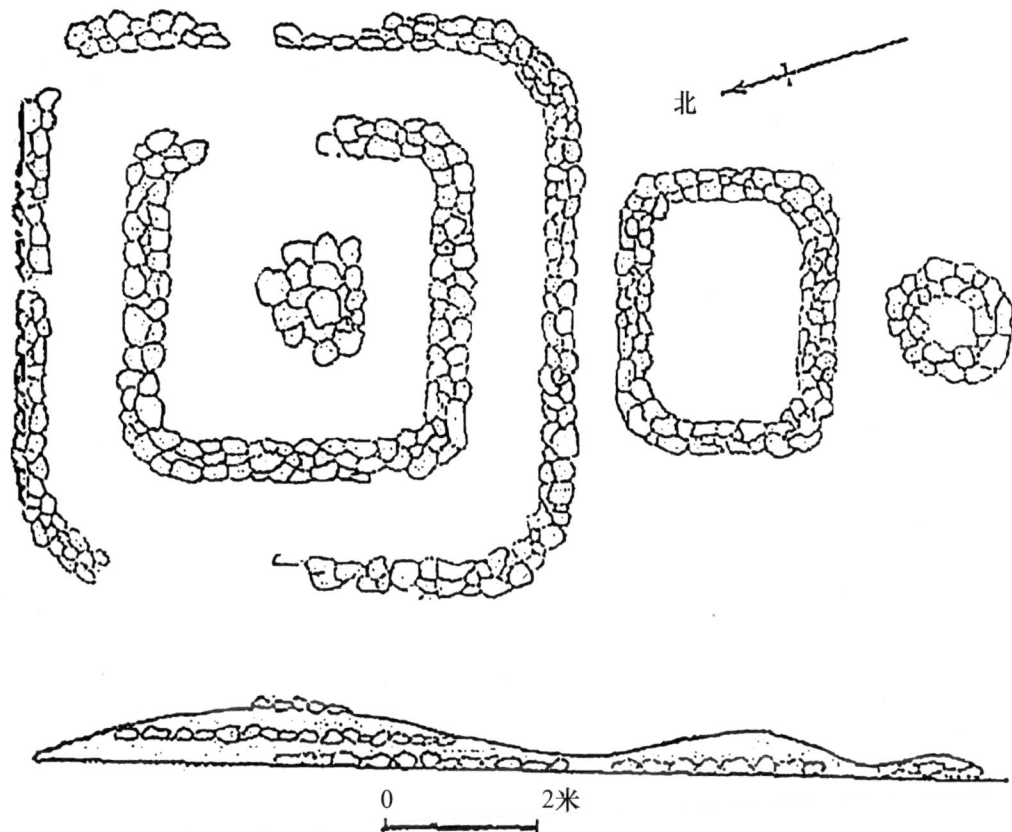

0　　　　　2米

图 5-6　莎木佳遗址祭坛

图片来源：包头市文物管理所：《内蒙古大青山西段新石器时代遗址》，《考古》1986 年第 6 期。

　　大青山西段祭坛与东边的燕山南北地区的石祭坛、积石冢非常相似，他们的主要建筑材料都是石头，有圆有方。因此，井中伟认为这是受红山文化东山嘴祭坛的影响而出现的。[1] 笔者赞同井中伟的这一观点，但莎木佳祭坛中央的石块未见形状报告，因而不知是否有东山嘴祭坛那样以石为社的性质。但从发掘报告可知，祭坛中心高地平放了两件石斧，这石斧与钺皆为权力象征，表明此时已经出现了权力崇拜。

　　上文关于夏家店下层文化时期相关问题讨论中，已经讨论到石砌祭坛的形式，最早可以追溯到兴隆洼文化晚期和赵宝沟文化时期，比如赵宝沟遗址坡地顶部石头堆遗迹 JS1、白音长汗遗址二期甲类遗存山顶上石头圈或积石环绕的三座墓葬，等。本节所提到的石城祭坛，以及红山文

---

① 井中伟：《我国史前祭祀遗迹初探》，《北方文物》2002 年第 2 期。

化积石冢和祭坛，都与之有着密切关联，这些祭坛多位于山顶，以石为材料。但是红山文化如东山嘴等遗址的祭坛规模都较大，且远离聚落遗址，似乎是一个独立的"圣地"，可以满足一个大的区域的祭祀活动。而河套地区的祭坛多为与石城或聚落遗址并存，可能是用于一个聚落的祭祀活动。红山文化的祭坛中有墓葬，越往中心墓葬规格越高，所以有可能该处还是一个部落祭司阶层的墓葬区。但总的说来，这一石砌祭坛形式在长城地带可能发源于西辽河地区，影响到河套地区。崇拜的对象不再局限于社祖，而且还崇拜权力。

除"社神崇拜"的功用外，由于该地区祭坛都处于山顶或山脊地区，且在一些遗址祭坛中心发现烧土，因而可能是"燔柴"祭祀的遗存，用以祭天。甘青地区石圆圈中也有涂朱的石块（可能是替代火烧）。故而笔者认为该地区的祭坛可能具有天地共祭的功能。

总之，河套地区的祭坛以及红山文化区域的石祭坛都是滥觞于西辽河地区兴隆洼文化。祭祀的对象可能包括天、地、社、祖等多样，也是人们祈求平安吉祥、万事顺意的心理反映。

二　卜骨等祭祀工具遗存

该地区在老虎山文化时期发现了大量的卜骨，如：老虎山遗址有卜骨 2 件（T509③：11、T510④：4），灼有圆孔；[1] 二里半遗址出土一定数量卜骨，Ⅰ T12⑤：4 在其宽展面上有灼痕八处，Ⅰ H55：1 有两处钻痕；[2] 朱开沟遗址卜骨只灼不钻；[3] 永兴店遗址卜骨发现数量较多，有烧灼痕迹；[4] 阿善文化寨子塔遗址发现的卜骨多已残破，H47：9 有凿痕 6 处，残长 24 厘米、宽 13 厘米。[5]

---

[1]　内蒙古文物考古研究所编：《岱海考古（一）——老虎山文化遗址发掘报告集》，科学出版社 2000 年版，第 377 页。

[2]　内蒙古文物考古研究所：《内蒙古准格尔旗二里半遗址第二次发掘报告》，考古杂志社编《考古学集刊》（第十一集），中国大百科全书出版社 1997 年版，第 107 页。

[3]　内蒙古文物考古研究所：《内蒙古朱开沟遗址》，《考古学报》1988 年第 3 期。

[4]　内蒙古文物考古研究所：《准格尔旗永兴店遗址》，《内蒙古文物考古文集》（第 1 辑），中国大百科全书出版社 1994 年版，第 244 页。

[5]　内蒙古文物考古研究所：《准格尔旗寨子塔遗址》，《内蒙古文物考古文集》（第 2 辑），中国大百科全书出版社 1997 年版，第 304、323 页。

关于卜骨，在西辽河地区一章中已有讨论。我们认为，占卜的出现，是人世统治战胜了神的统治的结果，这是文明进步的表征。占卜、人祭、礼制、祭坛和阶级的出现，使得中国的原始信仰开始与国家联系起来，最终成为了一种阶级、国家的统治工具。

总之，相较于上一时期，该时期信仰方面最重要的发展应当是较为完善的祭坛等祭祀场所的出现。这意味着祭祀活动已经具有一定规模，在社会族群中具有一定的地位。大量卜骨的出现也是信仰发展的重要标志。

第五节　距今 4300—3800 年
石峁文化时期的信仰

该时期典型遗址为石峁遗址，位于陕西榆林。发掘者根据层位关系和陶器组合将该遗址分为早中晚三期：早期绝对年代为公元前 2300—前 2100 年，代表遗存为韩家圪旦地点居址早期房址、后阳湾地点 2012W3 房址和圆圪堵地点白灰面房址；中期绝对年代为公元前 2100—前 1900 年，代表遗存为后阳湾地点 2012W1 居址、呼家洼地点 2012F3 居址、外城东门址早期居址和韩家圪旦地点晚期居址；晚期绝对年代为公元前 1900—前 1800 年，代表遗存为后阳湾地点 2013 年试掘晚期遗存、外城东门址晚期遗存及皇城台出土的高领尖角裆实足跟双鋬鬲遗存。[①]

一　石雕所体现的多神信仰

据相关报告及论著可知，石峁遗址由皇城台、内城、外城等部分构成，面积超过 400 万平方米，城址外围还有附属性遗迹。

皇城台是石峁城址的核心区域，是一处底大顶小、四围包砌石护墙的大型台地，底部面积约 24 万平方米，顶部面积约 8 万平方米。皇城台四围的护坡石墙自下而上逐渐内收，近覆斗形。

在皇城台大台基南护墙出土了 70 件石质雕刻（图 5-7），大多数都保存较好，图像清晰，只有少量的石雕残碎不全或是画面被风化难辨。

---

① 孙周勇、邵晶、邸楠：《石峁文化的命名、范围及年代》，《考古》2020 年第 8 期。

型式	平面型			
单体式	10号	5号	13号	16号
对称式	11号		34号	
连续式	59号			
组合式	6号		26号	

塑像型	立柱型
18号	30号

图 5-7　石峁遗址皇城台大台基南护墙出土石雕分类

图片来源：孙周勇、邵晶：《石峁遗址皇城台大台基出土石雕研究》，《考古与文物》2020 年第 4 期。

从出土分布位置来看，多数出土于护墙与夹墙之间的夹道中，倒塌堆积内有 48 件，另有 1 件较为特殊，竖立安置在地面上；南护墙面上仍嵌有 21 件。① 另外，在该地点北侧石墙上，还发现有两组菱形眼纹。该纹饰的图案表面平齐铺在石墙上，两只为一组。该遗址外城东门区域的墙体上也有几处菱形石块，可能是前面提到的眼纹的简化结果，抑或为南、北两墙外立面原有的石雕装饰浅浮雕和阴刻的人面像。②

石雕可分为塑像型、立柱型、平面型等不同类别。其中，塑像型的有 18 号等 4 件，该型石雕题材主要是人头、人体或动物，先以圆雕技法雕出大致轮廓，再用阴刻或浮雕雕刻细部。立柱型的有 47 号、30 号共 2 件，在柱状石块上直接雕刻人头部形象。平面型石雕有动物、人头、符号、神兽以及装饰性纹饰等单体图案，刻划细致，形态也逼真，动物图案发现的最多，包括牛、蟾蜍、蛇、马、虎、羊等。③

大部分石雕所处墙体的高度不一致，并呈断续状分布，甚至出现一些石雕被"倒置"后再嵌入墙体之内。这些现象似表明大台基使用至晚期，由于南护墙局部墙体塌毁，被不断"回砌"或"整修"，因而形成"杂乱无章"的局面。因此，发掘者认为，平面型石雕至少在大台基使用的晚期，被作为特殊图案类装饰建材而使用的。④ 皇城台大台基及出土石雕的使用绝对年代约在公元前 2000 年，沿用至公元前 1800 年前后被废弃。⑤

关于石雕的功能，孙周勇等通过使用环境将这些石雕分为三种不同类型：墙体装饰、"庙堂之物"和"图腾柱"。⑥ 笔者认为，分为这样的三类是恰当的，但报告所说的南墙之南的所谓"夹道"，不排除原本就是神殿或露天祭祀场所的可能性，理由如下：第一，保护大宫殿有四周护墙足够，无需再在南边砌一道墙，其他三面护墙外未见此类夹墙，这

---

① 孙周勇、邵晶：《石峁遗址皇城台大台基出土石雕研究》，《考古与文物》2020 年第 4 期。

② 陕西省考古研究院、榆林市文物考古勘探工作队、神木县石峁遗址管理处：《陕西神木县石峁城址皇城台地点》，《考古》2017 年第 7 期；孙周勇、邵晶、康宁武等：《石峁遗址——2015 年考古纪事》，《中国文物报》2015 年 10 月 9 日第 5 版。

③ 孙周勇、邵晶：《石峁遗址皇城台大台基出土石雕研究》，《考古与文物》2020 年第 4 期。

④ 陕西省考古研究院、榆林市文物考古勘探工作队、神木市石峁遗址管理处：《石峁遗址皇城台地点 2016—2019 年度考古新发现》，《考古与文物》2020 年第 4 期。

⑤ 陕西省考古研究院、榆林市文物考古勘探工作队、神木市石峁遗址管理处：《陕西神木市石峁遗址皇城台大台基遗迹》，《考古》2020 年第 7 期。

⑥ 孙周勇、邵晶：《石峁遗址皇城台大台基出土石雕研究》，《考古与文物》2020 年第 4 期。

个夹墙也不是城墙的一部分，因而可能是神殿或露天祭祀场所的一面墙，与南护墙及东面的小广场及盖顶的门道一起构成了一个封闭的空间。第二，从报告可知，夹墙最低不低于 3 米的高度，夹道宽达 9 米，南护墙与夹墙表面都平整，正合大型房址或院落墙体的高度、宽度与平整度。第三，夹道内第④层发现了较多石峁文化中期陶器，地面上发现一些非墙内倒下的石雕塑，还发现大量的草木灰，厚约 1 米，[1] 表明此夹道为室内或院内，草木灰也可能是茅草顶遗存。第四，夹道内地层上中偏西重要位置发现了 47 号石雕（如图 5-8），出土时矗立在夹道地面上，高出夹道地面 1 米，以石圆圈牢固套住，说明是事先安置在此处的。它被南护墙墙体的倒塌堆积（第③层）覆盖，距南护墙 3.9 米，大致处在夹道中部稍偏北，处于正中偏西的重要位置。石雕整体呈由北向南约 8 度倾斜，当为墙体倒塌的堆积推挤所致。其位于夹道偏西的正中位置，方便从东面主门道进来礼拜的人们。第五，夹道与东边连接外瓮城、内瓮城的主门道相连，即从外、内瓮城经主门道所到达的建筑即是这个夹道，可见这个夹道的神圣性，而且这个主门道被证明也是有覆顶的。因此，所谓夹道，笔者认为很可能就是神殿或露天祭祀性院落本身。这样，殿

图 5-8　石峁遗址皇城台大台基 47 号石雕

图片来源：陕西省考古研究院、榆林市文物考古勘探工作队、神木市石峁遗址管理处：《石峁遗址皇城台地点 2016—2019 年度考古新发现》，《考古与文物》2020 年第 4 期。

---

[1] 孙周勇、邵晶：《石峁遗址皇城台大台基出土石雕研究》，《考古与文物》2020 年第 4 期。

墙上砌石雕也就很好理解了。

　　至于孙周勇等认为平面型的石雕多在墙体发现，其分布完全无序，甚至有"倒置"现象（图5-9），11号刻划精美的长石雕被压在最底层，总的说来这样的安排布置完全不能使墙面看起来威严肃穆，无法表现宗教神秘性的氛围，"倒置"神像更是一种对神像的亵渎。笔者认为，第一，这些石雕除北墙两个眼组合成一对等极少石雕外，均是单独并且完整的图案，它们没有必要组合在一起，如果组合在一起，便变成了一个四不像的大图案；第二，该遗址有将玉钺等藏于城墙内的习俗，中国后世也多有将大神石雕置于底层的习俗，因此，将石雕安于南护墙（实际可能是神殿之内墙）上是可以理解的；第三，个别倒置的现象，正如孙周勇等所言，可能是晚期翻修倒塌墙体之所为，属偶然行为，而绝大多数是正放的；或者个别倒置现象也可能是有意的，如11号大石雕之旁有两个人头，其中位于右上的9号人头是正立的，而位于其右的10号人头则是倒立的，这两个人头面对面，形态完

图5-9　石峁遗址"倒装"石雕

图片来源：孙周勇、邵晶：《石峁遗址皇城台大台基出土石雕研究》，《考古与文物》2020年第4期。

全一致，共同侍候 11 号石雕上的大神。这样才更能体现神的威严；第四，未发现南护墙之前已经存在类似大型神殿的蛛丝马迹；第五，北墙有两只雕有眼睛的石块，它们很规整地砌于墙体之内，形成一对眼睛，证明这些石雕是有意砌于墙体内而不是修护墙体时随便当作砖砌上去的；第六，南护墙上的石雕，下部是大型的以稳固墙体，上部是小型的，也说明是有意砌上的。因此，这些石雕很可能原来就如此安放的。其时间未超过公元前 2000 年。

发掘者判断，这些石雕有红山文化传统，是有理由的，笔者赞同。但他们指出后石家河文化玉雕受到了石峁文化的影响，[①] 则是不太可能的，理由是：第一，后石家河出土玉器的遗址碳十四测年即使未树轮校正也都在公元前 2200—前 2000 年，比石峁中期早，树轮校正后则需加约 10% 的年代，比石峁文化早期还要早；第二，石峁遗址出土的是大型石雕，而后石家河文化出土的只是几厘米高的小玉器，不可类比，而那些兽面纹石雕、陶（玉）鹰、玉琮、玉璧则明显来自长江流域凌家滩、良渚、石家河等地；第三，石峁文化出现了后石家河式的玉器及兽面图案，表明受到了后石家河文化的影响，而后石家河文化未出现石峁那样的牛、马、蛇之类崇拜物，则说明石峁石雕晚于后石家河文化。

孙周勇等将出土于大台基南护墙中部偏西夹道地面的 47 号石雕看作一种"图腾柱"。笔者认为，所谓"图腾"是指将某些动物或植物当成自己的亲族（祖先），而 47 号立石上是人的图案，应是祖先柱。[②] 它虽然形制上仅高出地面一米，但其以石圆圈牢固围住，且位于夹道（神殿）显赫的位置，当为祖先神或首领神。

从整个夹道（当即神殿）看，其内既有人物雕像，又有动物雕像，这一点很像红山文化牛河梁"女神庙"遗址，只是牛河梁多为泥塑，石峁则为石雕。综观整个夹道内所见的雕塑，我们认为，这些石雕是以祭祀人祖为主，兼祭长江流域那样的兽面纹大神以及各类动物神的场所。

---

① 陕西省考古研究院、榆林市文物考古勘探工作队、神木市石峁遗址管理处：《陕西神木市石峁遗址皇城台大台基遗迹》，《考古》2020 年第 7 期。

② ［苏］托卡列夫（С. А. Токарев）：《世界各民族历史上的宗教》，魏庆征译，中国社会科学出版社 1985 年版，第 143 页。

从其所发现的石雕内容看，既有长江流域兽面神，又有西来的射马、骑牛之雕塑，也有文献传说中北方的蛇神，表明它晚于后石家河文化。其碳十四测年也证明了这一点。

在距今 4300—4000 年，石峁、芦山峁遗址也发现了诸多玉器。关于其玉器纹饰的来源，学术界已有较多研究。杨建芳对西北地区的玉器进行研究认为，良渚文化因素传到了西北地区，而在这一过程中，石家河文化起到了中继的作用，所谓"三苗"迁"三危"时，便是其带着良渚文化因素北上了。① 冈村秀典认为，该遗址发现的玉鹰、玉虎等玉器，最初当由石家河文化传出，在中原地区进行分配而来。② 笔者在《长江中游地区文明进程研究》里也早有论述。石峁文化有诸多玉、石璋，朱乃诚认为也是来源于中原地区的。③

笔者认为，11 号石雕最中央的一个兽面纹，与南方石家河文化以及良渚文化的兽面纹极其相似。良渚玉器上的兽面纹与石峁兽面纹的眼部都为几重圆形图案，且与后石家河文化玉人、玉神人相似，都在其头部存在"羽冠"，应当是"宗教权"的象征。石雕两端的兽面侧脸像也有此"冠部"纹饰。另外，皇城台西北角"獾子畔"发现有疑似"筒瓦"残片，以及柱础状的大石块。兽面图案和建筑残件反映该时期不仅存在一个较大的宗教场所，而且有可能存在一个较为强大的祭司集团，兽面上的"冠部"可能就是祭司所戴帽子的象征物。

总之，我们认为，石峁文化主要信仰祖先或首领神，兼及中国南方兽面纹神和西方诸神等多神，时间晚于后石家河文化。

二　石峁东门址头骨坑等奠基遗址

石峁外城东门址处，其外瓮城墙体倒塌堆积内发现有玉铲和玉璜，倒塌墙体中发现有 2 件玉铲，其中东侧那件在有草拌泥的石块之间发现。

---

① 杨建芳：《"窜三苗于三危"的考古学研究》，《东南文化》1998 年第 2 期。
② [日] 冈村秀典：《公元前两千年前后中国玉器之扩张》，邓聪主编《东亚玉器》（第二册），香港中文大学中国考古艺术研究中心 1998 年版，第 84 页。
③ 朱乃诚：《论牙璋的年代及反映的夏史痕迹》，《考古与文物》2020 年第 6 期。

另一处墙体倒塌堆积中，出土了石人头像的残块。[①] 东门址北墩台外侧的护墙中发现 1 件玉钺，也是平置在石块的错缝中，长约 20 厘米，[②] 应当是作为奠基，用于祈求建筑牢固。

在该地点门道下层地面出现了多处头骨坑，如 K1、K2（图 5-10）。两坑中人头个数都为 24 个，所属个体多为年轻女性，一些标本上有砍痕、烧灼迹。[③]

皇城台门址的最外端有一广场遗址，其上散布"乱石坑"。最大的一处，长宽分别可达 5.58 米和 4.25 米，其中除了石块之外，还有属于至少 8 个个体的人头骨碎片。在门址外瓮城东墙外壁下部的广场地面下发现玉钺 2 件（图 5-11），错叠竖置，紧贴着墙壁，通过地层分析得知是在铺设广场地面时有意埋入的。[④]

关于祭祀遗址，李旻认为，位于石峁遗址内制高点的东门址是该遗址的一个核心建筑，该区域发现了壁画、石人像、玉器和人头坑，具有明显的宗教内涵。这个区域不单单是一个城门，也是一个仪式之门。[⑤]

笔者认为，东门址的这两处头骨坑所处位置特殊，且明显带有特殊意义，应当是长墙和东门址的奠基。作为祭品，人头骨也自有灵性，正如上文提过的割体葬中的人骨可能是法器灵物，人头也是一种灵物。侗族猎头习俗中，被猎头的受害者，其鬼魂被认为是受加害者部落控制的，佤族把人头送至他们的神林之后，会将人头面向部落耕作的土地，用降服的人头鬼守护庄稼。[⑥] 东门址这样的奠基形式也有这种保护的意义，通过人头的奠基，在超自然的维度里保证城址建筑和城内居民的安全。

陈靓通过对石峁祭祀坑人骨与其他附近地区人骨进行生物学距离远

---

① 陕西省考古研究院、榆林市文物考古勘探工作队、神木县文体局：《陕西神木县石峁遗址》，《考古》2013 年第 7 期。

② 孙周勇、邵晶、康宁武等：《石峁遗址——2015 年考古纪事》，《中国文物报》2015 年 10 月 9 日第 5 版。

③ 陕西省考古研究院、榆林市文物考古勘探工作队、神木县文体局：《陕西神木县石峁遗址》，《考古》2013 年第 7 期。

④ 陕西省考古研究院、榆林市文物考古勘探工作队、神木县石峁遗址管理处：《陕西神木县石峁城址皇城台地点》，《考古》2017 年第 7 期。

⑤ 李旻：《重返夏墟：社会记忆与经典的发生》，《考古学报》2017 年第 3 期。

⑥ 宋兆麟：《民族学中的人头祭与有关的考古资料》，《广西民族研究》1986 年第 1 期。

图 5-10　石峁遗址东门址 K2

图片来源：陕西省考古研究院、榆林市文物考古勘探工作队、神木县文体局：《陕西神木县石峁遗址》，《考古》2013 年第 7 期。

近程度研究，发现石峁祭祀坑中的头骨主人与夏家店上层文化人群种族特征最为相近。[①] 笔者认为，这可能证明了当时陕北黄土高原地区与西

_____

① 陈靓、熊建雪、邵晶等：《陕西神木石峁城址祭祀坑出土头骨研究》，《考古与文物》2016 年第 4 期。

图 5-11　皇城台门址广场下的玉钺

图片来源：陕西省考古研究院、榆林市文物考古勘探工作队、神木县石峁遗址管理处：《陕西神木县石峁城址皇城台地点》，《考古》2017 年第 7 期。

辽河等东北地区有着紧密的联系，这些人或是战俘被用作献祭奠基。

距今 4250—4150 年的芦山峁遗址第一期遗存中，也有此类玉器奠基习俗。多见于祭祀坑和大型房址、院墙、广场夯土。[①] 特别是门址外祭祀坑中的玉刀，与石峁广场下的玉钺，摆放方式都是刃口在上，竖立摆放，应当也是奠基遗存。

三　人殉遗迹

石峁文化时期，人殉现象已经开始大量出现，如寨山石城庙嫣墓地

---

① 陕西省考古研究院、西北大学文化遗产学院、延安市文物研究所：《陕西延安市芦山峁新石器时代遗址》，《考古》2019 年第 7 期。

的三座高等级墓葬中均发现有殉人，且均是女性，尸骨有砍痕；[①] 石峁遗址晚期遗存的韩家圪旦地点老年女性的墓（M2）（图 5-12），发现一具殉葬人骨，位于墓葬棺外南侧的墓底，尸骨双臂为被缚状，为一名年龄约十六七岁的年轻女性。[②]

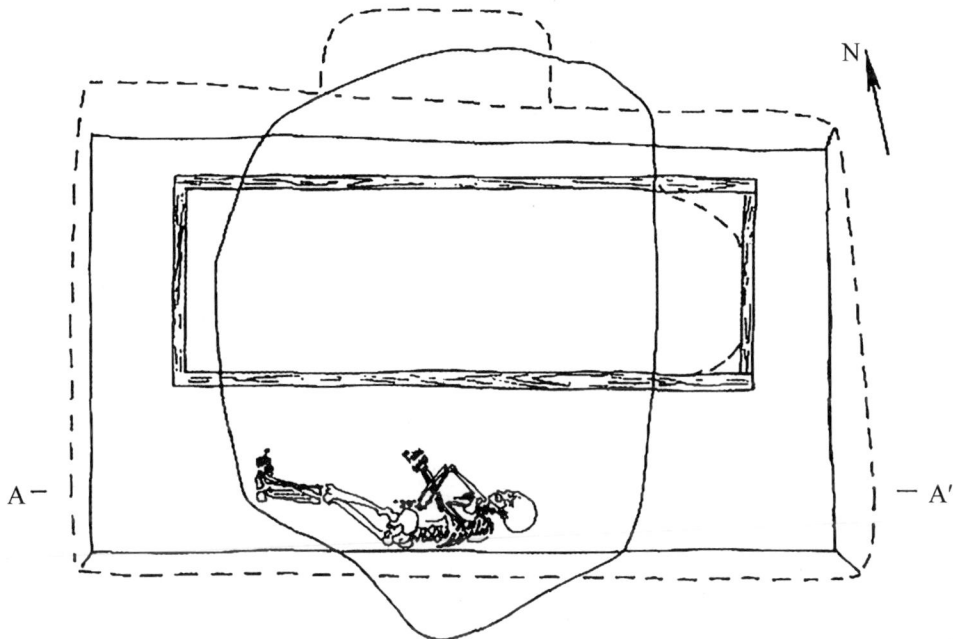

图 5-12　石峁遗址韩家圪旦地点 M2

图片来源：陕西省考古研究院、榆林市文物考古勘探工作队、神木县文体广电局：《陕西神木县石峁遗址韩家圪旦地点发掘简报》，《考古与文物》2016 年第 4 期。

此外，皇城台外护墙发现的来自皇城台顶部的弃置堆积内，含大量玉器残片和卜骨。[③] 卜骨作为占卜用具，应当被妥善收集和保管，然而石峁遗址卜骨被丢弃，与废弃的巨型陶鹰和玉器一齐，说明石峁前期和后期交替时可能有一次剧烈的动乱；也可能与陶寺遗址一样，前后期并不属于同一批人。

---

① 邵晶、裴学松、乔建军、王明清：《石峁文化次级聚落：陕西府谷寨山石城考古新发现》，《中国文物报》2020 年 10 月 16 日第 8 版。

② 陕西省考古研究院、榆林市文物考古勘探工作队、神木县文体广电局：《陕西神木县石峁遗址韩家圪旦地点发掘简报》，《考古与文物》2016 年第 4 期。

③ 陕西省考古研究院、榆林市文物考古勘探工作队、神木县石峁遗址管理处：《陕西神木县石峁城址皇城台地点》，《考古》2017 年第 7 期。

　　笔者认为，人殉作为一种随葬品，是葬俗发展的一个阶段，是社会关系不平等和私有权等社会形态在灵魂观念中的表征。

　　从旧石器时代末期以来，人类的葬俗在灵魂观念中逐步发展。最初是简单的尸体处理安葬，之后随葬一些简单的器物，其中包括动物的随葬。这些葬俗都是在灵魂观念下私有制的体现。考古学家也多通过随葬品的多寡来对社会分化进行判断。至人殉遗迹的出现，说明此时社会分化已十分明显，人对人的压迫已经到了前所未有的强度。人已经沦为与动物一样，可以进行殉葬的私有物品。

　　值得注意的是，这些殉人可能不是本族群的人。寨山石城庙嫣墓地殉人身上有劈砍的痕迹；石峁遗址韩家圪旦地点殉葬人骨双臂为被缚状。说明这些人可能是被强制的，应不是本部落或墓主本人生前宠爱之人。可能与石峁石城东门的祭祀坑中的人头骨一样，多是来自战争俘虏。

　　石峁这个墓地的墓葬，根据葬具、壁龛及殉人情况可分为四类：一类墓有木棺、壁龛、殉人，共 3 座，此类墓规模最大，面积约 10 平方米；二类墓有木棺、壁龛、无殉人，共 4 座，面积 6—7 平方米；三类墓有木棺、无壁龛、无殉人，共 7 座，面积 2—6 平方米；四类墓无木棺、无壁龛、无殉人，共 7 座，此类墓葬规模最小，面积 2 平方米左右。

　　这一量化统计说明，第一，石峁文化时期已有不同等级的墓葬，等级层次较多，高等级墓葬较少，等级界限在葬俗特征上反映较明显，墓葬与社会结构相对应，呈金字塔状。第二，人殉皆为女性，说明当时女性地位已经明显低于男性。第三，第二类墓虽未有殉人，但壁龛中多放置有 10 件到 1 件不等的猪下颌骨，说明第一类墓的人殉正是动物随葬的一种升级，是在灵魂观念的基础上，随着人类社会不平等的加深、阶级分化的加剧，上层人物因权力加强而不再满足于动物的随葬，开始寻求在幽冥世界也有侍者，下层人民地位急剧下跌而开始沦为私有财产，进而演变成随葬品。人殉的出现，是人类社会阶级对立在信仰习俗上的反映。

　　总之，相较于上一时期的小型石城，该时期发现的石峁遗址和芦山峁遗址都是体量巨大的城址，等级较高——如芦山峁发现了宫苑遗迹。在信仰方面，石峁城址充满了宗教神权的氛围，该遗址皇城台地点建造的地势与阿善文化时期、西辽河地区夏家店下层文化时期的石城祭坛相似，可能除生活之外，还是一处较大的宗教祭祀场所。人祭等说明阶级压迫的存在，而人殉的出现，更是人类社会不平等和阶级对立的社会背景在信仰习俗上的反映，再加上石城与祭坛等，说明该时期国家（社会）的到来。

小　结

西北半月形地区前文字时代信仰与宇宙观主要分为五个阶段：

第一阶段，距今8000—7000年的老官台文化时期。该地区的先民们已经有了原始的信仰，主要表现为刚产生的冥界观念及其衍生的灵物崇拜。

第二阶段，距今7000—5500年的半坡至庙底沟类型早中期。信仰形式多样化、高级化，出现了大量人像雕塑，也出现了巫觋阶层。特殊葬俗"割体葬"也许是灵魂观念和灵物崇拜的一种延续和结合，也许是聚落内部法出现的反映。出现了明确的祭祀遗迹，是个人信仰向群体信仰的一种进步，由此，特权集团开始出现。

第三阶段，距今5500—5000年的庙底沟类型晚期。这一时期的祭祀性遗迹，主要体现在对男性的崇拜，表明男性地位迅速超越女性而成为世界的主宰。人祭遗迹的发现更表明阶级的出现，人与人之间不平等达到你死我活的程度，这是进入文明时代的标志之一。

第四阶段，距今5000—4300年的阿善文化、老虎山文化时期。除人祭更加多见之外，最重要的发展是较为完善的祭坛的出现。大量卜骨的出现也是信仰发展的重要标志。祭坛多见意味着祭祀活动已经有一定规模，巫觋在社会族群中享有较高的地位。对石斧的祭祀表明开始崇拜权力。人祭现象更多，说明社会的不平等在加剧。

第五阶段，距今4300—3800年石峁文化时期。石峁遗址和芦山峁遗址都是体量巨大的城址，且等级较高，石峁城址充满了宗教神权的氛围，体现了以祖先（或首领神）为主的多神信仰。其人殉、人祭现象说明阶级压迫的存在，而人殉的出现，更是人类社会不平等和阶级对立的社会背景在思想信仰习俗上的反映。这些现象表明了文明时代的到来。

中　篇

先秦文字时代的信仰与宇宙观

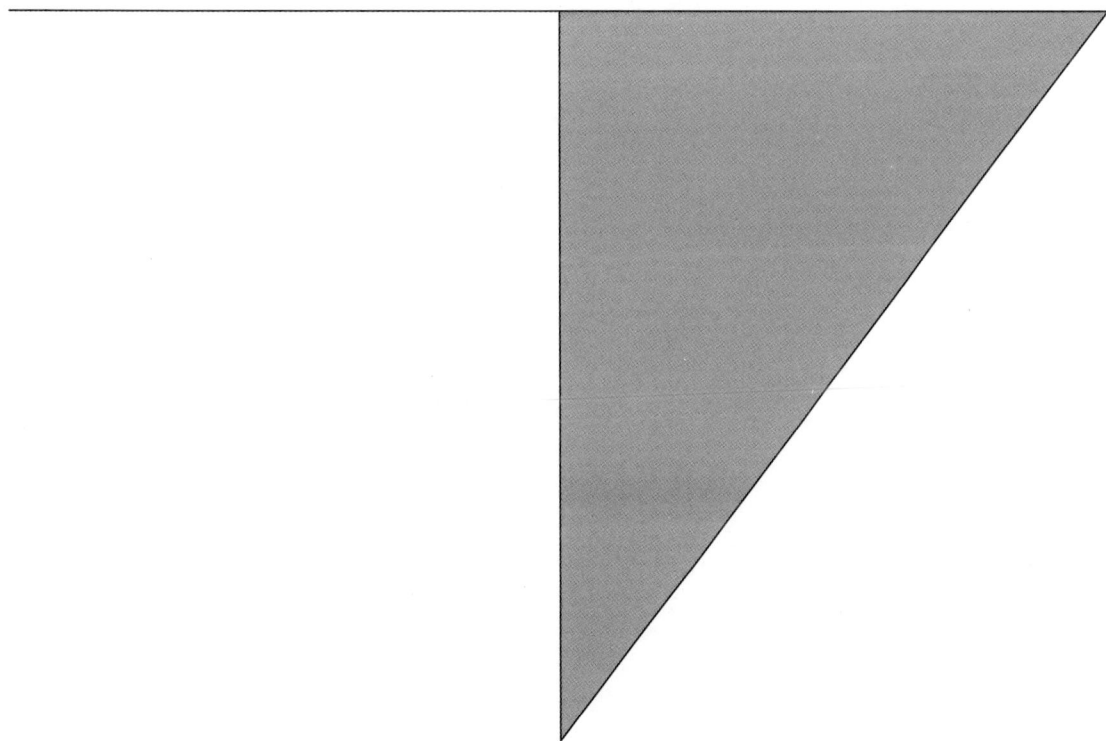

第 六 章

▼

先秦时间观之一："三正""五行"理论

对《尚书·甘誓》"三正""五行"的认识，影响中国史学达百年之久。从梁启超的《阴阳五行说之来历》，康有为的《新学伪经考》，刘节的《洪范疏证》，到顾颉刚的《五德始终下的政治和历史》，均认为"三正"是夏商周之寅丑子三建，"五行"为金木水火土（五物），故将《甘誓》中有关"三正""五行"的内容定为汉人伪造。如梁启超说："《甘誓》为夏书，则时未有子、丑二建，何得云三正？"顾颉刚说："就算照了董仲舒们的曲解，说建寅、建丑、建子三种历法是夏以前本来就有的，夏、商、周三代不过顺了三统的次序循环沿用，但是夏王用的只是寅正，有扈氏如有不奉正朔之罪也只能讨伐他的怠弃寅正……所以这种不合理的话实在使人看了好笑，前代经师无论怎么样替它圆谎总是圆不拢的。"[1] 由于这种认识，顾颉刚将古书中凡是讲到"三正""五行"问题的均置于汉以后，认为是刘歆等人的伪造，并以此等断定汉以前之史不可信。

刘起釪发现这个问题值得反思，在《文史》第七辑发表《释〈尚书·甘誓〉的"五行"与"三正"》一文，认为此文成于商末周初，"五行"指五星。可又遭到赵光贤的反驳，赵光贤在《文史》第十四辑上撰《新五行说商榷》，重复着梁启超的话说"威侮五行讲不通"，他将此文定为春秋战国的作品，而且说："不必为它费力作种种辩护了。"金景芳等则维护先贤之说。[2]

可见，"三正""五行"的问题不弄清楚，一方面忽略了三代人的宇

---

① 顾颉刚：《顾颉刚古史论文集》（第三册），中华书局 1996 年版，第 256 页。
② 金景芳、吕绍纲：《〈甘誓〉浅说》，《社会科学战线》1993 年第 2 期。

宙观与智慧，另一方面也难于澄清上古史。笔者拟就此作些讨论。

第一节　"五行"是指一年的五个季节

一　"五行"含义探讨

"三正"如果是汉人伪造，而汉以前有建寅、建丑、建子，还有秦的建亥，那为何不伪为"怠弃四正"呢？如果"五行"被理解为五种物质的话，那为何不说"六行""八行"呢？因为"五行"外还有"谷"，八卦也是表示八种物质的。再说，汉字从来就是多义的，既然一个字可释为不同含义，那"五行"的词为何一定要释成后人所理解的五种物质或五星呢？

或说"五行"与"三正"是汉代的发明。而将这些词汇载入史册的班固在《白虎通·五行》中言："五行……言行者，欲言为天行气之义也。"[1] 可见"五行"是就天文历法、气候变化而言的，言替天行阴阳消长之气的。又云："水位在北方。北方者阴气，在黄泉之下，任养万物。水之为言准也。养物平均，有准则也（旧本误'准'作'淮'，梁本又误改作'濡'……'养物平均'二句，旧作'阴化沾濡任生木'）。木在东方。东方者，阳气始动，万物始生。木之为言触也。阳气动跃触地而出也。火在南方。南方者，阳在上，万物垂枝。火之为言委随也。言万物布施。火之为言化也。阳气用事，万物变化也。金在西方。西方者，阴始起，万物禁止。金之为言禁也。土在中央。中央者土，土主吐含万物，土之为言吐也。何以知东方生？《乐记》曰：'春生夏长，秋收冬藏。'土所以不名时者，地，土之别名也。比于五行最尊，故不自居部职也。"[2] 古代的东南西北四方，亦是代指春夏秋冬四季。如古书云：东宫苍龙，南宫朱雀，西宫白虎，北宫玄武，就是指四季。殷商甲骨文中有"求年于四方风"的刻辞，[3] 亦应为四季风，演为后来的八季风。《史记·律书》《说文》《尚书大传》等对"四方""五行""十天干""十

---

① （清）陈立撰，吴则虞点校：《白虎通疏证》，中华书局1994年版，第166页。

② （清）陈立撰，吴则虞点校：《白虎通疏证》，中华书局1994年版，第167—168页。

③ 胡厚宣：《释殷代求年于四方和四方风的祭祀》，《复旦学报》（人文科学版）1956年第1期。

二地支""八风""二十八宿"的名称都作了解释，都是描绘阴阳二气消长，万物随气变化之状的。

《淮南子·时则训》《礼记·月令》《吕氏春秋·十二纪》等的"孟春之月：招摇指寅，昏参中，旦尾中。其位东方。其日甲乙，盛德在木"①"其帝太昊，其神句芒……"②之类，也是描绘季节变化的——或从物候角度，或从阴阳二气消长角度，或单从太阳照射的角度。《白虎通·五行》："太皞者，大起万物扰也。其神句芒。句芒者，物之始生……其精青龙……炎帝者，太阳也。其神祝融。属续也……少皞者，少敛也……蓐收者，缩也……颛顼者，寒缩也……玄冥者，入冥也。""五行所以更王何？以其转相生，故有终始也。"③邹衍五德始终说即本于此，以气候之变化以类朝代之兴替，此司马迁所谓"深观阴阳消息而作怪迂之变"，以使那些不尚德的君王实行德治。

"五行"有五色，且各代表七十二天，《周易·系辞上》"凡三百有六十，当期之日"④，它也是从大自然中总结出来的。《春秋繁露》注引《淮南子·天文训》曰："壬午冬至，甲子受制，木用事，火烟青。七十二日丙子受制，火用事，火烟赤。七十二日戊子受制，土用事，火烟黄。七十二日庚子受制，金用事，火烟白。七十二日壬子受制，水用事，火烟黑。七十二日而岁终，庚子受制。岁迁六日，以数推之，七十岁而复至甲子。"⑤可见，"五行"之为一年之五节甚明。汉以前六十花甲纪日，似乎与后世不同，《黄帝内经素问·六微旨大论篇》第六十八："天气始于甲，地气治于子，子甲相合，命曰岁立，谨候其时，气可与期。"⑥可见，每年的节气皆从甲子开始，此问题日后还可详论。《汉书·律历志》（下简称为《律历志》）："盖闻古者黄帝合而不死，名察发敛，定清浊，起五部，建气物分数。"注引应劭曰："言黄帝造历得仙，名节会，察寒

① 何宁撰：《淮南子集释》，中华书局1998年版，第379页。
② （清）阮元校刻：《十三经注疏·礼记正义》，中华书局1980年版，第1353页。
③ （清）陈立撰，吴则虞点校：《白虎通疏证》，中华书局1994年版，第175—176、177、179、181、187页。
④ （清）阮元校刻：《十三经注疏·周易正义》，中华书局1980年版，第80页。
⑤ 何宁撰：《淮南子集释》，中华书局1998年版，第225—226页。
⑥ （唐）王冰撰：《黄帝内经素问》，人民卫生出版社1996年版，第393页。

暑，致启分，发敛至，定清浊，起五部。五部，金、木、水、火、土也。建气物分数，皆叙历之意也。"又引孟康曰："合，作也。黄帝作历，历终而复始，无穷已也，故曰不死。名春夏为发，秋冬为敛。清浊，谓律声之清浊也。五部，谓五行也。天有四时，分为五行也。气，二十四气也。物，万物也。分，历数之分也。"①

"五部"（五行）之所以为"五"，是与"五声"连在一起的。"五声"为定历之用，它也是随季节而定名的，《风俗通·声音》引汉刘歆《钟律书》："商者，章也，物成熟，可章度也……角者，触也，物触地而出，戴芒角也……宫者，中也，居中央，畅四方，倡始施生，为四声纲也……徵者，祉也，物盛大而繁祉也……羽者，宇也，物聚藏，宇覆之也。"②《史记·律书》："音始于宫，穷于角。"③可见"五声"与"五行"配。"五声"中黄钟最重要，其他四声均按黄钟而定。它们是定十二律（12月之律）用的，用来算历法，所以《律历志》云："都分天部，而闳运算转历。其法以律起历，曰：'律容一龠，积八十一寸，则一日之分也。（孟康曰：黄钟律长九寸，围九分，以围乘长，得积八十一寸也。）与长相终。律长九寸，百七十一分而终复。三复而得甲子。夫律阴阳九六，爻象所从出也。故黄钟纪元气之谓律。律，法也，莫不取法焉'……法：一月之日二十九日八十一分日之四十三……'乃诏迁用邓平所造八十一分律历，罢废尤疏远者十七家"④。于是，我们可以知道"五行"之于历法的重要意义，黄钟为什么处中央而制四时了。在古代，权、衡、规、矩都依黄钟之数，如同当今世界上的度量衡均以赤道之四千万分之一为一米，再定一立方米的水为一千公斤、一公斤水的容积为一公升一样，所以说"黄帝"执绳而治四方。

"五行"中炎帝等五帝，又称"五常"，《古今注》（卷下）："程雅问董仲舒：'自古何谓称三皇五帝'，对曰：'三皇，三才也（三才指天

① （汉）班固撰，（唐）颜师古注：《汉书》（简体字本），中华书局1999年版，第844—845页。

② （汉）应劭撰，王利器校注：《风俗通义校注》，中华书局1981年版，第275—278页。

③ （汉）司马迁撰，（宋）裴骃集解，（唐）司马贞索隐，（唐）张守节正义：《史记》（简体字本），中华书局1999年版，第1089页。

④ （汉）班固撰，（唐）颜师古注：《汉书》，中华书局1999年版，第845—846页。

地人三才——引者据《易经》注），五帝，五常也'。"①《庄子·天运》："天有六极五常，帝王顺之则治，逆之则凶。"②《汉书·艺文志》云："五行者，五常之形气也。"③"五常"在天上主管季节，"五行"是阴阳二气消长在地上的表现。这个天上的"五常"在卜辞中就有反映。胡厚宣《论五方观念及"中国"称谓之起源》分析甲骨文中商人向"帝五臣"求雨的文字后说："'五行'之观念，在殷代颇有产生之可能，未必即全为战国以后之物也。"④丁山说："此社稷五祀中的木、火、金、水四正，近代学者颇有以'五行'之学出于晚周诸子创说而疑其亦皆晚周人伪托者，兹以甲骨文四方神名证之，则大有商讨的必要了……顾名思义为东析木，南黼火，西水彝，北金天，隐然以木、火、水、金四正配合了东、南、西、北四方，加上社坛的主神后土，便成'五行之官'。"⑤沈建华《从甲骨文圭字看殷代礼仪中的五行观念起源》则明言卜辞中有"五帝""五行"⑥，《史记·历书》则曰："黄帝考定星历，建立五行"⑦。这说明黄帝（轩辕氏之谥号，非"五行"中的黄帝）时即有"五行"了（详下）。

在彝族和纳西族中还保留了这种"阴阳五行"纪时的历书。彝历中有土、铜、水、木、火五季，每季72天，每季又各分出雄雌两月。⑧纳西族的"五行"是：木，东方，分阳木（甲）和阴木（乙）；火，南方，分阳火（丙）和阴火（丁）；铁，西方，分阳铁（戊）和阴铁（己）；水，北方，分阳水（庚）和阴水（辛）；土，中央，分阳土（壬）和阴

---

① （晋）崔豹：《古经注》，《文渊阁四库全书》，上海人民出版社、迪志文化出版有限公司1999年版。

② 陈鼓应注译：《庄子今注今译》，商务印书馆2007年版，第420页。

③ （汉）班固撰，（唐）颜师古注：《汉书》（简体字本），中华书局1999年版，第1391页。

④ 胡厚宣：《甲骨学商史论丛初集》（外一种），河北教育出版社2002年版，第280页。

⑤ 丁山：《中国古代宗教与神话考》，上海文艺出版社1988年影印本，龙门联合书局1961年版，第98、102—103页。

⑥ 沈建华：《从甲骨文圭字看殷代仪礼中的五行观念起源》，《文物》1993年第5期。

⑦ （汉）司马迁撰，（宋）裴骃集解，（唐）司马贞索隐，（唐）张守节正义：《史记》（简体字本），中华书局1999年版，第1094页。

⑧ 叶舒宪、田大宪：《中国古代神秘数字》，社会科学文献出版社1998年版，第243—244页。

土（癸）。然后排日期按阳木鼠、阴木牛、阳火虎……排列。① 实质与汉六十花甲一样。另外，睡虎地秦简《日书》中也有"五行"纳音（五音）说。②

"五行"各72天，余5—6日为祭祀或过年日。《周易·复》："先王以至日闭关，商旅不行，后不省方。"③《易纬通卦验上》："正此之道以日，冬至日始，人主不出，宫商贾人众不行者五日，兵革伏匿不起。人主与群臣左右，从乐五日，天下人众，亦在家从乐五日，以迎日至之大礼。"④《管子·度地第五十七》在讲完12月之事后说："凡一年之事毕矣。举有功，赏贤，罚有罪……不利作土功之事"，《管子·立政》曰："孟春之朝，君自听朝，论爵赏校官，终五日"⑤，冯时说："剩下的五至六日为年节或祭祀日，这种历法不仅使用起来十分方便，而且很像是从十日神话脱胎而来。其实在今天西南地区的某些少数民族之中，仍保留着将年终数日作为年节或祭祀日的遗俗。"⑥ 汉族十二月二十四日过小年，二十九或三十日过大年，相隔5—6日，当亦本于此。

由上可知，"五行"是指一年之五个季节。

二 "五行"的特性

"五行"还有相生相克之性，也是就季节而言的。董仲舒《循天之道》说："凡天地之物，乘于其泰而生，厌于其胜而死，四时之变是也。故冬之水气，东加于春而木生，乘其泰也。春之生，西至金而死，厌于胜也。生于木者，至金而死（《淮南子》：'故禾春生秋死。'注：禾者木，春木王而生，秋金王而死）；生于金者，至火而死（《淮南子》：'麦秋生夏死。'注：麦，金也，金王而生，火王而死也）。春之所生而不得过秋，秋之所生不得过夏，天之数也。"董仲舒还说："天地之气，合而

---

① 和志武主编：《中国原始宗教资料丛编·纳西族卷》，上海人民出版社1993年版，第366—367页。

② 饶宗颐：《秦简中的五行说与纳音说》，《古文字研究》（第十四辑），中华书局1986年版；刘信芳：《〈日书〉四方四维与五行浅说》，《考古与文物》1993年第2期。

③ （清）阮元校刻：《十三经注疏·周易正义》，中华书局1980年版，第39页。

④ ［日］安居香山、中村璋八辑：《纬书集成》（上），河北人民出版社1994年版，第199页。

⑤ 黎翔凤撰，梁运华整理：《管子校注》，中华书局2004年版，第1063、65页。

⑥ 冯时：《星汉流年——中国天文考古录》，四川教育出版社1996年版，第61页。

为一，分为阴阳，判为四时，列为五行……比相生而间相胜也。"① 其《治乱五行》中所谓"木干火"（《淮南子》则云"甲子干丙子"②）之类，则是就异常天气而言的。《汉书·艺文志》所列"五行"之书大都与历法有关。或将"五行"相克理解为水来土挡，用金器残木致死，此乃后世庸人陋见。《淮南子·说林训》早就有说："金胜木者，非以一刃残林也；土胜水者，非以一壤塞江也。"③

"五行"还有"五性"。《白虎通》云："五行之性，或上或下何？火者，阳也。尊，故上。水者，阴也。卑，故下。木者少阳，金者少阴，有中和之性，故可曲直从革……"④ 也是讲阴阳消长之性的。

三　"五行"的源流

"五行"之说可追溯到邹衍以前，但绝非邹衍所发明。按《史记·孟子荀卿列传》，邹衍在孟子⑤后，荀子前。《墨子·贵义》："帝以甲乙杀青龙于东方，以丙丁杀赤龙于南方"⑥，此为墨子⑦本人路过齐国时与齐国日者的对话，不是后世之伪作。《孙子兵法·虚实》："五行无常胜，四时无常位，日有短长，月有死生。"⑧《吴越春秋》记范蠡说："四时不并盛，五行不俱驰，阴阳更唱，气有盛衰"，"五行"均与四时连在一起，明"五行"是定四时用的。银雀山出土汉初写本《孙子兵法》佚文《黄帝伐赤帝》云：黄帝"南伐赤帝……东伐□帝……北伐黑帝……西伐白帝……已胜四帝，大有天下"⑨。可见"五行"至迟在春秋时就与

---

① （清）苏舆撰，钟哲点校：《春秋繁露义证》，中华书局1992年版，第454、362页；何宁撰：《淮南子集释》，中华书局1998年版，第354页。

② 何宁撰：《淮南子集释》，中华书局1998年版，第229页。

③ 何宁撰：《淮南子集释》，中华书局1998年版，第1183页。

④ （清）陈立撰，吴则虞点校：《白虎通疏证》，中华书局1994年版，第169页。

⑤ 按《辞海》，约公元前372到前289年。

⑥ （清）孙诒让撰，孙启治点校：《墨子间诂》，中华书局2001年版，第448页。

⑦ 按《辞海》约公元前468—前376年，《史记·孟子荀卿列传》云："墨翟……或曰并孔子时，或曰在其后。"（汉）司马迁撰，（宋）裴骃集解，（唐）司马贞索隐，（唐）张守节正义：《史记》（简体字本），中华书局1999年版，第1844页。

⑧ 孙子为春秋吴王阖闾时人。（春秋）孙武撰，（三国）曹操等注，杨丙安校理：《十一家注孙子校理》，中华书局1999年版，第125—126页。

⑨ 中国人民解放军军事科学院战争理论研究部《孙子》注释小组：《孙子兵法新注》，中华书局1977年版，第164页。

"五人帝"连在一起了。《孔子家语·五帝》亦曰:"昔某也闻诸老聃曰:天有五行……分时化育,以成万物,其神谓之五帝。古之王者,易代而改号,取法五行"①。

最明确的记载要算《管子》,其《五行》《幼官》两篇绝非后人伪造,其中的历法现象与汉历迥异。注解者唐·房玄龄也只能望文兴叹。《幼官》中"十二地气发,戒春事"下注曰:"自此已下,阴阳之数,日辰之名,于时国异政,家殊俗。此但齐独行,不及天下。且经秦焚书,或为煨烬,无得而详焉,阙之以待能者。"《五行》这一篇可谓真实地记录了我国上古之历法。管子曰:"昔黄帝以其缓急作五声,以政五钟。令其五钟:一曰青钟,大音。二曰赤钟,重心。三曰黄钟,洒光。四曰景钟,昧其明。五曰黑钟,隐其常。五声既调,然后作立五行,以正天时,五官以正人位。人与天调,然后天地之美生。日至,睹甲子木行御……七十二日而毕。睹丙子,火行御……七十二日而毕。睹戊子,土行御……七十二日而毕。睹庚子,金行御……七十二日而毕……睹壬子,水行御……七十二日而毕。"② 管子还从每年年初甲子起每隔12天记有一个节名(即每12地支为一节),一年共30节。"五行"为一年之五大节甚明。《周礼·考工记》也有此类"五行"。

《太史公自序》曰:"《易》著天地阴阳四时五行,故长于变"③,《说卦传》则是"五行"学术的代表作,它不应是后人伪造,因为说卦只是把卦的道理说给别人听,不说,它也早已存在于《周易·革》中。"象曰:'革,水火相息,二女同居,其志不相得,曰革'"④,这是"五行"相克的道理。《春秋左传》中就是用"五行"之义解释卦象的。如哀公九年"晋赵鞅卜救郑……史墨曰:'盈,水名也;子,水位也……炎帝为火师,姜姓其后也。水胜火,伐姜则可。"⑤ 其他诸篇也有此类占卦。《山海经》中,祝融为南方之神,蓐收为西方之神等,都是"五行"的反映。

① 陈士珂辑:《孔子家语疏证》,上海书店1987年版,第161页。
② 黎翔凤撰,梁运华整理:《管子校注》,中华书局2004年版,第865、868—878页。
③ (汉)司马迁撰,(宋)裴骃集解,(唐)司马贞索隐,(唐)张守节正义:《史记》,中华书局1999年版,第2492页。
④ (清)阮元校刻:《十三经注疏·周易正义》,中华书局1980年版,总第60页。
⑤ 杨伯峻编著:《春秋左传注》,中华书局1981年版,第1652—1653页。

总之，"五行"是指一年之五节，即五个时段。《甘誓》中"威侮五行"即指司历之过，罪莫大焉。《胤征》载仲康之所以出兵征讨羲和，也是历法之过。

第二节 "三正"是以天、地、人为参照而确定年首的司历方法

一 "三正"含义探索

汉流传下来的《礼稽命征》（或托名孔子作）说："三皇三正：伏羲建寅，神农建丑，黄帝建子。至禹建寅，宗伏羲；商建丑，宗神农；周建子，宗黄帝……周以至动，殷以萌，夏以牙。"按曰：《论语注疏》云："建子之月为正者，谓之天统，以天之阳气始生，为百物得阳气微稍动变，故为天统。建丑之月为统者，以其物已吐牙，不为天气始动，物又未出，不得为人所施功，唯在地中含养萌牙，故为地统。建寅之月为统者，以人物出于地，人功当须修理，故谓之人统。统者，本也，谓天地人之本。"[1]《汉书·律历志》也说："三统者，天施，地化，人事之纪也。"[2] 可见"三正""三统"是按天、地阴阳消长和人的行事规律而确定的。

为何又有赤、白、黑三色呢？因为"十一月之时，阳气始养根株黄泉之下，万物皆赤……十二月之时，万物始芽而白……十三月之时，万物始达，孚甲而出，皆黑"[3]。也是根据大自然的本色而定的，并不是因夏、商、周才有三色。

由上可知，"三正"是指天正、地正、人正，亦即天统、地统、人统，赤统、白统、黑统。

二 确定"三正"的理论

那么，如何确定这"三正"呢？即如何确定天、地、人"三统"的年首呢？关键是确定冬至日。测定冬至日的方法很简单，就是用土圭测

---

① （清）阮元校刻：《十三经注疏·论语注疏》，中华书局1980年版，第2463页。
② （汉）班固撰，（唐）颜师古注：《汉书》，中华书局1999年版，第835页。
③ （清）陈立撰，吴则虞点校：《白虎通疏证》，中华书局1994年版，第363页。

定日影的长短，最长的这天为冬至，最短的这天为夏至（据载八尺长的土圭冬至正午影长一丈三尺，夏至一尺五寸，每日变化非常明显，不会有误），而《管子·五行幼官》中年初开始，每12天为一节，无夏至节，说明关键的是测冬至日。汉以后，改三十节气为二十四节气，才有夏至，从冬至日的第二天开始（即朔日，"朔者，苏也，革也。言万物革更于是，故统焉。"① 指冬至日后阳气开始上升，太阳之朔也。），即为新年的第一天，这就是天统历年首；冬至日后大约第31天为一年开始，此时大寒季节已过，大地开始转暖，即定为地统年首；以冬至日后大约第61天为一年年首，此时人们可以开始春耕，是为人统年首。所以建寅的夏历必须同时考虑天统年首（冬至朔日）和地统年首（冬至后第31日），这是"三正"并存之据。在制定历法时，还要参以大火星的位置及北斗斗柄指向，《尧典》中还有四中星，以确定季节，并据以确定各季节中的人事活动。冬至日后约30天地球才开始转暖，又约30天后才可以从事农业生产。因此，或以三个参照物中的一个为年首均可。冯时根据濮阳西水坡45号墓等遗存认定中国的历法史至少在6000年以上。②

"三正"实质上只有一正，即南正（冬至日，太阳南至，便以冬至朔日为年首，它反映了天——太阳的运行规律，故古人以南正属天神，祀天），其他二正是据此推算出来的，用斗柄或二十八宿无法测准。因此，以一年三百六十五天中的任一天为年首，都只按冬至日推算就行了，不必经365个朝代。因此，夏时之有"三正"不必等到商周。

当然，事实上只能有"三正"，不能有"四正"，《白虎通》引《尚书大传》云："不以二月后为正者，万物不齐，莫适所统，故必以三微之月也"，又说"天道左旋，改正者右行，何也？改正者，非改天道也，但改日月耳。日月右行，故改正亦右行也。日尊于月，不言正日，言正月，何也？积日成月，物随月而变，故据物为正也。"③ 所以说"三正"的最后标准是"据物为正"。秦以亥为正，违"三正"规律，所以司马

---

① （清）陈立撰，吴则虞点校：《白虎通疏证》，中华书局1994年版，第362页。

② 冯时：《星汉流年——中国天文考古录》，四川教育出版社1996年版，第46、51页。

③ （清）陈立撰，吴则虞点校：《白虎通疏证》，中华书局1994年版，第363—364页。

迁讥讽说："然历度闰余，未能睹其真也。"① 所以秦历行至汉，不到几十年而历书大乱。

《史记·历书》载："太史公曰：'神农以前尚矣。盖黄帝考定星历，建立五行，起消息，正闰余，于是有天地神祇物类之官，是谓五官……少昊氏之衰也，九黎乱德，民神杂扰……颛顼受之，乃命南正重司天以属神，命火正黎司地以属民，使复旧常，无相侵渎。其后三苗服九黎之德，故二官咸废所职，而闰余乖次……尧复遂重黎之后，不忘旧者，使复典之，而立羲和之官。明时正度，则阴阳调……年耆禅舜，申戒文祖，云'天之历数在尔躬'。舜亦以命禹。"② 此段记载清楚地告诉我们，在尧以前已有南正、火正（即地正，地正正合大火星之出没规律，大火星在"未"之月升得最高，便以"未之冲丑"为年首），但这二正常常混淆，尧便设立羲和之官。"羲"者气也，"和"者调和也，调和阴阳二正，从而发明"人正"之历，这个历就是我们常说的建寅的夏历，成于尧之时，传于舜、禹。或曰羲和为二官，非。汉刘歆就是羲和之官。《国语·楚语》的记载与太史公同，而《楚语》中的此段话又是解释《尚书·吕刑》的，《吕刑》云："乃命重黎，绝地天通。"③ 所以，古代的"三正历"确实很早，我们没有理由怀疑这些记载。如果这么明而有信的记载都不能信从，非要看到"三正"的原始实物记载（无疑是找不到的，即使找到，康有为一类的人也会说是刘歆埋在地里的④）的话，那又会怀疑"史官"是否还有设立的必要。何况太史公家族源自天文官祝融，世世代代典掌天文历法呢。《山海经》也有"羲和""建木"等有关记载。卜辞有年、岁、祀的区别，疑即"地正""人正""天正"的专用字。因为"年"从"禾"即"地正"；祀，祀五帝（天神）及祖先，即"天正"（周祭周期为360—370天，正合太阳年周期之365天余）；"岁者，

---

① （汉）司马迁撰，（宋）裴骃集解，（唐）司马贞索隐，（唐）张守节正义：《史记》（简体字本），中华书局1999年版，第1096页。

② （汉）司马迁撰，（宋）裴骃集解，（唐）司马贞索隐，（唐）张守节正义：《史记》（简体字本），中华书局1999年版，第1094—1095页。

③ （清）阮元校刻：《十三经注疏·尚书正义》，中华书局1980年版，第248页。

④ 梁启超：《清代学术概论》，中华书局1954年版，第56—57页。

遂也。三百六十六日一周天，万物毕成，故为一岁也。"① 序时节以利人事活动，所以称作"人正"。

"三正"历实为一个历法，其规则即：一年多少天，多少节，如何安排节等等，完全一样，只是更换一年的年首而已。而以建寅的人"正历"（亦即夏历）最好地反映了人事活动的规律，最为实用。《逸周书·周月解》："夏数得天，百王所同。其在商汤……以建丑之月为正，易民之视。若天时大变，亦一代之事。亦越我周王致伐于商，改正异械，以垂三统。至于敬援民时，巡狩祭享，犹自夏焉。"② 《律历志》亦曰："'……夏数得天'，得四时之正也。三代各据一统，明三统常合，而迭为首，登降三统之首……故历数三统，天以甲子，地以甲辰，人以甲申（王先谦补注：钱大昕曰……天统首日甲子，地统首甲辰，人统首甲申。引者按：《尚书·召诰》记载了周改历的事，可明周年首为甲子，商年首为甲辰。）孟仲季迭用事为统首。"③ 故孔子曰："行夏之时，乘殷之辂。"④

据上古旧制，虽历代实用夏历，但以"三正"为年首的"三正历"同时保存，有专人管理。所以武王请教箕子而垂《洪范》，周用商之制历之法。又如，《周礼·太卜》："掌三《易》之法。一曰《连山》，二曰《归藏》，三曰《周易》。"⑤ 田合禄等根据郑玄的解释认为就是三代之历法，而且引《易纬·通卦验》说："阴阳律历皆于《易》。"⑥ 常秉义也有专著《周易与历法》。⑦ 还如《白虎通》载："王者所以存二王之后何也？所以尊先王，通天下之三统也。"⑧ 甲骨文中也确有商人尚白的习俗。⑨

因此，"怠弃三正"我们就能理解了，也是司历之过。而所谓"三

---

① （清）陈立撰，吴则虞点校：《白虎通疏证》，中华书局 1994 年版，第 428 页。

② 贾二强校点：《逸周书》，辽宁教育出版社 1997 年版，第 44 页。

③ （汉）班固撰，（唐）颜师古注：《汉书》（简体字本），中华书局 1999 年版，第 851 页。

④ 程树德撰，程俊英、蒋见元点校：《论语集释·卫灵公上》，中华书局 1990 年版，第 1077—1083 页。

⑤ （清）阮元校刻：《十三经注疏·周礼注疏》，中华书局 1980 年版，第 802 页。

⑥ 田合禄、田峰：《中国古代历法解谜——周易真原·序》，山西科学技术出版社 1999 年版，第 1 页。

⑦ 常秉义：《〈周易〉与历法——周期循环的奥秘》，中国华侨出版社 1999 年版。

⑧ （清）陈立撰，吴则虞点校：《白虎通疏证》，中华书局 1994 年版，第 366 页。

⑨ 朱桢：《"殷人尚白"问题试证》，《殷都学刊》1995 年第 3 期。

正"是以司历的三大参照物——天、地、人而确定年首的司历方法。

三　"三正""五行"理论的完备与引申

"威侮五行，怠弃三正"就其本义虽是指司历之过，或者说不顺正朔，但也可能是夏启伐扈的一个借口。不过，夏时有"三正""五行"之观念没有什么问题。

汉太初历是中国历法史上的重大改革。"五行"所辖天数则由原定的每行 72 天，转而为 73 天余，《律历志》云："推五行，其四行各七十三日。"[①] 还特别强调与月之朔望，五星之运行配套。汉之所以要考虑月之朔望，是因为占星判吉凶的理论已有很大发展，人们发现月之朔望对海潮、人体、万物均有很大影响，同时又发展了过去五星灾异学说，因此历法也要相应地改革。京房等人创"月体纳甲"即"五行"与"八卦"，月之正朔等相配以占吉凶，又创卦气六日七分之法。[②] 因此，后世之历书均注明凶吉之日，天地人融为一体。

天人相应可追溯到《黄帝内经》，如《素问·诊要经终论》云："正月二月，天气始方，地气始发，人气在肝。三月四月，天气正方，地气定发，人气在脾"[③]。因此《月令》里有祭肝、脾等之语。占星灾异不能简单地视为迷信，现代科学已证明"月亮五星"确实对地球产生了很大影响。因此，从汉《淮南子》《史记》《汉书》开始，"五行"又对应"五星"。《律历志》可作为这一对应的总结："传曰'天有三辰，地有五行'，然则三统五星可知也。《易》曰：'参五以变，错综其数。通其变，遂成天地之文；极其数，遂定天下之象。'太极运三辰五星于上，而元气转三统五行于下。其于人，皇极统三德五事。故三辰之合于三统也，日合于天统，月合于地统，斗合于人统。五星之合于五行"[④]。至此天、地、人三统观念已大为完备。《律历志》是班固述刘歆学术的，因此，刘歆就成了近百年来蒙冤最大的伟人了。不过，值得注意的是，到此时，"三正"

---

① （汉）班固撰，（唐）颜师古注：《汉书》（简体字本），中华书局 1999 年版，第 863 页。

② 钟肇鹏：《谶纬论略》，辽宁教育出版社 1991 年版，第 132 页。

③ （唐）王冰撰：《黄帝内经素问》，人民卫生出版社 1996 年版，第 91 页。

④ （汉）班固撰，（唐）颜师古注：《汉书》（简体字本），中华书局 1999 年版，第 851—852 页。

"五行"的观念尚未变化。"三正"只是对应三辰，"五行"只是对应"五星"，"五行"（亦即季节）乱则"五星"也会乱，因为"五星"之运行各随时日而有规律，上古人认为恒星是不动的，只有"日月五星"动，所以"五行"可对应"五星"。同时，又对应人事之三纲五常，人间之"三王""五帝"。由于这诸多对应，而且所对应项目中的名称又时而可以互换，于是就使得后人产生诸多误会。

第三节　汉代所谓改正朔服色与篡改历史无关

辩"三正""五行"不是最终目的，最终目的是为澄清古史，因此本书还想就此作些讨论。

一　疑古学者对"三正""五行"理论的误解

顾颉刚在《五德始终下的政治和历史》[①] 一文中，大篇幅讲到甘忠可、眭弘、夏贺良、盖宽等如何以曲解的五德始终说劝皇帝改正朔服色，甚至"再受命"，以证明历史是可以随意更改的。

笔者认为，其实不然，这几个人先后"伏诛"的事实告诉人们，汉皇帝是不相信歪理邪说的。其所以说是歪理邪说，是因为董仲舒说："王者有不易者，有再而复者，有三而复者，有四而复者，有五而复者，有九而复者，明此通天地、阴阳、四时、日月、星辰、山川、人伦，德侔天地者称皇帝"[②]。为何一定要说"五而复"呢？即使要复，那也不一定马上就要把皇位让给别人，夏商周各数百年，汉为什么只有一百多年就要把皇位让给别人呢？所以说是歪理邪说。更有甚者，苏诚鑑作《汉家尧后，有传国之运——西汉亡于儒生论》[③]，把西汉的灭亡归于"汉家尧后"的说教，大可商榷。

---

① 顾颉刚：《五德始终下的政治和历史》，《古史辨》（第五册），上海古籍出版社 1982 年版。

② （清）苏舆撰，钟哲点校：《春秋繁露义证》，中华书局 1992 年版，第 200—201 页。

③ 苏诚鑑：《"汉家尧后，有传国之运"——西汉亡于儒生论》，《安徽师大学报》（哲学社会科学版）1988 年第 4 期。

真正让汉代君臣牵肠挂肚的是历法问题，因为当时的历法已十分混乱，古代定历的文献又阙如，乃至"六历"莫知所从。经过数十年的努力，终于制定出了太初历。至于改服色，也是一件很平常的事，直到现代也还如此。孙中山不但亲自发明中山装，而且还要剪辫子。而且用什么色，总需要一种理论，还要给人一种"新"的感觉。古人是法自然。

司马迁、班固等将人物事迹载于纪传中，鬼神之事记于《封禅书》中，改正朔记于《律书》《历书》《律历志》中，人神不得相混。顾先生从《封禅书》等篇摘出几段改正朔服色的故事，想引导大家去怀疑纪传及《古今人表》等，是不可能的。因为司马迁等早已"究天人之际，通古今之变"了。

另外，顾先生等对邹衍、刘歆是冤枉的。在司马迁的笔下，邹衍是"独传"圣人之道的，"是时独有邹衍，明于五德之传，而散消息之分，以显诸侯"①。当他讲到邹衍在各国深受欢迎，而对比孔子"菜色陈蔡"、孟子"困于齐梁"时大为感叹，于是将邹衍与伊尹、百里溪相提并论，说："伊尹负鼎而勉汤以王，百里溪饭牛车下而缪公用霸，作先合，然后引之大道。驺衍其言虽不轨，倘亦有牛鼎之意乎？"② 刘歆在中国文化史上的贡献是非常大的。笔者尝读《山海经》序，刘歆冒死进上这部奇书使之流传，就像为古文经争立学官一样，可钦可敬。

二 对疑古学者歪曲"三正""五行"理论的辨析

现在有一些不好的研究方法，如：按内容定著作年代，把凡是讲"三正""五行"的书都归到汉以后，把凡是不理解的都说成是后人窜入。还有人分析《庄子》内外篇，认为只有外篇讲帝王，因此外篇是汉人从《吕氏春秋》里抄去的。其实，所谓"外篇"是古书的一种体例，指承古人之说而作的文章。《越绝书·外传本事第一》云："《经》者，论其事；《传》者，道其意；《外》者，非一人所作，颇相覆载，或非其

---

① （汉）司马迁撰，（宋）裴骃集解，（唐）司马贞索隐，（唐）张守节正义：《史记》（简体字本），中华书局1999年版，第1096页。
② （汉）司马迁撰，（宋）裴骃集解，（唐）司马贞索隐，（唐）张守节正义：《史记》（简体字本），中华书局1999年版，第1840页。

223

事，引类以讬意。"① 可见《庄子》里的"三皇""五帝"之名不应是从后人书中抄来，而更可能是从前人著作转载。

　　或曰《甘誓》语言浅显，是伪作。笔者窃以为：其一，深浅是相对的，大家对讨论多的文章很熟悉，便觉易懂，事实上，小学生都认识的"三正""五行"的词，学术界至今未讨论清楚；其二，不同的文体难易不一；其三，《史记》比《宋书》好懂，《宋书》受骈体文的影响，较难懂，因此，也不能仅凭难懂易懂来推定真伪；其四，《尚书》载唐虞夏商周一千多年事，千百年来的语言当然是有变化的，文风不相同才显得它是真的。《甘誓》等篇只是对士兵讲的几段誓词，当然易懂。或言《甘誓》非夏语，但这些学者也从未拿来标准的夏语与之对比，因为我们也不见所谓标准的夏代语言在哪里；当然，有的古文词汇换成了后人易懂的词也是可能的，如：《白话史记》，似不能说该书是伪造。

　　关于古文经的问题，也是疑古派写作疑古著作的一个重要动因。康有为之所以写《新学伪经考》，就是因为他在读《史记·五宗世家》与《汉书·河间献王传》时，发现《汉书》在"大谈"河间献王献古文经的事，而《史记》"一句也不提"，于是说古文经是假的。《汉书》确比《史记》多一小段，但《汉书》是断代史，且文字比《史记》多一倍，若《史记》也这么写，那得堆成山。事实上，《史记》在讲孔安国时提到过孔子壁中的古文《尚书》，又在《五帝本纪》中说"余尝西至空峒……总之不离古文者近是"②。他不仅提到了古文经，而且把古文经当成唯一正确的法宝。再说邹衍、刘歆讲的黄帝以来的事是"先序今以上至黄帝，学者所共术"，③ 因为是"学者所共术"，因此，不会有什么大错的。邹衍、刘歆等只不过是把某德的帽子往某人的头上戴一下而已，绝不是篡改历史，而且幸好有《世经》，我们才知道《易》之所以不载共工氏、秦嬴氏的原因。

　　不容否认，古书中有一些作者的个人看法，由于互相转抄，也会有

　　① （东汉）袁康、吴平著，徐儒宗点校：《越绝书》，浙江古籍出版社 2013 年版，第 3 页。
　　② （汉）司马迁撰，（宋）裴骃集解，（唐）司马贞索隐，（唐）张守节正义：《史记》（简体字本），中华书局 1999 年版，第 35 页。
　　③ （汉）司马迁撰，（宋）裴骃集解，（唐）司马贞索隐，（唐）张守节正义：《史记》（简体字本），中华书局 1999 年版，第 1840 页。

抄错的地方，但有意作伪的可能性极小——尤其在战国秦汉时期，因为我们已从马王堆、郭店、银雀山等地方挖出了许多其时的佚书，说明书籍在当时不是某个人所专有，谁要是篡改古书，尤其是经书，必然被学术界所唾弃，而且古文经大都来自民间所献，亦说明群众掌握了大量古籍。司马迁等信则传信，疑则传疑，有二说者则用"或曰"以待后人进一步研究，在汉代就有"实录"之称，虽然其中也有极少数后人窜入的东西，也会有错误，但不必怀疑太过，仔细澄清即可。

《尚书·洪范》是专讲"五行""五纪"（历法）和皇极政事的，刘节的《洪范疏证》认定该书是伪作，影响颇大。其实，刘节之言多不正确。我们试以其前三条理由讨论便可明了。其一，刘节说：武王灭商在十二祀二月，请教箕子是在十三祀，而《史记》记武王请教箕子有十二祀、十四祀二说，均不合。其实《史记》并无二说，是刘节的理解有误。《史记·宋微子世家》说"武王既克殷，访问箕子"[①]并不等于说访问箕子就是在十二祀，十三祀难道就不是克殷以后吗？《周本纪》中"（武王）十一年十二月戊午，师毕渡盟津……二月甲子昧爽，武王朝至于商郊牧野……武王已克殷，后二年，问箕子……"[②]这个"后二年"非指十四祀，而是指第二年（十三祀），古今如此，如《尚书·召诰》"三月，惟丙午朏，越三日戊申……乙卯……越三日丁巳。"[③]若按刘节的理解，则只越了二日，何云三日？又如当今火车站规定可购提前三天的票，但2日只能购4日的，这就叫提前三天。其二，刘节说："朝鲜离周京远在数千里，武王克殷在十二年，释囚封箕子，最早不过此时。去京数千里外之箕子，能于一岁之中往而返，来朝于周，此说之必不可通者也。"其实从十二祀二月至十三祀，有10—22个月，足可从朝鲜来到周都，不过数千里而已，岂能断定其不可到达周都！其三，刘节承认朝鲜之地名在《山海经·海内北经》有载，且说《山海经》也间或有考，可是经他一分析，朝鲜成了战国地名，商周不可能有。刘节的那些证据

---

① （汉）司马迁撰，（宋）裴骃集解，（唐）司马贞索隐，（唐）张守节正义：《史记》（简体字本），中华书局1999年版，第1335页。

② （汉）司马迁撰，（宋）裴骃集解，（唐）司马贞索隐，（唐）张守节正义：《史记》（简体字本），中华书局1999年版，第88—96页。

③ （清）阮元校刻：《十三经注疏·尚书正义》，中华书局1980年版，第211页。

皆此之类，似不能证明《洪范》是伪书。限于本书主旨，那些所谓古书作伪的证据不再一一详述了。

《甘誓》非伪书还可由《竹书纪年》证明。今本纪年云："王（启）帅师伐有扈，大战于甘。""甘"当在今陕西甘肃一带，古本云"启二十五年，征河西"。《墨子》也有《甘誓》引文，再从该文无"曰若稽古"字样（《尚书》只有前四篇即《尧典》《舜典》《大禹谟》《皋陶谟》有此字样，《益稷》原属《皋陶谟》，《禹贡》旧注舜时作，似不妥，因为舜时十二州，此中仅九州）可知，其书当为启以后的史官所记，最晚似不必到商。夏之有记史之官不用怀疑。《淮南子·氾论训》云："夫夏之将亡，太史令终古先奔于商。"[1]也可见夏有记史之官。夏代的文字虽不多见，但从甲骨文的成熟程度看，夏代有文字不用怀疑。

小 结

"五行"是一年阴阳二气消长的五个时段（五节），是古代司历的必备要素。"三正"是以天、地、人为参照物而确定年首的司历方法。司历者必须同时掌握"三正""五行"的理论，才能制定出合乎人事活动的历书来。这种理论可上溯到尧帝之时。《甘誓》源于夏史官所记。改正朔服色与篡改历史无关。刘歆等伪造古史的可能性可排除。"三正""五行"的理论对中国古代影响太大，三纲五常、"三皇""五帝"等"三""五"观念影响长达数千年之久。

---

① 何宁撰：《淮南子集释》，中华书局1998年版，第946页。

第 七 章

▼

先秦时间观之二："河图""洛书"理论

"河图""洛书"是中国古代一个重要的文化现象，也是中国千年文化之谜，它充溢于中国古籍之中，在先秦古籍中也不乏记载。而从唐代大文豪欧阳修开始称其为奇谈怪论以来，历代不乏否定之文。近世顾颉刚等疑古学者，将与此有关的古历法学术一概视为伪造，他在《三皇考·河图洛书的倒坠》中，宣判了图洛的死刑。近年来，有不少人对它有新的研究，并认为其不是宋人的伪造，但刘起釪[①]、杨效雷[②]等学者仍坚持伪造说。

刘明武的《河图洛书揭秘——彝族文化中的河图洛书》[③]否定了宋代伪造说，理由是：长沙马王堆汉墓出土《帛书周易》中有"河出图，洛出书，圣人则之"的记载与《易经·系辞上》同，安徽阜阳等地出土了汉代"太乙九宫占盘"。这是很好的论述。但他将"河图"与"洛书"说成是两个不同的东西，"河图"表达十二月太阳历，"洛书"表达十月太阳历，似可商榷。其以彝族文化来说明固然能证明"河图"的某些真实内涵，但也难免掺杂了后人的东西，难说是先秦之古义。

笔者以为，要深入研究这些问题，首先得弄清"河图""洛书"的本义为何物，若弄清了，其伪造之说也就释然。本章拟就此进行探讨，并研究该学术的原生地及该地产生此类学术的必然性。

---

① 刘起釪：《黑白点子河图洛书》，《中国史研究》2006 年第 4 期。

② 杨效雷：《"河图"、"洛书"非点阵之图考》，《南开学报》（哲学社会科学版）2004 年第 3 期。

③ 刘明武：《河图洛书揭秘——彝族文化中的河图洛书》，《中国文化研究》2009 年第 1 期。

第一节　"河图""洛书"的含义

"河图""洛书"之词习见于《尚书》《易经》《竹书纪年》《论语》，汉、宋乃至清代、民国均有专论，孙国中主编的《河图洛书解析》① 一书，收录了宋以来研究《易》学的代表作七种，可见一斑。但对于"河图""洛书"究竟是什么，仍有不同看法。或曰是两种出土遗物，如今日之甲骨文，由河水冲地而出，故曰"河图"；② 或曰是古罗盘图，具体来说，《河图》是气候图，《洛书》是古罗盘，成于农业文明诞生之前的游牧时代；③ 或认为成于宋代源于汉代。④ 苏洪济论证其成于三代之前，并认为"河图""洛书"是黄河洛水边古先民创造的两组特别的"数字排列组合图"。先有"河图""洛书"，后有"八卦""九畴"。"河图"与"八卦"有关，"洛书"与"八卦"无关而与政治有关。"八卦"问世后，又有《连山》《归藏》《周易》"三易"，"洛书"出现后，大禹则之，制作了"洪范九畴"。⑤

我们认为，以上诸说均有正确的内核，即广大学者认为"河图""洛书"与"八卦"有关，成于三代之前的伏羲大禹时代，只有杨柳桥认为"河图"与"八卦图"无关，而他也只是说他有"一点不成熟的看法提出来，希望得到历史学家以及考古学家们的指正和批评"，未作定论，且他揭示"河图"原作"录图"即刻在石头或玉版上的图形，是很有启发的，据此可知"河图"并非黄河里出的图，"洛书"也不应指洛水里出的书，而是"录图"或"绿（录）书"，又曰"丹书"。苏先生的解释更接近事实，不过仍有几个小问题值得商榷：其一，"河图""洛书"的含义不可作单一理解，而应作动态研究；其二，他割断了"河图""洛书"之有机联系，未指明二者皆是天文历法工具；其三，他说

---

① 孙国中主编：《河图洛书解析》，学苑出版社 1990 年版。

② 杨柳桥：《"河图"与"洛书"是两种出土文物》，《文史》（第十五辑），中华书局 1982 年版。

③ 韩永贤：《〈河图〉与〈洛书〉解疑》，《内蒙古社会科学》（文史哲版）1989 年第 6 期。

④ 陈恩林：《河图、洛书时代考辨》，《史学集刊》1991 年第 1 期。

⑤ 苏洪济：《河图洛书考释》，《史学集刊》1992 年第 4 期。

"是黄河边洛水畔的人们创造的"，似不妥，因为上古天文历法中心在湖南南岳一带。

一　"河图""洛书"是上古历法工具

首先谈一谈"河图""洛书"的概念。《汉书·五行志》曰："《易》曰：'天垂象，见吉凶，圣人象之；河出图，洛出书，圣人则之。'刘歆以为虑羲氏继天而王，受《河图》，则而画之，八卦是也；禹治洪水，赐《洛书》，法而陈之，《洪范》是也。圣人行其道而宝其真。降及于殷，箕子在父师位而典之。周既克殷，以箕子归，武王亲虚已而问焉，故经曰：'惟十有三祀，王访于箕子……'"①。这种说法溯及到"圣人"伏羲、商末的箕子及春秋的孔子，有一定的代表性，因此一般认为先有龙龟之纹，后有"河图""洛书"，再有《八卦》及《洪范》。但要说明的是八卦不单是受龙龟之纹的启发而作，《周易·系辞下》云："古者包牺氏之王天下也，仰则观象于天，俯则观法于地，观鸟兽之文，与地之宜，近取诸身，远取诸物，于是始作八卦，以通神明之德，以类万物之情。"② 可见，八卦是受许多东西的启发而作的。

笔者之见，"河图""洛书"皆是受龙龟之纹启示而发明的两种天文历法工具，分别是《易》《洪范》的数理和图象表达方式，《易》《洪范》则是义理表达方式。"河图"与"洛书"的关系互为表里，不可偏废。"河图"言"五行"相生，"洛书"言"五行"相克，皆反映大自然中气候之阴阳变化之状。古人信天命，依"天"而治，其实质则是依天象历书而治，《月令》《吕氏春秋·十二纪》等有详载，在此不赘。《尚书·洪范》可谓古代政治的一部大纲，其依"五行""五纪"而治国的情形十分明显。"五行"（即一年木、火、土、金、水五个时段，每个时段72天，剩5—6天为过年日），"五纪"则明指历法，不用多释。关于"五行"的问题，笔者在《"三正""五行"本义辨——兼论上古史

---

① （汉）班固撰，（唐）颜师古注：《汉书》（简体字本），中华书局1999年版，第1081页。

② （清）阮元校刻：《十三经注疏·周易正义》，中华书局1980年版，第86页。

若干问题》① 中有专论。

　　"河图""八卦"是按天体运行而制定历法之工具，《尚书·顾命》云："天球、河图在东序"，可见它是实有之物，与天球一样是存放于"东序"（东面校舍）的天文工具。"河图""八卦"与历法之关系，可从《周易·系辞上》《汉书·律历志》看得清楚。刘歆算历法全以《易》之卦为算，如："经元一以统始，《易》太极之首也。春秋二以目岁，《易》两仪之中也。于春每月书王，《易》三极之统也。于四时虽亡事必书时月，《易》四象之节也。时月以建分至启闭之分，《易》八卦之位也……以五乘十，大衍之数也，而道据其一，其余四十九，所当用也，故著以为数。以象两两之，又以象三三之，又以象四四之，又归奇象闰十九及所据一加之，因以再扐两之，是为月法之实。如日法得一，则一月之日数也……并终数为十九，《易》穷则变，故为闰法。参天九，两地十，是为会数。参天数二十五，两地数三十，是为朔望之会。以会数乘之，则周于朔旦冬至，是为会月。"② 唐代天文学家张遂《历本议》云："天数始于一，地数始于二，合二始以定刚柔。天数中于五，地数中于六，合二中以定律历。天数终于九，地数终于十，合二终以纪闰余。天有五音，所以司日，地有六律，所以司辰。则一与二，五与六，九与十，有相得之理。三与四，七与八，可知也。"③ "河图""八卦"为历算之工具甚明，故后世之历书称为卦历，田合禄、田峰有专著④论之。

　　"河图"与"洛书"（如图 7-1）的关系，宋代朱熹在《易学启蒙》中有详论，颇可参考。其文曰："天一、地二、天三、地四……此一节，夫子所以发明《河图》之数也……故《河图》之位，一与六共宗而居乎北，二与七为朋而居乎南，三与八同道而居乎东，四与九为友而居乎西，五与十相守而居乎中……天以一生水，而地以六成之。地以二生火，而

　　① 刘俊男：《"三正""五行"本义辨——兼论上古史若干问题》，《山东师大学报》（人文社会科学版）2001 年第 6 期。

　　② （汉）班固撰，（唐）颜师古注：《汉书》（简体字本），中华书局 1999 年版，第 849—850 页。

　　③ （清）江永：《河洛精蕴》，孙国中主编《河图洛书解析》，学苑出版社 1990 年版，第 460 页。

　　④ 田合禄、田峰：《中国古代历法解谜——周易真原》，山西科学技术出版社 1999 年版。

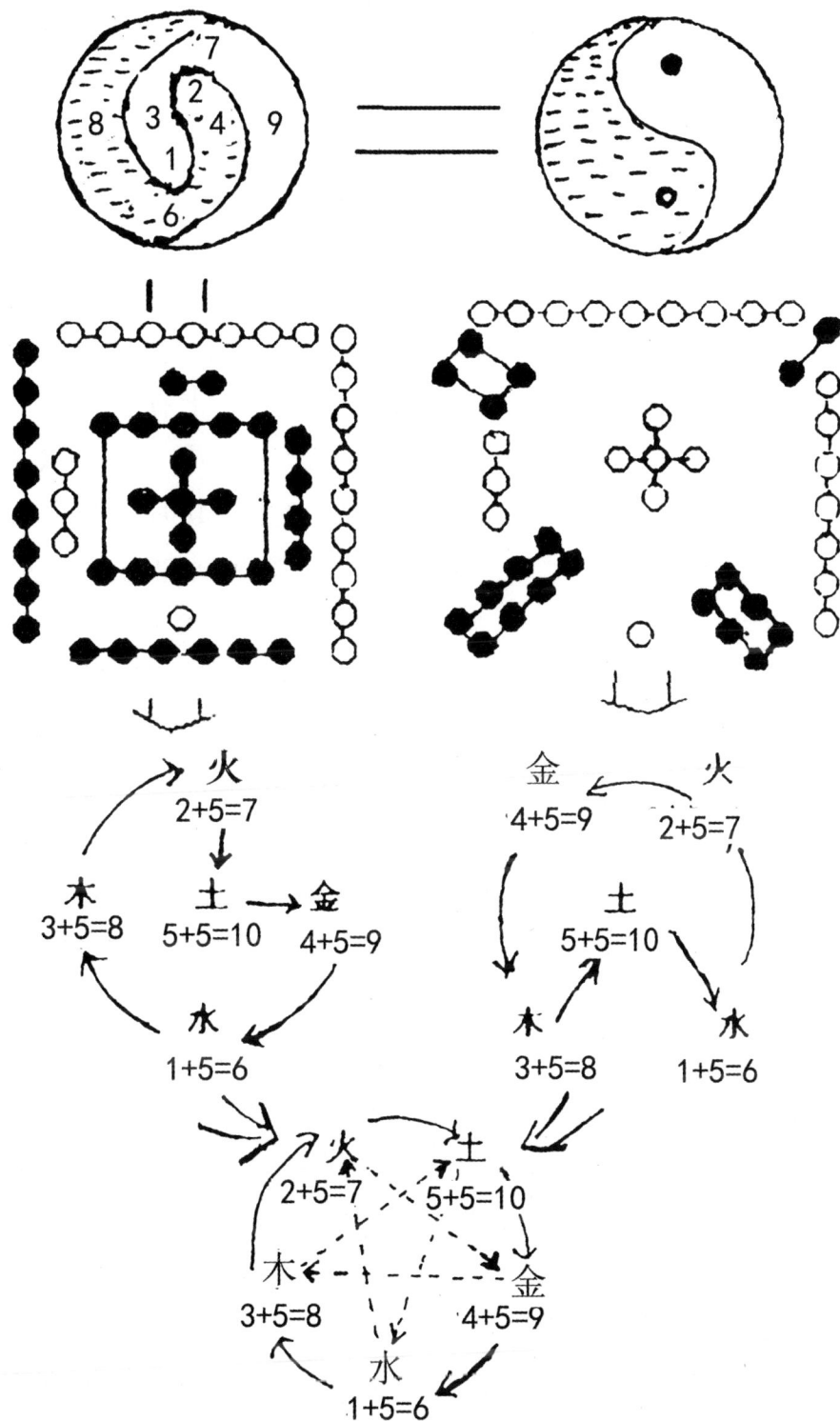

图 7-1 "河图"（左）"洛书"（右）结构图

1. "五行"生成次序的数目为：水一、火二、木三、金四、土五。地上的"五行"各加土之数五，即木三加土五，数目为八，余类推。（见《礼记·月令注》） 2. 董仲舒《春秋繁露》："比相生而间相胜。"

天以七成之……此《河图》之全数，皆夫子之意……则刘歆所谓经纬表里者可见矣。"按，此解《周易·系辞》上传第九章，朱熹是宋代大儒，其解《易经》，论及孔子，也可知"河图"文化之悠久。又曰："《洛书》而虚其中，则亦太极也。奇偶各居二十，则两仪也。一、二、三、四而含九、八、七、六，纵横十五而互为七、八、九、六，则亦四象也。四方之正，以为《乾》《坤》《离》《坎》，四隅之偏，以为《兑》《震》《巽》《艮》，则亦八卦也。《河图》之一六为水，二七为火，三八为木，四九为金，五十为土，则固《洪范》之五行，而五十有五者，又九畴之子目也。是则《洛书》固可以为《易》，而《河图》亦可以为《范》矣。且又安知图之不为书，书之不为图邪？曰，是其时虽有先后，数虽有多寡，然其为理则一而已……苟明乎此，则横斜曲直无所不通，而《河图》《洛书》，又岂有先后彼此之间哉？"[1] 这里清楚地告诉我们，"河图""洛书"实为一物，为一物之两个方面，"其为理则一而已"。

"河图""洛书"实为一物而二态（二名），既可称图，亦可称书，而在古书中则又泛称"录图""丹书""皇图"（详下）。"河图"中四方八、七、九、六的数字与我们在《礼记·月令》《十二纪》中所见到的"孟春之月……其帝太昊……其数八……孟夏之月，其帝炎帝……其数七……"[2] 中的数字及方位完全一致，亦可知"河图""洛书"为历法之工具。这些数字至今还在使用，如云"头伏、二伏……头九、二九……六九打春头"之类。夏至后第三个庚日开始为头伏，以后两个五天为一伏，其数以"五"计，冬至之后计日，其数以"九"计，数到六九，即立春。不同的季节以不同的数字来算节气。当然，这些数据的演变，亦即历法的演变，不是三言两语能说清的。

二　"河图""洛书"的区别

"河图""洛书"既是一物而二式，那么它们又有什么区别呢？《易学入门》云："一六水，二七火，三八木，四九金，五十土。金生水，

---

① （宋）朱熹撰，（清）李光地注：《易学启蒙》，孙国中主编《河图洛书解析》，学苑出版社 1990 年版，第 204、210 页。
② （清）阮元校刻：《十三经注疏·礼记正义》，中华书局 1980 年版，第 1352—1354、1364 页。

水生木，木生火，火生土，土生金。金克木，木克土，土克水，水克火，火克金，《河图》相生，《洛书》相克。《河图》西南入于土，相生也。《洛书》东北入于土，相克也。是故《河图》之生也，金水相含，木火通明。《洛书》之克也，水火相射，金木伤生。《河图》火克金，中土解之。《洛书》水生木，中土湮之。相生相杀，所以神变化而行鬼神也。"①朱熹《易学启蒙》亦有详说。所谓相生相克均指季节而言，董仲舒《春秋繁露·循天之道》说："凡天地之物，乘于其泰而生，厌于其胜而死，四时之变是也。故冬之水气，东加于春而木生，乘其泰也。春之生，西至金而死，厌于胜也。生于木者，至金而死（《淮南子·坠形训》：'故禾春生秋死'，注：'禾者木，春木王而生，秋金王而死。'）；生于金者，至火而死（《淮南子·坠形训》：'麦秋生夏死'，注：'麦，金也。金王而生，火王而死。'）春之所生而不得过秋，秋之所生不得过夏"。意即麦在金节种下去至火节而收获；水稻在木节种下去至金节而收获。董仲舒还说："天地之气，合而为一，分为阴阳，判为四时，列为五行……比相生而间相胜也。"② 其《治乱五行》中所谓"木干火"（《淮南子·天文训》则云"甲子干丙子"）之类，则是就异常天气而言的。《汉书·艺文志》所列"五行"之书大都与历法有关。或将"五行"相克理解为水来土掩，用金器残木致死，此乃后世庸人陋见，《淮南子·说林训》早就有说："金胜木者，非以一刀残林也。土胜水者，非以一墣塞江也。"③

"河图""洛书"既是天子布时授历的工具，故为天子所独有，有专人管理。禅位时，举行一个"河图""洛书"的交接仪式，《系辞》《竹书》《论语》等称之为"河出图，洛出书"，这是后世帝王举行禅让仪式时人为地刻出玉版"图、书"而沉于河中的，又称为"沉璧礼"。《宋书·符瑞志》《竹书纪年》《水经注》《穆天子传》《论语·比考》《帝王世纪》等记载了这个仪式，如：

---

①　黄元炳：《易学入门》，孙国中主编《河图洛书解析》，学苑出版社1990年版，第516页。

②　（清）苏舆撰，钟哲点校：《春秋繁露义证》，中华书局1992年版，第454、362页。

③　何宁撰：《淮南子集释》，中华书局1998年版，第1183页。

　　将以天下禅之，乃洁斋修坛场于河、洛，择良日，率舜等升首山，遵河渚。有五老游焉，盖五星之精也（五老人扮装五星之精——引者注）。相谓曰："《河图》将来告帝以期，知我者重瞳黄姚。"五老因飞为流星，上入昴（昴是西七宿之中星，与角、亢、氐相冲。按古分野说，角、亢、氐对应地上的冀州，即王畿之州，意味着尧离开王畿之州而让舜为天子。——引者注）。二月辛丑昧明，礼备，至于日昃，荣光出河，休气四塞，白云起，回风摇，乃有龙马衔甲，赤文绿色，临坛而止，吐《甲图》而去。甲似龟，背广九尺，其图以白玉为检，赤玉为字，泥以黄金，约以青绳。检文曰："闿色授帝舜。"言虞、夏、殷、周、秦、汉当授天命。帝乃写其言，藏于东序。后二年二月仲辛，率群臣沈璧于洛。礼毕，退俟，至于下昃，赤光起，玄龟负书而出，背甲赤文成字，止于坛。其书言当禅舜。遂让舜。[1]

舜禅禹亦如此。

　　很明显，举行禅位仪式时的"河图""洛书"不再是龙龟之纹，因为龙、龟不可能随时听从人的使唤，而应当是上一任天子事先画好的"河图""八卦"之类的图文，如《水经注》所载，图上还标有"江河、山川、州界之分野"[2]。因为这些与帝王的统治息息相关。而所谓"龙马负图"乃圣人不忘龙马的启示作用，且将玉璧做成龙马之形而已。以上神话般的记载，清楚地告诉我们"河出图，洛出书"皆人所为，所谓出图书，皆事先将"八卦图"、禅位之"天意"等写于玉璧之上，沉于河中，系之以"青绳"，然后将其慢慢拖出，古人用这种形式来交接政权，亦示天之授政。而透过神话的表象，则可清楚地看出这是人为的仪式，不是什么偶发祥瑞。不仅如此，禅位时还要说上一句"天之历数在尔躬"的话，[3] 正显历法在帝王统治中的地位。"河图""洛书"只有帝王才能拥有，故又称"皇图"。因为天子之政权是"天"所赐予，故"洛书"亦云是天赐的。其实是上一届帝王传来的，而不能继承帝王之位的人便得不到这"河图""洛书"。《史记

---

　　① （南朝梁）沈约撰：《宋书》，中华书局 1974 年版，第 762 页。
　　② （北魏）郦道元著，陈桥驿译注，王东补注：《水经注》（卷一），中华书局 2009 年版，第 4 页。
　　③ （汉）司马迁撰，（宋）裴骃集解，（唐）司马贞索隐，（唐）张守节正义：《史记》（简体字本），中华书局 1999 年版，第 1095 页。

·宋微子世家》云："天乃锡禹洪范九等，常伦所序。"又云：鲧"汨陈其五行，帝乃震怒，不从鸿范九等，常伦所斁"①。据《论语·子罕》载，孔子欲为王，曰："凤鸟不至，河不出图，吾已矣夫！"②孔子欲王而不成，其弟子便以其作《春秋》当"素王"，将春秋亦算作一朝，孔子素王之朝也。③"河图"又称"皇图"还可从《路史》等证之，其《后纪十一》："爰省中河，登南山，观河渚，录皇图"，"（舜）牧羊潢阳而获玉历于河岩"，《后纪十三》："灭皇图，乱历纪，玉瑞不行，朔不告，于是天不畀，纯祂孛出，枉矢射"④。因此，从这些记载可知，"河图""洛书"不再是原来"龙龟之纹"的意义了，而应是"八卦图""洪范"和与帝王统治有关的东西。至今，在农村建房时，仍在栋梁上画上太极八卦图，写上"皇图吉日"字样。

"河图""洛书"古又泛称"渌图""绿图""篆图""录图"。可见"河图"原非指出于黄河之图，"洛书"非指出于洛水之书，而是指刻在玉版龟甲上的图、书。如：《路史·后纪六》："五帝之受录图"，⑤《淮南子·俶真训》："古者，至德之世……洛出丹书……河出绿图"⑥。今之湘江支流渌水即指古时出"录书"之水，而颛顼时掌"河图"八卦（渌图）的大巫亦名为"渌图"，处渌水之地（详下）。

"河图""洛书"，儒生曾一度失传，而道士则秘传不断。至北宋太平年间，华山道士陈抟传出"河图""洛书""先天图"等奇妙复杂的图形。至于陈抟从何得到这些图就不得而知了。而陈抟以后的传承是有清楚记载的。据黄宗羲《易学象数论》，抟传种放，种放传李溉，李溉传许坚，许坚传范谔昌，范谔昌传许牧，许牧根据"河图""洛书"著《易数钩隐图》，其图才为一般读书人所知，朱熹著《周易本义》，又将

---

① （汉）司马迁撰，（宋）裴骃集解，（唐）司马贞索隐，（唐）张守节正义：《史记》（简体字本），中华书局 1999 年版，第 1335 页。

② 程树德撰，程俊英、蒋见元点校：《论语集解》，中华书局 1990 年版，第 588 页。

③ （清）苏舆撰，钟哲点校：《春秋繁露义证》，中华书局 1992 年版，第 183—212 页。

④ （宋）罗泌撰：《路史》，《影印文渊阁四库全书》（第五八三册），台湾商务印书馆 1986 年版，《后纪十一》第 13 页、《后纪十三下》第 7 页。

⑤ （宋）罗泌撰：《路史》，《影印文渊阁四库全书》（第五八三册），台湾商务印书馆 1986 年版，《后纪六》第 4 页。

⑥ 何宁撰：《淮南子集释》，中华书局 1998 年版，第 156—157 页。

"河图""洛书"列入书中，这时，"河图""洛书"终于得到主流学问家的承认，以至后人在写《易》学著作时，卷首必列"河图""洛书"。"八卦""河图"实为《易》学之始，《易》其实就是一部以天文为本，以历法为纲，网络人间皇极政事及社会生活乃至人体各部位的一部古代大书，其实质即"洪范九畴"，故"洪范九畴"亦曰《洛书》，是古代为人处世、治国理政之根本大法。

有人怀疑陈抟之"河图"出于伪造，其实不然。此图的构造与数字见于《易》等古书，正合《易》文《易》理，即便古图失传，陈抟按古书复作，也不能视作伪造，且《易》的"八卦"传自远古，先秦诸书中多有记载，不能说没有。苏洪济已有论述，此不赘述。另外，尚有"先天八卦""后天八卦"之别，这个问题复杂，且与本主题关系不大，孙国中的《河图洛书解析》收录的七种代表作有详论，在此不作发挥。后来的人将解释"河图""洛书"的书也称《河图》《洛书》，所以，"河图""洛书"的概念不可作单一理解。

第二节　上古天文历法中心在南岳

一　上古大天文官多居南岳附近

无论是"河图"还是"洛书"，皆最先行于南方。按传说，画八卦的伏羲氏，其实就是神农氏，即第一代神农。伏羲本义为"太极""第一"之义，苗语义为"第一祖先"，因此它既可代表天地开辟以来，又可代表第一个王朝，还可代表第一代神农。[①]《南岳仙道志》载神农氏受口衔九穗禾的朱鸟的启示，南下寻找可食之物，终于在南岳——凤凰山找到朱鸟的处所，故名此山为凤凰山，是南岳七十二峰之一。神农氏在今湖南境内建立厉山国，为农业文明之创始人，应农业之需，他发明八卦，制定历法。凤凰山下至今仍有一个地方叫"皇图岭"（在湖南攸县北部的皇图岭镇）。

据《山海经·海内经》："炎帝之妻，赤水之子听訞生炎居，炎居生节并，节并生戏器，戏器生祝融。祝融降处于江水，生共工。共工生术

① 刘俊男：《伏羲神农炎帝考》，《山东师大学报》（社会科学版）1999年第2期。

器，术器首方颠，是复土穰，以处江水。"① 炎帝之裔祝融是最早的祝融。宋代陈田夫撰《南岳总胜集》，其卷上引晋代罗含《湘中记》云："赤帝馆其岭，祝融宅其阳。"② 岭，尤言低矮之山，与皇图岭合。南岳七十二峰，东为攸县凤凰山。可见，赤帝、祝融生活在南岳附近。

湘江支流渌水由凤凰山之阳穿过，湖南醴陵、攸县一带曾是古渌国（或称渌图国）之地。颛顼帝之妻女渌生于此地。"渌图"也是古天文官之号，天文官渌图之女名"女渌"或"女禄"，《路史·国名后纪》（卷29）："渌，高阳师渌国，或作渌图。今湘东澧陵有渌水。"罗苹注《路史·后纪八》云："《埤苍》云：'婂，颛帝之妻名。'《世本》《人表》皆作女禄。"③《大戴礼·帝系》云："女禄氏，产老童。老童……产重黎及吴回。吴回氏产陆终。陆终……产六子。"④ 这便是楚国的先祖。今湘江支流渌水正处楚国，当是其地。渌图，当与"河图""洛书"有关。

或以《左传》昭公十七年"宋，大辰之虚也……郑，祝融之虚也，皆火房也"⑤ 为据，认为祝融葬郑，非也。此"祝融"言天时，《路史》卷36："隋之崔仲方亦尝申史赵之说谓天时。"⑥《左传》此段所言"祝融"与"大辰"同类，皆指天时。其实，祝融之墓在南岳，《水经注》卷三十八载："《山经》谓之岣嵝，为南岳也，山下有舜庙，南有祝融冢。楚灵王之世，山崩毁其坟，得《营丘九头图》。"⑦《史记》注释者不能解释《左传》与祝融墓的矛盾，便说祝融死于郑，然后千里迢迢葬于南岳。实为附会之说。

"祝融"本义为"五行"之名，是描述夏季阳气续春季继续上升的状态，故《白虎通·五行》曰："其神祝融。属续也。"⑧ 古之夏季又曰

---

① 袁珂校译：《山海经校译》，上海古籍出版社1985年版，第300—301页。

② （宋）陈田夫撰：《南岳总胜集》卷上，北京大学图书馆藏，第3页。

③ （宋）罗泌撰：《路史》（卷三十六），《影印文渊阁四库全书》（第三八三册），台湾商务印书馆1986年版，第372页，《后纪八》第5页。

④ （清）王聘珍撰，王文锦点校：《大戴礼记解诂》，中华书局1983年版，第127页。

⑤ （清）阮元校刻：《十三经注疏·毛诗正义》，中华书局1980年版，第2084页。

⑥ （宋）罗泌撰：《路史》（卷三十六），《影印文渊阁四库全书》（第三八三册），台湾商务印书馆1986年版，第529页。

⑦ （北魏）郦道元著，陈桥驿译注，王东补注：《水经注》，中华书局2009年版，第316页。

⑧ （清）陈立撰，吴则虞点校：《白虎通疏证》，中华书局1994年版，第177页。

南方，故居南方之古部落首领或诸侯后世均称为祝融，古三皇之一的祝融，居南方，先于黄帝。黄帝时，有一人，对南方很熟悉，故亦曰祝融。《管子·五行》云："黄帝得六相而天地治，神明至。蚩尤明乎天道，故使为当时……祝融辨乎南方，故使为司徒。"①此后，凡在南岳主管天文的官均称祝融。如高辛时的重黎、吴回。

关于"火师"一职，学术界存在误解。有学者认为是主地上柴火之官，由没有学问的老妇女充任，文王之师鬻子也不是一个学问家，不能称为文王师，祝融亦非显官②，笔者不敢苟同。"火正"或曰"火师"，是指大巫人，天子之属或天子之师才能充任，是古代的大学问家。《国语·郑语》："夏禹能单平水土……商契能和合五教……周弃能播殖百谷蔬……其后皆为王公侯伯，祝融亦能昭显天地之光明，以生柔嘉材也，其后八姓，于周未有侯伯……唯荆实有昭德，若周衰，其必兴矣"③。此将祝融与禹等并列，意味着祝融亦有天子的才德，他预计周衰楚将兴起，也是尊崇祝融的德行，怎能说祝融是老妇人之属呢？且未闻祝融为女性。至于古书所说的"炎帝作火，死而为灶"乃同类相通之意，以祭灶的方式来祭炎帝，亦如《论衡》载董仲舒以土龙求雨、今之人以火化纸钱代替人民币供死者使用一般，故天火与人火可相通，绝不可贬低"火师"之地位。

因天文官禄图、祝融、广成子、常羲等世居南岳，故《新书·修政语上》云："黄帝职道义，经天地，纪人伦，序万物，以信与仁为天下先。然后济东海，入江内取绿图，西济积石"④。《抱朴子·内篇·地真》记："黄帝……西见……过洞庭，从广成子受自然之经。"⑤《广博物志》作："受自然之经。"⑥《白虎通义》云"黄帝有天下号曰自然。"⑦《徐灵期南岳记》："昔黄帝受戒经于衡山金简峰，禹王致斋，梦苍水使者南方

① 黎翔凤撰，梁运华整理：《管子校注》，中华书局 2004 年版，第 865 页。
② 李瑾：《论我国古代"火正"职官之来源及其发展》，《史学月刊》1989 年第 1 期。
③ 徐元诰撰，王树民、沈长云点校：《国语集解》，中华书局 2002 年版，第 466—468 页。
④ （汉）贾谊撰，阎振益、钟夏校注：《新书校注》，中华书局 2000 年版，第 359 页。
⑤ （晋）葛洪：《抱朴子》，中华书局 1954 年版，第 92—93 页。
⑥ （明）董斯张撰：《广博物志》（卷九），引自《文渊阁四库全书电子版》，上海人民出版社、迪志文化出版有限公司 1999 年版。
⑦ （汉）班固：《钦定四库全书·白虎通义》，中国书店 2018 年版，第 29 页。

帝君授金简玉书，因而记之。"① 可见"河图""洛书"源于南方，南方为古天文科技中心。

颛顼之后，"三苗复九黎之德"②，历法又变得混乱，至帝俊之时，有羲和之官主天文，羲和创立了阴阳合一的建寅历法。《山海经·大荒东经》："东海之外，甘水之间，有羲和之国。有女子名曰羲和，方浴于甘渊。羲和者，帝俊之妻，是生十日。"《大荒南经》又曰："帝俊妻常羲，生月十二"③。因为有羲和之官，故尧迁原天文官实沈于大夏，迁阏伯于商，分别主参、辰二宿。从此"阴阳调，风雨节，茂气至"④。此帝俊，或曰为帝喾，或曰为帝舜，这个历法成于帝尧之时，传于舜禹，这就是传至今日的夏历，虽屡经修订，但建寅不变。商周虽建丑、子，而日常用历，皆用夏历。正如《逸周书·周月解》所说："至于敬授民时，巡狩祭享，犹自夏焉。"⑤ 袁珂《中国神话大词典》⑥曰：常羲即嫦娥，传说天上的嫦娥居月亮上的广寒宫，天上神话是地上真实的反映。至今，在江西湖南交界处的攸县仍有广寒山、广寒寨、天蓬岩，这又一次证明这里曾是古天文历法中心。

《禹贡》："九江纳锡大龟。"⑦ 九江是湖南的古地名，⑧ 是产神龟的地方，因此，甲骨文最先源于此，至夏、商、周，仍从荆州纳神龟以供占卜用。《述异记》云："陶唐之世，越常国献千岁神龟，方三尺余，背上有文，科斗书，记开辟已来，帝命录之，谓之龟历。"⑨ 可见这个"龟历"不仅是历法，而且也是记开辟以来的历史书。这大概是见于记载的第一片甲骨文，源于南方。

---

① （清）李元度撰：《南岳志·前献》，中国书店1990年版，第198—199页。

② 徐元诰撰，王树民、沈长云点校：《国语集解》，中华书局2002年版，第515页。

③ 袁珂校译：《山海经校译》，上海古籍出版社1985年版，第245、272页。

④ （汉）司马迁撰，（宋）裴骃集解，（唐）司马贞索隐，（唐）张守节正义：《史记》（简体字本），中华书局1999年版，第1095页。

⑤ 黄怀信、张懋镕、田旭东撰：《逸周书汇校集注》，上海古籍出版社2007年版，第580页。

⑥ 袁珂编：《中国神话大词典》，四川辞书出版社1998年版，第591、47页。

⑦ （清）阮元校刻：《十三经注疏·尚书正义》，中华书局1980年版，第149页。

⑧ （宋）罗泌撰：《路史·九江详证》（卷四十七），《影印文渊阁四库全书》（第三八三册），台湾商务印书馆1986年版，第649页。

⑨ （南朝梁）任昉撰：《述异记》，湖北崇文书局1875年版，第5页。

二 河出图洛出书的"河""洛"不在中原或北方

夏代之前，帝王举行禅位仪式的"河""洛"不指黄河、洛水，似指古刘河（浏阳河）、渌水，是炎帝古都长沙南北两条湘江支流（李元度《南岳志·前献》引王万澍曰："炎帝（神农）都长沙凡七代"[①]）。

《山海经·海内北经》："舜妻登比氏生宵明、烛光，处河大泽，二女之灵能照此所百里。"[②]《路史·黄陵湘妃》（卷46）引此曰："大泽者洞庭之谓。"[③] 而"河"当为湘江支流浏阳河，因为尧女舜妻（《路史》作舜女）是有名的湘水女神。又按《竹书》"葬后育（舜妃，尧女）于渭"。《读史方舆纪要·长沙府》："浏水，在县南，源出大围山……过县西曰渭水。"[④] 亦可知"处河大泽"之"河"为浏阳河，古称刘河。《南岳志》引《符子》，《路史·发挥五·辨舜冢》："尝又讯之《大传》《符子》之书，虞帝逊禹于洞庭，张乐成于洞庭之野，于是望韶石而九奏。"[⑤]《太平御览》（卷八十一）引《符子》曰："舜禅夏禹于洞庭之野。"是故，浏阳大围山又曰"首禅山"[⑥]。又渌水南源流经尧出生的丹陵，附近又有皇图岭、尧山等地名（在今攸县），是尧舜时的政治中心，其正源与浏水源出一山，可见，举行禅位仪式的河、洛（渌）在湖南（详下）。更为重要的是，南岳为上古天文历法中心，而这天文历法工具当先造于南岳一带。

至大禹治水，去南岳取"金简玉字"之书。这取书之处或言在南岳金简峰，似非。《吴越春秋·越王无余外传》所载不详。而按《拾遗记》，则更像同治版《攸县志》所载的"禹门洞·金仙洞"。《拾遗记》卷二曰："禹凿龙关之山，亦谓之龙门。至一空岩，深数十里，幽暗不可复行。禹乃负火而进。有兽状如豕，衔夜明之珠，其光如烛。又有青

---

① （清）李元度撰：《南岳志·前献》，中国书店1990年版，第199页。
② 袁珂校译：《山海经校译》，上海古籍出版社1985年版，第234页。
③ （宋）罗泌撰：《路史》（卷三十六），《影印文渊阁四库全书》（第三八三册），台湾商务印书馆1986年版，第638页。
④ （清）顾祖禹撰：《读史方舆纪要》（长沙府），上海书店出版社1998年版，第541页。
⑤ （宋）罗泌撰：《路史》（卷三十六），《影印文渊阁四库全书》（第三八三册），台湾商务印书馆1986年版，第540页。
⑥ （清）顾祖禹撰：《读史方舆纪要》（长沙府），上海书店出版社1998年版，第541页。

犬，行吠于前。禹计可十里，迷于昼夜，既觉渐明，见向来豕犬变为人形，皆着玄衣。又见一神，蛇身人面。禹因与语。神即示禹八卦之图（可知八卦之图为"河图"——引者注），列于金版之上。又有八神侍侧。禹曰：'华胥生圣子，是汝耶？'答曰：'华胥是九河神女，以生余也。'乃探玉简授禹，长一尺二寸，以合十二时之数，使量度天地。禹即执持此简，以平定水土。蛇身之神，即羲皇也。"[①] 这略带神话的记述，更合古书的习惯，即《子华子》所说的"曲言者"。晋代王嘉将其用当时的语言记于《拾遗记》中，当有古之传闻，而被正史所遗弃，故拾而载之。攸县古曾属衡山，为南岳所辖，同治版《攸县志》云："禹门洞在东江乡富头冲，漕溪水伏流至此，一见又伏，流出为罗浮江，金仙洞在东江乡献花岩下，内有奇像如佛，漕溪水伏流洞内，十五里至禹门洞始见。"此中"一见又伏"合《拾遗记》中的"既觉渐明""十五里"合"计可十里""深数十里"，"奇像如佛"合"豕犬人形、八神侍侧"，名为"禹门洞"则知因禹取金简玉字之书而名，名为"金仙洞"亦"羲皇"之"仙"授"金简"之意。此二洞，景色优美。《攸县志》载安城邹东廓诗云："九曲溪声伏石流，金仙玉洞冠清游，诸君共作行窝计，更约年年一月留。"邑令徐希明次韵云："岩花高献俯清流，揽胜名贤几度游，坐我半朝催去速，起行还为白云留。"此洞靠近古绿图国（今醴陵攸县一带）及攸县高枧的天台山，与皇图岭相距亦近，为古天文中心及玉版所藏之地，当不为虚。古之宝物常藏于名山，如《史记》以副本藏于名山一样。尧舜禹之时，在以南岳为天文中心的同时，还派四人处四极以观测四中星等，直至西周文王之师曰鬻子，仍受封于楚，为楚国之开国始祖。

　　从地下遗物来看，长江地区是"河图""洛书"的原生地。如图7-2，1、2为7800—7000年前高庙文化太阳鸟图案、八角纹；3为湖南辰溪县松溪口遗址6800年前的八角纹（T17∶6）；4为湖南安乡6500—6800年前汤家岗文化八角纹（M1∶1）；5、6、7皆出于安徽含山凌家滩遗址，分别为5300年前的玉鹰、玉版、玉龟，其中玉版夹于玉龟里面。关于玉版边缘钻孔之数，天文史学家陈久金说："可发现它与洛书有关。

---

① （晋）王嘉撰，（梁）萧绮录，齐治平校注：《拾遗记》，中华书局1981年版，第38页。

它象征《洪范》五行中之生数四还原成中宫五，同时又象征成数九还原成中宫五，此数正符合郑玄在《易乾凿度》注中的说法：'太一下行八卦之宫，每四乃还中央。'五代表中宫之数，太一自一循行至四以后回至中央五，六七八九与一二三四之数相匹配，故太一循行至九以后乃还至中央五，这就是玉版孔数以四、五、九、五相配的道理。"① 李修松也认为可以看作其（"河图""洛书"）起源，他认为九个孔"指九天或九野，指天的中央和八方"，四个孔代表"大地之四极"。如《离骚》："览相观于四极兮，周流乎天余乃下……指九天以为正兮，夫唯灵修之故也。"② 饶宗颐说："这块玉版夹放于龟甲里面，这和历来最难令人置信的各种纬书所说'元龟衔符'（《黄帝出军诀》）、'元龟负书出'（《尚书·中候》）、'大龟负图'（《龙鱼河图》）等等荒诞不经的神话性怪谈，却可印证起来，竟有它的事实依据，那真是'匪夷所思'了。"③

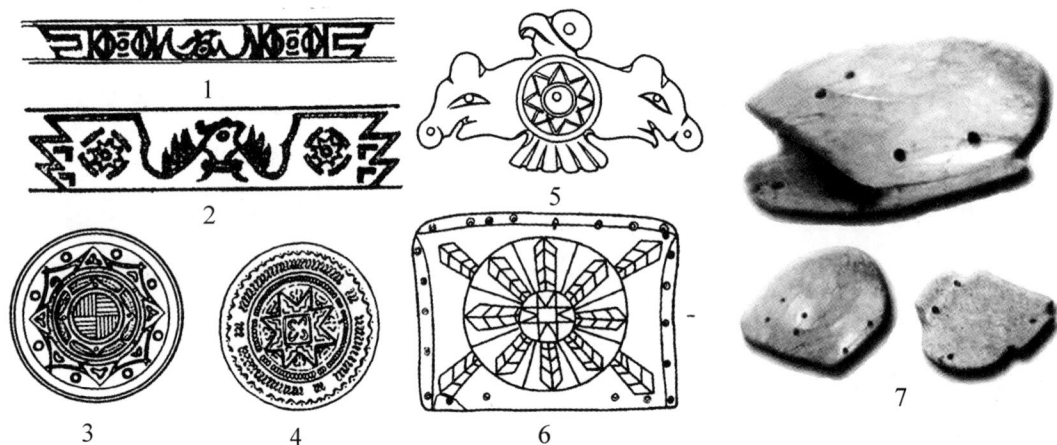

图 7-2 长江流域史前神鸟、八角纹，玉龟、玉版

以上出土遗物无疑印证了长江流域是"河图""洛书"的原生地。

---

① 陈久金：《含山出土五千年前原始洛书》，《陈久金集》，黑龙江教育出版社 1993 年版，第 104 页。
② 李修松：《试论凌家滩玉龙、玉鹰、玉龟、玉版的文化内涵》，《安徽大学学报》2001 年第 6 期。后收入安徽省文物考古研究所编《凌家滩文化研究》，文物出版社 2006 年版，第 5 页。
③ 饶宗颐：《未有文字以前表示"方位"与"数理关系"的玉版——含山出土玉版小论》，安徽省文物考古研究所编《凌家滩文化研究》，文物出版社 2006 年版，第 21 页。

三　南岳为古天文历法中心原因分析

古人为何以南岳为天文观测中心？这里所谓的南岳，包括湘北幕阜山、湘东凤凰山、湘西北诸山，有所谓七十二峰，七十二也非确指，泛指诸山。至今，幕阜山仍被称为天岳，澧县城头山古城所在的村名为"南岳"村，攸县凤凰山也有南岳庙，这些都是古南岳地域的遗存。

南岳之所以成为上古天文观测中心，除了上文所论是上古帝王及大天文官所居的地方等理由之外，还因为这里是中国人观测天象的最理想场所。我们知道，除赤道附近一夜间可观测到全部星宿外，愈往两极，所见到的星星愈少，而两极地区的观测者甚至在长达半年之久的夜晚只能看到半个天空的星星，其他纬度地方（例如，地理纬度为 φ 的观测者永远看不到恒隐圈中的星星 ［即赤纬 $\delta \leqslant -(90°-\varphi)$ 的星］，地理纬度越高的地方，看到的星数越少。[①] 而在赤道附近观测亦不太理想，因为此地所见北极星在地平线上，难以观测到。古人观天象最重要的是观测北斗。再说，二十八宿全在赤道南北 40 度的天域之内，南岳纬度为北纬 27 度，既能很好地观察北斗又能很好地观察二十八宿，且南岳居东西之中，故在南岳观天象最为方便、有效。若在黄河以北（北纬 35 度以上）观察星宿，则老人、天社、南门等星宿（约在南纬 55 度以上的天空）无疑是看不到的，而《本草经》载"天有九门，中道最良，日月行之。名曰国皇，字曰老人，出见南方……神农乃同其尝药以救人命"[②]。可见，神农向南迁徙的起点必在北纬 35 度以南，否则无法看到老人星。若天文中心在江浙或四川则又太偏于东或西，不能很好地反映中国之天时。古五帝之境北至幽都，南至交趾，西至三危，东至于海，故南岳为华夏之中心。

小　结

"河图""洛书"互为表里，是《易》的数理表达式，是古人制作历

---

①　洪韵芳主编：《天文爱好者手册》，四川辞书出版社 1999 年版，第 319 页。

②　（明）董斯张撰：《广博物志》（卷四十一），《文渊阁四库全书电子版》，上海人民出版社、迪志文化出版有限公司 1999 年版。

书的两种工具，"河图"表"五行"相生，"洛书"表"五行"相克。古"河图""洛书"刻录在璧玉、龟甲之上，原称"录图"，只有天子才能拥有，故又通称"皇图"。古之天子禅位时要举行一个"河出图、洛出书"的交接仪式，尧舜禹禅位的河、洛非指今黄河、洛水，而是指古刘河和渌水，是古都长沙南北的两条湘江支流，湖南南岳一带为上古天文科技中心，今攸县有皇图岭、禹门洞、平阳、天台山，浏阳有首禅山等即其遗迹。

第 八 章

▼

先秦空间观：星宿与地域的对应

二十八宿、十二次与地域对应，是中国古代史书中的一大传统。较早记载分野的是《国语·周语下》，云："昔武王伐殷，岁在鹑火……岁之所在，则我有周之分野也。"[①] 直到清代编地方志，各地还有某地入某某宿多少度的说法，即用星宿表达地理位置。可见，分野是中国古代一种非常重要的理论。古人没有测绘地图的精密仪器，最简单有效的办法是通过天文来表达地理，因而将星宿与地域一一对应。弄清这个原理，对于我们研究上古史极为重要，尤其是研究传说史中的地名。因为，地名常变动乃至消失，而用星宿来考察上古地望就是一种行之有效的方法。如：黄帝所生之"寿丘"，虞舜避丹朱于"南河之南"，这类地名已很难从古地理书中找到答案，而用古天地对应的理论就能很好地解决。而且上古的"东南西北"最先是表达时间"春夏秋冬"的，后来才用来表达地理方位，而古代春夏秋冬与建子、建丑、建寅这"三正"有关，这又影响到地理的"方位"，如上古的"东夷"有时并不指正东，而应指东南；上古的齐国，本来在正东，可《山海经》里称之为"北齐"。总之，研究这个课题的意义重大。

那么，古人为什么建立这种对应？按什么原则建立这种对应？它是否科学？历代学者多有怀疑："乃若天以阳动，地以阴凝，变主于上，祥应于下，北方之宿，返主吴越，火午之辰，更在周邦；且天度均列，而分野殊形，一次所主，或绵亘万里，跨涉数州，或止在阃内，不布一郡，而灵感遥通，有若影响，故非末学，未能详之。"[②]

———————

① 徐元诰撰，王树民、沈长云点校：《国语集解》，中华书局 2002 年版，第 123—125 页。
② （唐）李淳风：《乙巳占》（卷三），转引自李零《中国方术概观·占星卷》（上），人民中国出版社 1993 年版，第 64 页。

王德昌等在解释十二分野时说：中国古时称木星为岁星，它运动一周天的时间约十二年（实际是 11.86 年），每年基本上经过十二辰中的一个辰，因此统治阶级在受封地的臣侯分封时，将岁星所在星次列为受封地的分野，据《名义考》说："古者封国皆有分星，以观妖祥……受封之日，岁星所在之辰，其国属焉。"[①]

而笔者查《国语·晋语四》："元年始授，实沈之星也。实沈之虚，晋人是居，所以兴也……君之行也，岁在大火。大火，阏伯之星也，是谓大辰。"[②]《左传·昭公元年》："迁实沈于大夏，主参，唐人是因，以服事夏、商……及成王灭唐，而封大叔焉，故参为晋星。"[③] 此二书皆认为实沈之后是唐人，之后是晋人。按上述理论晋宜对应"大火"之次，可是，众所周知，晋对应的是实沈之次。而且国名变化，其国土所对应的星宿不变。如：与参宿相对应的国土，先是大夏，再是唐，再是晋。又如：《汉书·地理志》云："宋地，房、心之分壄也……宋虽灭，本大国，故自为分壄。"又如陈为楚所灭，属楚国，按上述理论应与楚同对应轸翼二宿，可是按分野说，陈与郑、韩对应同一星宿。故班固说："自胡公后二十三世为楚所灭。陈虽属楚，于天文自若其故。"[④] 可见天上的星宿与地面上的某一区域建立了牢固的对应关系。陈久金作《华夏族群的图腾崇拜与四象概念的形成》[⑤] 则认为四象及恒星分野源于图腾崇拜，此说尚可商榷，而且他没有论证十二分野的科学性。本章拟就有关天地对应的科学性问题试作如下论证。

第一节　分野对应原则

要弄清星宿与地域的对应，必先探索其对应的原则。为了弄清其对

---

① 王德昌、东一雄、黄步青：《常熟石刻天文图》，陈美东主编《中国古星图》，辽宁教育出版社 1996 年版，第 127 页。

② 徐元诰撰，王树民、沈长云点校：《国语集解》，中华书局 2002 年版，第 344 页。

③ 杨伯峻编著：《春秋左传注》，中华书局 1981 年版，第 1218 页。

④ （汉）班固撰，（唐）颜师古注：《汉书》（简体字本），中华书局 1999 年版，第 1325—1326、1319 页。

⑤ 陈久金：《华夏族群的图腾崇拜与四象概念的形成》，《自然科学史研究》1992 年第 1 期。后收入《陈久金集》，黑龙江教育出版社 1993 年版，第 107—132 页。

应原则，不妨先考以古书记载：

一　方位对应原则的迹象

《淮南子·天文训》："何谓九野？中央曰钧天，其星角、亢、氐；东方曰苍天，其星房、心、尾；东北曰变天，其星箕、斗、牵牛；北方曰玄天，其星须女、虚、危、营室；西北方曰幽天，其星东壁、奎、娄；西方曰颢天，其星胃、昴、毕；西南方曰朱天，其星觜巂、参、东井；南方曰炎天，其星舆鬼、柳、七星；东南方曰阳天，其星张、翼、轸。"其《坠形训》又曰："何谓九州？东南神州曰农土，正南次州曰沃土，西南戎州曰滔土，正西弇州曰并土，正中冀州曰中土，西北台州曰肥土，正北泲州曰成土，东北薄州曰隐土，正东阳州曰申土。"[①] 可见，九方天对应九方土。由此可知，古分野对应的基本法则是按方位对应的（按：天之东南西北即指天时之春夏秋冬四季）。即东方天（春天）对应东方土，余类推。

那么，十二次与十二州（国）的对应是否是方位对应？按天之九野与地面对应的原则，十二次与地面的对应亦当如此。只不过随时代的变迁，人口的迁徙，至春秋战国时，有些州国的对应好像不以十二次为方位对应罢了。

所谓的天，其实是没有"方位"的。二十八宿围北极星成一大圆，从地球上看星宿东升西落，一个时刻只能看到半个圆以内的星宿。因此，所谓天之东南西北四方其实最先是指春夏秋冬四季，后世才用于表达地上之方位。而一年之始有所谓建子、建丑、建寅三制。因此，天之"方位"随"三正"之变而变，若建子，则天之"方位"（季节）与地之方位正合，若建丑则偏约 30 度，若建寅，则偏约 60 度。即天之东方（春季）对应地之东南方了，余类推。（图 8-1 所示为夏历，则偏 60 度）。

所谓"十二州（国）"是指当时天子所辖国土的十二块土地之名，这十二块地与春秋时十二"国"国名相同，但并不囿于那个"国界"，春秋时的十二国是因为分立在这古老的十二块地域才以这个地名为国名的。正如王充所云："唐、虞、夏、殷、周者，土地之名。尧以唐侯嗣

---

① 何宁撰：《淮南子集释》，中华书局 1998 年版，第 180—183、312—313 页。

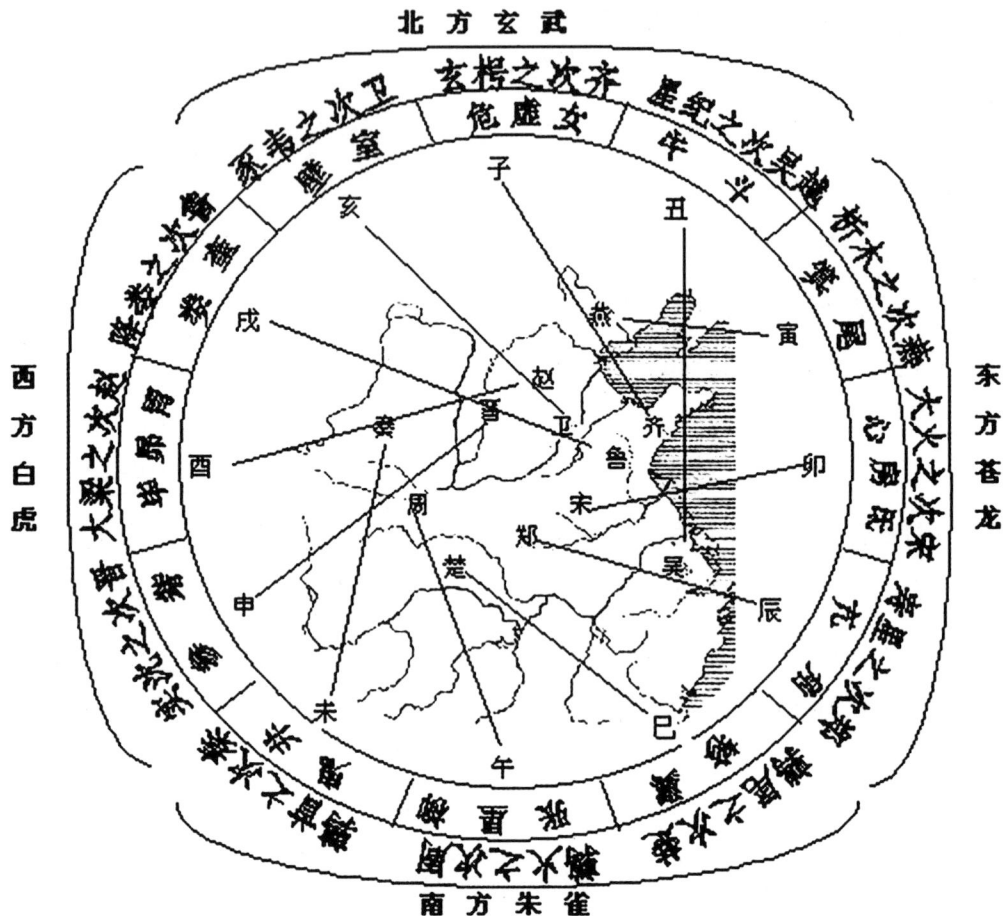

图 8-1 上古星宿与地域对应示意图

位，舜从虞地得达……皆本所兴昌之地，重本不忘始，故以为号……犹秦之为秦，汉之为汉。秦起于秦，汉兴于汉中，故曰犹秦汉。犹王莽从新都侯起，故曰亡新。"① 秦是周的附庸，至襄公始封为诸侯，但在秦成为诸侯之前就有"秦"这个地名。可见是先有与鹑首之次相对应的秦地，再有建立在秦地之上的秦国。疑古派认为十二次对应了春秋时的十二国名，因而分野理论是春秋以后的事。这无疑是没有根据的。其实这十二个地名早就有，春秋时沿用而已。再说春秋又何止十二国？

二 关于十二分野的具体记载

关于十二次与十二地域的对应，我们也从有关文献记载着手。《史

---

① 黄晖撰：《论衡校释》，中华书局 1990 年版，第 1141—1145 页。

记·天官书》："自初生民以来，世主曷尝不历日月星辰？及至五家、三代，绍而明之，内冠带，外夷狄，分中国为十有二州，仰则观象于天，俯则法类于地。天则有日月，地则有阴阳。天有五星，地有五行。天则有列宿，地则有州域。"① 可见，十二次与中国之十二地域是一一对应的。天上的十二次划尽了 365.25 度的全周天，因此，十二地域亦当涵盖全天下（当时的地理概念以中国及九夷、八狄、七戎、六蛮为天下之范围），② 因此，古帝王称天子。邹衍等所言的大九州，是战国以后的事，上古帝王所不知，故十二分野未将其列入。

二十八宿、十二次与"天下"之对应，可从《史记·天官书》中找到其原形："角、亢、氐，兖州。房、心，豫州。尾、箕，幽州。斗，江、湖。牵牛、婺女，杨州。虚、危，青州。营室至东壁，并州。奎、娄、胃，徐州。昴、毕，冀州。觜觿、参，益州。东井、舆鬼，雍州。柳、七星、张，三河。翼、轸，荆州。"笔者按：此对应有所错漏，《史记正义》作了纠正，说："韩地，角、亢、氐之分壄，韩分晋，得南阳郡及颍川之父城、定陵、襄城、颍阳、颍阴、长社、阳翟、郏；东接汝南，西接弘农，得新安、宜阳、郑，今河南之新郑及成皋、荥阳，颍川之崇高、阳城。"③ 可见，与角、亢、氐对应的是韩，并以郑为中心。因此，下文或以"郑"名代替韩地，以体现精确的对应关系。此中若将斗、牛、女合对吴越，便是十二次之对应。《汉书·地理志》引刘向云："秦地，于天官东井、舆鬼之分壄也……魏地，觜觿、参之分野也……周地，柳、七星、张之分野也……韩地，角、亢、氐之分野也……赵地，昴、毕之分壄……燕地，尾、箕分壄也……齐地，虚、危之分壄也……鲁地，奎、娄之分壄也……宋地，房、心之分壄也……卫地，营室、东壁之分壄也……楚地，翼、轸之分壄也……吴地，斗分壄也……粤地，牵牛、婺女之分壄也。"④

以上便是流传至今的十二分野之本，后世因之，除十二次之起点有

---

① （汉）司马迁撰，（宋）裴骃集解，（唐）司马贞索隐，（唐）张守节正义：《史记》（简体字本），中华书局 1999 年版，第 1152—1153 页。

② （晋）郭璞校注：《尔雅》，浙江古籍出版社 2011 年版，第 41—42 页。

③ （汉）司马迁撰，（宋）裴骃集解，（唐）司马贞索隐，（唐）张守节正义：《史记》（简体字本），中华书局 1999 年版，第 1144、2529 页。

④ （汉）班固撰，（唐）颜师古注：《汉书》（简体字本），中华书局 1999 年版，第 1310—1329 页。

的从星纪起算，有的从玄枵起算及各次度数略有出入外，其他均同。而《帝王世纪·分野》所述较详，时代又较早，故引述于下：

及黄帝受命，始作舟车，以济不通。及推分星次，以定律度。

自斗十一度至婺女七度，一名须女，曰星纪之次，于辰在丑，谓之赤奋若，于律为黄钟，斗建在子，今吴、越分野。

自婺女八度至危十六度，曰玄枵之次，一曰天鼋，于辰在子，谓之困敦，于律为大吕，斗建在丑，今齐分野。

自危十七度至奎四度，曰豕韦之次，一名娵訾，于辰在亥，谓之大渊献，于律为太簇，斗建在寅，今卫分野。

自奎五度至胃六度，曰降娄之次，于辰在戌，谓之阉茂，于律为夹钟，斗建在卯，今鲁分野。

自胃七度至毕十一度，曰大梁之次，于辰在酉，谓之作噩，于律为姑洗，斗建在辰，今赵分野。

自毕十二度至东井十五度，曰实沈之次，于辰在申，谓之涒滩，于律为中吕，斗建在巳，今晋、魏分野。

自井十六度至柳八度，曰鹑首之次，于辰在未，谓之叶洽，于律为蕤宾，斗建在午，今秦分野。

自柳九度至张十七度，曰鹑火之次，于辰在午，谓之敦牂，一名大律，于律为林钟，斗建在未，今周分野。

自张十八度至轸十一度，曰鹑尾之次，于辰在巳，谓之大荒落，于律为夷则，斗建在申，今楚分野。

自轸十二度至氐四度，曰寿星之次，于辰在辰，谓之执徐，于律为南吕，斗建在酉，今韩分野。

自氐五度至尾九度，曰大火之次，于辰在卯，谓之单阏，于律为无射，斗建在戌，今宋分野。

自尾十度至斗十度百三十五分而终，曰析木之次，于辰在寅，谓之摄提格，于律为应钟，斗建在亥，今燕分野。

凡天有十二次，日月之所躔也。地有十二分，王侯之所国也。故四方方七宿，四七二十八宿，合一百八十二星。东方苍龙三十二星，七十五度。北方玄武三十五星，九十八度四分度之一。西方白虎五十一星，八十度。南方朱雀六十四星，百一十二度。周天三百六十五度四分度之一。一度二千九百三十二星，分为十二次，一次三十度三十二分度之十四，各以附其七宿间。距周天积百七万九百一十三里，径三十五万六千九百九十一里。阳道左行，故太岁右转。凡中外官常明者百二十四，可名者三百二十，合二千五百星。微星之数，凡万一千五百二十星。万物所受，咸系命焉。此黄帝创制之大略也。①

皇甫谧之分野说与《史记》《汉书》实质一样，只是他将"阳道""太岁"分成两个用十二支表示的方向相反的系统，与以前有别。

三　十二分野原理探索

对于以上之分野，学者多疑。具体可见《路史·星次说》。考学者之所疑，大概是没有弄清十二分野的对应原则，也不知为何要有这些原则，又没用变动的观点来研究分野。所谓"变动"包括如下几点：第一，分野占星原本是确定农时用的，后来染上了许多神学色彩，使人产生了错觉；第二，后世之国民由某地迁往另一地，带去了原居土地之名，因而引起了地名的混乱；第三，同一地点，国号数变而分野仍旧。

为弄清分野对应规则，我们不妨将二十八宿、十二次形成的一个大圆覆盖在"春秋形势图"上，得出如图 8-1 之对应。我们会发现，除燕、鲁有些特别外，其他各地与对应的宿、次排列是很有规律的。那么为何燕、鲁有些特别呢？其实，燕本在今山东西南及安徽一带，《史记·燕召公世家》："周武王灭纣，封召公于北燕"②（实际是在成王以后封召公之子，详下），说明还有南燕。燕即偃（奄），如：北京房山琉璃河有北燕国古城址和古墓葬，并出土不少有"匽侯"铭文的青铜器，证明燕字与"匽"字相通。今山东曲阜至安徽六安一带，居住着皋陶后裔，偃姓。如《世本校辑》云："皋陶出于少昊，其后为六，偃姓。"又如《帝王世纪·夏》云："皋陶生于曲阜。曲阜，偃地，故帝因之，而

---

①　（晋）皇甫谧撰，（清）宋翔凤、钱宝塘辑，刘晓东校点：《帝王世纪》，辽宁教育出版社 1997 年版，第 50—51 页。

②　（汉）司马迁撰，（宋）裴骃集解，（唐）司马贞索隐，（唐）张守节正义：《史记》（简体字本），中华书局 1999 年版，第 1293 页。

以赐姓曰偃。"① 可见十二次分野中的古燕宜在曲阜至安徽一带。而鲁则宜在今北京附近，即后世所谓的燕（北燕）。据史载，在夏代就有古鲁地之名，这与尧后裔刘累有关。刘累是帝尧陶唐氏的后裔，生于夏朝后期。《左传·昭公二十九年》："陶唐氏既衰，其后有刘累，学扰（驯养）龙于豢龙氏，以事孔甲，能饮食之。夏后嘉之，赐氏曰御龙。以更豕韦之后。龙一雌死，潜醢以食夏后。夏后飨之，既而使求之。惧而迁于鲁县，范氏其后也。"② 《史记·夏本纪》也有同样记载。《水经注》卷三十一云："尧之末孙刘累，以龙食帝孔甲，孔甲又求之，不得，累惧而迁于鲁县，立尧祠于西山，谓之尧山。"③ 而后刘累后裔又被周成王封于北京附近，将鲁地名带到新地。

我国台湾三民书局《大辞典》第 400 页对"刘"的解释的："刘，地名"，帝尧陶唐氏后裔的封地，在今河北唐县。宋代郑樵的《通志·氏族略·以邑为姓》"刘"条也说："帝尧陶唐之后，受封于刘。其地今定州唐县也。裔孙刘氏以能扰龙，事夏后孔甲为御龙氏，在商为豕韦氏，在周为唐杜氏，亦为杜伯……至宣王灭其国。"④ 这个唐也或称为蓟。《史记·周本纪》载："武王追思先圣王，乃褒封神农之后于焦，黄帝之后于祝，帝尧之后于蓟，帝舜之后于陈，大禹之后于杞。"⑤

关于周初鲁、燕二国的分封问题，多认为周武王时周公、召公畿内有封，不可能在周初即封鲁、燕，待完全克商之后，再将周公之子封于偃（南燕）并定国名为鲁，召公之子封于刘氏旧地蓟（因刘累曾迁鲁故又称鲁，十二次中对应"鲁"的降娄之次同时对应古徐州，至今北京西还有徐水即证。）并将国名定为燕（北燕）。⑥

---

① （晋）皇甫谧撰，（清）宋翔凤、钱宝塘辑，刘晓东校点：《帝王世纪》，辽宁教育出版社 1997 年版，第 18 页。

② 杨伯峻编著：《春秋左传注》，中华书局 1981 年版，第 1501—1502 页。

③ （北魏）郦道元注，（清）杨守敬、熊会贞疏，段熙仲点校，陈桥驿复校：《水经注疏》，江苏古籍出版社 1989 年版，第 2579 页。

④ （宋）郑樵撰：《通志》，中华书局 1987 年版，第 455 页。

⑤ （汉）司马迁撰，（宋）裴骃集解，（唐）司马贞索隐，（唐）张守节正义：《史记》（简体字本），中华书局 1999 年版，第 92 页。

⑥ 参见任伟《西周封国考疑》，社会科学文献出版社 2004 年版；参见张京华《燕赵文化》（中篇·召公之治，得兆民和——有关周初召公封燕的疑问），辽宁教育出版社 1998 年版。

　　由于对燕、鲁两个地名的混淆，后世所传之天地对应将燕与鲁颠倒了，应将其改正，即奎娄二宿宜对应蓟或鲁（幽州，在今北京附近），箕尾二宿宜对应偃（即南燕，为徐州，在曲阜至安徽一带）。于是，我们将十二次与十二州（国）的对应修改为图8-2。这样，整齐的对应原则便显现出来。因此，我们认为十二次的对应当为周武王之前的对应。

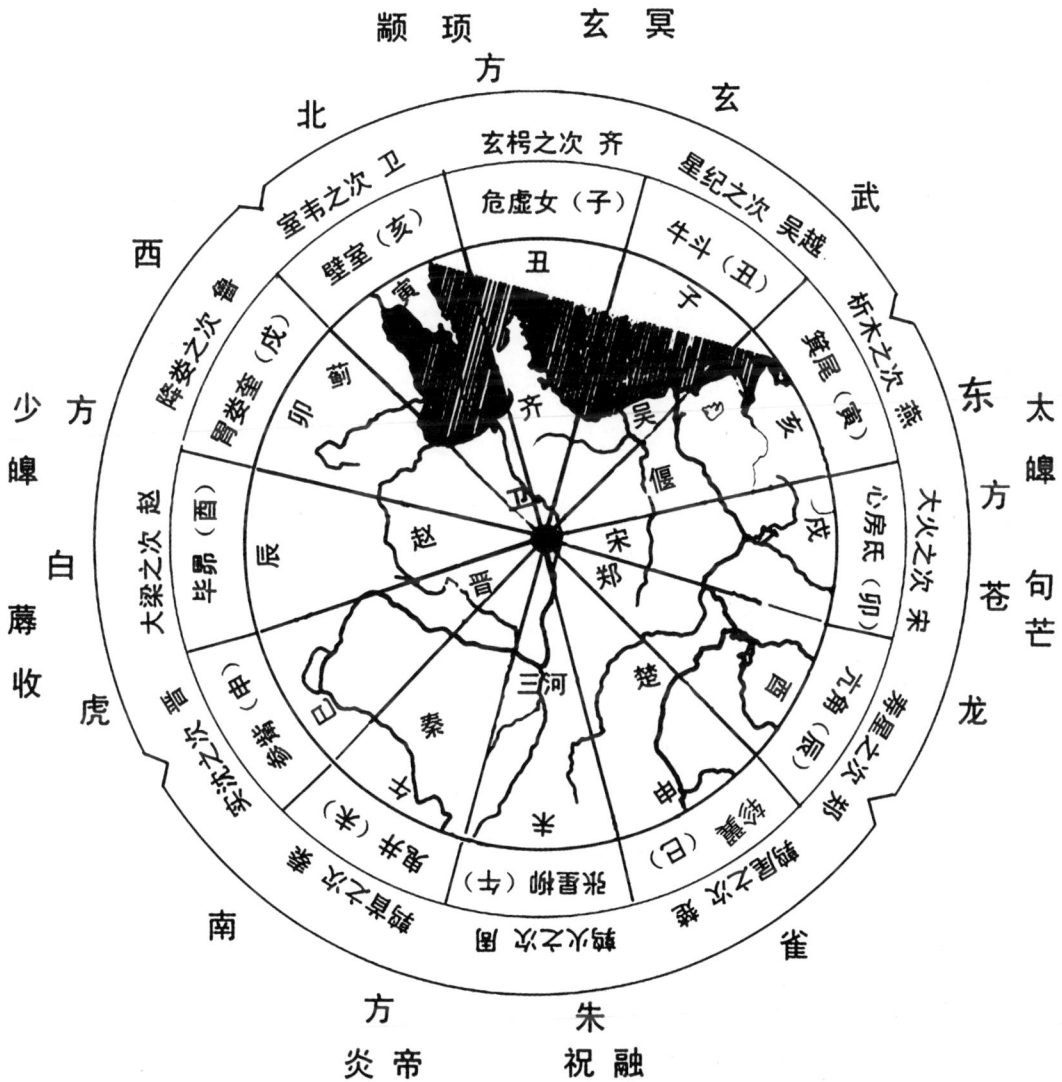

图8-2　星宿与商末周初地域对应示意图

注：此图仅为示意图，因为：其一，一年之天度为365.25度要表现在360度的圆中；其二，黄赤交角影响度数；其三，岁差影响不同时期的度数。

第二节　对应的科学性分析

星地对应可以得到科学解释。它主要体现在纬度位置、经度位置有序对应上。

一　纬度位置对应

这首先可从二十八宿及十二地所处的纬度位置得到反映。如图 8-3（它是汉代皇家星图①——由薄树人据东汉天文家蔡邕《月令章句》描绘）所示，与楚对应的翼、轸，与吴越对应的斗、牛，与宋对应的房、心、氐，与郑（韩）对应的角、亢、氐均在黄道或赤道之南，而与齐、卫、鲁、赵、秦等北部地区对应的星宿则在赤道或黄道之北。所以要如此对应，完全是为了观察星宿的方便。于是，我们大体可以知道古帝王分封诸侯的时候还要分星宿的原因——即古天子谨授民时，告示各诸侯国应以其最方便观察的星宿来确定农时。《左传·襄公九年》记载："陶唐氏之火正阏伯居商丘，祀大火，而火纪时焉。相土因之，故商主大火。"《左传·昭公元年》又载："昔高辛氏有二子，伯曰阏伯，季曰实沈，居于旷林，不相能也，日寻干戈，以相征讨。后帝不臧，迁阏伯于商丘，主辰。商人是因，故辰为商星。迁实沈于大夏，主参，唐人是因，以服事夏、商。"② 可见，宋地人（商裔）世世代代以大火星定农时季节，唐人则以参宿。因此，各地域之所以要对应一定星宿，完全是定农时观天象的需要，以便于观察为原则。于是我们也可以从科学意义上说明召公之北燕不能对应箕尾二宿的理由。北燕所居地的纬度在北纬 40—45 度，而尾宿在南纬 43 度左右，北燕之地看到的尾宿基本在地平线上，很难看清，那该怎么观察？

为了更直观地反映这种对应的原则，我们将星、地对应作一幅水平图，如图 8-4：其上部分以北纬 35 度为基线，将不同纬度的十二块地名

---

① 薄树人：《中国古星图概要》，陈美东主编《中国古星图》，辽宁教育出版社 1996 年版，第 8 页。

② 杨伯峻编著：《春秋左传注》，中华书局 1981 年版，第 964、1217—1218 页。

标示于基线上下。其下部分是以赤道为基线，将二十八宿按不同的纬度位置标示其上（下部星图据图 8-3 汉代二十八宿图改作），我们会惊讶地发现，两条曲线是如此地吻合，天地对应的原则得到完美体现。从图上可知，十二地域与对应星宿各相差约 35°，亦即各地观察对应星宿升到南天最高处时，该星宿在正南约 55°（即 90°–35°）的高度。

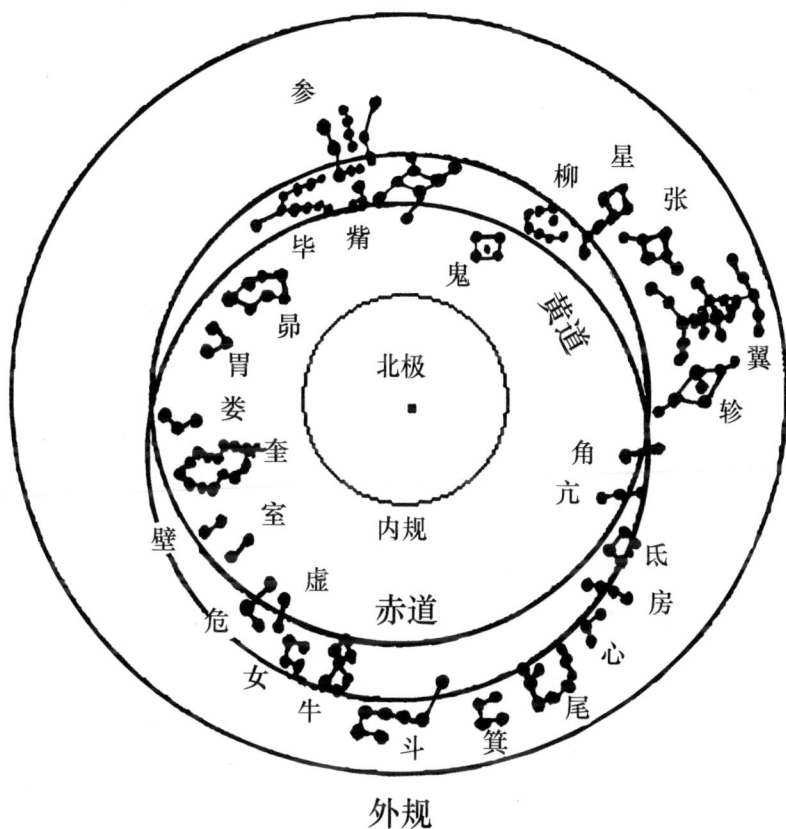

图 8-3　汉代二十八宿图

　　纬度对应还可从以下例子进一步得到印证。如：《乙巳占·分野》："胡人事天，以昴星为主。"[1] 胡人在赵之北，故与赵一样以昴星为主。上文所及，与北方（北纬 35 度之北）之地对应的星宿皆在赤道以北，与南方（北纬 35 度以南）对应的星宿皆在赤道以南。但与晋对应的参宿却布于赤道南北之天空，这是为什么？那是因为参宿不但对应晋，古人又曾以

　　① （唐）李淳风：《乙巳占》（卷三），转引自李零《中国方术概观·占星卷》（上），人民中国出版社 1993 年版，第 65 页。

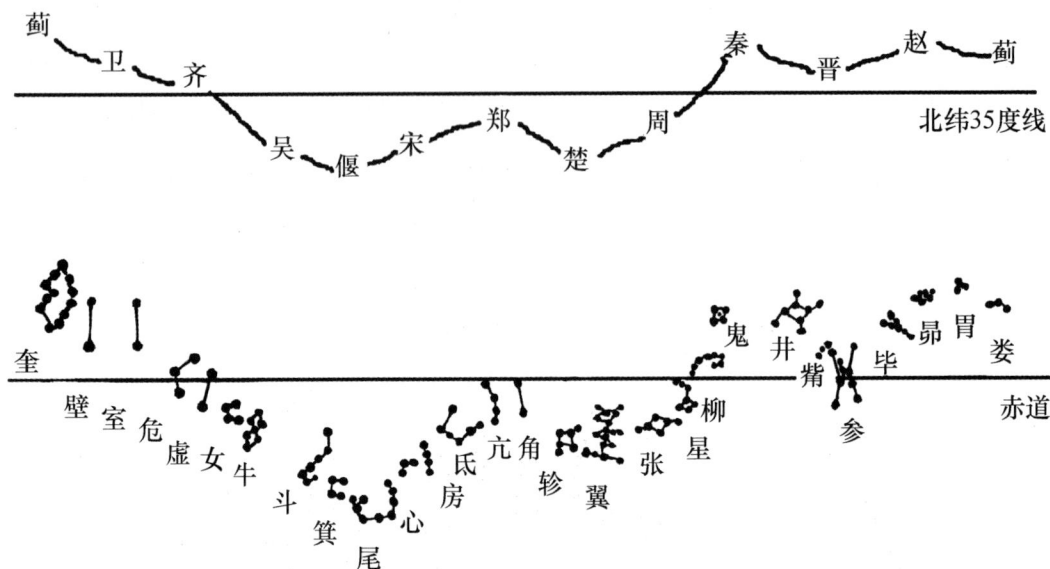

图 8-4 二十八宿与地域对应纬度位置图

参星对应古益州，今四川地区。这样，参宿跨赤道南北，晋与益州也跨地上之南北。周、齐在北纬 35 度南北，其对应之星也分别介于赤道南北。

二 经度位置对应

我们知道，赤道与黄道一年在春分与秋分相交两次，古人为便于观察，从秋分相交位置的角宿开始计算二十八宿，依次是角、亢、氐、房……翼、轸。角宿又是北斗斗柄所指，古人据此以定时节。《汉书·天文志》载："大角……曰摄提。摄提者，直斗柄所指，以建时节。"[①] 北斗的指向是确定季节的重要依据。为了便于观察北斗的指向，古人以大地为基准，确定了子丑寅卯……戌亥等十二个方位，这十二个方位大体就是十二块地的方位（参见图 8-2，圆内之地支为斗建之地支）。然后斗柄每移动一个方位即一个次，时间就过去一个月。这个原理就如同当今的钟表，钟面有十二格（如十二块地），指针（如同北斗）所指的方位则反映时间。那么以哪个月为正月呢？确定正月，古人以冬至为标准，仲冬之月（夏历十一月），日至短，此月斗宿（南斗）早晨从东方升起。

---

① （汉）班固撰，（唐）颜师古注：《汉书》（简体字本），中华书局 1999 年版，第 1053 页。

北斗指向大地的"子"的位置，若以此月为正月则为建子，而众所周知，夏历是从斗柄指向寅作为正月的，比子之月晚了两个月。

这种对应可从《淮南子·天文训》找到依据："太阴在寅，岁名曰摄提格。其雄为岁星，舍斗、牵牛，以十一月与之晨出东方，东井、舆鬼为对。太阴在卯……岁星舍须女、虚、危，以十二月与之晨出东方，柳、七星、张为对。太阴在辰……岁星舍营室、东壁，以正月与之晨出东方。翼、轸为对。太阴在巳……岁星舍奎、娄，以二月与之晨出东方，角、亢为对。太阴在午……岁星舍胃、昴、毕，以三月与之晨出东方，氐、房、心为对。太阴在未……岁星舍觜巂、参，以四月与之晨出东方，尾、箕为对。太阴在申……岁星舍东井、舆鬼，以五月与之晨出东方，斗、牵牛为对。太阴在酉……岁星舍柳、七星、张，以六月与之晨出东方，须女、虚、危为对。太阴在戌……岁星舍翼、轸，以七月与之晨出东方，营室、东壁为对。太阴在亥……岁星舍角、亢，以八月与之晨出东方，奎、娄为对。太阴在子……岁星舍氐、房、心，以九月与之晨出东方，胃、昴、毕为对。太阴在丑……岁星舍尾、箕，以十月与之晨出东方，觜巂、参为对。"①

从以上记载可以看出，各月所对应的星宿，均在当月早晨从东方升起，而且"岁星"与之"晨出东方"。这大概就是古人所说的"岁星所在之辰"。

但这个"早晨"的时间不是固定的，夏天在4—5点，冬天在6—7点。《吕氏春秋》《礼记·月令》记载：孟春之月（正月），"日在营室，昏参中，旦尾中"；仲春之月（二月），"日在奎，昏弧中，旦建星中"；季春之月（三月），"日在胃，昏七星中，旦牵牛中"；孟夏之月（四月），"日在毕，昏翼中，旦婺女中"；仲夏之月（五月），"日在东井，昏亢中，旦危中"；季夏之月（六月），"日在柳，昏火中，旦奎中"；孟秋之月（七月），"日在翼，昏建星中，旦毕中"；仲秋之月（八月），"日在角，昏牵牛中，旦觜巂中"；季秋之月（九月），"日在房，昏虚中，旦柳中"；孟冬之月（十月），"日在尾，昏危中，旦七星中"；仲冬之月（十一月），"日在斗，昏东壁中，旦轸中"；季冬之月（十二月），"日在婺女，昏娄

---

① 何宁撰：《淮南子集释》，中华书局1998年版，第262—267页。

中，旦氐中"。① 由此可知，从晚至晨星宿每夜"移动"的度数在每个月是不同的。例如：仲夏之月，从昏至旦升于中天的星宿，从亢（9/2 度）至氐、房、心、尾、箕、斗、牛、女、虚、危（12/2 度）共历 123.25 度，（昏旦见于中天之亢、危各取度数之半，下同）需 8 小时 13 分，以黑夜之中为 0 点，则傍晚天黑在 19 时 53 分，早晨天亮在 4 时 7 分。按此，我们将 12 个月的昏旦时刻计算并列表于下（各星宿度数为角 12、亢 9、氐 15、房 5、心 5、尾 18、箕 11.25、斗 26、牵牛 8、须女 12、虚 10、危 17、营室 16、东壁 9、奎 16、娄 12、胃 14、昴 11、毕 16、觜巂 2、参 9、东井 33、舆鬼 4、柳 15、星 7、张 18、翼 18、轸 17）。②

从表 8-1 可以很明确地认识到，早晨观星的时间在不同季节是不同

表 8-1　　古观测地早晨看到相应月份对应星宿在东方升起之时刻表

月份	夏历月	对应地	夜跨天度度数	夜历时间（小时）	昏旦中天星宿度数之和	傍晚天黑时刻	早上看到各月对应星宿从东方升起之时刻	
孟春	1	卫	171.5	11.43	27	6:17	5:43	说明
仲春	2	蓟	183.75	12.25	59	5:53	6:07	1. 昏旦中天星宿按度数之半计算，因各星宿所跨度数不均，2、7、8 月尤甚，第 6 列列出以供参考；
季春	3	赵	161.75	10.78	18	6:36	5:24	
孟夏	4	晋	141.25	9.42	30	7:17	4:43	
仲夏	5	秦	123.25	8.22	26	7:53	4:07	2. 按当地时间，以黑夜之中为晚上 0 点；
季夏	6	周	137.75	9.17	21	7:25	4:35	3. 仲春之月的弧、建星二宿，28 宿中无，参照井与斗，但不准确。
孟秋	7	楚	146	9.73	42	7:08	4:52	
仲秋	8	郑	138	9.2	10	7:24	4:36	
季秋	9	宋	171.5	11.43	25	6:17	5:43	
孟冬	10	偃	169	11.27	20	6:22	5:38	
仲冬	11	吴	188	12.53	26	5:44	6:16	
季冬	12	齐	198.5	13.23	27	5:23	6:37	

---

① （清）阮元校刻：《十三经注疏·礼记正义》，中华书局 1980 年版，第 1352—1383 页。
② 相关记载参见何宁撰《淮南子集释》，中华书局 1998 年版，第 271—272 页。

的，夏季在 4 点多，冬季在 6 点多，相差约 2 小时。我们还会发现：在东部的吴、齐、偃、卫、蓟、宋对应之月的星宿早晨升天迟于 5 : 30，而西部的秦、晋、周、赵、楚、郑等对应之月的星宿升天早于 5 : 30。而且愈往东愈迟，愈往西愈早。于是可以推断古人是想用东西时差平抑冬夏昼夜长短之时差。古代中国东至于海，西至三危（今敦煌），东西相差约 30 度，也有两个小时的时差。

从上表还可知，上卯时（5 : 30 左右）是适中的观星时间。赵、宋、卫、偃交界处的"商都"是中央观星地，因为此四地观星时间接近 5 : 30。于是我们可以断定，十二分野是以商都附近为观测点的，也可知此分野源于商代。

若天文官每月月中早晨 5 : 30（商代中央时间，下同）定时在商都观星宿，则对应星宿升天时间有偏差，有的月早于 5 : 30，有的月迟于 5 : 30。迟的月份如果有人同时在东部某地，或者早的月份如果有人同时在西部某地观星，则正好看见对应星宿从地平线上升起。古人常派人在不同地方观测，如《尧典》："乃命羲和，钦若昊天，历象日月星辰，敬授人时。分命羲仲，宅嵎夷，曰旸谷。寅宾出日，平秩东作。日中星鸟，以殷仲春……分命和仲，宅西，曰昧谷。寅饯纳日，平秩西成。宵中星虚，以殷仲秋"[①]。

我们试以仲夏、仲冬二月为例来说明之。以早晨 5 : 30 作为观星时间，以中央地商都为观测地。在仲冬之月（此月冬至，为夏历 11 月）15 日早晨 5 : 30 时，与此月对应的南斗、牵牛二宿尚未从东方升起（以二宿的中心位置为准，下同），如上表，要等到 6 : 16 以后才升于东方，而此时在吴地（其经度偏商都之东约 10 度）的观测者，则正好看到斗、牛二宿东升，因此，古天文家认为斗、牛二宿宜对应吴。若仲夏之月（此月夏至，为夏历 5 月）15 日早晨 5 : 30 在商都观星，与此月对应的东井、舆鬼二宿则早在 4 : 07 就升起东方，而等到 5 : 30，则此二宿又西移了 1 个多小时，此时在秦地（如敦煌偏商都之西约 20 度）观测则正好从东方升起，所以古天文家认为鬼、井二宿宜对应秦。十二地中的其他各地从至东、至西渐近商都，则在对应月观星的时间也渐近 5 : 30，

---

① （清）阮元校刻：《十三经注疏·尚书正义》，中华书局 1980 年版，第 119 页。

此为经度对应规则。

换个说法，即在不同的经度位置观测各月的对应星宿，可固定在中央时间上卯时（即中央时间 5：30 左右），此时，各地域正好看到对应星宿与"岁星"一道在对应月份从地平线升起。这不同的十二地域则正好分别对应十二次星宿。不过，南北同一经度的地域观星时间可能相同，那就要考虑上文说到的"纬度对应"。两条必须同时满足。

这样，分野从星纪之次（斗、牛，对应吴）开始，此为仲冬之月，然后，季冬、孟春、仲春、季春、孟夏依次对应齐、卫、鲁、赵、晋。自仲夏之月开始，季夏、孟秋、仲秋、季秋、孟冬又依次对应秦、周、楚、郑、宋、偃，因此星宿与地域的对应也是一年之中先自东向西而后又自西向东，前后相随为一循环。这种有序的对应正合上面所阐明的经度对应规则。古人分野之学真可谓科学！

至于十二地域内各郡县皆分某某宿多少度，我们认为也应是同样的原理，但分野之学传至后世，后世之人不明白此等原理（从《乙巳占（卷三）》可知，连唐代大天文学家李淳风都不明白），于是在分野中出现了很多混乱。

通过以上论证，我们可以将古代十二分野的原理通俗地表述于下：从十二分野考释中可知，周武王以前的天文官因各地观星定时的需要，以黄河（大约北纬 35 度）为界，将"天下"分成依次相连的 12 块（北六块，南六块，其中周齐兼跨南北），并依次代表 12 个方位，以对应北斗 12 个月所指的方位。远古二十八宿与地域的对应同时符合如下两条规则：第一，纬度对应规则，即"天下"靠南的地域对应靠南的星宿，靠北的地域对应靠北的星宿；第二，经度对应规则，即每月观察对应星宿从东方地平线上升起，不受冬夏昼夜长短变化的影响，皆可在古代"中央时间"的上卯时（5：30 左右）观测，只是应按经度位置变更 12 个观测地域，这不同的地域即对应不同的星宿。今传之十二分野当源于商代，其划分原理是科学的。

由于古书阙如，分野之说只见于春秋秦汉之际，但分野之学当传于远古。分野学说能帮助理解上古史的诸多疑问。

第三节　分野理论溯源与幕阜山为上古天文观测中心考

一　幕阜山为上古天文观测中心的理由

十二分野相当古老，以至于屈原都弄不清什么时候就有了，其《天问》云："天何所沓，十二焉分？"[①] 从很早的黄帝时代，即有对星宿的认识，就有了占星。占星，就务必确立星与地域及官制、人物等的对应关系，否则无法确定星的变异与人事的联系。因此可以说，从有占星之日起，就有"分野"的划分。《史记·天官书》云："昔之传天数者：高辛之前，重、黎；于唐、虞，羲、和；有夏，昆吾；殷商，巫咸；周室，史佚、苌弘；于宋，子韦；郑则裨竈；在齐，甘公；楚，唐昧，赵，尹皋；魏，石申。"其《历书》又云："黄帝考定星历，建立五行"[②]。可见，在黄帝时代，星历、占星之学便已兴起。《尚书·尧典》有尧派四人至四方观天象的记载，夏历成于帝尧之时，并指出一年有 366 天，证明其时已经有了正式的历法。制定历法的首要前提是测天象，而观测天象的前提是确立天体坐标，没有这样的坐标就无法描绘其他星宿的位置，因此，自从正式观天象之时开始，就应有二十八宿的坐标系。

长沙马王堆汉墓出土 29 种彗星图，各种彗星的周期不一，哈雷彗星 76 年出现一次，周期最短的恩克彗星 3.3 年出现一次。但自 1786 年发现彗星以来也只观测到大约 60 次，而且是用天文望远镜观测到的，古人用眼睛当然不会观测到每次彗星的出现。依据以上分析，29 种彗星当至少需要 3000 年的观测史。河南濮阳西水坡 45 号后冈一期文化墓葬左青龙右白虎、还有北斗的摆塑，就是后来二十八宿所形成的四天象中的两个象，再加上北斗等的摆塑，显示中国的天文、历法史至少在距今 6000 年以上。湖南高庙文化发现了典型的太阳鸟、八角星图案，这种八角星

---

① （宋）洪兴祖撰：《楚辞补注》，中华书局 1983 年版，第 87 页。

② （汉）司马迁撰，（宋）裴骃集解，（唐）司马贞索隐，（唐）张守节正义：《史记》（简体字本），中华书局 1999 年版，第 1153、1094 页。

图案学者多有论述，与新石器时代以来众多出土的八角星符号一样是古代"河图""洛书"，亦即历法工具的前身。四方与中间代表一年之五节，又代表着天圆地方的观念，[①] 说明 8000 年前即有了观象及历法活动。湖南道县玉蟾岩遗址的栽培水稻已经有近 2 万年的历史了，农业与季节有关，因而就有观天象定历法的需要。

唐代《乙巳占·分野》曰："自重黎之后，宜有其书，文纪绝灭，世莫得闻；今所行十二次者，汉光禄大夫刘向所撰也，班固列为《汉志》，群氏莫不宗焉；而言词简略，学者多疑。"[②] 从燕、鲁二地混淆的情况判断，后世所传之星、地对应当为周武王之前的对应，即在召公之子封北燕，周公之子封鲁以前的对应。至于后世一些地方志等书籍所载分野对应中存在的一些不合规律的细节问题，可能是因古今地名未弄清楚而致误，容以后再详加讨论。

无论是古代的分野，还是当今的时区划分，都有一个起点问题。例如，我们今天将地球上的时区划为 24 个时区，则是以通过英国伦敦格林威治天文台的那根经线为 0 度起点，即本初子午线。然后分为东十二区，西十二区。之所以以这根本初子午线为基准，是有其原因的。据查，1883 年 10 月在罗马召开第 7 届国际大地测量会议，会议决议："本初子午线必须是通过一级天文台的子午线，考虑到有 90% 的从事海外贸易的航海者已经以格林威治子午线为基准来计算船的位置（经度）这一实际情况，各国政府应采用格林威治子午线作为本初子午线。"这说明：第一，英国有个一级天文台；第二，事实上有 90% 的从事海外贸易的航海者已经以格林威治子午线为基准来计算船的位置（经度）这一实际情况，说明这个天文台有了极深的文化根基。同理，上古中国的州域、分星从哪里起算，也当有个文化根基的问题。从上引《淮南子·天文训》《史记·天官书》等有关天文古籍记载可知，皆从角宿起算，或曰皆从寿星之次起算。而且这个角宿、亢宿、氐宿所在的宫位称为"中宫"，即中央之宫，其他 25 宿则分别为东南西北四宫，可见"中宫"的地位。

---

① 参见贺刚《湘西史前遗存与中国古史传说》，岳麓书社 2013 年版，第 342—345 页。

② （唐）李淳风：《乙巳占》（卷三），转引自李零《中国方术概观·占星卷》（上），人民中国出版社 1993 年版，第 64 页。

《淮南子·天文训》："中央曰钧天，其星角、亢、氐"[①]。角、亢、氐三宿为何能成为中宫？因为黄道与赤道有两个交点，时间上正好是春分与秋分，昼夜平分。春分点处是娄宿，降娄之次，对应古蓟，即今北京、天津地区，但此地北纬40度左右，不便作为观测天象的好场所，娄宿未处赤道上空之"中"，因而不能称为中宫，它观测不到南纬50度以上的星宿，南纬40度以上的也难于观测。再说娄宿偏于赤道以北较远，星宿构图也不便观测。而秋分点是寿星及寿星之次的角、亢、氐三宿（参见图8-3、图8-4），角宿的亮星正处于与赤道垂直的上空（如图8-3）。王希明的《丹元子步天歌》中介绍角宿一段："东方角，两星南北正直著，中有平道上天田"[②]，也好观察。因此，上古之人观测天象当然首先要选择在二十八宿及十二次的起始之次——寿星之次所对应的郑（韩）及古长沙国。寿星之次自轸十二度至氐四度，也就是说，轸17度中有5度跨进了寿星之次，而这5度所对应的地域正好包括湘东地区。从图8-4可知，各地皆便于观测其南面比自身纬度位置低35度的星宿。即郑（韩）只适于便利地观察角、亢等赤道附近的星宿，而不便观测更南的翼、箕、尾等位于南方的星宿。[③] 北斗也接近郑（韩）之天顶，需全仰头，不便观测并辨别斗柄的方向，而湘鄂赣的幕阜山地区是江汉平原与洞庭湖平原及鄱阳湖平原的中心，其纬度28度左右，既能很好地观测北斗，又能很好地观测二十八宿，其又居东西之中。因此，湘东地区的幕阜山便成为古代观天象的首选之地。当然，这里的"中宫"是相对于中国而言的，在地球的其他地方观测，则各有各的"中"。幕阜山地区为"中"，并成为全中国的"中"，可

---

① 何宁撰：《淮南子集释》，中华书局1998年版，第180页。

② （唐）王希明：《步天歌》，任继愈主编《中国科学技术典籍通汇·天文卷》（第一分册），河南教育出版社1993年版，第115页。

③ 我们知道，除赤道附近一夜间可观测到全部星宿外，愈往两极，所见到的星星愈少，而两极地区的观测者甚至在长达半年之久的夜晚也只能看到半个天空里的星星，其他纬度地方（例如，地理纬度为φ的观测者永远看不到恒隐圈中的星星［即赤纬δ≤-（90°-φ）的星］，地理纬度越高的地方，看到的星数越少。而在赤道附近观测亦不太理想，因为此地所见北极星在地平线上，难以观测到，古人观天象最重要的是观测北斗，再说，二十八宿全在赤道南北40度的天域之内，幕阜山纬度为北纬28度，既能很好地观察北斗又能很好地观察二十八宿，若在黄河以北（北纬35度以上）观察星宿，则老人、天社、南门等星宿（约在南纬55度以上）是看不到的。

见幕阜山作为古代天文观测地在上古的重要地位。本书第七章论证上古历法工具"河图""洛书"的原生地也在南方，也可资证上古天文中心在幕阜山及南岳地区。①

二　上古帝王观象于幕阜山地区的文献记载

这种观测天象的中心在幕阜山，可追溯至伏羲时代。《周易·系辞下》："伏羲氏……仰以观于天文，俯以察于地理。是故知幽明之故。""仰则观象于天，俯则观法于地，观鸟兽之文，与地之宜。"② 伏羲陵，即《禹贡》之"东陵"，在幕阜山，已经有人专论，③ 本书就不再赘述。

颛顼后裔有两支在幕阜山至南岳一带主管天文，一是虞幕、虞舜一支，二是老童、祝融一支。这两支中都有著名天文官，如虞幕、祝融等等。关于这两支的世系与史迹有如下记载：

《左传·昭公八年》：

> 晋侯问于史赵曰："陈其遂亡乎！"对曰："未也。"公曰："何故？"对曰："陈，颛顼之族也，岁在鹑火，是以卒灭。陈将如之。今在析木之津，犹将复由。且陈氏得政于齐而后陈卒亡。自幕至于瞽瞍无违命，舜重之以明德，置德于遂。遂世守之。及胡公不淫，故周赐之姓，使祀虞帝。臣闻盛德必百世祀。虞之世数未也，继守将在齐，其兆既存矣。"④

这里清楚地表明，颛顼、幕、瞽瞍、舜为同一直系家族的成员。

罗泌在《路史·余论》中叙《吕梁碑》云：

> 吕梁碑，刘耽作，字为小篆，钩画讹泐间可认者仅六十言，耽于传无闻矣，据碑之言，皇帝登封之岁，则盖秦汉间人也，碑中叙纪虞帝之世云："舜祖幕，幕生穷蝉，穷蝉生敬康，敬康生乔牛，乔

---

① 刘俊男：《"河图""洛书"本义及原生地考论》，《湖南社会科学》2012年第1期。
② （清）阮元校刻：《十三经注疏·周易正义》，中华书局1980年版，第77、86页。
③ 陈砚发：《幕阜天岳伏羲氏之陵考辨》，《云梦学刊》2013年第5期。
④ 杨伯峻编著：《春秋左传注》，中华书局1981年版，第1305页。

牛生瞽瞍，瞽瞍产舜。"①

自幕至舜的世系更明确。
《国语·郑语》云：

> 夫成天地之大功者，其子孙未尝不章，虞、夏、商、周是也。虞幕能听协风，以成物乐者也。夏禹能单平水土，以品处庶类者也，商契能和合五教，以保于百姓者也，周弃能播殖百谷蔬，以衣食民人者也，其后皆为王公侯伯。祝融亦能昭显天地之光明，以生柔嘉材者也，其后八姓，于周未有侯伯②。

《吕氏春秋·古乐篇》（卷五）："帝尧立……瞽叟乃拌五弦之瑟，作以为十五弦之瑟，命之曰大章。"③ 可见，尧之《大章》之乐就是瞽叟所作。

上引《左传》《国语》，"幕"，皆属"虞"，或作虞幕，而虞，即吴，最早的"吴"在东南方，包括今天浙江至江西的广大地区。从虞舜开始，以幕阜山附近地区为其统治中心的。④

不光伏羲、虞舜以幕阜山附近地区为其统治中心，传说时代的神农、黄帝、青阳、帝喾、帝尧等诸古帝也是将两湖地区作为王畿的，详拙著《长江中游地区文明进程研究》第四章，又详《华夏上古史研究·冀州考》。⑤ 大天文学家祝融也在南岳一带观天象。按《史记·楚世家》："楚之先祖出自帝颛顼高阳。高阳者，黄帝之孙，昌意之子也。高阳生称，称生卷章，卷章生重黎。重黎为帝喾高辛居火正，甚有功，能光融天下，帝喾命曰祝融。共工氏作乱，帝喾使重黎诛之而不尽。帝乃以庚寅日诛重黎，而以其弟吴回为重黎后，复居火正，为祝融。"《史记·太史公自

---

① （宋）罗泌撰：《路史》，《影印文渊阁四库全书》（第三八三册），台湾商务印书馆1986年版，第620页。

② 徐元诰撰，王树民、沈长云点校：《国语集解》，中华书局2002年版，第466页。

③ 许维遹撰，梁运华整理：《吕氏春秋集释》，中华书局2009年版，第126页。

④ 刘俊男：《长江中游地区文明进程研究》，科学出版社2014年版，第339—357页。

⑤ 刘俊男：《华夏上古史研究》，延边大学出版社2000年版，第180—187页。

序》："昔在颛顼，命南正重以司天，（北）［火］（引者按《史记索引》改北字为火字）正黎以司地。唐虞之际，绍重黎之后，使复典之，至于夏商，故重黎氏世序天地。其在周，程伯休甫其后也。当周宣王时，失其守而为司马氏。"① 可见，五帝至三王之时，皆以重黎氏（祝融氏）家族为天文历法之官，司马迁也是其后裔，祝融氏家族居住在南岳一带。因此，五帝直到三代皆以幕阜山至衡山一带地区作为天文历法中心。轸宿中有一星名曰长沙星，帝王以此星来占王者寿命，因而被称为寿星，其所在之次被称为寿星之次，这就解释了十二次为什么要以寿星之次为中宫，为十二次中的第一次。

小　结

远古二十八宿与地域的对应同时符合如下两条规则：第一，纬度对应规则，即古中国靠南的地域对应靠南的星宿，靠北的地域对应靠北的星宿；第二，经度对应规则，即每月观察对应星宿从东方地平线上升起，不受冬夏昼夜长短变化的影响，皆可在古代"中央时间"的上卯时（5时30分左右）观测，只是应按经度位置变更12个观测地域，这不同的地域即对应不同的星宿。今传之十二分野当源于商末周初，其划分原理是科学的。寿星之次为天之中宫，亦即十二次的起点，其对应地所属的天岳幕阜山及南岳一带处东西之中，既便于观测北斗，又便于观测二十八宿，成为五帝至三代的天文观测中心。传至今世的星宿与州域的对应源自商代，但尧舜禹时代已经开始有九州、十二州的记载，而九州对应九野，十二州域对应十二次，因此，我们大体可以推断这种对应的理论传自尧舜禹时代，《尚书·尧典》记载了尧帝的天文学功绩。

---

① （汉）司马迁撰，（宋）裴骃集解，（唐）司马贞索隐，（唐）张守节正义：《史记》（简体字本），中华书局1999年版，第1387、2483页。

第 九 章

▼

先秦人神观：天帝与人帝信仰

天、地、人对应可谓是上古中国天人合一思想的核心理论，属圣人之学，是儒、道、法、阴阳等诸子百家共同重视的重大学术理论。而何为皇？何为帝？为何称"三皇""五帝"？五天帝与五人帝有何关系？对这一系列问题，还存在不少模糊认识。顾颉刚等疑古学者曾因不理解"三正""五行"的学术，分不清天帝与人帝，而将包含"五行"思想的古文献甚至整个"五帝"时代一概否定，实不可取。

在本书第六章，我们认为上古的所谓"三正""五行"是古代历法的最基本理论，"三正"指天正、地正、人正，即以天、地、人为参照物而确定年首的司历方法，"五行"指木、火、土、金、水五个季节，每节 72 天，余 5—6 天为过年。古人认为每个节皆有一位上帝主宰着，这五帝即东方太昊帝、南方炎帝、中间黄帝、西方少昊帝、北方颛顼帝。所谓东、南、中、西、北五方指春、夏、季夏、秋、冬五节。在本书第八章，我们又讨论了上古星宿与地域对应的科学性，认为星宿之十二次与十二地域对应严格地遵守了经纬度对应的规则，是一种科学的理论。在此基础上，本章拟就上古天帝、人帝对应的理念，"三皇""五帝"的初始含义及相关问题作些探讨，以期弄清有关理念，区分天帝与人帝。

第一节　"皇""帝"含义探究

一　关于"皇"的含义

何为皇？顾颉刚在其著名论文《三皇考》中有详论，其文说："'皇'字，我们看惯了，似乎只是帝和王的异称，或是高出于帝和王的阶位。但在战国以前的器物和文籍里，却毫没有这个意思，只当它形容词和副词用，偶然也用作动词，或是有人用它作名字，绝没有用作一种阶位的名词的。所以《白虎通义》说：'皇，君也，美也，大也，天人之总，美大之称也。'（见第一卷《号》）除了'君也'一解，可以说是对的。"①

顾颉刚的解释还未追溯到"皇"字的本义，或者说未弄清"皇"字为何有"美""大"之义。笔者以为"皇"鸟之名才是皇字之本义。《山海经·大荒西经》："有五彩鸟三名：一曰皇鸟，一曰鸾鸟，一曰凤鸟。"②《尔雅·释鸟》："凤，其雌皇。"《诗·大雅·卷阿》："凤皇于飞。"③《尚书·益稷》："箫韶九成，凤皇来仪。"④《离骚》："鸾皇为余先戒兮，雷师告余以未具。"《礼记·王制》："有虞氏皇而祭，深衣养老……周人冕而祭，玄衣而养老。"注："玄，冕属也，画羽饰焉。"⑤因此，笔者以为，皇鸟为"皇"字的本义，其他各义皆派生义，凤皇为美大之鸟，故有"美""大"之义。"皇"字的本义为凤凰，还可从"皇"字的造字得到说明，秦建明亦认为"皇"字是据凤凰羽毛及其花纹而造，是孔雀尾翎花纹的象形。⑥

《周礼·春官·乐师》曰："凡舞……有羽舞，有皇舞。"郑司农注云："皇舞者，以羽冒覆头上。"⑦据此，"皇舞"指头戴皇鸟之五彩羽而跳的舞。祭天地时头冠羽饰。陈烈、周新芳等认为："盖古人所想象的天神，是戴着五彩之羽的冠冕，如花开的辉煌，所以周人称'上帝'为皇天……这个皇字，该是戴着五彩之羽的天神。"⑧良渚文化出土了大约5000年前的饕餮纹神徽图案就是头戴"皇冠"，如图9-1：4所示。因此，"皇"字与天神相关是有一些根据的。

甲骨文中的"凤"当为上帝之使者或化身，它是佐事上帝的"帝

① 顾颉刚：《顾颉刚古史论文集》（第三册），中华书局1996年版，第29页。
② 袁珂校译：《山海经校译》，上海古籍出版社1985年版，第270页。
③ （清）阮元校刻：《十三经注疏·毛诗正义》，中华书局1980年版，第546页。
④ （清）阮元校刻：《十三经注疏·尚书正义》，中华书局1980年版，第144页。
⑤ （清）阮元校刻：《十三经注疏·礼记正义》，中华书局1980年版，第1346页。
⑥ 秦建明：《释皇》，《考古》1995年第5期。
⑦ （清）阮元校刻：《十三经注疏·周礼注疏》，中华书局1980年版，第793页。
⑧ 陈烈：《中国祭天文化》，宗教文化出版社2000年版，第72—73页；周新芳：《"皇帝"称号与先秦信仰崇拜》，《孔子研究》2003年第5期。

图 9-1　史前天帝（凤凰）像

1—3. 湖南怀化地区高庙文化凤凰纹　4. 浙江余杭反山墓地出土玉器纹饰（M12∶98）
5. 石家河文化玉神像（肖家屋脊 W6∶32）

臣"，也因此在卜辞中被称为"帝史凤"。例如，《卜辞通纂》第 398 片
曰："□于帝史凤，二犬。"① 又如，"贞，翌癸卯，帝其令凤"（《殷虚
文字乙编》2508+3094+7258），还如，"辛未卜，帝凤不用，雨"（《殷
契佚存》第 227 片），也是指对凤的祭祀。郭沫若云："卜辞以凤为风
……古人盖以凤为风神……盖视风为天帝之使，而祀之以二犬……盖言
凤凰在帝之左右。"② 胡厚宣亦云："古人以凤凰为风神，风神实处在帝
的左右。"③ 陈梦家云："卜辞因祭四方之神而及于四方之风，卜辞之风
为帝史，与此正相适应"，又云："殷四方帝，四个方向之帝，配四个方

---

① 宋镇豪、段志洪主编：《甲骨文献集成》（第二册），四川大学出版社 2001 年版，第
93—94 页。

② 郭沫若：《卜辞通纂》（考古学专刊甲种第九号），科学出版社 1983 年版，第 377—378 页；
宋镇豪、段志洪主编：《甲骨文献集成》（第二册），四川大学出版社 2001 年版，第 93—94 页。

③ 胡厚宣、胡振宇：《殷商史》，上海人民出版社 2003 年版，第 452 页。

向之风；四方之帝名即四方之名。"①

胡厚宣的《释殷代求年于四方和四方风的祭祀》② 中凤作"风"。笔者以为，甲骨文中，"风""凤"同形，但这个"风"还是作凤为好，它其实就是凤凰之凤，所谓殷人求年于四方风，其实就是求年于四方帝（春夏秋冬四季之帝）。在甲骨文中，天帝对其使者或化身可以驱使，"帝史（使）凤（风）"（《卜辞通纂》第 398 片）、"帝其令凤"，也可以"帝不令凤"（《殷虚文字乙编》第 2452 片）。

天之大者莫过于太阳，上古人们崇拜太阳，因而崇拜太阳鸟，在传统文化中，太阳鸟被称为凤凰，常与太阳在一起，图 9-1：1—3 为 7800年前湖南洪江高庙文化大型祭坛陶器上的凤鸟图案，③ 凤凰翅膀上绘有太阳。图 9-1：4 为 5000 年前良渚文化玉器上的神徽，图 9-1：5 为4200 年前石家河文化玉神人（双耳附有凤凰图案）。这些图案首先出现的是凤凰与獠牙兽的组合，大体代表了"天帝"，后来将这个组合图案附在人的身上，大体代表了神化了的"人帝"。此外，河姆渡文化（太阳双头凤或云日鸟护身符）、仰韶文化（陕西宝鸡北首岭龙凤纹陶壶，半坡陶壶龙凤纹）、大汶口文化（象征太阳的陶符）、龙山文化（凤纹冠饰）、陶寺文化（龙凤纹陶饰）、石家河文化二期（罗家柏岭出土的凤形玉环）、长沙陈家山战国楚墓（龙凤导引图）……无不崇拜太阳鸟（亦即凤凰）。论述这方面的文献还有：杜金鹏的《关于大汶口文化与良渚文化的几个问题》④、李学勤的《论新出大汶口文化陶器符号》⑤、王子今的《文明初期的部族融合与龙凤崇拜的形成》⑥ 等。

二　关于"帝"的含义

关于"帝"字，甲骨文多见，例证详下，皆指"上帝"。而对其造

① 陈梦家：《殷虚卜辞综述》，中华书局 1988 年版，第 589、591 页。

② 胡厚宣：《释殷代求年于四方和四方风的祭祀》，《复旦学报》（人文科学版）1956 年第 1 期。

③ 贺刚：《中国史前艺术神器的初步考察——〈中国史前神器〉纲要》，湖南省文物考古研究所编《长江中游史前文化暨第二届亚洲文明学术讨论会论文集》，岳麓书社 1996 年版，第 282—287 页。

④ 杜金鹏：《关于大汶口文化与良渚文化的几个问题》，《考古》1992 年第 10 期。

⑤ 李学勤：《论新出大汶口文化陶器符号》，《文物》1987 年第 12 期。

⑥ 王子今：《文明初期的部族融合与龙凤崇拜的形成》，《文博》1986 年第 1 期。

字理念，仍有争论，《甲骨文字诂林》总结说："许慎关于帝字形义的说解均误。帝字初文既不从上，更非从束声。论者多以为像花蒂形。郭沫若引吴大澂、王国维之说而加以补正，至为详悉。但帝字究竟何所取象，仍然待考。卜辞帝指天帝，并非王天下之号。至于帝乙、帝甲、文武帝之帝，乃人王死后之尊称，所谓德配彼天。直至乙、辛卜辞，殷统治者均自称王，毫无例外。人王而生称帝，当自晚周时始。"①

　　笔者以为，帝字也是凤凰之一种——天翟之"翟"为其造字参照物。在甲骨文中，帝字虽有多种写法，但"帝"字形与后世同，可见"帝"是帝字的规范写法，并流传后世。帝字何像？像翟鸟（凤凰别称）之正面形状，与"凤"同一。"辛"头，为鸟头，"冖"为鸟翅，"巾"为鸟足和鸟尾，尾与足又合为三足，故名"三足鸟"，亦即太阳鸟。在古人的观念中，凤凰又称翟、天翟，如元代伊世珍的《琅嬛记·贾子说林》记载，墨子的母亲梦见朱鸟凤凰飞进室内，因而怀孕生下墨子，便将其起名"翟"，其出生地也名为落凤山，可见"翟"也是凤凰。而"翟"又常作"狄"，如《史记·匈奴列传》中"狄""翟"相通，《淮南子》商祖"简狄"又作"简翟"。古人画太阳鸟，将其居太阳之中，似为太阳之"化身"，或曰为太阳之使者。因此，翟鸟的侧面形为翟字，正面形为"天帝"之帝字。如同人的侧面形为人字，正面形为大字，大指大人。

　　古之圣王死后，配上"帝"之美名，帝亦如皇，皆凤皇之名。《礼记·曲礼下》："告丧，曰'天王登假'，措之庙，立之主，曰'帝'。"② 可见国王死后才配彼"帝"号。《尚书·顾命》："狄设黼扆、缀衣。疏：……正义曰礼记祭号云：'狄者，乐吏之贱者也。'"③ 注："狄，狄人，官名，主持祭礼之官"，狄（翟）人，即"禘"人，主祭之人，也可旁证帝与翟的关系。

　　不过，读者不必拘泥于皇、帝之造字，我们只要知道皇、帝二字在中国最早的文字系统甲骨文中指"上帝"或"上帝之使者"即可。

---

① 于省吾主编：《甲骨文字诂林》，中华书局1996年版，第1086页。
② （清）阮元校刻：《十三经注疏·礼记正义》，中华书局1980年版，第1260页。
③ （清）阮元校刻：《十三经注疏·尚书正义》，中华书局1980年版，第238—239页。

三　凤凰与天帝的关系

凤凰为何与天帝挂上了钩？唐人孔颖达释《左传·昭公十七年》"凤鸟氏，历正也"等四句曰："《正义》曰：《释鸟》雉之类有鷩雉，樊光曰：丹雉也。少皞氏以鸟名官，丹鸟氏司闭，以立秋来，立冬去，入水为蜃。《周礼》王享先公服鷩冕，郭璞曰，似山鸡而小冠，背毛黄，腹下赤，项绿色鲜明，是解丹鸟为鷩雉也。立秋立冬谓之闭，此鸟以秋来冬去，故以名官，使之主立秋立冬也，分至启闭立四官使主之，凤凰氏为之长，故云四鸟皆历正之属官也。"[1] 凤凰在古代是一种神鸟，其之所以为神，就因为它知天时，代表天帝，是天帝的使者。经驯化的鷩雉——公鸡，至今还知天时而报晓。因此，"皇"字本义为凤凰之简称，公凤凰知天时，是神鸟，故可借代为天帝。

第二节　五天帝与五人帝

一　甲骨文中的五方帝即五天帝

甲骨文中已出现了五方帝卜辞，如方帝（《殷虚佚存》第 236 片）（《殷契粹编》第 431 片），贞方帝（《库方二氏藏甲骨卜辞》第 574 片）（《小屯·殷虚文字乙编》第 5576 片），勿方帝（《龟卜》第 1，11，1 片）（《小屯·殷虚文字甲编》第 1157 片）……胡厚宣在《释殷代求年于四方和四方风的祭祀》[2] 中所引有关方帝之甲骨文极多，颇便参考。而且在早期甲骨文中就出现了五方帝（五方风）的名称，如武丁时记事刻辞说："东方曰析，凤曰劦。南方曰夹，凤曰屵。西方曰來，凤曰彝。北方曰勹，凤曰伇。"（《战后京津新获甲骨集》第 520 片）。类似的卜辞还有数条（《殷虚文字乙编》第 4548、4794、4876、5161、6533 片，《战后京津新获甲骨集》第 428 片等）。甲骨文中还有"帝五臣"，如甲骨文："王又岁于帝五臣，正，隹亡雨。辛亥卜，帝五臣□。"（《殷契粹

---

[1] （晋）杜预注，（唐）孔颖达疏，（清）阮元校刻：《十三经注疏·春秋左传正义》，中华书局 1980 年版，第 381 页，总第 2083 页。

[2] 胡厚宣：《释殷代求年于四方和四方风的祭祀》，《复旦学报》（人文科学版）1956 年第 1 期。

编》第 13 片）"癸酉，贞：帝五丰（臣），其三小牢。"（《甲骨文合集》第 34149 片）

"卜辞以方与社并祭，当即是五方之神。卜辞中有所谓帝五臣和帝五工臣，也许即是指这五方之神而言。殷人称地有五方，以为五方各有神明，都是帝的臣使，掌握着人事的命运。"① 因此，自有明确的文字记载以来就有五方、五方天帝的观念。

这些方帝名称在《山海经》《尚书·尧典》里大体相同，与甲骨文一脉相承。胡厚宣在作了充分研究之后说："《尧典》的宅某方曰某，是因袭甲骨文和《山海经》的某方曰某；厥民某，是因袭甲骨文和《山海经》的四方名；鸟兽某某，则由甲骨文的凤曰某讹变，并因袭其四方之风名。甲骨文和《山海经》里的四方名和四方风名，也整套地保存在《尧典》里。"② 而在《山海经》里则出现了"南方祝融"（《海外南经》）、"西方蓐收"（《海外西经》）、"北方禺强"（《海外北经》）、"东方句芒"（《海外东经》）。除"禺强"一名外，其他三方神名与秦汉以后的四方神名完全一致。

所谓"五方"其实是五个季节。"五方帝"当即后世的东方（春季）太昊帝、南方（夏季）炎帝、西方（秋季）少昊帝、北方（冬季）颛顼帝，甲骨文中没有方位的帝，大概就是位于中央赫赫有名的黄帝（黄，古又通"皇"，也指中央之帝）。黄帝地位最高，《淮南子·天文训》云："其帝黄帝……执绳而制四方。"③ "五行"中的五帝，亦即五方帝，古人指阴阳二气消长的五种状态（五个季节）的主宰者，或者说是古代历法的术语。汉代班固的《白虎通义》："太皞者，大起万物扰也。其神句芒。句芒者，物之始生，芒之为言萌也……炎帝者，太阳也。其神祝融。属续也……少皞者，少敛也。其神蓐收。蓐收者，缩也……颛顼者，寒缩也。其神玄冥。玄冥者，入冥也。"④ 由此可见，所谓五帝、五神全是古代历法学的学术术语，谈不上迷信。这五方其实是指五节，即春、夏、季夏、秋、冬，每节 72 天。在阴阳"五行"学术里，炎帝即太阳，颛顼

---

① 胡厚宣、胡振宇：《殷商史》，上海人民出版社 2003 年版，第 487 页。
② 胡厚宣、胡振宇：《殷商史》，上海人民出版社 2003 年版，第 538 页。
③ 何宁撰：《淮南子集释》，中华书局 1998 年版，第 186 页。
④ （清）陈立撰，吴则虞点校：《白虎通疏证》，中华书局 1994 年版，第 175—181 页。

项即太阴，太昊即少阳，少昊即少阴，黄帝即中帝，"黄"有中和之色故为中帝居中央，不居部职。其是中国古代天文历法学术的一种重要理论。在《尚书·洪范》《礼记·月令》《管子·五行》《春秋繁露·循天之道》等古籍里讲得很清楚。然而，疑古派认为这是汉人为"伪造"历史而编造的一套学术，影响延续至今。

二 古人将先后出现的五人帝比附五天帝

甲骨文中已出现以人王比附天帝的现象，这种现象表现在人王死后也称"帝"。为了区别天帝与人帝，在天帝前加"上"字，即称上帝，在人帝前加个"王"字，即称王帝。例如，武丁时卜辞说："上帝降𩵋"（《甲骨续存上》第 168 片）。祖庚、祖甲时卜辞（《甲骨续存上》第 1594 片）及廪辛、康丁时卜辞（《殷虚书契续编》第 4.34.7 片，《战后宁沪新获甲骨集》第 1.515 片）则有"王帝"卜辞。

将人帝比附天帝的一套完整理论至晚可追溯至春秋时期的孔子。《帝王世纪》曰："孔子称天子之德，感天地，洞八方，是以化合神者称皇，德合天地者称帝，仁义合者称王。"[①] 孔子对五天帝与五人帝的问题有一个解释，《孔子家语·五帝》载：

> 季康子问于孔子曰："旧闻五帝之名，而不知其实，请问何谓五帝？"孔子曰："昔某也闻诸老聃曰：'天有五行，水、火、金、木、土，分时化育，以成万物，其神谓之五帝。古之王者，易代而改号，取法五行。五行更王，终始相生，亦象其义。故其生为明王者，而死配五行。是以太皞配木，炎帝配火，黄帝配土，少皞配金，颛顼配水。"康子曰："太皞氏其始之木何如？"孔子曰："五行用事，先起于木，木东方，万物之初皆出焉，是故王者则之。而首以木德王天下。其次则以所生之行，转相承也。"康子曰："吾闻句芒为木正，祝融为火正，蓐收为金正，元冥为水正，后土为土正，此五行之主而不乱。称曰帝者何也？"孔子曰："凡五正者，五行之官名，

---

① （唐）欧阳询撰，汪绍楹校：《艺文类聚（附索引）》，上海古籍出版社 1965 年版，第 199 页。

五行佐成上帝，而称五帝，太皞之属配焉，亦云帝，从其号。"①

从"古之王者，易代而改号，取法五行"看，孔子认为五人帝是前后相继的五位圣王（中间尚有不能比作五帝的平庸之王）；从"生为明王者，而死配五行，是以太皞配木，炎帝配火……"看，太皞、炎帝等五帝是五人帝；从"亦云帝，从其号"看，先有太皞、炎帝等五天帝名，再有人帝"从其号"，即人间帝王从天帝之号，即人帝太皞（伏羲）、炎帝（神农）、黄帝（轩辕）、少皞（青阳）、颛顼（高阳）分别从天帝太皞、炎帝、黄帝、少皞、颛顼之号。王肃注曰："黄帝之属故亦称帝，盖从天五帝之号。"这说明先有炎帝等天帝号，再有人帝从其号。

《大戴礼记·五帝德·帝系》中孔子等只讲人帝，并无太昊、炎帝、少昊之天帝名，虽出现黄帝、颛顼之天帝名，也只云"黄帝……曰轩辕……颛顼……曰高阳"②。其含义即轩辕被称为黄帝，高阳被称为颛顼，可见太昊、炎帝、黄帝、少昊、颛顼原本是天帝名，人帝只不过借用天帝之号。

五天帝的名号只用于五位特定的人帝。在《孔子家语》中，康子继续问："'陶唐有虞、夏后殷、周独不配五帝，意者德不及上古邪？将有限乎？'孔子曰：'古之平治水土及播殖百谷者众矣。唯句龙氏兼食于社，而弃为稷神。易代奉之，无敢益者，明不可与等。'"③ 这说明孔子时期，能比附"五天帝"名号的五人帝只能是伏羲、神农、轩辕、青阳、高阳五人，其他不能使用这些天帝名号。以后的帝喾、帝尧、帝舜等不得使用太昊、炎帝、黄帝、少昊、颛顼五天帝之名号，只能在谥号前加个"帝"字，表明他们也可称为"帝"。在所有能称为"帝"的人王中，相互连接的五位也可称为"五帝"，但这个合称的"五帝"，按本章第三节所引董仲舒的解释是轮流坐庄的。

《孔子家语》之言对五天帝与五人帝的关系可谓讲得很透彻，近来有人证明《孔子家语》非伪，④ 其说应当是有分量的。

---

① 陈士珂辑：《孔子家语疏证》，上海书店 1987 年版，第 161 页。
② （清）王聘珍撰，王文锦点校：《大戴礼记解诂》，中华书局 1983 年版，第 117—120 页。
③ 陈士珂辑：《孔子家语疏证》，上海书店 1987 年版，第 162 页。
④ 杨朝明：《读〈孔子家语〉札记》，《文史哲》2006 年第 4 期。

三 古人又将五方天帝对应五方地域的君王

五天帝还配五方土，对应五方之君王。《孔子家语》中的"五方帝""分时化育"，这个"五方"，最先是指一年的五个时段，每个时段72天，即春、夏、季夏、秋、冬五节。在古代中国，代表时间的"五方"又与代表地理方位的五方对应，代表时间的十二地支，也可代表十二个方位，就像钟表上的十二格既指向十二个方位，又表示十二个小时。当北斗斗柄分别指向地上子丑寅卯等十二个方位时，从时间上说就代表了一年的十二个月，因此，地上的方位完全可与代表天时的天体方位对应。古人没有精确测量地理位置的工具，他们通过星宿来表达地理，这种学术至少源于商末周初，而且这种对应直观地体现了经纬度对应的关系，是科学的，详见本书第八章。

基于天时方位与地理方位对应的理论，五方帝还分管五方土，即《淮南子·时则训》所谓的"五位"：

> 东方之极，自碣石山过朝鲜，贯大人之国，东至日出之次，榑木之地，青土树木之野，太皞句芒之所司者万二千里……南方之极，自北户孙之外，贯颛顼之国，南至委火炎风之野，赤帝祝融之所司者，万二千里……中央之极，自昆仑东绝两恒山，日月之所道，江、汉之所出，众民之野，五谷之所宜，龙门、河、济相贯，以息壤堙洪水之州，东至于碣石，黄帝后土之所司者万二千里……西方之极，自昆仑绝流沙、沈羽，西至三危之国，石城金室，饮气之民，不死之野。少皞、蓐收之所司者万二千里……北方之极，自九泽穷夏晦之极，北至令正之谷，有冻寒积冰，雪雹霜霰，漂润群水之野，颛顼玄冥之所司者万二千里。①

此中五帝明显为天帝，祝融等五神亦为天神，不得混于五人帝之史迹。而后人很多没有弄清这一点。例如，《左传·僖公二十一年》："任、

---

① 何宁撰：《淮南子集释》，中华书局1998年版，第432—436页。

宿、须句、颛臾，风姓也，实司太皞与有济之祀"①。《文献通考》（卷263）将此"太皞"释为人帝伏羲，景以恩等引此证明太皞伏羲氏生活在山东。② 其实，此中"太皞"是指天帝，非人帝。《礼记·曲礼下》："天子祭天地……诸侯方祀……"，《礼记·曲礼疏》云："诸侯方祀者，诸侯既不得祭天地，又不得总祭五方之神，唯祀当方，故曰方祀。"③ 位于山东的任、宿、须句、颛臾四小国住在东方，当然只能祭东方之天帝太皞，怎能以此推导太皞伏羲是住在山东的人帝？人帝太皞到底居何地，这里暂且不论，而上文所引之"太皞"是指天帝而非人帝是无疑的。

"五帝之墟"，也有天、人两套系统。五天帝之墟指五天帝所对应的地域，而五人帝所处的地域则应当具体分析，此二系统不能不慎辨。阎若璩的《尚书古文疏证》（卷六上）分析五天帝之墟时说：

> 郑康成虽精历学，而于天文分野之说尚袭旧闻。然亦直至唐浮图一行始阐发无遗，深合《周礼》保章氏以星土辨九州之义。予尝从《唐书·天文志》删略其语以补郑注之不逮。其辞曰……北斗自乾携巽为天纲，其分野与帝车相直，皆五帝墟也。究咸池（天之西宫——引者据《史记·天官书》注，下同。）之政而在乾维内者，降娄也，故为少昊之墟；叶北宫之政而在乾维外者，陬訾也，故为颛顼之墟；成摄提（天之东宫）之政而在巽维内者，寿星也，故为太昊之墟；布太微（天之南宫）之政而在巽维外者，鹑尾也，故为列山氏（炎帝——引者注）之墟；得四海中承太阶之政者，轩辕也，故为有熊氏之墟。④

这里的五帝墟，即少昊之墟、颛顼之墟、太昊之墟、列（烈）山氏之墟、有熊氏之墟，分别对应咸池（天之西宫）、北宫、成摄提（天之东宫）、太微（天之南宫）、四海之中的小熊星座（北极星附近），亦即五帝对应五方天。这种对应在《吕氏春秋》《礼记·月令》等古书中习见。所谓五方天，即东宫苍龙、南宫朱雀、西宫白虎、北宫玄武以及中

---

① 杨伯峻编著：《春秋左传注》，中华书局 1981 年版，第 391—392 页。
② 景以恩：《炎黄虞夏根在海岱新考》，中国文联出版社 2001 年版，第 67—70 页。
③ （清）阮元校刻：《十三经注疏·礼记正义》，中华书局 1980 年版，第 1268 页。
④ （清）阎若璩撰：《尚书古文疏证》，上海古籍出版社 1987 年版，第 608—614 页。

方之天的小熊星座（"有熊氏"）。这里的五帝明显也是天帝，而其将烈山氏代替炎帝，则是天人相混的结果。

再结合上引《淮南子》中的"五位"，五方帝对应五方土。东方太昊帝与"东宫苍龙"七宿一起对应地上的郑、宋、燕（偃，南偃，在曲阜至安徽一带）；南方炎帝（烈山氏）与"南宫朱雀"七宿对应秦、三河、楚；西方少昊帝与"西宫白虎"七宿对应魏、赵、鲁；北方颛顼帝与"北宫玄武"七宿对应卫、齐、吴。（有关二十八宿分成十二次分别对应十二块土地的记载，详见《史记·天官书》《汉书·地理志》《帝王世纪·分野》及本书第八章）

五方天帝与五方土对应的理论对古人产生了深远的影响，因而有人将各方地域的君主也对应各方帝。如银雀山汉墓竹简《孙子兵法》佚文《黄帝伐赤帝》残简记载："孙子曰：（黄帝南伐赤帝）……东伐□帝……北伐黑帝……西伐白帝……已胜四帝，大有天下。"[①] 这里的五方帝当指五方人帝。

汉以后，活着的人也还要争当某方之帝。例如，唐代人黄巢在生时即有"他年我若为青帝，报与桃花一处开"的著名诗句，因为他是山东人便想当东方的青帝。

总之，上古五帝有天帝、人帝两套系统。人帝比附天帝也有两种方法，其一是将前后不同时代的五圣君比附五天帝，其二是将地域上的五方君主比附五天帝，应区分清楚。当今有些学者往往引天帝来证某人帝之生、葬地，需谨慎。司马迁以"究天人之际"为治史之座右铭，至今仍有现实意义。

第三节　"三正""五行"与"三皇""五帝"

一　"三皇""五帝"原本指"三正""五行"

"三皇""五帝"有着特殊的含义，也有天帝、人帝两套系统，不能不细加区分。

《白虎通义·号》引《礼记·谥法》曰："……号之为皇者，煌煌人

---

① 中国人民解放军军事科学院战争理论研究部《孙子》注释小组：《孙子兵法新注》，中华书局 1977 年版，第 164 页。

莫违也。烦一夫，扰一士，以劳天下，不为皇也。不扰匹夫匹妇，故为皇。"① 可见，所谓"皇"亦指美大莫违的客观规律。在古代，人们发现什么客观规律是美大的呢？当是"三正""五行"的历法理论，没有历法就没有农业生产。"三正"是指以天、地、人为参照物而确定年首的司历方法。以冬至后第一个月（即子月）为一年的开始，体现了天体运行的规律，此为天道即天正，在斗建上叫"建子"；但此时大地还未达到最冷，大地最冷的一个月在冬至后的第二个月（即丑月），以此月为年首，体现了地道，叫"地正"，在斗建上叫"建丑"；然而，地正之月人们还不能从事农业生产，人们从事农业生产要在立春之后的月份进行，即在冬至之后的第三个月（即寅月），以此月为年首，体现了人道，叫"人正"，在斗建上叫"建寅"。我们通行的夏历为建寅历。"五行"指一年木、火、土、金、水五节，每节 72 天，余 5—6 天过年，详见笔者拙文《"三正""五行"本义辨——兼论上古史若干问题》。② 即本书第六章。因此，"三正""五行"，可称之为"皇""帝"，即"三皇""五帝"。

在先秦古籍中，记载"三皇""五帝"的有《周礼》《庄子》《吕氏春秋》等。

《周礼·春官宗伯第三》云："外史掌书外令，掌四方之志，掌三皇五帝之书，掌达书名于四方。"③ 汉郑元注："楚灵王所谓三坟、五典。"《资治通鉴外纪》（卷一）云："贾逵云：'三坟，三皇之书；五典，五帝之典。'延笃言张平子说：'三坟，三礼，礼为人防。'《尔雅》曰：'坟，大防也。'《书》曰：'谁能典朕三礼？'天、地、人之礼也。五典，五帝之常道也。马融云：'三坟，三气，阴阳始生，天、地、人之气也；五典，五行也。'"④《尚书注疏》卷 2、《玉海》卷 37 亦同。

《庄子·天运》主要也是讲应按天、地、人及"五行"之客观规律办事，其文云："来，吾语女。天有六极五常，帝王顺之则治，逆之则

① （清）陈立撰，吴则虞点校：《白虎通疏证》，中华书局 1994 年版，第 45 页。
② 刘俊男：《"三正""五行"本义辨——兼论上古史若干问题》，《山东师大学报》（人文社会科学版）2001 年第 6 期。
③ （清）阮元校刻：《十三经注疏·周礼注疏》，中华书局 1980 年版，第 820 页。
④ （宋）刘恕编集：《资治通鉴外纪》（卷一），《钦定四库全书·史部二·编年类》，浙江大学图书馆藏，第 31 页。

凶……六极，四方上下也……故譬三皇五帝之礼义法度，其犹柤、黎、橘、柚邪，其味相反，而皆可于口，故礼义法度者，应时而变者也。"①此"三皇""五帝"之礼仪法度也当与《周礼》注疏同，即"三正""五行"之礼。至于该篇还引两处子贡与老聃的对话，其"三皇""五帝"当作"三王""五帝"，因为明显是针对夏商周三王的，王先谦注云："成云谓排三王为非圣，《释文》三王本或作三皇，依注作王是也，余皆作三皇"，另一处注曰："此三皇当作三王，否则不可通。"②由此可知，后人将《庄子》里的三王误成"三皇"了。

《吕氏春秋·孟春纪·贵公》曰："天地大矣，生而弗子，成而弗有，万物皆被其泽，得其利而莫知其所由始，此三皇、五帝之德也。"③此亦明显指天地之神，而非人帝。至于其他几处"三皇""五帝"也当是后人将"三王"误作"三皇"。

《史记·秦始皇本纪》曰："昔者五帝地方千里……天子不能制。今陛下兴义兵……法令由一统，自上古以来未尝有，五帝所不及。臣等谨与博士议曰：'古有天皇，有地皇，有泰皇，泰皇最贵。'臣等昧死上尊号，王为'泰皇'。命为'制'，令为'诏'，天子自称曰'朕'。王曰：'去"泰"，着"皇"，采上古"帝"位号，号曰"皇帝"。'"④此段明显地告诉我们，先秦所谓"三皇"指天皇、地皇、泰皇（即人皇，《说文解字》段玉裁对"夷"字注云："惟东夷从大，大，人也"⑤，大即泰），亦即天、地、人"三正"。

"三皇""五帝"本义为"三正""五行"，可从董仲舒那里得到解释。晋代崔豹《古今注》（卷中，问答释义第八）："程雅问董仲舒曰：'自古

---

① （清）王先谦集解：《诸子集成（三）·庄子集解》，上海书店1986年版，第88、91页。

② （清）王先谦集解：《诸子集成（三）·庄子集解》，上海书店1986年版，第94页。

③ 许维遹撰，梁运华整理：《吕氏春秋集释》，中华书局2009年版，第25页。

④ （汉）司马迁撰，（宋）裴骃集解，（唐）司马贞索隐，（唐）张守节正义：《史记》（简体字本），中华书局1999年版，第168页。

⑤ （汉）许慎撰，（清）段玉裁注：《说文解字注》，上海古籍出版社1981年版，第493页。

何谓称三皇五帝？'对曰：'三皇，三才也；五帝，五常也……'"①。所谓"三才"即《易》所谓"有天道焉，有人道焉，有地道焉，兼三才而两之"之"三才"，即指以天道、地道、人道而确定年首的"三正"历法。"五常"即是上引《孔子家语》中太昊、炎帝等"五行"中的"五帝"。"五行""五常"通用之例在古书多见，如《尚书·甘誓》曰："威侮五行，怠弃三正"。《尚书·泰誓下》则云："狎侮五常。"②《周易衍义》卷7云："以怠弃三正而罹险矣，犹不知扶植三正而益深，其怠弃之祸。以狎侮五常而罹患矣，犹不知率循五性而益深，其狎侮之祸。"③《宋书》卷八："其狎侮五常，怠弃三正，矫诬上天，毒流下国"④。因此，"三皇""五帝"最先是指"三正""五行"，是古代制定历法的理论。

二　"三王"比附"三正"有"三色"，"五帝"比附"五行"有"五色"

《礼记·月令》《吕氏春秋·十二纪》等古籍多载天子在不同月份尚不同颜色，"三正""五行"也各以颜色相配，这些颜色是怎么来的呢？

《孔子家语·五帝》："昔少皞氏之子有四叔……生为上公，死为贵神，别称五祀，不得同帝。康子曰：'如此之言，帝王改号，于五行之德，各有所统，则其所以相变者，皆主何事？'孔子曰：'所尚则各从其所王之德次焉。夏后氏以金德王，色尚黑……殷人用水德王，色尚白……周人以木德王，色尚赤……此三代所以不同。'康子曰：'唐虞二帝，其所尚者何色？'孔子曰：'尧以火德王，色尚黄，舜以土德王，色尚青。'"⑤

由上可知，三代所尚之色是按黑、白、赤之色依次相代的。为什么分别以此三色来描绘不同朝代的颜色？古人法自然，在自然界中，"十一月

---

① （晋）崔豹撰：《古今注》，上海古籍出版社编，王根林、黄益元、曹光甫校点《汉魏六朝笔记小说大观》，上海古籍出版社1999年版，第247—248页。

② （清）阮元校刻：《十三经注疏·尚书正义》，中华书局1980年版，第155、182页。

③ （元）胡震撰《周易衍义》，《文渊阁四库全书电子版》，上海人民出版社、迪志文化出版有限公司1999年版。

④ （南朝梁）沈约撰：《宋书》，中华书局1974年版，第153页。

⑤ 陈士珂辑：《孔子家语疏证》，上海书店1987年版，第161—162页。

之时，阳气始养根株黄泉之下，万物皆赤，赤者，盛阳之气也……十二月之时，万物始牙而白，白者，阴气……十三月之时，万物始达，孚甲而出，皆黑"①。夏以十三月即寅月为年首，故尚黑；商以十二月即丑之月为年首，故尚白；周以十一月即子之月为年首，故尚赤。确定年首只能以这"三微之月"，《尚书大传》卷二云："不以二月后为正者，万物不齐，莫适所统，故必以三微之月也。"② 可见，三代之色是以"三正"之色为依据的。而云尧火德尚黄，舜土德尚青，这与三代至秦汉之尚"五行"之色相异，说明尧舜之时，"五行"学术还不完备。而尧火德、舜土德、夏金德、殷水德、周木德的次序则又是"五行"相生之序。孔子的这番话反映了尧、舜时的"五行"观念与后世的"五行"观念有差异。

"五行"与五方帝相配也是尧、舜乃至晚周时的一种历法理论，其与青、赤、黄、白、黑五色相配也是根据大自然中"火烟"的色彩而确定的。陈久金认为："五行中'行'的含义是'行动'，而不是物质，五行就是五种不同气的运动，而气即指节气。由此可见，五行原来的意义是天地阴阳之气的运行，亦即五个季节的变化。"③ 其依据之一是古代的一种历法。古代有一个"十月历"的系统，以两月为一季，木火土金水即为五季。此则一年十月，每两月 72 日，全年 360 日，另有 5—6 日为节日。《管子·五行》有如下记载："日至，睹甲子，木行御……七十二日而毕。睹丙子，火行御……七十二日而毕。睹戊子，土行御……七十二日而毕。睹庚子，金行御……七十二日而毕。睹壬子，水行御……七十二日而毕。"④《淮南子·天文训》也有记载："壬午冬至，甲子受制，木用事，火烟青。七十二日丙子受制，火用事，火烟赤。七十二日戊子受制，土用事，火烟黄。七十二日庚子受制，金用事，火烟白。七十二日壬子受制，水用事，火烟黑。七十二日而岁终……"⑤ 汉代董仲舒的《春秋繁露·治水五行》还讲道："日冬至，七十二日木用事，其气燥浊

---

① （清）陈立撰，吴则虞点校：《白虎通疏证》，中华书局 1994 年版，第 363 页。
② （清）陈立撰，吴则虞点校：《白虎通疏证》，中华书局 1994 年版，第 363 页。
③ 陈久金：《阴阳五行八卦起源新说》，《自然科学史研究》1986 年第 2 期。又收入《陈久金集》，黑龙江教育出版社 1993 年版，第 31—58 页。
④ 黎翔凤撰，梁运华整理：《管子校注》，中华书局 2004 年版，第 868—878 页。
⑤ 何宁撰：《淮南子集释》，中华书局 1998 年版，第 225 页。

而青。七十二日火用事，其气惨阳而赤。七十二日土用事，其气湿浊而黄。七十二日金用事，其气惨淡而白。七十二日水用事，其气清寒而黑。七十二日复得木。"① 五方帝的记载遍及上古典籍，不用赘言。

由上可知，"三皇""五帝"最先指"三正""五行"，其与"三色""五色"相配，也都是以大自然的颜色为根据的。上古中国每个朝代也有不同颜色，夏、商、周按"三正"的黑、白、赤三色相替代。

顺便一提，战国末期邹衍既是"五行"学术的集大成者，又是秦汉"五德"始终学术的首倡者，其书失传。从其他文献可知，他讲天道之"五行"运行（四季五节交替）与其他儒生应相似，而将朝代更替来类比一年四季五节之运行就是历史循环论的唯心史观。他的学术对秦、汉王朝产生了深远的影响。正如司马迁在《史记·封禅书》中所说，"驺衍以阴阳主运显于诸侯，而燕齐海上之方士传其术不能通，然则怪迂阿谀苟合之徒自此兴，不可胜数也。"②

三　"三皇""五帝"与"三王五帝九皇六十四民"

将天人合一思想推向顶峰的是西汉新儒学宗师董仲舒，他的著作对我们了解上古学术思想很有帮助。董仲舒的《春秋繁露·三代改制质文》详细解说了"三正""五行"与"三王""五帝"的关系，其大意是：人间之政事皆像天，所以人间之"三王""五帝"（注意：这里不讲"三皇""五帝"）可与"三正""五行"相比附，但"三正""五行"其总数为八，只能比附八个圣王，新一代圣王去世就不能再比了，于是古人将"三王""五帝"往前推一位，最前一位便升为"九皇"（即从"三王""五帝"往上算第九位），"九皇"可比附九人，再往前则变成"六十四民"。其文曰：

> 《春秋》上绌夏，下存周，以《春秋》当新王。《春秋》当新王者奈何？曰：王者之法，必正号，绌王谓之帝，封其后以小国，使奉

① （清）苏舆撰，钟哲点校：《春秋繁露义证》，中华书局 1992 年版，第 381 页。
② （汉）司马迁撰，（宋）裴骃集解，（唐）司马贞索隐，（唐）张守节正义：《史记》（简体字本），中华书局 1999 年版，第 1170 页。

祀之。下存二王之后以大国，使服其服，行其礼乐，称客而朝。故同时称帝者五，称王者三，所以昭五端，通三统也。是故周人之王，尚推神农为九皇，而改号轩辕谓之黄帝，因存帝颛顼、帝喾、帝尧之帝号，绌虞而号舜曰帝舜，录五帝以小国。下存禹之后于杞，存汤之后于宋，以方百里（注：以，疑地），爵号公。皆使服其服，行其礼乐，称先王客而朝。《春秋》作新王之事，变周之制，当正黑统。而殷周为王者之后，绌夏改号禹谓之帝，录其后以小国，故曰绌夏存周，以《春秋》当新王。不以杞侯，弗同王者之后也……故圣王生则称天子，崩迁则存为三王，绌灭则为五帝，下至附庸，绌为九皇，下极其为民。苏舆注引《汉旧仪》曰："祭三王、五帝、九皇、六十四民，皆古帝王，凡八十一姓。"[1]

由此一段可见，董仲舒是根据孔子《春秋》的理论来构建自己的理论的。

改朝换代不但比附"三正""五行"，还有所谓"一商一夏，一质一文"之类，即比附天地、日月等。因此，董仲舒说："故王者有不易者，有再而复者（注：文质），有三而复者（注：正朔。引者按：从"三正"之历法理论），有四而复者（注：一商一夏，一质一文），有五而复者（注：五帝），有九而复者（注：九皇），明此通天地、阴阳、四时、日月、星辰、山川、人伦，德侔天地者称皇帝，天佑而子之，号称天子。故圣王生则称天子，崩迁则存为三王，绌灭则为五帝，下至附庸，绌为九皇，下极其为民。"[2] 这是说改朝换代皆要找理论根据，理论根据就是大自然中各种事物的变化规律。董仲舒是一代儒宗，是汉之权威学者，其说是可信的。

当"皇"指人皇时，最先指九皇，而非三皇。《史记·封禅书》："蓬莱士高世比德于九皇。"又见《周礼》"小宗伯"及"都宗人"郑氏注贾公彦疏。董仲舒的比附理论也见于众多古籍，如《管子·侈靡》：

---

① （清）苏舆撰，钟哲点校：《春秋繁露义证》，中华书局 1992 年版，第 198—202 页。
② （清）苏舆撰，钟哲点校：《春秋繁露义证》，中华书局 1992 年版，第 200—202 页。

"故书之帝八，神农不与存，为其无位，不能相用。"① 《史记·孔子世家》："据鲁，亲周，故殷"②。东汉末郑元注《周礼·小宗伯》则有"三皇五帝九皇六十四民"③ 之说，此中"三皇"与"九皇"并列，是东汉理论错乱的表现（"三皇"当是"三王"之误）。

从苏舆的《三代改制质文义证》可知，董仲舒的这套理论取材于《春秋》，引证于子思之说，其观点同于汉代众大儒。尽管有名号之别，还不至于造成历史的混乱。它只是在某君王名号前或后加个"帝"或"王"字，如帝颛顼、帝喾、帝尧、帝舜，或文王、武王即可。不像太昊、炎帝等五帝既是天帝号，又是人帝号。

近百年来，疑古派学者或以董仲舒等学术为不是。其主要理由是，认为"三正""五行"之学术是战国至汉人的造作，他们举出《荀子·非十二子》的一段话作为证据："略法先王而不知其统，犹然而材剧志大，闻见杂博。案往旧造说，谓之五行，甚僻违而无类，幽隐而无说，闭约而无解。案饰其辞而祇敬之曰：此真先君子之言也，子思唱之，孟轲和之，世俗之沟犹瞀儒，嚾嚾然不知其所非也，遂受而传之，以为仲尼、子游为兹厚于后世，是则子思、孟轲之罪。"④ 荀子将"五行"学术归为"往旧造说"，说明"五行"学术早就有之。这段话主要是批评子思、孟子之徒"略法先王而不知其统"，并非批评"五行"本身，亦即只是批评以人帝去比附"五行"，"甚僻违而无类，幽隐而无说，闭约而无解"。这种批评无疑是正确的。《孟子·公孙丑下》孟子说："五百年必有王者兴，其间必有名世者。"⑤ 孟子是一个历史循环论者，认为历史是循环的，就像一年四季五节之循环，"终而复始，故有始终也"，因此以"五行"学术来说人类社会。疑古派学者则认为荀子批评的是"五行"学术。这是错误的。

---

① 黎翔凤撰，梁运华整理：《管子校注》，中华书局2004年版，第744页。
② （汉）司马迁撰，（宋）裴骃集解，（唐）司马贞索隐，（唐）张守节正义：《史记》（简体字本），中华书局1999年版，第1563页。
③ （清）阮元校刻：《十三经注疏·周礼注疏》，中华书局1980年版，第766页。
④ （清）王先谦撰，沈啸寰、王星贤点校：《荀子集解》，中华书局1988年版，第94—95页。
⑤ （清）焦循撰，沈文倬点校：《孟子正义》，中华书局1987年版，第309页。

按董仲舒的《三代改制质文》等理论，种种"三王""五帝"或"五帝""三王"的排列只在某一代是正确的。只有某个时代的"三王""五帝"，没有永恒的"三王""五帝"。因为"三王""五帝"是轮流坐庄的。比如，神农在商代坐在"炎帝"的位置，到周代便挪到"九皇"的位置了。这些变化常干扰着上古史的研究，作为历法理论的"三正""五行"学术始创于帝尧，成熟于夏。而将人帝比附天帝的学术应当出现于春秋战国至秦汉之间。那么作为人帝的"三王""五帝"何所指？《三代改制质文》有佚句，别的古籍也无系统记载，我们无从稽考，不可妄言。东汉以后将人间之"三王""五帝"与原称"三正""五行"之"三皇""五帝"的历法理论相混，才出现数种人帝之"三皇""五帝"的说法（表9-1），可能是当时学者按人帝与天帝相比附的理论推定的某一具体时期的"三皇""五帝"。不过，尽管东汉以后有各种"三皇""五帝"之组合，而在历代古文献中仍有维持先秦原义上的"三皇""五帝"（即"三正""五行"）的论述。

当然，董仲舒阐述的是儒家历代相沿的理论，至少是春秋以来的理论，至于夏、商、周是否真是这样来称呼帝王，还需更多考证。例如，按董仲舒之说，神农在周代不被称帝，而被称为"九皇"，可是在《逸周书·尝麦》里则仍有"赤帝"之载，那个"赤帝"是否是神农，还是其后代榆罔？古史的复杂性可见一斑。

表9-1　　　　　　　　　　"三皇""五帝"异说表

"三皇"				
作者	时代	古籍	三皇名称	属性
司马迁	西汉	《史记·秦始皇本纪》	天皇、地皇、泰皇	天帝
	西汉	《春秋纬》（《太平御览》卷七十八引）	天皇、地皇、人皇	天帝
应劭	东汉	《风俗通义》	伏羲、女娲、神农 伏羲、祝融、神农 伏羲、神农、共工	人帝
郑康成	东汉	《尚书大传》	燧人、伏羲、神农	人帝
佚名	东汉	《运斗枢》《元命苞》	伏羲、神农、女娲	人帝

续表

"五帝"				
作者	时代	古籍	五帝名称	属性
皇甫谧	西晋	《帝王世纪》	伏羲、神农、黄帝	人帝
刘恕	宋	《通鉴外纪》	伏羲、神农、共工	人帝
孙瑴	明	《古微书》	伏羲、神农、黄帝	人帝
吕不韦	战国	《吕氏春秋》	太昊、炎帝、黄帝、少昊、颛顼	天帝
佚名	战国	《礼记·月令》	太皞、炎帝、黄帝、少皞、颛顼	天帝
王逸	东汉	《楚辞·惜诵》注	东方太皞、南方炎帝、西方少昊、北方颛顼、中央黄帝	天帝
贾公彦	唐	《周礼·天官》疏	东方青帝灵威仰、南方赤帝赤熛怒、中央黄帝含枢纽、西方白帝白招拒、北方黑帝汁先纪	天帝
戴德	西汉	《大戴礼记》	黄帝、颛顼、帝喾、尧、舜	人帝
司马迁	西汉	《史记》	黄帝、颛顼、帝喾、尧、舜	人帝
刘向	汉	《战国策》	庖牺、神农、黄帝、尧、舜	人帝
刘恕	宋	《资治通鉴外纪》	黄帝、少昊、颛顼、帝喾、尧	人帝
梅赜	晋	伪《尚书序》	少昊、颛顼、帝喾、尧、舜	人帝
皇甫谧	晋	《帝王世纪》	少昊（皞）、颛顼、高辛（帝喾）、唐尧、虞舜	人帝

　　不过，自从司马迁将"五人帝"之史迹载于《史记·五帝本纪》之后，这几个帝王的史迹大体定下，虽然五帝之间尚有缺环（政绩平平未能归入"帝"之系统者未加记载），但他所记"五帝"的事迹应当是基本可信的，因为已经过司马迁"究天人之际"（意即区分天帝与人帝）的研究。《史记》中的"五帝"也不是《孔子家语》中所说的"五帝"，它提到了黄帝、颛顼、帝喾、尧、舜等，将尧、舜也归入了"五帝"，因此，此中的"帝"是人帝，而非天帝。但在与别的古籍相比较时，则应参照《史记·五帝本纪》中"五帝"的真正姓名，如帝尧名放勋，帝舜名重华，帝禹曰文命，不可与五天帝名称相混。

　　"五行"学术早已淡出人们的思想，我们不能简单地以科学、非科学来作出评判，它是上古中国的重大学术思想，了解了这套学术就如同掌握了打开上古学术思想的一把钥匙。避而不谈，那古代学术就永远是一团乱麻。我们研究上古天、人两个系统的"三皇""五帝",应树立变动的观念,不要将人帝与历法理论中的五天帝相混,应不断地学习司马迁"究天人之际,通古今之变"的精神,深入古代神、人相比附的时代,只有这样才能寻找到古人内心世界之真谛。

小 结

皇、帝的本义皆与神鸟凤凰(天翟)有关,其本义皆指天帝,或天帝之使者。五方帝原本为天帝,不可与人帝相混。至春秋战国以后,才将人帝比附天帝。这种比附又分为两类:其一是孔子等儒生将前后相继的五位圣王(普通君王除外)比附五天帝;其二是山东银雀山汉墓《孙子兵法》佚文《黄帝伐赤帝》中将五方地域的君王比附五天帝。以儒家为代表的上古学者认为"三皇""五帝"原义为"三正""五行"。人间的"三王""五帝"是比附"三正""五行"而出现的名称,人间的"三王""五帝"随时代而变更,有一套变更的理论。东汉以后"三王""五帝"与"三皇""五帝"名称混淆,并出现"三皇""五帝"各种不同说法。我们应以司马迁"究天人之际,通古今之变"的精神来研究文献资料中的天帝、人帝以及二者的对应关系。

下　篇

关于上古信仰与宇宙观的
规律性认识

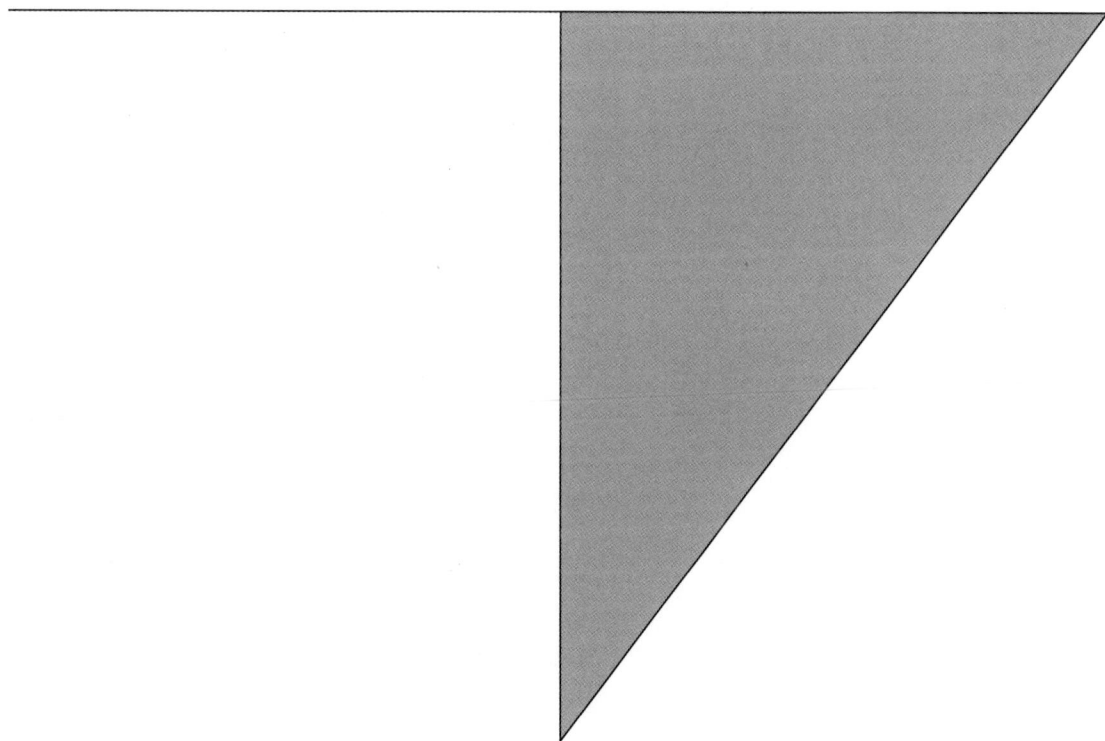

第 十 章

▼

上古神秘信仰对构建和谐
社会的作用与影响

中国先民与世界先民一样，多有对"神"的信仰，自古多有神话传说，帝王常用神话来抬高自己的地位以便进行统治，臣子也用神话来匡正帝王的过失，他们常常以"神"来帮助治理天下。中国的老百姓也多有神秘信仰的传统，这种神秘信仰影响至今。

中国上古有众多对动物的崇拜，后来，这些崇拜慢慢演化为对龙、凤这种自然界虚无的动物的崇拜，而且在传统文化里，龙凤还是一物而二体，也就是说，是由众多的动物崇拜演化为对一种动物神的崇拜。后世的帝王无不自称龙子龙孙，整个中国也自称为龙的传人。这种龙凤文化，早在 5000 多年前，或可上溯至 8000 多年前，就已经慢慢开始了。因此，龙凤信仰文化是中国信仰的一个重要方面。

本章拟着重研究这两个重要的信仰与宇宙观问题，并对相关理论作出归纳。

第一节　神秘信仰在构建中国古代
和谐社会中的作用

神秘信仰是指人们希望利用自身以外的力量去支配人的活动而由此产生的信仰。它利用鬼、神、天、地等非人力因素，通过占卜、占卦、占梦、符咒等手段来表达甚至希望实现的巫者的意志。君主、圣贤、普通人皆可利用它来达到缓和矛盾、构建和谐社会的目的。神秘信仰有不科学的一面，有时还会制造一些混乱与浪费——如唐朝迎佛进京、帝王封禅等事例。但事物都是一体两面的，在中国古代，尤其是上古时期，神秘信仰也发挥着不可替代的作用。笔者以为神秘信仰的作用主要体现在如下几个方面。

一　神徽是凝聚人心的旗帜，促进了民族的形成

在远古时代，每个部落几乎都有神徽，这种神徽在凝聚人心方面起到了重要的作用，它使人们团结在这个神徽的旗帜下，进而组成一个共同体，这个共同体就是民族。在中国原始社会出现过多种神徽，而以湖南怀化高庙等地区出现的距今7800—6800年的凤凰纹、獠牙兽面纹（龙纹）及八角纹（如图1-3，其中2、4、6引自贺刚文[1]）影响最大，这种类似的图案在后来的河姆渡文化、仰韶文化、大汶口文化、良渚文化中反复以类似或变体图案出现，并影响至今。中国人是龙凤的传人，可上溯至7800年前的湖南高庙文化。这种龙凤的神徽在民族形成的过程中起了重要作用。

二　首领利用神秘信仰以确立其统治

在原始社会末期，平等社会向等级社会过渡，无政府向有政府转化。可是，谁来充任政府首脑？若凭身体条件，也许每个人都差不多；若以德行为尺度，又不合实际；若像动物争王一样，必然带来无穷的厮杀。在文明化进程中，首领们往往通过宗教这种神秘信仰来实现其角色的转化。因此，有人将是否有宗教祭坛作为文明社会出现的一个重要标志。童恩正在论述原始宗教在文明和国家起源过程中的作用时说："在原始社会后期，宗教仪式的举办和宗教场所的兴建可以说是组织和影响群众的最方便的手段，这种凝聚力有时连生产和战争活动也难以比拟。在从事以宗教为目的的社会活动的过程中，氏族的上层集团得以逐渐地掌握了控制人力和资源的方法和途径，并使之制度化和经常化。"[2]

---

[1]　贺刚：《中国史前艺术神器的初步考察——〈中国史前神器〉纲要》，湖南省文物考古研究所编《长江中游史前文化暨第二届亚洲文明学术讨论会论文集》，岳麓书社1996年版，第282—287页。

[2]　童恩正：《中国古代巫、巫术、巫术崇拜及其相关问题》，湖南省文物考古研究所编《长江中游史前文化暨第二届亚洲文明学术讨论会论文集》，岳麓书社1996年版，第312页。

马玉珍说："从原始宗教祭祀活动与上古神话生成的内在逻辑理路来分析，先民受万物有灵观念影响，'神'是先民根据自身'原型'，将自我形象高大化了的结果，是先民'自我'意识觉醒前的一种尝试和探索。神力主要通过在原始宗教祭祀活动中负责人神沟通的巫者来体现。上古时期规模化的宗教祭祀活动表达先民最基本的生命诉求，其中有意识无意识地生成了上古神话中的诸多神，以祭祀活动表现人对神的依赖，表现神对人的护佑，表现人神的互化，从而成就一种神圣的人格，成为人们尊崇的对象。"①

在上古史中，三代之祖皆有神秘降生的传说。夏禹由其父夏鲧剖腹而出，故《楚辞·天问》有"伯禹愎鲧，夫何以变化"②的疑问。《史记·殷本纪》载："殷契，母曰简狄，有娀氏之女，为帝喾次妃。三人行浴，见玄鸟堕其卵，简狄取吞之，因孕生契"。又《周本纪》云："姜原出野，见巨人迹，心忻然说，欲践之，践之而身动如孕者。居期而生子，以为不祥，弃之隘巷，马牛过者皆辟不践；徙置之林中，适会山林多人，迁之；而弃渠中冰上，飞鸟以其翼覆荐之。姜原以为神，遂收养长之。初欲弃之，因名曰弃。"③

陈胜起义时也用了神秘手段。《史记·陈涉世家》："陈胜曰：'天下苦秦久矣。吾闻二世少子也，不当立，当立者乃公子扶苏……今诚以吾众诈自称公子扶苏、项燕，为天下唱，宜多应者。'吴广以为然。乃行卜。卜者知其指意，曰：'足下事皆成，有功。然足下卜之鬼乎！'陈胜、吴广喜，念鬼，曰：'此教我先威众耳。'乃丹书帛曰'陈胜王'，置人所罾鱼腹中。卒买鱼烹食，得鱼腹中书，固以怪之矣。又间令吴广之次所旁丛祠中，夜篝火，狐鸣呼曰：'大楚兴，陈胜王'。卒皆夜惊恐。旦日，卒中往往语，皆指目陈胜。"④

据《史记·高祖本纪》载，至汉刘邦，又有其母刘媪梦感蛟龙而生

---

①　马玉珍：《原始宗教祭祀与上古神话生成的内在逻辑理路》，《求索》2016年第4期。

②　（宋）洪兴祖撰：《楚辞补注》，中华书局1983年版，第90页。

③　（汉）司马迁撰，（宋）裴骃集解，（唐）司马贞索隐，（唐）张守节正义：《史记》（简体字本），中华书局1999年版，第67、81页。

④　（汉）司马迁撰，（宋）裴骃集解，（唐）司马贞索隐，（唐）张守节正义：《史记》（简体字本），中华书局1999年版，第1567—1568页。

子之说，还有"赤帝之子"斩"白帝之子"之说，其"居上常有云气"，如此等等，使民众畏惧而纷纷归附他。

可见，古代贤人为了当上首领，大都利用过神秘信仰，这样很轻松地就使民众归附其麾下，避免了为争夺位置而导致流血冲突。这种神秘信仰看起来像神话，因此过去的疑古学者不相信这些"神话"人物。实际上，这些人都是历史人物，我们应充分认识和了解这些神秘信仰。

三　君主利用神秘信仰实施其统治

君主在确立了统治地位之后，常利用神秘信仰来实施其统治，这突出地表现在占卜与占卦上。关于占卜，商代甲骨文就是个充分的证据，其实质可体现在两个方面：一方面是君主犹豫不决的时候听任"卜相"来取舍；另一方面是君主意见敌不过臣子意见时而采取的策略，这时，常由"王"来占问。甲骨文中常有"王占曰"的字样，用神的口吻来表达王的意志。周代则主要是占卦，共六十四卦，每卦有卦、爻辞。占卦与占卜比，带有更多理性的东西。因为卦、爻辞事先写在书上，即《周易》，这些言辞全是当时的哲理。人们占卦，就是叫人们按《周易》上的哲理去行事。虽然有些神秘，但理性的东西增多了。

君主常常代表天帝发号施令，讨伐乱臣往往就说是在执行"天罚""替天行道"。遇到重大活动要举行神秘的仪式以使大家统一思想。例如，传说尧禅舜、舜禅禹时都要举行"河出图，洛出书"的重大仪式。如《宋书·符瑞志》《竹书纪年》皆载：

> ……归功于舜，将以天下禅之，乃洁斋修坛场于河、洛，择良日，率舜等升首山，遵河渚。有五老游焉，盖五星之精也（五老人扮装五星之精——引者注）。相谓曰："《河图》将来告帝以期，知我者重瞳黄姚。"五老因飞为流星，上入昴（昴是西七宿之中星，与角、亢、氐相冲。按古分野说，角、亢、氐对应地上的冀州，即王畿之州，意味着尧离开王畿之州而让舜为天子。——引者注）。二月辛丑昧明，礼备，至于日昃，荣光出河，休气四塞，白云起，回风摇，乃有龙马衔甲，赤文绿色，临坛而止，吐《甲图》而去。甲似龟，背广九尺，其图以白玉为检，赤玉为字，泥以黄金，约以青

绳。检文曰："阊色授帝舜。"言虞、夏、殷、周、秦、汉当授天命。帝乃写其言，藏于东序。后二年二月仲辛，率群臣沉璧于洛。礼毕，退俟，至于下昃，赤光起，元龟负书而出，背甲赤文成字，止于坛。其书言当禅舜。遂让舜。①

这里清楚地告诉我们，所谓神话，皆人所为，所谓出图书，皆事先写于玉璧之上，沉于河中，系之以"青绳"，然后将其慢慢拖出，以愚弄旁观的百姓，以示天之授政。这只是一种仪式，同时亦表示"洪范"（"洛书"）之重要，故《史记》载尧禅舜、舜禅禹时都说一句："天之历数在尔躬"的话，以嘱其按天行事，即按客观规律办事。《尚书·顾命》云："天球、河图在东序"，可见"河图"非天所赐，它是一种天文历法工具，与"天球"一起，放在东边校舍里。后人不知"河图""洛书"的来历，故视之如神。

王莽篡位之时，也用了类似的神秘信仰手段。如《汉书·王莽传》所载：

梓潼人哀章学问长安，素无行，好为大言。见莽居摄，即作铜匮，为两检，置其一曰"天帝行玺金匮图"，其一署曰"赤帝行玺某传予黄帝金策书"。某者，高皇帝名也。书言王莽为真天子，皇太后如天命。图书皆书莽大臣八人，又取令名王兴、王盛，章因自窜姓名，凡为十一人，皆署官爵，为辅佐。章闻齐井、石牛事下，即日昏时，衣黄衣，持匮至高庙，以付仆射。仆射以闻。戊辰，莽至高庙拜受金匮神嬗。御王冠，谒太后，还坐未央宫前殿，下书曰："予以不德，托于皇初祖考黄帝之后，皇始祖考虞帝之苗裔，而太皇太后之末属。皇天上帝隆显大佑，成命统序，符契图文，金匮策书，神明诏告，属予以天下兆民。赤帝汉氏高皇帝之灵，承天命，传国金策之书，予甚祇畏，敢不钦受！以戊辰直定，御王冠，即真天子位，定有天下之号曰新。其改正朔，易服色，变牺牲，殊徽帜，异器制。以十二月朔癸酉为建国元年正月之朔，以鸡鸣为时。服色配

---

① （南朝梁）沈约撰：《宋书》，中华书局 1974 年版，第 761—762 页。

德上黄，牺牲应正用白，使节之旄幡皆纯黄，其署曰'新使五威节'，以承皇天上帝威命也。"①

王莽篡位时也举行了类似尧舜禹禅让之类的仪式，只是将"五老"称为"五威"：

> 秋，遣五威将王奇等十二人班《符命》四十二篇于天下……五威将乘《乾》文车，驾《坤》六马，背负鹫鸟之毛，服饰甚伟。每一将各置左右前后中帅，凡五帅。衣冠车服驾马，各如其方面色数。将持节，称太一之使；帅持幢，称五帝之使。莽策命曰："普天之下，迄于四表，靡所不至。"②

孟子引孔子语曰："唐虞禅，夏后、殷、周继，其义一也。"③ 即是说，尧舜禅让与殷代夏、周代殷是一样的。笔者以为，利用神秘的"天命"来禅让，避免了武力冲突，对社会的和谐发挥了重大作用。

除了占卜、占卦、神秘仪式之外，还有占梦、符咒、祭祀等神秘信仰手段。例如，据《史记·殷本纪》，傅说以一介刑徒（"胥靡"）的身份，通过商王武丁的占梦一跃成为商代的宰相，并使商代达到鼎盛。周文王则通过占卦得到姜尚，并拜为国师，使周朝得以灭商。④ 这两件事，几千年来一直传为佳话。采取这种非正常的提拔方式，当是为了避免在官员提拔中王室与贵族间的不和谐声音。在那个时代，提拔官员都得讲出身、讲等级，若按正常的途径去选拔官吏，像傅说、姜尚这些地位低下的才人就难得选上，武丁和周文王利用这种神秘的方法提拔官员很好地化解了这种矛盾，使社会变得和谐。中国古代史中，这类神秘信仰的史事不胜枚举。

---

① （汉）班固撰，（唐）颜师古注：《汉书》（简体字本），中华书局 1999 年版，第 3007 页。
② （汉）班固撰，（唐）颜师古注：《汉书》（简体字本），中华书局 1999 年版，第 3020—3022 页。
③ （清）焦循撰，沈文倬点校：《孟子正义》，中华书局 1987 年版，第 652 页。
④ 王震集解：《六韬集解》，中华书局 2022 年版，第 3 页。

四　臣子利用神秘信仰来匡正天下

臣子也可利用神秘信仰来制约君主。如：管子用它阻止齐桓公封禅，董仲舒制造"天人感应"学说来制约君主，就是很好的例子。《史记·封禅书》载：

> 齐桓公既霸，会诸侯于葵丘，而欲封禅。管仲曰："古者封泰山禅梁父者七十二家，而夷吾所记者十有二焉。昔无怀氏封泰山，禅云云；虑羲封泰山，禅云云……皆受命然后得封禅。"桓公曰："寡人北伐山戎，过孤竹；西伐大夏，涉流沙，束马悬车，上卑耳之山；南伐至召陵，登熊耳山以望江汉。兵车之会三，而乘车之会六，九合诸侯，一匡天下，诸侯莫违我。昔三代受命，亦何以异乎？"于是管仲睹桓公不可穷以辞，因设之以事，曰："古之封禅，鄗上之黍，北里之禾，所以为盛；江淮之间，一茅三脊，所以为藉也。东海致比目之鱼，西海致比翼之鸟，然后物有不召而自至者十有五焉。今凤皇麒麟不来，嘉谷不生，而蓬蒿藜莠茂，鸱枭数至，而欲封禅，毋乃不可乎？"于是桓公乃止。①

这件事例生动地说明，管仲巧妙利用凤凰、比目鱼、嘉谷等神秘之物，成功地阻止了齐桓公的封禅。

董仲舒认为有"天命""天志""天意"存在，《春秋繁露》有载：《顺命》"天者万物之祖，万物非天不生"；《为人者天》云："为人者天也。人之人本于天，天亦人之曾祖父也"，"唯天子受命于天，天下受命于天子"；《郊义》篇"天者，百神之君也"②。为人者天，天是宇宙间的最高主宰，天有着绝对权威，人为天所造，人副天数，天人合一。人君受命于天，奉天承运，进行统治，代表天的意志治理人世，一切臣民

---

① （汉）司马迁撰，（宋）裴骃集解，（唐）司马贞索隐，（唐）张守节正义：《史记》（简体字本），中华书局 1999 年版，第 1165 页。

② （清）苏舆撰，钟哲点校：《春秋繁露义证》，中华书局 1992 年版，第 410、318—319、402 页。

都应绝对服从君主，《玉杯》"屈民而伸君，屈君而伸天"①，从而使君主的权威绝对神圣化。这有利于维护皇权，构建大一统的政治局面。"天人感应"在肯定君权神授的同时，又以天象示警、异灾谴告来鞭策约束帝王的行为。"国家将有失道之败，而天乃先出灾害以谴告之；不知自省，又出怪异以警惧之；尚不知变，而伤败乃至。"②

"天人感应"为历代王朝帝王所尊崇，影响深远。据《汉书》《后汉书》记载，汉宣帝、汉元帝、汉成帝、光武帝等皇帝，在出现日食、旱灾、蝗灾、洪灾、地震等灾异时，都下《罪己诏》。可见，天人感应对皇帝的警策作用。后世帝王逢灾荒年实行免租减赋、开仓赈灾等措施无不深受天人感应的影响。

董仲舒的学术使得臣下有机会利用灾祥天变来规谏君主法天之德行，实行仁政；君受上天约束，不能为所欲为。这在君主专制时期无疑具有制约皇权的作用，有利于政治制约和平衡，为构建古代和谐社会作出了重要贡献。

五　普通人利用神秘信仰来实现小范围的和谐与知识产权保护

普通人也常利用神秘信仰来达到自己的目的。孔子虽是圣人，但在日常行为中，也同普通人一样利用过神秘信仰。如：孔子周游列国"过蒲，会公叔氏以蒲畔，蒲人止孔子。弟子有公良孺者，以私车五乘从孔子，其为人长贤，有勇力，谓曰：'吾昔从夫子遇难于匡，今又遇难于此，命也已。吾与夫子罹难，宁斗而死。'斗甚疾。蒲人惧，谓孔子曰：'苟毋适卫，吾出子。'与之盟，出孔子东门。孔子遂适卫。子贡曰：'盟可负邪？'孔子曰：'要盟也，神不听。'"③孔子历来要求学生讲信用，可是这次他本人不讲信用，不守盟约，遭到学生的质疑。孔子便拿"神"来为自己的行为辩护，辩称在要挟的背景下订的盟约，神是不认可的。

方术之士，常以符咒来治病。这种符咒，实质就是"神秘信仰"，

---

① （清）苏舆撰，钟哲点校：《春秋繁露义证》，中华书局 1992 年版，第 32 页。
② （汉）班固撰，（唐）颜师古注：《汉书》（简体字本），中华书局 1999 年版，第 1901 页。
③ （汉）司马迁撰，（宋）裴骃集解，（唐）司马贞索隐，（唐）张守节正义：《史记》（简体字本），中华书局 1999 年版，第 1549—1550 页。

但起作用的不是符咒，而是他采取的药物或心理措施。过去的匠人临死时要举行一个"倒教"的仪式，将其真功夫传给弟子。这在外人看来，十分神秘。众弟子更感神奇。师傅到底要将"教"倒给谁？这个"教"到底是个什么内容？没有学过艺的人很难知晓。

据笔者调查分析，方术之士的符咒只不过是防止外人随便学去，抢走他们"饭碗"的一种假托方式，实为知识产权保护。真正起作用的还是他们采取的一些实际措施，或精神方面的，或物质方面的。农村方术之士及匠人们用"倒教"、符咒等办法有效地维护自身的地位和周围的和谐，避免了与别人的职业争夺。有些匠人带了很多徒弟，而"教"只能倒给一个人，就像帝位只能传给一位太子一样，谁来受教，就决定了谁拥有嫡传。师傅用这种方法能使徒弟长久尊奉师傅，有效地维护了师道尊严。

通过以上分析，我们可以知道，在古代中国乃至现代中国，神秘信仰比比皆是，不能简单地以"迷信""神话"去否定其历史存在，而应当细心研究其存在的原因及其复杂作用。神秘信仰尽管有不科学、欺骗人的一面，但却在中国古代和谐社会的构建中发挥了巨大的作用。在当今世界，尤其是西方信仰宗教的国家，神秘信仰仍不可一概否定，应具体分析。神秘信仰在当今固然不会再发生过去那样大的影响，然而，神秘信仰在古代维系社会和谐的成功经验促使我们思考新时代的新办法。

第二节　龙凤信仰及其影响

中国人信仰龙凤，多有圣王、名家感龙凤而生的传说。何为龙凤？龙凤文化源于哪里？两千年来一直争论不休。而这些问题的解决将交给我们一把开启上古文明史的金钥匙。本书第一章已经简述了高庙文化对龙凤的崇拜，其他章节也讨论了南方及中原等广大地区地下发掘的新石器时代的龙凤资料，本节拟就文献资料作进一步的探讨。

一　凤凰就是南方的鷩雉

《山海经·南山经》云："丹穴之山……有鸟焉，其状如鸡，五采而文，名曰凤皇……是鸟也，饮食自然，自歌自舞，见则天下安宁。"①
（《尔雅·释地》："距齐州以南，戴日为丹穴。"②《吕氏春秋·古乐》：
"听凤凰之鸣，以别十二律。"③《淮南子·氾论训》高诱注："丹穴，南
方当日之下地"④）；《说文解字》："凤，神鸟也……五色备举，出于东
方君子之国，翱翔四海之外……莫宿风穴（龙穴——引者注），见则天
下安宁"，"鸾，赤神灵之精也，赤色五采，鸡形，鸣中五音，颂声作则
至"⑤。《广雅·释鸟》："鸾鸟……凤皇属也。"⑥《初学记》引纬书《孔
演图》云："凤，火精。"⑦《本草纲目》："凤，南方之朱鸟也。" 于是，
我们可以看出凤凰的特点是：五彩，鸡形，性属火，鸣中五音，颂声作
则至，载歌载舞，与太平盛世相连，是南方之鸟。

这些特点与鷩雉完全相同。《说文》列举雉名十四种：卢诸雉，鷷
雉，鳪雉，鷩雉，秩秩海雉，翟山雉，鸐雉，卓雉，伊洛而南曰翚，
江淮而南曰摇，南方曰畴，东方曰甾，北方曰稀，西方曰蹲。⑧ 李时珍
《本草纲目》说："黄氏《韵会》云：雉，理也，雉有文理也，故《尚
书》谓之华虫，《曲礼》谓之疏趾……集解：形大如鸡，而斑色繡翼，
雄者文采而尾长"，又曰："雉属离火……故煮鸡则冠变，雉者则冠红，
明其属火也。"⑨ 汉刘向说："于《易》，《离》为雉，雉，南方，近赤
祥也。"⑩《太平御览》引《春秋元命苞》说："火离为鸾。"⑪ 可见鸾
为雉。雉也常和歌舞连在一起，"翰，天鸡也。"注："鶾……雉肥而

---

①　袁珂校译：《山海经校译》，上海古籍出版社 1985 年版，第 8 页。

②　（清）阮元校刻：《十三经注疏·尔雅注疏》，中华书局 1980 年版，第 2616 页。

③　许维遹撰，梁运华整理：《吕氏春秋集释》，中华书局 2009 年版，第 122 页。

④　何宁撰：《淮南子集释》，中华书局 1998 年版，第 940 页。

⑤　（汉）许慎撰，（清）段玉裁注：《说文解字注》，上海古籍出版社 1981 年版，第 147—148 页。

⑥　（清）王念孙著，张其昀点校：《广雅疏证》，中华书局 2019 年版，第 880 页。

⑦　（唐）徐坚等：《初学记》，中华书局 1962 年版，第 723 页。

⑧　（汉）许慎撰，（清）段玉裁注：《说文解字注》，上海古籍出版社 1981 年版，第 141—142 页。

⑨　（明）李时珍：《本草纲目·雉》（第 4 卷），吉林大学出版社 2009 年版，第 283—284 页。

⑩　（汉）班固撰，（唐）颜师古注：《汉书》，中华书局 1962 年版，第 1411 页。

⑪　（宋）李昉等撰：《太平御览》，中华书局 1960 年版，第 4059 页。

翰音者"①。《诗经·雄雉》："雄雉于飞，下上其音。"② 雄雉雌雉叫声
不同，音域都宽广，古人说"听凤凰之鸣而辨十二律。"当指雉。舞，
古文作"翌"，从羽，甲骨文作"𠗆"，"𠗊"等形，李孝定《甲骨文字
集解》："（甲文）象人执物而舞之形。"执什么物呢？执雉羽。《诗经
·简兮》："左手执籥，右手秉翟。"③ 南朝宋刘敬叔《异苑》卷三云：
"山鸡爱其毛羽，映水则舞。魏武时南方献之，帝欲其鸣舞而无由。公
子苍舒令置大镜其前，鸡鉴形而舞，不知止，遂乏死。"④ 雉还与太平盛
世相连。如："周太平，越常献白雉"⑤，《抱朴子·外篇·广譬》："素
鳞须姬发而跃，白雉待公旦而来。"⑥ 越为何要送白雉至周呢？正如《后
汉书·南蛮西南夷列传》越使者所云："久矣，天之无烈风雷雨，意者
中国有圣人乎？有则盍往朝之。"⑦ 雉也是颂声作则至。最典型的一个例
子是商王武丁祭成汤之庙时，有蜚雉升鼎而响，《史记·殷本纪》《论衡
·异虚篇》均称之为"祥雉"，再一例是齐景公时。⑧ 雉也是南方之鸟。
胡渭曰："《尔雅》所谓鷩，山鸡者，《周书》谓之采鸡，一名鶅鷩，出
南粤诸山中，湖南、湖北亦有之。"⑨

鷩雉（俗称为野鸡）也偶尔去陕西宝鸡，古陕西人以之为神（神
鸟）。《史记·封禅书》："其神或岁不至，或岁数来，来也常以夜，光辉
若流星，从东南来集于祠城，则若雄鸡，其声殷云，野鸡夜雊。以一牢
祠，命曰陈宝。"⑩《搜神记》《艺文聚类》（卷九一）引《辛氏三秦记》
也有类似的记载。《述异记》则有天鸡的传闻……李白《梦游天姥吟留

---

① （汉）许慎撰，（清）段玉裁注：《说文解字注》，上海古籍出版社 1981 年版，第 138 页。

② （清）阮元校刻：《十三经注疏·毛诗正义》，中华书局 1980 年版，第 302 页。

③ （清）阮元校刻：《十三经注疏·毛诗正义》，中华书局 1980 年版，第 308 页。

④ （南朝宋）刘敬叔撰，范宁校点：《异苑》，中华书局 1996 年版，第 15 页。

⑤ 北京大学历史系《论衡》注释小组：《论衡注释》（第二册），中华书局 1979 年版，第
965 页。

⑥ 杨明照撰：《抱朴子外篇校笺》（下），中华书局 1997 年版，第 321 页。

⑦ （南朝宋）范晔撰，（唐）李贤等注：《后汉书》（简体字本），中华书局 1999 年版，第
1915 页。

⑧ 孟世凯：《中国小通史：夏商》，中国青年出版社 1994 年版，第 237 页。

⑨ （清）胡渭撰：《禹贡锥指》（卷七），《文渊阁四库全书电子版》，上海人民出版社、迪
志文化出版有限公司 1999 年版。

⑩ （汉）司马迁撰，（宋）裴骃集解，（唐）司马贞索隐，（唐）张守节正义：《史记》
（简体字本），中华书局 1999 年版，第 1163—1164 页。

别》就以天鸡之典入诗，"半壁见海日，空中闻天鸡"。两则神话和李白的诗都抓住了一个共同点，即太阳与天鸡的紧密关系。河姆渡文化中出土的一件骨质器柄上雕刻两组太阳双头凤纹（"日鸟护身符"），是7000 年前当地先民崇拜凤凰的最好证据。

《尚书·益稷》："帝曰……予欲观古人之象，日、月、星、辰、山、龙、华、虫。"① 注："华象草，华虫，雉也。"将华虫（鷩雉）与龙并列，亦可知鷩雉即凤凰。《说文》："翰……一名鷐风（凤）。"② 可见雉、凤名相通。《大戴礼记·夏小正》："雷则雉震响，相识以雷。"③《说文》又云："雷始动，雉乃鸣而句（雊）其颈。"④ 这种雊其颈的形态，与传世的《山海经》中的凤凰插图很像。又据郭沫若《关于晚周帛画的考察》（《人民文学》1953 年第 11 期）介绍，战国时楚国的一幅帛画中绘有一只凤凰，其整个体态极像雉类。

元代人还认为翟就是瑞鸟凤凰。元伊士珍的《琅环记·贾子说林》说："墨子的母亲梦见太阳里的赤鸟飞进室内，惊醒后即生下墨子，便起名为翟鸟。"所以墨子的出生地又叫"落凤山"⑤。

《中国历史之谜》一书也认为："雉类善良、勇猛的本性，是古代人民所尊奉的，它融化进凤凰的形象里，使凤凰成了吉祥之鸟……雉类求偶的情景，也与凤凰类似……雉类往往偶居，形影不离，而凤凰也是'凤侣鸾俦'，意味着最佳的姻缘。正因为如此，古代妇女爱好用雉类作装饰物，如用雉羽饰车舆，又喜欢凤冠、凤簪、凤钗、凤衣、凤鞋之类的饰物，寓含对幸福美好爱情的憧憬。"⑥ 从以上可知，凤凰即雉类，但它不是一般的雉，而是一种称为鷩或鵔鸃的雉。

《说文》曰："鵔鸃，鷩也，从鸟夋声"，《尔雅》鷩雉注："似山鸡而小冠，背毛黄，腹下赤，项绿，色鲜明，凤凰属也。"⑦《苍颉解诂》

① （清）阮元校刻：《十三经注疏·尚书正义》，中华书局 1980 年版，第 141 页。
② （汉）许慎撰，（清）段玉裁注：《说文解字注》，上海古籍出版社 1981 年版，第 138 页。
③ （清）王聘珍撰，王文锦点校：《大戴礼记解诂》，中华书局 1983 年版，第 25 页。
④ （汉）许慎撰，（清）段玉裁注：《说文解字注》，上海古籍出版社 1981 年版，第 142 页。
⑤ 李亚彬：《中国墨家》，宗教文化出版社 1996 年版，第 2 页。
⑥ 李培栋主编：《中国历史之谜》，上海辞书出版社 1998 年版。
⑦ （清）阮元校刻：《十三经注疏·乐雅注疏》，中华书局 1980 年版，第 2649 页。

说："鶏鵜，神鸟，飞竟天汉，以为侍中冠。"①《楚辞·九叹》："抚朱爵（雀）与鶏鵜。"② 胡厚宣《甲骨文商族鸟图腾的遗迹》一文认为玄鸟就是凤，而雉是凤属的一种，或称丹鸟。甲骨文中有三条武丁祭雉鸟的记载，而且用了三牛三豕三犬这么隆重的祀典。③

总之，凤凰就是鷩雉，亦称鶏鸟，又名朱雀、赤鸟、丹雀、丹鸟……它是生活在南方的一种神鸟。

二　雉入大水为蜃（龙）

在古人看来，龙即蜃，是雉的变种，或由雉入大水后变异而成，或由雉与雉化之蜃交配而生。《尔雅》《周书》《吕氏春秋·月令》《大戴礼·时则》《论衡》《说文》《本草纲目》等经典文献均曰："孟冬之月雉入大水（或作淮）为蜃。"何为蜃？李时珍曰："蛟之属有蜃，其状亦似蛇而大，有角如龙状，红鬣，腰以下鳞尽逆。食燕子，能呀气成楼台、城郭之状，将雨即见，名蜃楼，亦曰海市……陆佃云：蛟交龟则生龟，交雉则生蜃，异物而感同也。《类书》云：蛇与雉交而生子曰蟂，似蛇而四足，能害人。陆禋云：蟂音枭，即蛟也，或曰蜃也。又鲁至刚云：正月蛇与雉交生卵，遇雷即入土数丈为蛇形，二三百年，乃能升腾。卵不入土，但为雉尔。观此数说，则蛟、蜃皆是一类，有生有化也。"④

在十二地支与十二生肖的对应中，辰（蜃）对应龙，亦说明蜃即龙。《说文解字》："龙，鳞虫之长。"⑤《艺文类聚》（卷九十六）鳞介部："《山海经》曰：'蛟，似龙蛇，而小头，细颈，颈有白婴，大者十数围，卵生，子如一二斛瓮，能吞人'。"⑥《说文解字》引《山海经传》云（蛟，龙属）"……似蛇，四脚，细颈，颈有白婴，大者数围，卵生，

---

① （宋）李昉等撰：《太平御览》，中华书局 1960 年版，第 4058 页。

② （汉）王逸撰，黄灵庚点校：《楚辞章句》，上海古籍出版社 2017 年版，第 327 页。

③ 刘起釪：《古史续辨》，中国社会科学出版社 1991 年版，第 256 页。

④ （明）李时珍：《本草纲目（校点本）》，人民卫生出版社 1982 年版，第 2382 页。

⑤ （汉）许慎撰，（清）段玉裁注：《说文解字注》，上海古籍出版社 1981 年版，第 582 页。

⑥ （唐）欧阳询撰，汪绍楹校：《艺文类聚》（附索引），上海古籍出版社 1982 年版，第 1664 页。

子如一二斛瓮，能吞人。"①《本草纲目·蛟龙》说："按任昉《述异记》云：蛟乃龙属，其眉交生，故谓之蛟。有鳞曰蛟龙，有翼曰应龙，有角曰虬龙，无角曰螭龙也。"李时珍在《本草纲目》的"雉"条还说："任昉《述异记》云：江淮中有兽名能（龙），乃蛇精所化也。冬则为雉，春夏为蛇。晋时武库有雉。张华曰：'必蛇化也。'视之果得蛇蜕。"②《晋书·张华传》也载："武库……其中忽有雉雏。华曰：'此必蛇化为雉也。'开视，雉侧果有蛇蜕焉。"③ 李时珍评论说："此皆异类同情，造化之变易，不可臆测者也。"不信鬼神的王充在《论衡》卷十六也说："虾蟆为鹑，雀为蜃蛤。物随气变，不可谓无。"其卷七又云："雀入水为蜃蛤，禀自然之性，非学道所能为也。"④ 正如赵简子所叹："雀入于海为蛤，雉入于淮为蜃，鼋鼍鱼鳖，莫不能化，唯人不能，哀夫！"⑤ 李时珍还进一步论证雉交蛇的事实说："春夏不可食（雉）者，为其食虫蚁，及与蛇交，变化有毒也……"。蜃又称"大蛤"，《汉语大字典》蛤条："《说文》云：'蛤有三，皆生于海。蛤厉，千岁雀所化，秦人谓之牡厉。海蛤者，百岁雀所化也；魁蛤，一名复累，老服翼所化。'《广韵·合韵》：'蛤，蚌蛤。'《国语·晋语九》：赵简子叹曰：'雀入于海为蛤，雉入于淮为蜃。'韦昭注：'小曰蛤，大曰蜃，皆介物蚌类也。'宋欧阳修《初食车螯》：'累累盘中蛤，来自海之涯。'"⑥ 我们不能肯定这是否合符事实，但在古文化中，我们的祖先确是认为这是事实。于是便有了龙、凤的传说。但从物种进化的角度看，鸟类确是爬行类动物进化而来，而进化过程不可能一帆风顺，当有亦飞亦爬阶段。

　　古人认为"雉入大水为蜃"之"蜃"为龙，还可从文字学方面得到印证。古人造字，"龙""凤"音符相同，形符相异，凤凰则从鸟，龙则从虫。如"鳳"与"風"，"鸞"与"蠻"，"鷗"与"蝹"等。

----

① （汉）许慎撰，（清）段玉裁注：《说文解字注》，上海古籍出版社 1981 年版，第 670 页。

② （明）李时珍：《本草纲目·雉》（第 4 卷），吉林大学出版社 2009 年版，第 123 页。

③ （唐）房玄龄等撰：《晋书》，中华书局 1974 年版，第 1075 页。

④ 北京大学历史系《论衡》注释小组：《论衡注释》，中华书局 1979 年版，第 968、411 页。

⑤ 徐元诰撰，王树民、沈长云点校：《国语集解》，中华书局 2002 年版，第 452—453 页。

⑥ 汉语大字典编辑委员会编纂：《汉语大字典》（蛤条），湖北辞书出版社、四川辞书出版社 1986 年版，第 2850 页。

古"虺"字与"龙"字通，和龙一样，"虺"也曾作为司雨之神灵而被祭祀，观卜辞如下：（1）"贞乎舞于虺"，"贞召河夐于虺，侑雨"（乙5272）；（2）戊申卜大舞虺侑（雨）（合32）；（3）"壬辰卜翌甲午夐于虺，羊侑猪"（合14702）；（4）"庚戌卜敲员：我，五月"（合14707）[1]。又《尔雅·释鱼》："有足谓之虫，无足谓之豸。"[2] 在古人看来，有四足之蛇即为龙属。因为它们在形态上都像蛟龙，如鲵鱼又名鼍龙，穿山甲又名龙鲤，蜥蜴、扬子鳄又名龙子，云南楚雄哀牢山彝族的十二生肖，用穿山甲代替龙，别的地区的彝族，还有以山壁虎（别名天龙）代替龙的。[3] 而演化为当今龙的形象的则是雉化之蜃，亦即蛟龙——这可从汉高祖出生的神话得到印证。《史记·高祖本纪》云："其先刘媪尝息大泽之陂，梦与神遇……太公往视，则见蛟龙于其上。已而有身，遂产高祖。"[4] 东方朔《七谏·哀命》："从水蛟而为徒兮，与神龙乎休息"，王勃《滕王阁序》："腾蛟起凤"，也可知神龙就是水蛟。伏羲是龙的象征，神农又作神龙，因此伏羲、神农的后代有：蚩尤、禹、蛮、闽、巴、蜀等，均从"虫"。亦有从鸟的，如："少昊氏，以鸟纪官，故为鸟师而鸟名"，因此，天安门旁的华表（又称神农柱）上面是一只鸟（鹬雉），下面却是一条龙。那根横梁则表示水面，意味着"雉入大水为蜃"，这是龙凤文化的集中表现。

龙也是南方越族之物，北方极少见。古书数记越人俗"断发文身"。他们为何断发文身呢？是为了躲避蛟龙之害。《汉书·地理志》："今之苍梧……皆粤分也。其君禹后，帝少康之庶子云，封于会稽，文身断发，以避蛟龙之害。"[5]《三国志·魏书三十·东夷·倭》："夏后少康之子……断发文身以避蛟龙之害。"[6] 西南之哀牢夷则有女祖沙壹感龙而产子的传

---

① 沈建华：《由出土文献看祝融传说之起源》，《东南文化》1998年第2期。

② （清）阮元校刻：《十三经注疏·尔雅注疏》，中华书局1980年版，第2640页。

③ 关立勋主编：《中国文化杂说·民俗文化卷》，北京燕山出版社1997年版，第364页。

④ （汉）司马迁撰，（宋）裴骃集解，（唐）司马贞索隐，（唐）张守节正义：《史记》（简体字本），中华书局1999年版，第241页。

⑤ （汉）班固撰，（唐）颜师古注：《汉书》（简体字本），中华书局1999年版，第1329页。

⑥ （晋）陈寿撰，（南朝宋）裴松之注：《三国志》（简体字本），中华书局1999年版，第633—634页。

说，所以，"种人皆刻画其身，象龙文，衣皆著尾"①。该文载"其母鸟语"，则又有龙凤相配之意。

龙凤为一个民族之崇拜物，不仅记载于古书之中，而且也从众多的考古遗存得到印证：其一是湖南怀化高庙遗址出土的獠牙、凤鸟纹，当是合龙凤之特征而成的神物；其二是 1987 年从安徽省含山县凌家滩新石器时代墓葬中出土的玉龙和玉凤（太阳鸟，其鸟与 7000 年前河姆渡文化中的日鸟护身符上的太阳鸟十分相像），距今 5300 年左右；其三是石家河古城、孙家湾墓地等地发掘的后石家河文化龙、凤玉器；其四是商代武丁之妻妇好墓中出土的玉龙和玉凤，而且还有一件玉器将龙与"怪鸟"（凤凰）做成一件器物，龙压在凤的上面如交配状；② 其五是现藏美国华盛顿弗利尔美术馆的龙凤人合一的铜觥，上为龙下为凤，两足部各有一人形，意味着龙凤生人的古观念，为商代后期湖南地区铸造；③ 其六是长沙陈家大山战国楚墓出土的"龙凤人物帛画"。

北方西辽河地区的查海遗址也发现过龙，该遗址聚落中心墓区的北部出土一例龙形堆石遗迹，采用红褐色玄武岩石块堆摆而成，全长 19.7 米，宽 1.8—2 米，厚 1.6 米。④ 龙骨堆虽局部稍有缺失，但其龙头、龙身石块堆摆厚密，其整体造型呈昂首、张嘴、屈身、弓背、尾部若隐若现状，给人以巨龙腾飞之感，但足不明显。河南西水坡 45 号墓或称祭祀遗迹有龙、虎堆塑，这龙很像后世的龙，这大概也属南方稻作文化体系。西辽河地区的赵宝沟文化、红山文化以后更多是鹿、猪崇拜，发现的龙、鸟崇拜的遗物也不多见。有一种红山玉器被称为玉猪龙，猪头带个弯身，无足、无角、无鳞，不似龙。陶寺文化也发现龙盘，其"龙"也无足。吴清在《中国古玉鉴赏与收藏》中指出："目前，一些学者把远古玉器中的许多异形怪物泛称为龙"⑤，他们以此怪物去说明龙的形象，不妥。

---

① （南朝宋）范晔撰，（唐）李贤等注：《后汉书》（简体字本），中华书局 1999 年版，第 1924 页。

② 中国大百科全书总编辑委员会《考古学》编辑委员会、中国大百科全书出版社编辑部编：《中国大百科全书·考古学》，中国大百科全书出版社 1986 年版，彩色插图。

③ 《中国文物报》1999 年 4 月 11 日。

④ 辽宁省文物考古研究所编著：《查海——新石器时代聚落遗址发掘报告》，文物出版社 2011 年版，第 432 页。

⑤ 吴清编著：《中国古玉鉴赏与收藏》，上海书店出版社 1997 年版。

北方西辽河至陶寺文化等长城地区虽然也发现了被考古工作者称为"龙"的地下遗存，但见于文献记载的却不多见，而且长城地区的"龙"普遍无足，也许远古时候长城地区先民不称"龙"这个名号。因而其信仰与南方及中原的龙凤文化有所不同，使得龙凤文化更多地记载在南方、中原及西北地区，亦即古中国。

从近年考古发现可知，鸟类与龙类确为近亲："鸟类的骨盆和鸟目恐龙的骨盆十分相似，例如最早的鸟类始祖的骨架，就和早期一种小型恐龙空骨龙类很相像；恐龙的头骨化石也和鸟类的几乎一样，它们在眼窝前方都有一个洞，这是演化上一个很重要的特征。此外，鸟类和恐龙在外表上也有很多相似的地方，例如鸸鹋、鸵鸟等鸟类和似鸟龙类长得很相像，麝雉的幼鸟和始祖鸟一样也有翼爪。"①

笔者以为，在龙类进化为鸟类的过程中有一个过渡阶段，即亦鸟亦龙的阶段，而这种过渡在南北方有先后之分，它与气候变化有关，北方的雨水日益减少，不适于龙生活，因而最先转化为鸟类，且向南方迁徙，于是北方的龙凤日益减少（《山海经》中四方均有凤凰的传说，但对凤凰的崇拜则是神农在南岳凤凰山发现九穗禾以后的事，它是源于南方的。详见后文），以至于到春秋以来的文字中便已失传，而南方的转化则较迟，一直延续到较晚的时代，因而有关龙凤的记载几乎都在南方。当然，有的龙类动物由于适应了新的环境便不再转化了。因此，从龙凤作为一种文化现象并引起人们的崇拜来说，应当是起源于南方的。

三　南方的龙凤文化影响至全中国

古以黄河、华山为南北之界，中国位于东南。《尔雅·释地》："九夷、八狄、七戎、六蛮，谓之四海。"②《史记·天官书》："自河山以南者中国。中国于四海内则在东南，为阳。"《正义》："河，黄河也。山，华山也。从华山及黄河以南为中国也。"③ 按此，河南濮阳西水坡45号

① ［英］本沃迪思等编著：《科文图解少年百科全书（生物卷）》，苏干玲译，宇航出版社、现代出版社、科文（香港）出版社有限公司1998年版，第256页。

② （清）阮元校刻：《十三经注疏·尔雅注疏》，中华书局1980年版，第2616页。

③ （汉）司马迁撰，（宋）裴骃集解，（唐）司马贞索隐，（唐）张守节正义：《史记》（简体字本），中华书局1999年版，第1156页。

墓出土的蚌壳龙，也属南方。

据《左传·昭公十七年》"太皞氏以龙纪，故为龙师而龙名"，晋代杜预注："太皞，伏牺氏，风姓之祖也，有龙瑞，故以龙名官。"① 笔者按，太皞本天帝名，人帝太皞伏羲氏是比附天帝太皞而得名的，此太皞当指伏羲氏（详见本书第九章引《孔子家语·五帝》等）。三国魏曹植《庖牺赞》："木德，风姓，八卦创焉。龙瑞名官，法地象天。"伏羲、女娲均为风姓，甲骨文凤、风同字，可见他们与龙凤文化的渊源关系。伏羲（即第一代神农）本可能生活在湖北一带，最后葬于南郡——据考证，伏羲陵在湖南岳阳平江之幕阜山，属古南郡。② 至今，"苗、徭、偅人多崇拜伏羲兄妹和神农。"③ 第二代神农，在古长沙国（今湖南省）建立了厉国，并开始了对朱鸟凤凰的崇拜，从湖南怀化高庙遗址、长江大塘遗址、桂阳千家坪遗址都发现了距今 7000—6000 年的龙、凤合体的陶纹，可以看出伏羲、女娲的龙姓关系，以及与龙凤的关系。黄帝、炎帝则是末代神农的儿子。④ 颛顼、尧、舜、禹等古帝的政治中心亦在南方，直到夏朝北上，中国的政治中心才渐移北方。⑤

中国的古夷族，实际上就是指崇拜雉的部族，古"夷"字实际上就是"雉"字。《说文解字》段注云："雉古音同夷，《周礼》雉氏掌杀草，故书作夷氏，大郑从夷，后郑从雉，而读如鬎，今本《周礼》作雉者，俗制也。"⑥ 段玉裁《周礼汉读考》卷二又说："雉氏注'故书雉或作夷'，'夏日至而夷之'，《月令注》引'夏日至而雉之'，然则夷即雉字。"⑦ 对此陈邦怀《殷虚书契考释小笺》认为皆足证。于省吾《甲骨文字诂林》论说卜辞时也持此论。夷与越义亦相近，越之所以叫越（粤），

---

① 杨伯峻编著：《春秋左传注》，中华书局 1981 年版，第 1386—1387 页。
② 陈砚发：《幕阜天岳伏羲氏之陵考辨》，《云梦学刊》2013 年第 5 期。
③ 徐松石：《粤江流域人民史》，《民国丛书》编辑委员会编《民国丛书·第二编》，上海书店 1990 年版，第 16 页。
④ 刘俊男：《伏羲神农炎帝考》，《山东师大学报》（社会科学版）1999 年第 2 期。
⑤ 刘俊男：《黄帝史迹考》，《山东师范大学学报》（人文社会科学版）2004 年第 2 期。又见刘俊男《长江中游地区文明进程研究》，科学出版社 2014 年版，第 269—376 页。
⑥ （汉）许慎撰，（清）段玉裁注：《说文解字注》，上海古籍出版社 1981 年版，第 142 页。
⑦ 古文字诂林编纂委员会编纂：《古文字诂林·修订本》（第 4 册），上海教育出版社 2019 年版，第 98 页。

亦得名于翟雉。因为《说文解字》中"趯""躍"二字皆读"翟"声，而今皆念"越"声。可见"翟"与"越"同音。"翟"又通"狄"，《史记·匈奴列传》等，戎狄作戎翟，《淮南子》商祖简狄又作简翟，狄字从犭从火，如言火兽，而凤凰本来就是"火禽"。

"华夏"二字就其本义而言实为五彩之义，源于五彩鸟（凤凰）。华即花，呈五彩。《尚书·禹贡》："羽畎夏翟。"注："夏翟，翟，雉名，羽中旌旄。"①《周礼·天宫·染人》："秋染夏"，贾公彦疏："秋染夏者，夏谓五色，至秋气凉，可以染五色也。"②《谷梁传·隐公五年》："舞夏，天子八佾……"。范宁注："夏……大雉，翟雉。"③ 古书中"华""夏"互见，说明夏即华，即五彩、华彩之义。五彩鸟是南方之鸟，因此，"夏"又和"南方"互用。如：古书习称的"东方苍龙，南方朱雀"中的"南方"就是指夏季。夏朝之所以叫夏朝，其首都之所以叫阳翟（雉名）④，均说明夏同南方五彩鸟的渊源关系。

因此，夷、雉、翟、狄、越、华、夏古义一也。后来，神农子孙众多，便用不同字形读音以相区别，实则都是龙凤崇拜者的后裔。

神农时才开始对凤凰的崇拜，神农定都古长沙国，因此，长沙以东的地区是为东夷，长沙以西南的地区是为西南夷。住在北方的就称为狄。上古所谓四夷者，如今之所谓华东、华南、华西、华北之类也。是故，中国绝大部分民族，如汉、蒙古、藏、辽、鲜卑、匈奴、彝、壮……都是神农炎黄的后代。⑤

考古资料显示，越人祖先是龙凤的最早崇拜者之一，河姆渡出土的"日鸟护身符"是其证据。1984 年底在闽西漳平县（今漳平市）发现了古越族的图腾石刻，全图由母蛇、蛇蛋、幼蛇组成。这就证明了越族确为与夏族崇奉同一图腾（龙、凤）的古部落，他们之间的渊源关系是存在的。

---

① （清）阮元校刻：《十三经注疏·尚书正义》，中华书局 1980 年版，第 148 页。
② （清）阮元校刻：《十三经注疏·周礼注疏》，中华书局 1980 年版，第 692 页。
③ （清）阮元校刻：《十三经注疏·春秋穀梁传注疏》，中华书局 1980 年版，第 2369 页。
④ 范文澜：《中国通史》（第一册），人民出版社 1978 年版，第 32 页。
⑤ 曲辰：《试论炎帝及其后裔与西南古代民族之关系》，王德蓉、曹敬庄、邓玲玲主编《炎帝与中华文化》，人民出版社 1994 年版。

卜辞中有大量求龙降雨的记载，说明商是崇拜龙的；商又崇拜凤，《诗》云商祖简狄（或作翟）吞玄鸟蛋而生商，玄鸟者，神鸟也，古文申（神）作"🜉"与古文"玄"形近，① 于是神鸟凤凰说成了玄鸟，又演成了燕子。周自称为夏后，当然崇拜龙凤。

自从夏商周立国于西北，东南的龙凤文化又在西北大为传播。正如司马迁所云："或曰'东方物所始生，西方物之成熟'。夫作事者必于东南，收功实者常于西北"② 。这说明，夏商周秦汉虽然在西方立国，而其源头却在东南。陈乘勇著《中国第一王朝的崛起》，用考古资料印证北方文明源于南方，有一定的证据。

我们的祖先为什么这样崇拜鹭雉（龙、凤）？原来，鹭雉是中华文明之源。文明包括物质文明与精神文明两个方面，而上古时代的物质文明又具体体现在农业文明上。精神文明则具体体现在伏羲氏画八卦，从而产生文字和易学上。

前文所示，鹭雉鸟启发人们开始了农业。它还为农业提供了准确的季节预报。它春则咀，催人生产，而到了孟冬之月，又入大水为蜃。这也从古天文学反映出来。大辰星所在的春之七宿，被附会成"苍龙"的形象。夏之七宿，又附会成"朱雀"的形象。

中国的古文化也是受龙凤的影响而产生的。《易经·系辞》："古者包牺氏之王天下也……观鸟兽之文，与地之宜……于是始作八卦。"③ "由是文籍生焉。"④ 《尚书中候》云："龙马衔甲，赤纹绿色，临坛上。甲似龟背，广袤九尺，有列星之分，斗正之度，帝王录纪，兴亡之数。"⑤ 孔安国以为八卦是也。⑥《易》之所以叫"易"，源于大蜥蜴（甲文作"🜋"，如龙状）。鹭雉还启发人们创造了音乐、舞蹈。龙、凤均为五彩，其本身又是经久不息的艺术素材，它启发人们去制作五色。

---

① （汉）许慎著，汤可敬撰：《说文解字今释》，岳麓书社 1997 年版，第 2144、545 页。
② （汉）司马迁撰，（宋）裴骃集解，（唐）司马贞索隐，（唐）张守节正义：《史记》（简体字本），中华书局 1999 年版，第 537 页。
③ （清）阮元校刻：《十三经注疏·周易正义》，中华书局 1980 年版，第 86 页。
④ （汉）孔安国：《尚书序》，《全上古三代秦汉三国六朝文》（第一册 上古至前汉），河北教育出版社 1997 年版，第 383 页。
⑤ ［日］安居香山、中村璋八辑：《纬书集成》（上），河北人民出版社 1994 年版，第 401 页。
⑥ 何新：《中国远古神话与历史新探》，黑龙江教育出版社 1988 年版，第 255 页。

　　龙凤文化之所以强盛不衰，与君主的大力提倡有关。龙凤的性格是"不群居，不侣行"[①]，很像君王，所以君王自称寡人，孤。龙、凤又是凶猛的动物，均是同类之王，君王以此自喻，是为了让人敬畏。所以司马迁在《史记·礼书》中说："寝兕持虎，鲛韅弥龙，所以养威也。"[②]

　　总之，在中国的古文化中，凤凰是雉的一种，即鷩雉，龙即蜃，是某些鷩雉在特定季节入水变化而成，或由雉与雉化之蜃交配而生的。龙凤间的这种转化反映了爬行动物进化至鸟类的过渡阶段的情景。上古时代的文明大都是受龙凤的启示而创造的。中国历史上的华部落、夏部落、龙部落、凤部落原本就是一个部落。后世所谓华夏夷狄，其实都是龙凤崇拜者的后裔。而这种龙凤文明最早则兴起于南方。

小　结

　　中国古代的神秘信仰虽有不科学的一面，但在社会生活中起着不可忽视的作用。这主要体现在如下几个方面：神徽是凝聚人心的旗帜，促进了民族的形成；首领利用神秘信仰提高自身的地位，以顺利建立其统治；君主利用神秘信仰有效地实行统治；臣子利用神秘信仰来匡正天下；普通人利用神秘信仰来实现自己的意愿。

　　龙凤文化源于中国南方，传及西北地区。东北方虽然也有被称为龙的遗存，但细心分析，主要还是蛇崇拜、鹿崇拜。南方及西北地区的传说认为龙凤是一物二体的，南方高庙、凌家滩、孙家湾、肖家屋脊等遗址，西北地区的北首岭等遗址显示龙凤是同时成对出现的，东北方则非。中国历代帝王自比龙凤，中国人自称为龙的传人，与上古龙凤崇拜一脉相承。龙凤崇拜构成中国特色的传统信仰，龙凤精神文明激励着中国人民不断进取，奋勇向前。

---

　　① （明）李时珍：《本草纲目（校点本）》，人民卫生出版社 1982 年版，第 2667 页。
　　② （汉）司马迁撰，（宋）裴骃集解，（唐）司马贞索隐，（唐）张守节正义：《史记》（简体字本），中华书局 1999 年版，第 1026 页。

第十一章　从上古遗存看信仰的流变倾向

本书前面十章基本依时间顺序对上古宇宙观和信仰的演进作了一般性论述，而探索上古宇宙观和信仰的演进，还应包括多个专题，或多个分支，是一件十艰巨的工作，本书不可能穷尽这种探索。本章拟从太阳鸟旋纹与太极图像渊源、道教乘蹻仙术的演变来进行探讨。

第一节　从地下遗存看太阳鸟旋纹与太极图像渊源

学术界对太极图像[①]起源的研究较多，传统认为，五代北宋陈抟创先天图，即先有易学思想，然后有太极图；[②] 也有太极图来源于道教、[③]易学图像与易学思想属于两种学问等观点。[④] 不管是否将太极图与易学思想视作密切相关，这些观点的角度都建立在先有易学后有太极图的认知基础上。基于此，胡建升谈到："在没有《周易》书写文本之前，阴阳太极的思想是否就不存在呢？如果存在，原初居民没有文字，他们用什么符号方式将其表达出来呢？"[⑤] 胡氏强调在原始图纹中发现体现阴阳

[①]　历史上有多种称为太极图的图像，本书主要探讨的是最为常见的阴阳鱼太极图。

[②]　宋儒著作如邵雍的《皇极经世书》、刘牧的《易数钩隐图》、周敦颐的《太极图说》、朱震的《汉上易传》、朱熹的《周易本义》《易学启蒙》等。

[③]　如黄宗炎的《太极图说辨》、毛奇龄的《太极图说遗议》、朱彝尊的《太极图授受考》等。

[④]　如胡渭的《易图明辨题辞》。

[⑤]　胡建升：《人文肇元：史前彩陶图像与华夏精神》，《民族艺术》2020 年第 1 期。

太极思想存在的符号——即在阴阳观念追溯中不仅对文献文本进行探讨，进而形成多种学术观点，① 而且有图像学的考察。近年来，有学者开始从这一角度入手研究——比如，王仁湘将新石器时代彩陶纹饰颜色相间、石家河遗址两面神玉雕阴阳刻法共存，视作"阴阳共生""阴中阳与阳中阴"等观念的体现；② 李黎鹤等认为，马家窑文化陶瓶上雌雄同体人像，彩陶上颜色相间纹饰也当视作阴阳观念的体现；③ 陈望衡认为凌家滩玉版上的尖与圆、角和孔的数字以及玉鹰上的猪和鹰都体现的是阴阳观念；④ 还有张金平以玉璇玑、玉琮、八角星纹、鱼鸟图、墓葬朝向等为据探讨易学阴阳交易观、阴阳各归其类观和尚阳观的渊源，将阴阳观的渊源上溯至史前时期。⑤ 我们认为，这一类研究成果与其说是对太极图渊源的探索，不如说是针对阴阳思想观念的图像学溯源，学者所列举的大量图案纹饰与后世太极图大多不具有相似之处——特别是前述以颜色相间、梯形圆形等为阴阳思想的观点。正如张其成认为，原始时代的这些图纹只不过是太极图的思想渊源，而从中并不可能直接演变为太极图，"太极图到底源自何图？最早的太极图为何时何人所作？实际上已无确切的考证依据"⑥。

近年来，学术界也开始注意阴阳图像（太极图）与阴阳观念共同的渊源问题，从图像出发探讨阴阳太极图的图像、思想渊源。如苏开华认为，太极图渊源于新石器时代广泛存在的"卐"字符号，和阴阳太极图一样，都是代表旋转、重复的 S 型图像。⑦ 李黎鹤等除提到上述彩陶颜色相间体现阴阳的观点外，还认为在新石器时代已有多种图式的

---

①　如"源于生活实践说""源于易经说""源于历法说""源于男女生殖崇拜说""源于占卜说"等。

②　王仁湘：《正反相生：史前阴阳互生图像例说》，《中原文物》2020 年第 5 期。

③　李黎鹤、李远国：《原始道教论：对新石器晚期文化遗址的分析与认知》，《中国本土宗教研究》（第二辑），社会科学文献出版社 2019 年版，第 163—202 页。

④　其将玉版方中有圆、圭壮物尖形梯形、实尖虚尖的图案视作阴中有阳、阳中有阴、阴阳相成、阴阳相反等思想的体现，将玉版上八下四的孔数联想到阴阳生四象、四象生八卦的思想，将玉鹰和猪的组合饰品中鹰与猪分别视作阴阳象征物。陈望衡：《史前中华阴阳观念的萌生》，《江淮论坛》2013 年第 4 期。

⑤　张金平：《考古发现与〈易〉学溯源研究》，天津师范大学，博士学位论文，2014 年。

⑥　张其成：《张其成全解周易》，华夏出版社 2018 年版，第 41—42 页。

⑦　苏开华：《远古太极图揭秘》，《东南文化》1995 年第 2 期。

太极图——比如，最古老的太极图是陶纺轮上的圆形纹饰，还有对鸟、双鱼纹等。① 从上述学者所举的图像来看，与后世阴阳太极图最相近的是纺轮旋转纹，但很难在思想上将纺轮纹饰与阴阳观念结合起来，从纺轮的功能和运行动作来看，其上旋转纹更似对纺轮运转动作的复刻。

基于学术界目前的研究成果，本书旨在从认知考古学角度梳理相关考古材料，通过对太阳鸟旋转纹饰的抽象化过程进行分析，以期说明太极图来源于太阳鸟旋纹，这也与阴阳思想来源于太阳、四季运转的观点相符合。从而证明，阴阳观念不仅在前文字时期能找到反映其思想的图像，而且这一图像即是太极图像的母型。笔者希望本节能为阴阳思想、图像渊源合一的追溯提供一个新的视角。

一　新石器时代太阳崇拜的流行与阴阳观念的产生

在新石器时代，太阳崇拜是南方稻作区较为普遍的宗教信仰。贾湖遗址二期遗存发现有契刻符号的龟甲，如二期五段的 M344：18 上刻有"◉"形符号（如图 11-1：5），M335：15 上刻有"日"形符号（如图 11-1：6）。两个刻符中，一个像甲骨文的"日或户"字，日为太阳；另一个像"目"字，为眼睛。我们认同冯凭等人，认为这些刻符号体现了太阳崇拜的观点。② 我们还认为眼睛的功能是看东西，看东西必然需要太阳光或月亮之光，因而对眼睛的崇拜也即对阳光的渴望，是对太阳的崇拜。该遗址二期 H190：2A Ⅲ 卷沿罐上的太阳纹（如图 11-1：3）则更是一个直接证据。在其周边的山东后李文化前埠下遗址第一期文化遗存中的石饰 H4：1，其上刻有形似太阳光芒的折线纹。③ 我们认为也是太阳崇拜的表现，说明太阳崇拜分布较广，且在稻作农业兴起时即已出现。太阳崇拜当是南方稻作区较为普遍的宗教信仰。距今 10000—8110

---

①　李黎鹤、李远国：《原始道教论：对新石器晚期文化遗址的分析与认知》，《中国本土宗教研究》（第二辑），社会科学文献出版社 2019 年版，第 163—202 页。

②　冯凭、吴长旗：《舞阳龟甲刻符初探》，《中原文物》2009 年第 3 期。

③　山东省文物考古研究所、寒亭区文物管理所：《山东潍坊前埠下遗址发掘报告》，山东省文物考古研究所编著《山东省高速公路考古报告集（1997）》，科学出版社 2000 年版，第 11 页。

年前的彭头山文化①八十垱遗址发现有类似"卐"字纹的旋转纹（如图
11-1：4）。② 蔡英杰认为"卐"字纹是八角星纹的简化变形，象征着太

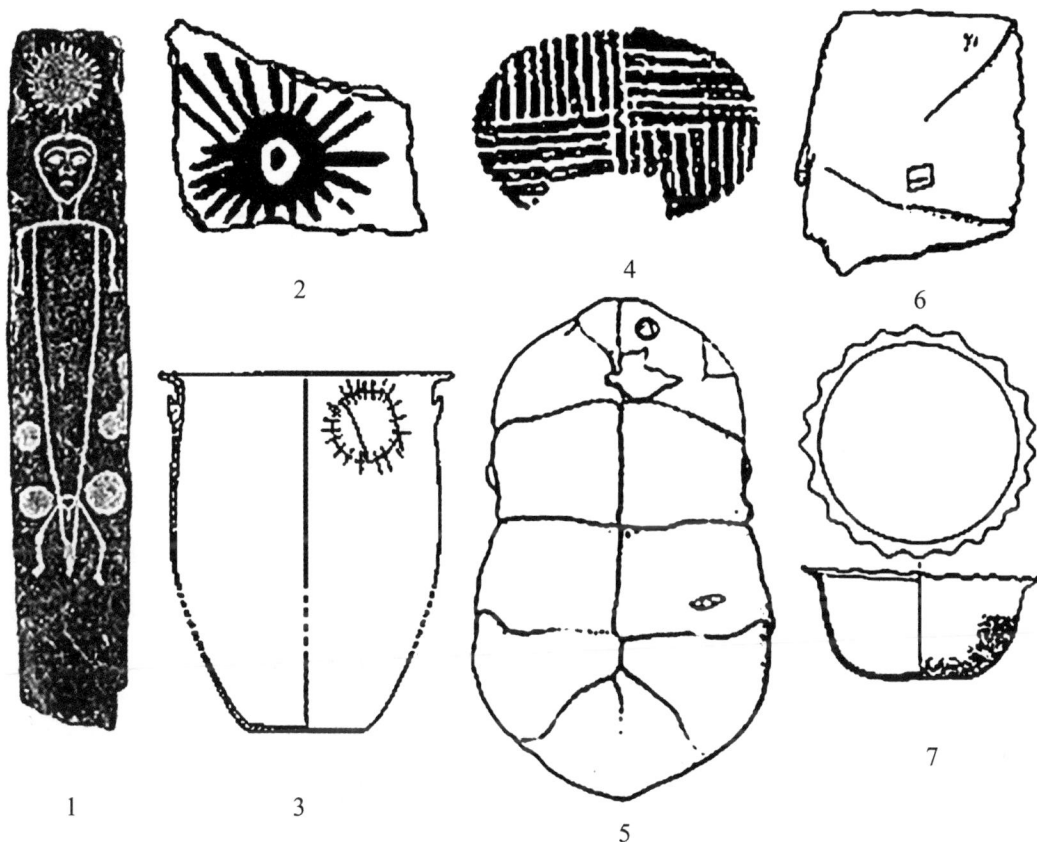

图 11-1　贾湖遗址刻符龟甲与长江流域太阳崇拜

1. 秭归东门头遗址的太阳人石刻　2. 跨湖桥遗址 T202②：9 太阳纹　3. 贾湖遗址 H190：2
4. 八十垱遗址陶支座刻划纹拓片 T43⑲：23　5. 贾湖遗址刻符龟甲 M344：18　6. 贾湖遗址刻
符龟甲 M335：15　7. 城背溪遗址 A 型花瓣状口沿盆 H1：6。

图片来源：1. 国务院三峡建设委员会办公室、国家文物局：《秭归东门头》，科学出版社
2010 年版，第 75、77 页；2. 浙江省文物考古研究所编：《浙江省文物考古研究所学刊》，长征出
版社 1997 年版，第 13 页；3、5、6. 河南省文物考古研究所编著：《舞阳贾湖》，科学出版社
1999 年版，第 222、446 页；4. 湖南省文物考古研究所编著：《彭头山与八十垱》，科学出版社
2006 年版，第 300 页；7. 湖北省文物考古研究所编著：《宜都城背溪》，文物出版社 2001 年版，
第 120 页。

---

① 有关彭头山文化、城背溪文化年代的论述见拙作《长江中游地区文明进程研究》，科学出版
社 2014 年版，第 127 页。

② 湖南省文物考古研究所编著：《彭头山与八十垱》，科学出版社 2006 年版，第 300 页。

阳循环。① 我们也认为，这种旋转纹与屈家岭文化众多陶纺轮上的太极旋转纹意义一致，皆表现一年中太阳南北移动致使阴阳二气交互变化的情形，也是太阳崇拜的反映。城背溪遗址发现的 A 型花瓣状口沿盆 H1：6（如图 11-1：7），其口沿为太阳形。② 秭归东门头遗址则是采集到城背溪文化时期的太阳人石刻（如图 11-1：1）。跨湖桥遗址彩陶上也有太阳纹（如图 11-1：2），③ 同样体现太阳崇拜。

以上说明，太阳崇拜是中国南方稻作农业区普遍存在的早期宗教崇拜形式。太阳崇拜当与稻作相关——因为万物生长靠太阳，尤其在农业起源时代。

人们对太阳的重视，一方面是出于对热量、光明的渴望；另一方面是对以太阳位置、运转判断季节流转的依赖。人们认为太阳每天都在进行有一定规律的运转行为，如《山海经·大荒东经》："汤谷上有扶木，一日方至，一日方出。"④ 浑天说认为太阳等天体东升西落后又从地的背面回到原位。《晋书·天文志》引《浑天仪注》："天如鸡子，地如鸡中黄，孤居于天内，天大而地小。天表里有水，天地各乘气而立，载水而行。周天三百六十五度四分度之一，又中分之，则半覆地上，半绕地下，故二十八宿半见半隐，天转如车毂之运也。"⑤ 在太阳运转、日夜交替的思想背景下，人们开始对日出、日落进行祭祀崇拜，如商代甲骨文中有对出日和入日的祭祀：①辛未，侑于出日，兹不用（《甲骨文合集》⑥ 33006）；②丁巳卜，侑入日（《合集》34163）；③出入日岁三牛（《合集》32119）。三版卜辞记载的是对出、入日进行侑和岁的祭祀。

除日夜交替、太阳每天视运动的东升西落现象外，人们通过对日影的观察可以发现太阳位置与季节的对应关系，如陶寺遗址发现的早期天

---

① 蔡英杰：《太阳循环与八角星纹和卐字符号》，《民族艺术研究》2005 年第 5 期。
② 湖北省文物考古研究所编著：《宜都城背溪》，文物出版社 2001 年版，第 120 页。
③ 浙江省文物考古研究所编：《浙江省文物考古研究所学刊》，长征出版社 1997 年版，第 11 页。
④ （晋）郭璞注，（清）毕沅校：《山海经》，上海古籍出版社 1989 年版，第 106 页。
⑤ （唐）房玄龄等撰：《晋书》，中华书局 1974 年版，第 281 页。
⑥ 郭沫若主编：《甲骨文合集》，中华书局 1982 年版。

文台，就是在台上观测点通过立柱缝隙来观测日出方位，以确定季节。[1]
随之也存在对这一太阳运转行为的崇拜行为，如杞县鹿台岗遗址龙山文
化遗存中发现有自然崇拜遗址两处。其中Ⅱ号遗迹（如图 11-2）位于Ⅰ
号遗存东北约 33 米处，是由 11 个圆形土墩组成的一个大圆圈，最大直
径 4.4—4.5 米。其中部为一大圆墩，直径约 1.48 米，深 0.4 米；周围
分布有 10 个直径 0.6—0.65 米、深 0.4—0.5 米的小圆墩。在西南部圆
墩外侧约 2 米处，发现一处与Ⅱ号遗迹同时期的长方形房基 F16，该房
北墙西端有一门道正对着Ⅱ号遗迹，二者应有一定关系。[2] 关于鹿台岗
遗址Ⅱ号遗迹的性质，学术界已有研究。刘春迎认为是专门祭祀太阳神
的祭坛，与史前人类对太阳的认识有关。太阳东升西落，一天中的颜色
和大小都在不断变化，一年四季太阳的温暖程度和在天空的位置也不同，
特定的气象条件会导致天空偶尔出现"幻日"现象，古人因对自然现象
无法理解而产生多个太阳的思想。[3] 贺辉则认为，Ⅱ号遗迹应该是一处
由中间一个大坛和周围十个小坛组成的圆形祭坛组群。[4] 虽然笔者不认
可多个太阳的观念来源于"幻日"，但认可该遗址的布局图像是多个太
阳的指代。古籍中有此类描述，如《淮南子·本经训》"逮至尧之时，
十日并出……尧乃使羿……上射十日"[5]。我们认为，Ⅱ号遗迹由 11 个
圆墩组成，当是十月太阳历的天文表现。现今西南地区的彝族人仍然使
用十月太阳历纪年。[6] 遗迹东南部圆墩外侧厚 2 厘米的烧灰，应是当时
一种火祭仪式的遗留，当时的宗教人员或在此处用火祭祀太阳神。《论

---

[1]　武家璧等学者用天文方法对该遗址进行了观测，得出结论：陶寺夯土建筑ⅡFJT1 的 E2
缝、E12 缝，在角分数量级上分别对应于冬至和夏至的日出方向，而且在考古学所确定的年代
（41 个世纪前），其符合程度远比今天为好。这就强有力地证明，陶寺 IIFJT1 半圆台和狭缝，是
古人精心设计用来观测日出方向以确定季节，即用于观象授时的目的，是中国现存最早的观象
台遗址。武家璧、陈美东、刘次沅：《陶寺观象台遗址的天文功能与年代》，《中国科学》（G
辑：物理学　力学　天文学）2008 年第 9 期。

[2]　郑州大学考古专业、开封市文物工作队、杞县文物管理所：《河南杞县鹿台岗遗址发掘
简报》，《考古》1994 年第 8 期。

[3]　刘春迎：《试析鹿台岗遗址Ⅰ、Ⅱ号遗迹的性质》，《江汉考古》1997 年第 2 期。

[4]　贺辉：《新石器时代祭祀类遗迹研究》，南京大学，博士学位论文，2013 年。

[5]　何宁撰：《淮南子集释》，中华书局 1998 年版，第 574—577 页。

[6]　刘尧汉、陈久金、卢央：《彝夏太阳历五千年——从彝族十月太阳历看〈夏小正〉原
貌》，《云南社会科学》1983 年第 1 期。

衡·诘术》中有"日，火也，在天为日，在地为火"① 的记载，古人把火与太阳结合来说，认为太阳就是天上的火。故Ⅱ号遗迹应是专门用于祭祀太阳神的天文祭坛，反映的是在十月太阳历背景下对体现季节流转的太阳运动的崇拜。

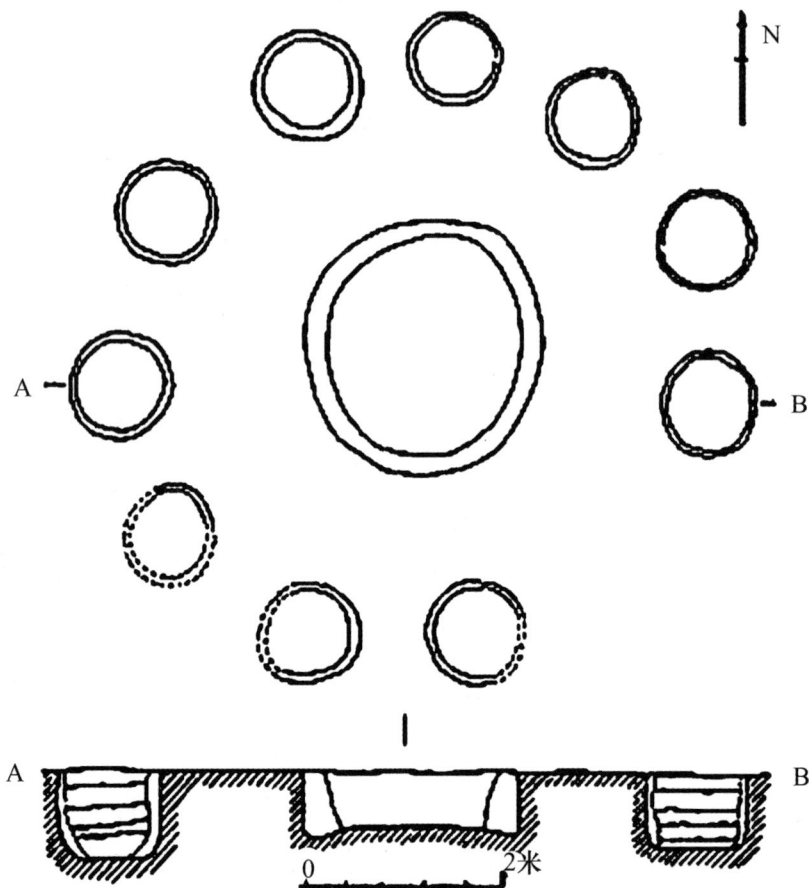

图 11-2　鹿台岗遗址Ⅱ号遗迹

图片来源：郑州大学文博学院、开封市文物工作队：《豫东杞县发掘报告》，科学出版社 2000 年版，第 40 页。

上述太阳的运行就是阴阳概念出现的重要原因。阴阳最初即是指代某处是否有太阳光照，即《说文解字》"阴……水之南，山之北也……注云：日之所照曰阳，然则水之南、山之北为阴可知矣。"② 商代甲骨文中也有"戊戌卜，其阴乎？（翌）已启，不见云。"（《合集》20988）的

① 黄晖撰：《论衡校释》，中华书局 1990 年版，第 1031 页。
② （汉）许慎撰，（清）段玉裁注：《说文解字注》，上海古籍出版社 1981 年版，第 731 页。

记录。《诗经·公刘》在谈到周祖择地时载"既景迺冈，相其阴阳"①。
而太阳位置的变动也带来了阴阳互动的趋势。在一天里，日出日落带来
了昼夜之分。《礼记·祭义》说："日出于东，月生于西，阴阳长短，终
始相巡，以致天下之和。"②《易·系辞下》："日往则月来，月往则日来，
日月相推而明生焉。"③ 张劲松认为人们出于对太阳的关注，因傍晚太阳
落下后为黑夜，早晨火红的太阳出来为白天；无阳光的山洞黑暗，有阳
光的外界明亮等，萌生了阳光无有之象的黑与红、白相反而对的阴阳观
念。其后又产生白天因太阳被云层遮挡光色暗弱，而云开见日则光照强
烈的光色明暗比对阴阳观念。④ 在一年里，太阳位置和阳光强弱的不同
带来了季节的变化，所以《诗经·七月》云："春日载阳。"⑤《黄帝内
经素问·四气调神大论》说："夫四时阴阳者，是万物之根本也。所以
圣人春夏养阳，秋冬养阴，以从其根，故与万物沉浮于生长之门。"⑥ 易
学专家萧汉明即认为人们选择向阳的方位居住，自然是在长期的生活中
感受到向阳面（阳）比背阳面（阴）暖和，因此阴阳观念出现以后，理
应在向背的意义上引申出寒温的差别，进而由一日、一年的气温差，扩
展为对阴阳升降和阴阳分布的理性说明。⑦

二 太阳鸟旋纹与阴阳图像渊源

和阴阳观念一样，太极图的出现也与太阳运行活动有关，其图像的
雏形是来自于同样指代太阳的太阳鸟纹饰。前文已经提到，李黎鹤等将
陶纺轮上的旋纹视作最早的阴阳太极图。黄亚平也持该观点，但黄氏在
文中也承认屈家岭文化彩绘陶纺轮上所谓的"太极纹"很可能仅与表现
旋转概念有关，其与石家河文化早期成熟的"太极纹"表示原始的"阴

---

① 周振甫译注：《诗经译注》，中华书局 2019 年版，第 453 页。
② （清）孙希旦撰，沈啸寰、王星贤点校：《礼记集解》，中华书局 1989 年版，第 1217 页。
③ 陈鼓应、赵建伟注译：《周易今注今译》，商务印书馆 2016 年版，第 660 页。
④ 张劲松：《阴阳观念的萌生及"阴阳"一词成为抽象哲学概念的过程》，《地方文化研究》2020 年第 5 期。
⑤ 周振甫译注：《诗经译注》，中华书局 2019 年版，第 221 页。
⑥ 南京中医药大学编著：《黄帝内经素问译释》，上海科学技术出版社 2009 年版，第 18 页。
⑦ 萧汉明：《太阳神话、太阳神崇拜与阴阳学说》，《贵州社会科学》1994 年第 1 期。

阳"观念尚有一定的区别。[①] 正如笔者在前文所谈到的那样，纺轮的使用本来就具有旋转形式，很难将纺轮纹饰与阴阳太极纹联系起来。在前述观点的基础上，黄亚平又认为，在石家河文化时期，具象的鸟纹随着原始阴阳观念的产生，已经逐步过渡为抽象的太极纹图案。笔者认为，其观点虽已提到阴阳观念、太极图、鸟纹存在关联，但是，一方面，作者没有讨论阴阳观念是如何出现的，其最早形式是什么，另一方面，其认为旋纹最初仅为纺轮旋转的体现，是在太阳鸟神话观念下将相关思想注入这类纹饰中——即先有鸟纹，然后因为已出现的阴阳观念的影响而抽象为太极纹。这混淆了阴阳观念与鸟纹的前后顺序及其内在关联，也没有谈到阴阳观念如何使鸟纹抽象化为太极图，将阴阳、太极图的精神内涵与太阳、鸟季节流转的现象相剥离了。

　　笔者认为，太阳崇拜与稻作相关，因为万物生长靠太阳，尤其在农业起源时代。在古代先民的认知和神话传说中，太阳作为物体东升西落是因为有鸟的驮载。《山海经·大荒东经》："汤谷上有扶木，一日方至，一日方出，皆载于乌。"[②] 渐渐的，人们将太阳与鸟合二为一，这种太阳鸟又被称为"金乌"。《论衡》曰："日中有三足乌，月中有兔、蟾蜍。"[③] 在新石器时代，鸟形雕塑、纹饰出现较早。如北垱头遗址鸟首支架形陶器，顺山集遗址鸟形红陶。[④] 高庙文化时期，如高庙遗址、松溪口贝丘遗址、泸溪下湾遗址等处，发现大量凤鸟负日、"太阳""神鸟"等纹饰图像（如图11-3）。[⑤] 大汶口文化时期，如大汶口遗址中，太阳与鸟结合在一起（如图11-4），该遗址 M15 中出土一件背壶，中间绘有一圆形太阳，然后在太阳周围绘出几条粗线共同组成一个鸟的形

---

① 黄亚平：《考古发现最早的"太极纹"：原始"阴阳"观念的形象表达》，《鲁东大学学报》（哲学社会科学版）2020 年第 4 期。

② （晋）郭璞注，（清）毕沅校：《山海经》，上海古籍出版社 1989 年版，第 106 页。

③ （东汉）王充：《论衡》，上海人民出版社 1974 年版，第 382 页。

④ 吕大吉、何耀华主编，于锦绣、杨淑荣分主编：《中国各民族原始宗教资料集成：考古卷》，中国社会科学出版社 1996 年版，第 16 页；南京博物院考古研究所、泗洪县博物馆：《江苏泗洪顺山集新石器时代遗址发掘报告》，《考古学报》2014 年第 4 期。

⑤ 湖南省文物考古研究所：《湖南黔阳高庙遗址发掘简报》，《文物》2000 年第 4 期；湖南省文物考古研究所：《湖南洪江市高庙新石器时代遗址》，《考古》2006 年第 7 期；湖南省文物考古研究所：《湖南辰溪县征溪口贝丘遗址发掘简报》，《文物》2001 年第 6 期。

图 11-3　新石器时代长江中游太阳鸟图案

1、3. 怀化高庙（T0913：6，T1015⑧：16）　2. 高庙。

　　资料来源：1、3. 湖南省文物考古研究所：《湖南黔阳高庙遗址发掘简报》，《文物》2000年第 4 期　2. 出自湖南省文物考古研究所编《长江中游史前文化暨第二届亚洲文明学术讨论会论文集》，岳麓书社 1996 年版，第 282—287 页。

状①——这类太阳鸟合体的纹饰在汉代马王堆帛画中依然存在。② 至仰韶文化时期，已出现太阳、鸟的结合纹饰，如陕西华县泉护村、河南陕县庙底沟等遗址的陶器上描绘有较为清晰的鸟驮载太阳的图案。③

　　鸟与太阳结合成为太阳鸟，与太阳同为农业崇拜的对象，太阳鸟也

---

　　① 山东省文物管理处、济南市博物馆编：《大汶口——新石器时代墓葬发掘报告》，文物出版社 1974 年版，第 73 页。

　　② 湖南省博物馆、中国科学院考古研究所：《长沙马王堆二、三号汉墓发掘简报》，《文物》1974 年第 7 期，图版五。

　　③ 北京大学考古学系著，中国社会科学院考古研究所编：《华县泉护村》，科学出版社 2003 年版，第 64 页；中国社会科学院考古研究所编著：《庙底沟与三里桥》，文物出版社 2011 年版，第 17 页。

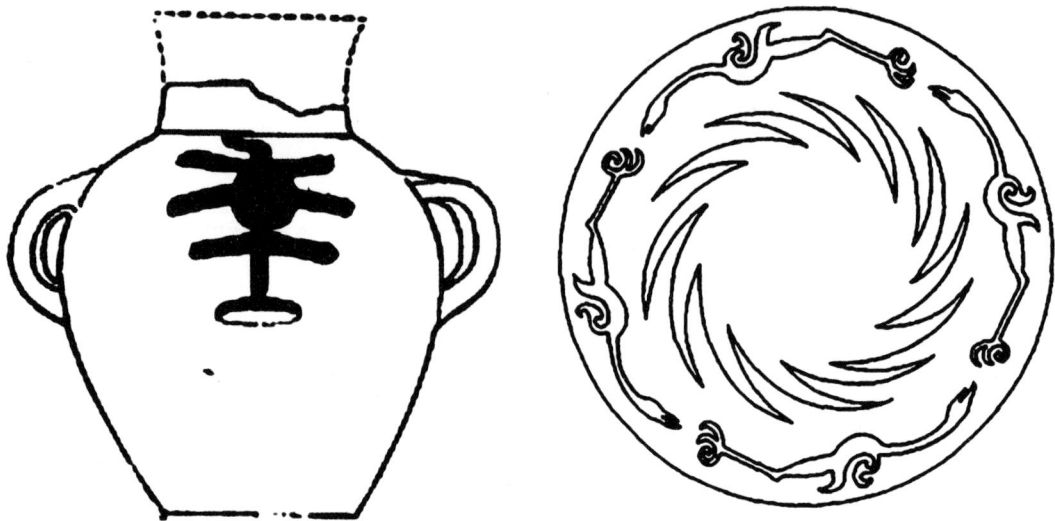

图 11-4　左：大汶口遗址太阳、鸟合体图案

右：金沙遗址四鸟绕日金箔图案

图片来源：山东省文物管理处、济南市博物馆编：《大汶口——新石器时代墓葬发掘报告》，文物出版社 1974 年版，第 73 页；成都市文物考古研究所：《成都金沙遗址 I 区"梅苑"地点发掘一期简报》，《文物》2004 年第 4 期。

是知时鸟，为农民提供季节预示。进入农耕时代，在历法出现之前，人们需要通过总结自然规律来判断农时，依据相似律①进行总结之后，人们认识到鸟类的来去代表着时节的变化，正如《春秋左传·昭公十七年》："我高祖少皞挚之立也，凤鸟适至，故纪于鸟，为鸟师而鸟名：凤鸟氏，历正也；玄鸟氏，司分者也；伯赵氏，司至者也；青鸟氏，司启者也"。杜预注："凤鸟知天时，故以名历正之官。"② 故《月令》会记有："孟春之月……鸿雁来""仲春之月……玄鸟至""仲秋之月……玄鸟归"等，③ 人们通过鸟类活动来判断农时。陆游《鸟啼》诗言："野人无历日，鸟啼知四时。二月闻子规，春耕不可迟"④。民族志里仍存有此类记载，如藏族《白琉璃》

---

① 原始人在发现一个事件总是紧随着另一事件而出现后，认为只要复原一个事件，另一个事件也会随之出现，掌握了事物这类关联的奥秘，就可以达到预测的目的。

② 杨伯峻编著：《春秋左传注》，中华书局 1990 年版，第 1387 页。

③ （清）孙希旦撰，沈啸寰、王星贤点校：《礼记集解》，中华书局 1989 年版，第 400—409、421—425、470—471 页。

④ 钱仲联、马亚中主编，钱仲联校注：《陆游全集校注 4·剑南诗稿校注　四》，浙江教育出版社 2011 年版，第 191 页。

一书中说："大致节气为：冬至后 1 个月零 7 天乌鸦筑巢；此后 1 个月零 8 天始见野鸭、雁等；此后 15 天就是春天，地面渐暖，鹤也飞抵西藏；此后 21 天水鸥到来，天气日益暖和；此后 7 天适播种"。[①]

综上，鸟类的季节性迁徙以及太阳鸟传说，使得鸟类的行为成为了季节流转的指代，所以与季节流转、太阳位置变化密切相关的阴阳观念也可以通过鸟类行为来形容。从新石器时代相关图像来看，阴阳太极图极可能就是太阳鸟旋转纹饰的抽象化图像。

石兴邦在《有关马家窑文化的一些问题》一文中认为，马家窑文化主要几何纹饰演变"螺旋形纹饰是由鸟纹变化而来的，波浪形的曲线纹和垂障纹是由蛙纹演变而来"（如图 11-5）[②]。其梳理了马家窑文化和仰韶文化庙底沟类型中的鸟纹演变轨迹，揭示了鸟纹与旋转纹的关联。喻仲文提出了不同意见，其在《先秦艺术思想史》中将马家窑彩陶中螺旋圆圈纹视作生命诞生图像的模拟，认为螺旋圆圈纹漩涡中心的同心圆圈和卵点圆圈是蛙腹、蛙卵的形象，象征着新的生命。[③] 喻仲文生命循环的观点过于抽象哲理化，很难说是旋纹最初的精神内涵，而且旋纹的流动性形态与蛙纹截然不同。

对旋转纹原型及精神内涵进行探讨的学者还有王仁湘。他认为彩陶上的旋纹可能表达的就是太阳运行的方式，或者还有它运行的轨迹，甚至还表达有某些特别的天象。但他又指出，在部分彩陶上的单旋纹的旋心部位绘有太阳鸟；与双旋纹一起出现的圆形图案内，也有类似太阳鸟的图形。[④] 这是一种佐证。笔者更认可石兴邦的观点——这类纹饰是鸟纹的演变，但笔者认为这类鸟纹属于太阳鸟，[⑤] 其虽然不是太阳纹，但其精神内涵即王仁湘所论的太阳的运行，只是这种纹饰的原型

---

① 林继富编著：《藏族节日文化》，西藏人民出版社 1993 年版，第 32 页。

② 石兴邦：《有关马家窑文化的一些问题》，《考古》1962 年第 6 期。

③ 喻仲文：《先秦艺术思想史》，武汉大学出版社 2017 年版，第 24—26 页

④ 王仁湘：《凡世与神界：中国早期信仰的考古学观察》，上海古籍出版社 2018 年版，第 59—60 页。

⑤ 严文明曾指出：鸟纹经过一个时期的发展，到马家窑期即已开始漩涡纹化，而半山期的漩涡纹和马厂期的大圆圈纹，形象拟似太阳，可称之为拟日纹，当是马家窑类型的漩涡纹的继续发展。可见鸟纹同拟日纹本来是有联系的。严文明：《仰韶文化研究》，文物出版社 1989 年版，第 322 页。

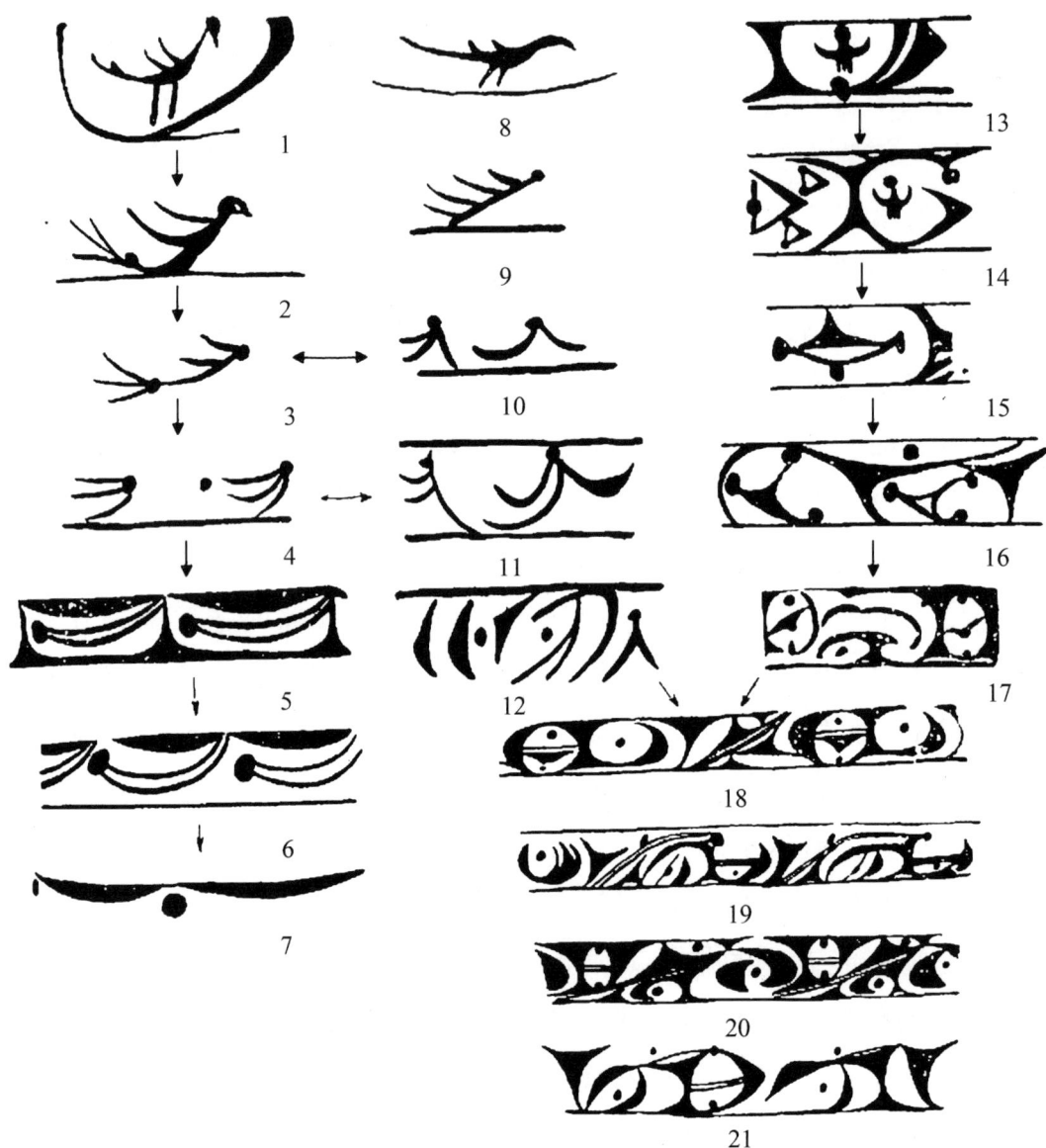

图 11-5 庙底沟类型彩陶纹饰演变

图片来源：石兴邦：《有关马家窑文化的一些问题》，《考古》1962 年第 6 期。

不是太阳的运行图像，而是代表太阳的太阳鸟纹饰。金沙遗址发现的太阳鸟金箔图案（如图 11-4）[1]，或也表达了鸟纹的旋转运动与太阳运行的相关性。

在太阳鸟旋纹的基础上，仰韶文化的彩陶上还出现了大量对鸟纹。

---

[1] 成都市文物考古研究所：《成都金沙遗址Ⅰ区"梅苑"地点发掘一期简报》，《文物》2004 年第 4 期。

除上述石兴邦所列举的最后几类鸟纹呈对鸟形式外，李新伟也总结了仰韶文化其他地区的对鸟旋纹（如图 11-6）。笔者认为，太极图最早的图像渊源或是两只驮载太阳的鸟纹缠绕飞翔的图像，象征太阳在一天、一年中的运转。①

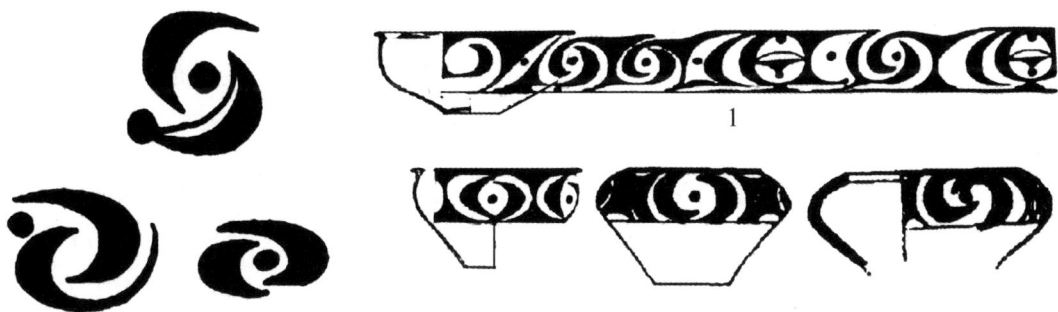

图 11-6　仰韶文化彩陶对鸟纹

图片来源：左：张朋川：《中国彩陶图谱》，文物出版社 2005 年版，第 161 页；右：李新伟：《仰韶文化庙底沟类型彩陶的"对鸟"主题》，《中原文物》2021 年第 5 期。

第二节　人骑动物神图像源于新石器时代考

在《山海经》②、《庄子》③、《楚辞》④ 等先秦古籍中多有乘龙、乘兽

---

① 前文提到苏开华认为阴阳太极图渊源于新石器时代广泛存在的"卐"字符号，和阴阳太极图一样，都是代表旋转、重复的 S 型图像。（苏开华：《远古太极图揭秘》，《东南文化》1995 年第 2 期。）该观点亦有道理，不过，"卐"与太极图相关的原因首先是"卐"属于太阳崇拜的体现形式，蔡英杰就认为"卐"字纹是八角星纹的简化变形，象征着太阳循环、四季更替。（蔡英杰：《太阳循环与八角星纹和卐字符号》，《民族艺术研究》2005 年第 5 期。）故"卐"是与太阳鸟纹一样的太阳运转的象征，而非单纯的旋转、重复。单以图像来看，"卐"字纹可能是上古阴阳图像的一种，但太阳鸟纹的抽象旋转纹更似太极图之渊源。

② 如《山海经》："东方句芒，鸟身人面，乘两龙"；"南方祝融，兽身人面，乘两龙"。袁珂校注：《山海经校注》，上海古籍出版社 1980 年版，第 265、206 页。

③ 详本节第三目。

④ 屈原《离骚》："为余驾飞龙兮，杂瑶象以为车。"《楚辞·九歌·河伯》"乘白鼋兮逐文鱼，与女游兮河之渚"；《九歌·山鬼》："乘赤豹兮从文狸，辛夷车兮结桂旗"；《九章·涉江》"驾青虬兮骖白螭，吾与重华游兮瑶之圃"。（宋）朱熹著，（明）萧云从，（清）门应兆绘：《楚辞：〈楚辞集注〉〈钦定补绘离骚图〉》，商务印书馆 2018 年版，第 435、457、120、123、245 页。

飞天的记载，道教文献更有乘跷仙术的描述。① 这种乘兽飞天的文化渊源在何处？古籍中的这些神话故事起源于何时？它有什么深刻含义？是如何演变的？这是研究中国传统文化的重要课题。

汉代文献记载了中国最早的人文始祖黄帝骑龙升天的故事。但疑古派直接将黄帝其人视作"层累地造成的"，认为"从战国到西汉，伪史充分地创造，在尧舜之前更加上了多少古皇帝……自从秦灵公于吴阳作上畤，祭黄帝，经过了方士的鼓吹，于是黄帝立在尧舜之前了"②。而黄帝乘龙升天故事往往被视作东周神仙信仰的产物，陈成杰、刘保康反对疑古派的观点，认为伪托黄帝表达政见的记载远在战国前的文献中就已存在，但其也认为黄帝的升仙传说是神仙信仰的产物，认为《庄子》中的寓言首创黄帝升仙说，而黄帝铸鼎乘龙升天则是汉代神仙思想流行与方士受统治者重用的结果。③ 笔者认为，这是疑古派的主观推论。从考古发掘的实际情况看，这种文化现象是起源于新石器时代的。

当前，学术界尚无直接论证乘跷术起源于新石器时代的专门研究。他们虽然提及"跷"这个概念，但主要研究的是"人兽母题"，即人与兽共存的主题。最早将两者结合研究的当属张光直，其从西水坡遗址的蚌饰出发，认为"跷"与健行、迅行有关，三跷是道士上天入地、与神交往的脚力。人兽相伴的形象，即"人兽母题""巫跷"母题，也就是环太平洋地区古代和原始美术中常见的所谓"亲密伙伴"关系。这个母题的成分便是表现一个巫师和他的动物助手或"跷"。④ 邵学海认为，"跷"起源于氏族部落的图腾，不同氏族各有不同，是巫觋与神交通的助手。⑤ 关于"人兽母题"的另外一些成果，主要集中在三个方面：一

① 如《抱朴子内篇·杂应》载："若能乘跷者，可以周流天下，不拘山河。凡乘跷道有三法：一曰龙跷，二曰虎跷，三曰鹿卢跷。"《太上登真三矫灵应经》载："上则龙矫，中则虎矫，下则鹿矫……用龙矫者，龙能上天入地，穿山入水……夫虎矫者……其虎自乘风来来往往，如风动败叶飞空……夫鹿矫者，常也。能助奉道之士，日行千里。"（晋）葛洪著，王明校释：《抱朴子内篇校释》，中华书局1985年版，第275页；张继禹主编：《中华道藏》第三十二册，华夏出版社2004年版，第483页。

② 顾颉刚：《与钱玄同先生论古史书》，顾颉刚编著《古史辨（第一册）》，上海古籍出版社1982年版，第61、65页。

③ 陈成杰、刘保康：《黄帝神话来源考略》，《湖北大学学报》（哲学社会科学版）1995年第6期。

④ ［美］张光直：《濮阳三蹻与中国古代美术上的人兽母题》，《文物》1988年第11期。

⑤ 邵学海：《虎座飞鸟是楚巫蹻与巴巫蹻的重组》，《江汉考古》1997年第2期。

是利用考古学和艺术学的有关资料分析某一历史时期的某类"人兽母题"的内涵。[①] 二是将不同时期的"人兽母题"进行对比，说明其内涵的演变。[②] 三是利用考古学和宗教学的相关知识讨论"人兽母题"所蕴含的宗教信仰内涵。[③] 上述三类成果虽对"人兽母题"的相关材料收集较多、内涵研究较为多样，但未注意到"人兽母题"中"人骑兽"图像的特殊性，未与道教乘蹻术进行关联研究，也未详细研究道教乘蹻术的起源与演进。张光直虽然同时提到了"人兽母题"与"蹻"，但其简单地将人兽共存的形象（人兽母题）视作"蹻"。笔者认为，两者的范围不同，"人兽母题"表达的情况各异，而"蹻"应当专指在天人交通场景下作为乘具的神兽坐骑形象。

本节旨在通过考古材料中的蹻升图像，梳理蹻升图像的起源及其演变为道教相关仪式的过程以及不同阶段特点，并借此试图论证黄帝乘龙升天传说的考古学依据。

一　从高庙到赵宝沟：最早的升天图与动物神化

7000 年以前的先民认为，鸟类凭借飞翔本能可以将某种神灵驮入天空，从而被人们作为升天的媒介；而随着鹿崇拜的兴起，鹿等动物也开始被神化为飞天神兽。我们认为，飞鸟与鹿升天的图景，大约是道教乘蹻术的萌芽阶段，分析如下。

[①] 如卢昉认为"人虎母题"图像是表现"人""虎"或对抗、或亲昵、或合作的某种关系的装饰图像，是两汉时代风貌与精神的投影。卢昉：《两汉"人虎母题"图像研究》，博士学位论文，西安美术学院，2012 年。

[②] 如高西省认为，从商代到西周，人兽母题纹样由完全宗教含义转变为单一的军队威猛的象征，是炫耀战功的一种形式。高西省：《论西周时期人兽母题青铜器》，《中原文物》2002年第 1 期。

[③] 如谢崇安认为"人兽母题"源自于原始宗教礼仪，后衍变成早期神权政治的重要表现形式"报祭"。陈声波探讨了良渚文化相关神人纹饰和商代饕餮纹，认为良渚文化"神徽"、商代美术中的人兽在一起的图像体现的是宗教巫术中巫师借助动物伙伴以求通天的人兽母题。谢崇安：《人兽母题与神权政治——先秦艺术与中国文明起源研究之二》，《广西民族学院学报》（哲学社会科学版）1998 年第 3 期；陈声波：《良渚文化"神徽"与商代美术中的人兽母题》，《南京艺术学院学报》（美术与设计版）2005 年第 3 期。

（一）高庙遗址凤鸟纹饰与最早的升天图像

在古代先民的认知中，太阳作为物体东升西落就是因为有鸟的驮载。① 新石器时代中国南方地区的高庙文化高庙遗址、松溪口遗址、泸溪下湾遗址等处，发现了许多十分精美的凤鸟负日、“太阳”“神鸟”等纹饰图像（如图 11-3）。② 特别是在高庙遗址中，大量存在着相关图像——在獠牙兽面上附有双翅，或飞鸟图像上头戴羽冠，飞鸟双翅驮载着太阳或八角星在空中翱翔。发掘者称这类图像在高庙文化的鼎盛期（距今 7400—7100 年）最为发达，其源头则可上溯到高庙文化遗存的最早一期，推定其年代距今 7800 年左右。③

鸟作为驮载者，为人与天的相接提供了一种工具。高庙遗址下层的高庙文化遗存中，有 1 件高直领白陶罐 T1015⑧：16，颈部戳印有带双羽的獠牙兽面纹，两侧各立一“梯阙”的图像。如果与该遗址主祭场遗留的④柱洞的结构相比对，可以发现它或为当时主祭场排架式梯状建筑的摹写。发掘者称其为一幅生动的祭仪图。⑤ 笔者认为，此处“梯阙”建筑或许是一种主祭场的升天建筑，其性质或有两种可能：一是作为仪式中巫师等宗教人员随太阳鸟一同升天接神的阶梯，就如下文要谈到的稍晚时期良渚文化的高地祭坛和三星堆遗址的青铜祭坛；二是作为一种天门的象征，以神化整个祭祀场所为天界。仙门图像常见于汉墓中。不管是何种可能，这幅图像都是一种升天图景。从两个建筑的阶梯状描绘来看，前一种可能更接近于现实。

在后世商代甲骨文中，也可见“凤”（鸟）被认为上帝之使者或化

---

① 《山海经·大荒东经》：“汤谷上有扶木，一日方至，一日方出，皆载于鸟。”（晋）郭璞注，（清）毕沅校：《山海经》，上海古籍出版社 1989 年版，第 106 页。

② 湖南省文物考古研究所：《湖南黔阳高庙遗址发掘简报》，《文物》2000 年第 4 期；湖南省文物考古研究所：《湖南洪江市高庙新石器时代遗址》，《考古》2006 年第 7 期；湖南省文物考古研究所：《湖南辰溪县征溪口贝丘遗址发掘简报》，《文物》2001 年第 6 期。

③ 湖南省文物考古研究所：《湖南洪江市高庙新石器时代遗址》，《考古》2006 年第 7 期。

④ 在遗址中发现距今 7000 年的呈南北向中轴线布局的大型祭祀场地，及年代距今 7800 年的祭祀遗存，祭祀遗迹由主祭（司仪）场、祭祀坑、与祭祀地点相连的附属建筑——议事或休息的房子以及附设窖穴三部分组成。主祭（司仪）地点在整个祭祀场所的北部，由 4 个主柱洞组成一个两两对称、大体呈扇形的排架“双阙”式建筑，面向正南方的沅水。双阙的东、西两侧分别有 1 个和 2 个侧柱。

⑤ 湖南省文物考古研究所：《湖南洪江市高庙新石器时代遗址》，《考古》2006 年第 7 期。

身，是佐事上帝的"帝臣"，也因此在卜辞中被称为"帝史凤"，如"□于帝史凤二犬"（《甲骨文合集》14225）①。郭沫若《卜辞通纂》云："卜辞以凤为风……盖视风为天帝之使，而祀之以二犬。"陈梦家认为："卜辞因祭四方之神而及于四方之风，卜辞之风为帝史，与此正相适应。""殷四方帝，四个方向之帝，配四个方向之风，四方之帝名即四方之名。"② 胡厚宣《释殷代求年于四方和四方风的祭祀》一文，认为凤作"风"。我们曾撰文讨论，以为甲骨文中风、凤同形，"风"就是凤皇之凤，所谓殷人求年于四方风，其实就是求年于四方帝（春夏秋冬四季之帝）。在甲骨文中，天帝对其使者（或化身）可以驱使。③

除鸟类凭借飞翔本能被人们认为升天的媒介外，鹿等动物凭借它们在原始先民生产生活中的重要地位，也开始被神化为飞天神兽。笔者此处重点举例鹿跤所渊源的鹿崇拜进行讨论。

（二）赵宝沟文化时期的鹿崇拜与飞奔图

中国古代视鹿为北方神物，鹿崇拜多见于北方各地。在中国辽西地区的新石器时代赵宝沟文化时期，鹿崇拜就已十分突出。小山遗址出土的尊形器 F2②：30，其腹部刻划有鹿和猪等动物形象，各形象都是以头辨别，其身体部分皆是采用盘旋似腾飞状的类蛇形纹饰，其碳十四年代经树轮校正后为距今 6800—6665 年。④ 在南台地遗址的赵宝沟文化遗存中，采集到腹壁饰以鹿首神兽等纹饰的 5 件尊形器。如：3546F1：1，为两个躯干弯曲似鱼的鹿首形纹饰；3546F1：2，为两个有类似翅膀形象且兽尾呈三角形的鹿首形纹饰；3546F1：3（如图 11-7），为鸟和鹿纹。另有一件高足盘 3546F1：14，口沿下有一道弦纹，弦纹向下至足根压有双鹿纹，间饰卷云纹。⑤ 这些生动的动物纹饰，不是自然界中动物原有的状态，而是被人进行形象加工了，属于幻想动物纹饰。

如上文所论，当时鹿类的纯肉量估计占哺乳动物纯肉量的 63.1%。这

① 郭沫若主编：《甲骨文合集》，中华书局 1982 年版，第 2040 页。
② 陈梦家：《殷虚卜辞综述》，中华书局 1988 年版，第 589、591 页。
③ 刘俊男：《原文化意义上的三皇五帝考论》，《中国文化研究》2009 年第 4 期。
④ 中国社会科学院考古研究所内蒙古工作队：《内蒙古敖汉旗小山遗址》，《考古》1987 年第 6 期。
⑤ 敖汉旗博物馆：《敖汉旗南台地赵宝沟文化遗址调查》，《内蒙古文物考古》1991 年第 1 期。

图 11-7　南台地遗址鹿纹尊形器 3546F1：3

图片来源：敖汉旗博物馆：《敖汉旗南台地赵宝沟文化遗址调查》，《内蒙古文物考古》1991 年第 1 期。

说明当时聚落虽然已有猪、狗为家养动物，但仍需大量狩猎野生动物，其中更以鹿类为主。[1] 先民们通过将鹿的形象神秘化、夸张化，以显示出其神灵的强大，从而庇护先民们狩猎活动的成功，抑或是彰显丰产功用（体现了当时盛行的鹿崇拜）。陈久金对龟蛇崇拜替代鹿崇拜进行了相关研究，认为在中国古代战国之前的时期，四灵中龟的位置是由鹿所占据的，如河南三门峡出土的周代虢国铜镜，图像就为雀、龙、鹿、虎。[2] 可见，北方的鹿崇拜有着极其悠久的历史，是最初四灵中的北方神兽。

在赵宝沟文化中出现大量鹿形首，但身体部分呈腾飞状类蛇形纹，或躯干弯曲似鱼，或有翅膀形象且兽尾呈三角形的鹿首形纹饰。这些抽象性的形象无疑是对鹿的神化。鹿的崇拜最初是出于丰产需求，进一步神话抽象出现的鹿首龙形象体现了鹿这一动物母题进入了与天交通的阶段。鹿首龙可以视为鹿在天际飞奔翱翔的抽象表达。鹿神化为遨游天际、与天沟通的神兽，便具有了接引、承载人上天界的鹿蹻之可能性。

在民族志中，也有许多动物被赋予了驮载灵魂的功用。比如，纳西

---

[1]　中国社会科学院考古研究所编：《敖汉赵宝沟：新石器时代聚落》，中国大百科全书出版社 1997 年版，第 199 页。

[2]　陈久金：《从北方神鹿到北方龟蛇观念的演变——关于图腾崇拜与四象观念形成的补充研究》，《自然科学史研究》1999 年第 2 期。

族经文《献冥马》谈到以马献祭祖先，让祖先的灵魂"荷利矛而闪悠悠，骑骏马而腹鸣鸣，像猛虎那样翻过高山去，像鱼獭那样凫过深水去"，回到祖先的故地。①

由上文可知，在原始社会中，人们在生产生活中对某些动物产生依赖（对鹿的需求），或者察觉到某些动物拥有人所不具备的特殊能力（鸟可以在天空飞翔的能力），都会产生对这种动物的崇拜。在将动物神化的过程中，人们不仅将太阳等天体的空中运行视作是鸟类驮载的结果，还为鹿等陆行动物赋予了可以飞天的神能，并在陶器纹饰等处描绘其神异图像。而这些可以飞翔的神异动物正好为期望升天与神沟通的人类提供了一种升天载具，故开始出现了人骑兽升天的图像。

二 从西水坡到良渚：人骑动物神图像的出现

我们在距今约 6400 年的后冈一期文化濮阳西水坡遗址中，发现了目前已知最早的人骑兽跷升图像。在良渚、三星堆等遗址还发现了更多此类遗存。

（一）西水坡遗址蚌饰堆塑中的人骑龙升天图像

濮阳西水坡遗址发现了龙虎蚌壳堆塑及四人合葬墓 M45（如图 11-8），墓主为一壮年男性，仰身直肢，头南足北，埋于墓室的正中。其余三人年龄较小，分别埋于墓室三面小龛内。墓主骨架两侧，用蚌壳精心摆塑龙虎图案。蚌壳龙图案摆于右侧，似腾飞状，头朝北，背朝西；蚌壳虎图案位于左侧，如行走状，形似下山之猛虎，头朝北，背朝东。另外，龙虎图案北部的蚌壳，形状为三角形，似是人为摆的，东面还发现两根人的胫骨。西水坡遗址另发现两组蚌壳摆塑，第二组在第一组南，其图案有龙、虎、鹿和蜘蛛等。龙头朝南，背朝北；虎头朝北，面朝西，背朝东，龙虎蝉联为一体；鹿卧于虎的背上，特别像一只站立着的高足长颈鹿。蜘蛛摆塑于龙头的东面，头朝南，身子朝北。第三组位于第二组南侧，龙头朝东，背上骑一人，其北侧有一虎头做奔跑状。三组蚌饰

---

① 杨福泉：《东巴教通论》，中华书局 2012 年版，第 95—96 页。

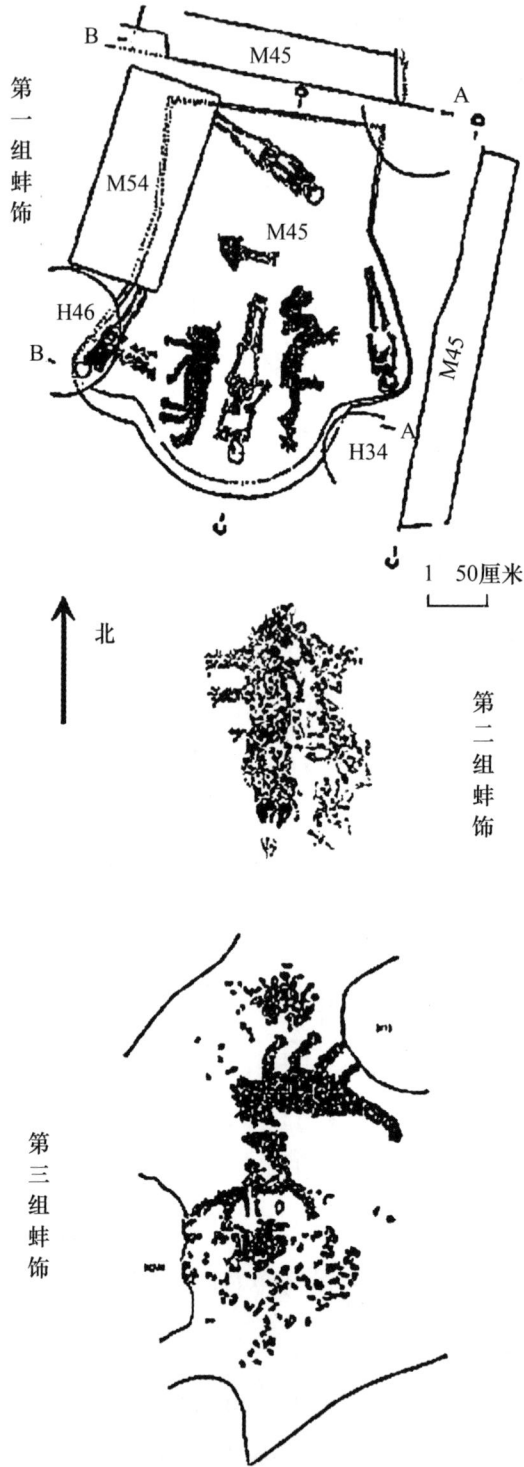

图 11-8　西水坡遗址三组蚌饰堆积布局图

（三组间距各为 20 余米）

图片来源：笔者依据发掘报告各组图片和文字描绘组合生成。参照：濮阳西水坡遗址考古队：《1988 年河南濮阳西水坡遗址发掘简报》，《考古》1989 年第 12 期；濮阳市文物管理委员会，濮阳市博物馆、文物队：《濮阳西水坡遗址试掘简报》，《中原文物》1988 年第 1 期。

各距 20 米左右，呈南北一线排列。①

晁天义认为，濮阳西水坡遗址龙虎堆塑不是巫术仪式遗迹。跷升这种流行于魏晋道教徒中的一种飞行巫术，是秦汉间好事者以战国黄帝乘龙飞升神话作为原型，并综合历史上众多神话要素而形成的文化现象。②笔者认为，濮阳西水坡墓地确是一处亡魂跷升仪式的遗迹，但并不能像张光直一般简单地将三处动物蚌饰都视作跷升用的神兽，③而应是有所区别。整个墓地应分为天界和跷升两个叙事部分，呈现了一个较为完整的跷升仪式。墓中人骨旁是左青龙、右白虎，此处应当是指代天文学意义上的四象。东方青龙即春天晚上所见二十八宿中的几个星宿连线大体成龙的形象，西方白虎指秋天晚上所见二十八宿中的几个星宿连线成虎的形象。西水坡遗址的龙虎图案正是中国古老天文学的体现。朱磊根据天文学知识推算，认为墓主北方的三角形蚌饰堆积和两块人骨的组合当是北斗的象征。④濮阳西水坡遗址北斗蚌饰堆积、龙虎蚌饰堆积当是天界的形象指代，表明此墓葬空间是天界（仙境）。北斗（天极）与诸星宿共同构建天界景象在后世墓中也常见，如南阳麒麟岗汉画像石墓中有四灵、北斗、日月之神共存一图以示天界。⑤故此处为天界之象征当无误。

而第三组龙形蚌饰背上骑有一人，此处才是呈现一个跷升仪式，墓主正在乘跷升天，这组蚌饰堆积就是龙跷等动物跷形象。第二组图像反映的是跷升的过渡阶段，龙虎蝉联为一体，头朝 M45 所体现的天界空间，或为跷升的动物、或是引领墓主升入天界的神兽、或是作为天门守卫神的存在，这三种动物形象都可以在后世汉墓升仙图中找到，但此处并不能完全明晰其功用。

总之，濮阳西水坡遗址三处等距排列的蚌饰堆积，描绘了一个完整

① 濮阳西水坡遗址考古队：《1988 年河南濮阳西水坡遗址发掘简报》，《考古》1989 年第 12 期；濮阳市文物管理委员会，濮阳市博物馆、文物队：《濮阳西水坡遗址试掘简报》，《中原文物》1988 年第 1 期。

② 晁天义：《乘蹻巫术探源——兼论巫术与神话的关系》，《西北第二民族学院学报》（哲学社会科学版）2002 年第 3 期。

③ ［美］张光直：《濮阳三蹻与中国古代美术上的人兽母题》，《文物》1988 年第 11 期。

④ 朱磊：《中国古代北斗信仰的考古学研究》，博士学位论文，山东大学，2011 年。

⑤ 黄雅峰、陈长山编著：《南阳麒麟岗汉画像石墓》，三秦出版社 2008 年版，第 62 页。

的跷升过程，即墓主死后灵魂通过动物神跷承载升入天界。

如果说濮阳西水坡相关遗址并不具有很明显的神权色彩，或许是部落世俗首领灵魂升天的仪式。那么，我们在良渚遗址、三星堆遗址所看到的就明显是神权人物乘跷图像。

（二）红山文化冢坛的功用与良渚遗址玉器纹饰上的人骑动物神升天图像

新石器时代晚期多见大型墓葬与祭坛共存的场景，如红山文化的东山嘴遗址，还有以"女神庙"、山台、祭坛、积石冢、建筑址和窖穴等六类遗址共同构成的大型区域祭祀中心——牛河梁遗址。[①] 牛河梁遗址分布的规律主要是以第一地点为中心（该地点的"庙"和"台"所处位置是该遗址群中地势较高且相对位置居中处），其余各处地点的积石冢等遗存围绕其展开，处于周边相对高度较矮的高坡或山上。每个积石冢（群）都有一个自身的系统，每个地点都会有一座位置居中的墓葬，且其规模在本地点中最大，随葬玉器数量较多，有形制特殊的玉类和组合规律。牛河梁遗址中心大墓的墓主可能就是那些被认为具有超自然力的首领和巫师。和前文提到的居所葬一样，人们认为既然他们生前具有超自然力或具有升入天界与天沟通的能力，那么他们死去之后的灵魂也当可以与天继续沟通或升入天界。这一想法可能便是墓葬与祭坛结合的初衷之一。正如屈原《楚辞·九歌》所云："身既死兮神以灵，魂魄毅兮为鬼雄。"[②]

这种冢坛结合的形式完美复原了巫师祭祀通神的场景。一般认为，巫师可以通过降神和升天通神两种方式进行宗教仪式。上文的红山文化冢坛结合可以解释为人们继续利用巫师的降神能力，也可以解释为葬在祭坛上使亡魂像生时一样升入神界，很难确定存在升天的行为，也未发现人物乘跷图像。

总的来看，我们尚无法确认红山文化中是否已经存在巫师跷升天界

① 郭大顺、张克举：《辽宁省喀左县东山嘴红山文化建筑群址发掘简报》，《文物》1984年第11期；辽宁省文物考古研究所编著：《牛河梁——红山文化遗址发掘报告（1983—2003年度）》，文物出版社2012年版，第16、478—481页。

② （宋）朱熹著，（明）萧云从，（清）门应兆绘：《楚辞：〈楚辞集注〉〈钦定补绘离骚图〉合编》，商务印书馆2018年版，第128页。

的仪式；但在良渚文化中，在墓坛结合的基础上发现了大量描绘有跷升纹饰的通天工具。

在良渚遗址群中，集中出土了一些神人兽面像（如图11-9），特别是在反山遗址中，共发现9件玉器23幅像，另外瑶山遗址有3件玉器3幅像。据考古报告，在良渚文化反山墓地发现了一个高约5米的土台，包括约10米×8米的暗红色硬面遗迹，构成了反山的主体，也是一座祭坛遗址。在其西南部位，有M12、M14—M18、M20、M22、M23共9座良渚文化贵族墓葬，这些墓葬均打破祭坛，其中M22、M23还打破了祭坛中心暗红色硬面遗迹。从地层学来看，祭坛营建在先，墓葬埋入在后，具有相对的早晚关系。但发掘中未见祭坛有任何"被废弃"的迹象，埋葬其上的墓葬排列有序，与祭坛形成一体，密不可分，应该把祭坛和墓地看作一个整体。① 反山遗址的神人兽面纹正好就集中在祭坛上的贵族墓M12中，如M12：98琮、M12：100钺、M12：87柱形器、M12：103权杖瑁这4件玉器共有18幅像。②

在M12中既发现了象征神权的玉琮、玉柱形器，也发现了象征世俗权力的玉钺，表明墓主集王权、神权于一身。

神人兽面像是多种纹饰的统称，包括单独神人纹饰、单独兽面纹和人兽组合纹。其中最为特殊的是人兽组合纹，其在M12的玉琮、玉柱形器、玉钺上都有发现，但主要集中于前两者，应与其祭天工具的性质有关。陈声波在张光直"人兽母题"的相关观点上继续提出，神人的形象应是良渚文化巫师或祖先的形象，神人借助于神兽以求沟通天地，而这正是原始巫术最根本的目的。③

笔者认为，我们在认识"人兽母题"时，一定要注意分清神兽纹与神跷纹的区别，单独的神兽纹在缺乏题字等文字说明的情况下很难认定为巫师的助手或工具，也可能是如上文动物崇拜所提到的，是人们对某些动物神崇拜的产物。我们在讨论神跷纹的时候一定要基于人兽合体、人骑乘神兽这样一种明晰的图像。

---

① 浙江省文物考古研究所编著：《反山》，文物出版社2005年版，第16页。
② 方向明：《神人兽面的真像》，杭州出版社2013年版，第89页。
③ 陈声波：《良渚文化"神徽"与商代美术中的人兽母题》，《南京艺术学院学报》（美术与设计版）2005年第3期。

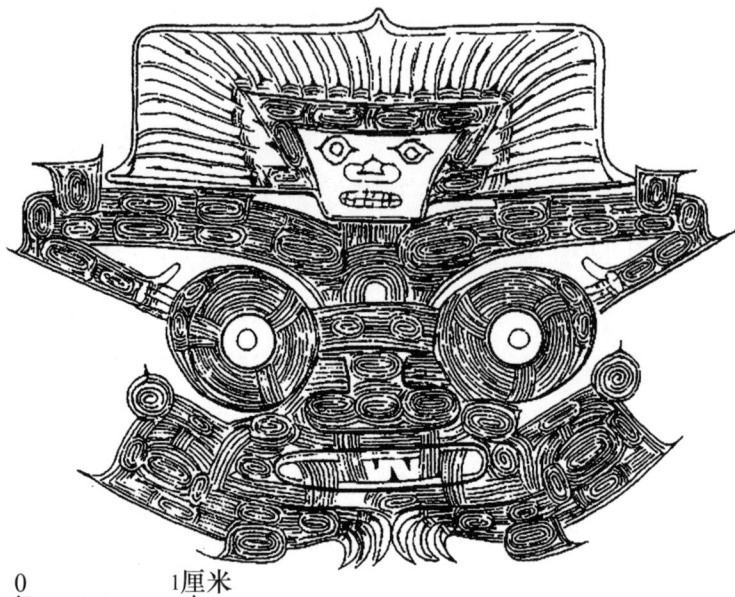

图 11-9　良渚文化反山遗址祭坛墓葬中的蹻升纹饰

（玉琮 M12：98）

图片来源：浙江省文物考古研究所编著：《反山》，文物出版社 2005 年版，第 56 页。

　　关于良渚文化的神人兽面纹，从形象上看有两个嘴，上面的是人嘴，下面的当是神兽嘴，人的双手按在神兽的两耳之上，这种形象与三星堆同类物铜跪坐人像（K1：293）和铜虎形器（K1：62）极似。因此，我们认为良渚兽面纹当是一种人骑兽的形象。不过，其面部虽为兽面，但头上戴的却是凤冠，下面露出的也是凤爪，当是龙凤组合神，与高庙龙凤合一的传统相同，也与三星堆出现的龙凤人像组合图案同类。

　　这种人骑动物神形象多见于所谓的通天器具玉琮、[①] 玉柱形器之上，玉琮、玉柱形器中间的空心部分就是巫师上天通神的通道。在这种器物

---

　　① 中国古籍有璧祭天、琮祭地礼制的记载，如《周礼·春官·大宗伯》载"以玉作六器，以礼天地四方：以苍璧礼天，以黄琮礼地"。但笔者所见，玉琮在新石器时代晚期多见于祭天的高台之上，结合玉琮形制，也有较多学者认为玉琮可以用于祭天，如苏秉琦认为"玉琮是专用的祭天礼器，设计的样子是天人交流"。张光直也在讨论萨满祭祀的时候认为其是"贯通天地的法器"。（清）孙诒让撰，王文锦、陈玉霞点校：《周礼正义》，中华书局 1987 年版，第 1389—1390 页；苏秉琦：《中国文明起源新探》，生活·读书·新知三联书店 2019 年版，第 135 页；[美] 张光直：《谈"琮"及其在中国古史上的意义》，文物出版社编辑部编《文物与考古论集》，文物出版社 1986 年版，第 257 页。

上描绘人骑动物神形象，以及在人像冠部描绘天的具象和射线纹，[①] 或即是表达巫师利用这些通天器物进行祭祀时，其灵魂可以乘神兽跷升天界与神沟通。

如果说良渚文化的跷升形象描绘了巫师跷升天界的人骑动物神形象，接下来所要探讨的三星堆遗址青铜祭坛，则具体地展现了祭祀行为中更为复杂完整的巫人通天神的场景。

三　三星堆遗址青铜祭礼性器物的人骑动物神升天场景

近年在四川三星堆遗址发现了较多人骑兽或多件人、兽、物三者合为一个整体的祭坛式神器，孙华、王仁湘、赵殿增等学者进行了较早的解读，很受启发，我们在此目择要加以介绍，并提出我们一些不太成熟的不同看法，以与诸位同仁进行讨论。

（一）三星堆一号祭祀坑铜人、铜虎形器组合图解读

三星堆遗址一号祭祀坑（或称器物埋藏坑）出土了两件比较奇特的

图 11-10　四川三星堆一号祭祀坑铜人、铜虎形器及其复合完整示意图

图片来源：赵殿增：《骑虎铜人像与玉琮线刻人像——兼谈三星堆、金沙与良渚文化的关系》，《中华文化论坛》2006 年第 3 期。

---

① 方向明：《神人兽面的真像》，杭州出版社 2013 年版，第 93—94 页。

青铜器（如图11-10）——铜跪坐人像（K1：293）和铜虎形器（K1：62）。张明华、赵殿增两位学者发现这两件器物是可以组合起来的青铜器，它是人跪坐在老虎身上的类似良渚文化神徽的神器。战国时期也有相似的遗物，如图11-11。这两件器物成为了"良渚兽面为虎纹的又一

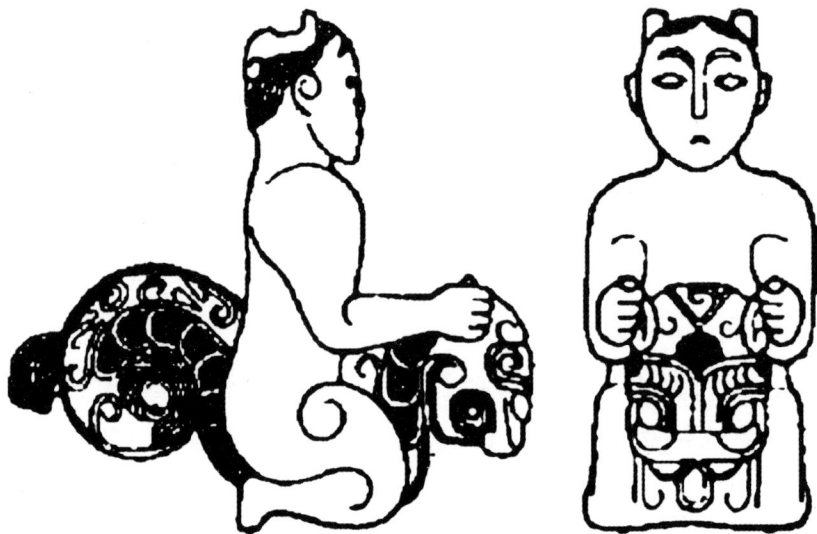

图11-11 洛阳西郊一号战国墓伏兽玉人

图片来源：考古研究所洛阳发掘队：《洛阳西郊一号战国墓发掘记》，《考古》1959年第12期。

重要例证"①。笔者认为，良渚神徽是否为虎纹还可继续研究，从该图下端有凤爪、獠牙来看，良渚神徽也可能是人骑龙凤图。而从下面所论及的四组组合青铜神器来看，良渚神徽是人与神兽的组合纹饰应没有问题，反过来说明三星堆的这类组合神器的渊源是相当久远的。

（二）四件人、动物、祭具组合青铜器以及天上主神等简介

除上面这件青铜组合神器之外，在三星堆遗址一共还发现了四件人、动物、祭具组合在一起的青铜神器，相关详情参见孙华的两篇论文。②

---

① 张明华：《良渚兽面为虎纹的又一重要例证》，《中国文物报》1998年9月9日；赵殿增：《骑虎铜人像与玉琮线刻人像——兼谈三星堆、金沙与良渚文化的关系》，《中华文化论坛》2006年第3期。

② 孙华：《三星堆埋藏坑的组合铜器——三星堆神庙中沟通人神的供奉器具》，《中国国家博物馆馆刊》2023年第9期；孙华：《三星堆人的神圣动物——三星堆埋藏坑动物元素铜像的初步分析》，《江汉考古》2023年第3期。

图 11-12　铜兽驮跪坐人顶尊铜像

图片来源：《重磅！三星堆又上新！》，《光明网》2023 年 6 月 10 日，https://m.gmw.cn/2023-06/10/content_ 1303401519.htm。

这里试作如下简介，并提出我们的讨论意见。

第一件：铜兽驮跪坐人顶尊铜像。

铜兽驮跪坐人顶尊铜像（图 11-12），其底部神兽头硕大扁长，长着"臣"字形大眼。肘部有类似犀牛的披甲褶皱，每足有四个花瓣状脚趾。尾巴蓬松，四肢壮硕，昂首站立。在神兽头顶站立了一尊小型青铜人像。神兽背部则是顶尊跪坐人像，双手似原持一物，头上戴有下小上大的冠，其上形成方台，以顶托上面的铜尊。再往上则为一件三段式的折肩尊，尊为高瘦体，肩部至颈部有相间的六条垂龙和垂兽造型的立体附饰。

孙华的两文从整体上对三星堆组合器进行了分类和内涵分析，而对器物具体内容的分析反映在孙华接受的新闻采访中，他认为，"铜兽驮跪坐人顶尊铜像，可以看到神兽和人的脸都朝着一个方向，这是朝着天上的神居住的方向进发，而人依靠神兽来完成这段旅程。拜见天神，他们并非空手而去，尊里的酒以及香气就是他们进奉给神的礼物。此外，他们还可能把人王的灵魂也带了过去。神兽头顶的小人像，可能象征的就是人王"①。

第二件：铜罍座倒立鸟足顶尊神像。

---

① 吴晓铃：《最新！三星堆再发布重大发现》，《四川日报》，https：//mp.weixin.qq.com/s/BQKHDBU5niR06dUrOzLFsw，2023 年 6 月 10 日。

　　铜罍座倒立鸟足顶尊神像（图11-13），器物由铜容器、凤神像和人像等构成。青铜座圆罍之上，曲身鸟足凤神像威风凛凛，他的身体反向卷曲向上，双足化为鸟爪形，紧紧抓握着一只倒置的鹰首（但从其手指未弯曲来看，只是紧紧贴着，并未抓着）。神像头顶的铜尊上有器盖，器盖之上，还站立了一位头戴高冠、耳插獐牙、身着礼服、脚穿垂首靴的辫发人，他双手持握一条杖头弯曲朝下的龙首杖。

图11-13　铜罍座倒立鸟足顶尊神像

图片来源：右，《重磅！三星堆又上新！》，《光明网》2023年6月10日，https：//m.gmw.cn/2023-06/10/content_ 1303401519.htm。左，孙华：《三星堆埋藏坑的组合铜器——三星堆神庙中沟通人神的供奉器具》，《中国国家博物馆馆刊》2023年第9期。

　　孙华认为这件神像是从天界往下的姿态。其将倒立鸟足顶尊人像视作一位给大神服务的使者神，该器物表现的可能是该小神正从天而降来转运人们奉献给大神的祭品，或该小神在把人们献祭的美酒送达大神后从天上返回人间报告大神带给人们讯息的场景。① 他认为，它像飞天般从天而降，降临到人们送来的器物之上，头上还顶着装酒的铜尊，可能表现的是天上的大神已经享用了人类的进奉，然后让它把空的"酒器"还回来。与此同时，它还带来了神的旨意，也就是授给站在盖顶上衣着华服的小人像至高无上的权利。这位小铜人像手持龙杖（龙作为权杖的杖首表现了超越老虎的力量），② 可能就是获得授权的象征。③ 王仁湘认为，这是一座高大的青铜神坛，所祭主体应为太阳。曲身人像为鸟体獠牙神面，所表现的是如鹰一般的太阳神鸟，曲体是太阳鸟飞翔的姿态。④

第三件：青铜顶坛人像神器。

在三星堆遗址新发现的三号坑出土了一件"青铜顶坛人像"（图11-14），器物上下都有残缺，现存最底部是残缺的半身人像，其上层为代表群山的三角形造型，其旁还有一俯身做飞行状的青铜人像，再往上是两层柱状体，山和柱状体之间的隔断方盘侧面绘有十个圆窝代表的太阳纹饰，两层柱状体的上一层较长、细，上下各四根，其上都有龙头朝下的龙形浮雕。这四根柱子之上又是一个圆盘，其上已残缺。该器虽暂定名为"青铜顶坛人像"，底部也是人像，但不排除人像之下还有一层如K2③：296中那样的兽雕以作神跷托举之意。

孙华文依据考古工作者的复原意见将其下部予以拼接，如图11-15右，笔者认为，他将顶尊人像复原，并骑于大兽之上，是合三星堆惯例的。但又将大兽置于抬扛四人之上，不知是否正确，因为四足兽是供人骑的，不可能还需要人来抬。不过，我国东南沿海地区以及日本等地也还有人抬神轿的习俗，将神抬起来游行，也是可以理解的。

第四件：K2③：296青铜神坛的人骑兽图像。

同样是出土于三星堆二号坑的还有一件青铜神坛（K2③：296）（图

---

① 孙华：《三星堆埋藏坑的组合铜器——三星堆神庙中沟通人神的供奉器具》，《中国国家博物馆馆刊》2023年第9期。

② 孙华：《三星堆人的神圣动物——三星堆埋藏坑动物元素铜像的初步分析》，《江汉考古》2023年第3期。

③ 吴晓铃：《最新！三星堆再发布重大发现》，《四川日报》，https：//mp.weixin.qq.com/s/BQKHDBU5niR06dUrOzLFsw，2023年6月10日。

④ 王仁湘：《三星堆快讯：重光的太阳神坛》，《器晤》，https：//mp.weixin.qq.com/s/SDUBomasu7KvBDdFgr-2WA，2023年6月10日。

图 11-14　青铜顶坛人像

图片来源：左，三星堆遗址考古发掘队：《三星堆遗址：古蜀文明惊天下》，《人民画报》2022年第 8 期。右，孙华：《三星堆埋藏坑的组合铜器——三星堆神庙中沟通人神的供奉器具》，《中国国家博物馆馆刊》2023 年第 9 期。

11-15），由兽形座、立人座、山形座和盝顶建筑四部分组成。[1] 对于这种组合器的组合、拼接与寓意，王仁湘[2]、孙华[3]等学者发表了不同的看法。关于此件器物各部分的解释，赵殿增认为神坛最下层的怪兽是用来表示地下的境界；中层一组立人像所表现的是人间；人头顶大山之上的盝顶

---

[1]　四川省文物考古研究所编：《三星堆祭祀坑》，文物出版社 1999 年版，第 231 页。

[2]　王仁湘：《三星堆二号坑 296 号青铜神坛复原研究》，南京师范大学文博系编《东亚古物》A 卷，文物出版社 2004 年版，第 112—122 页。

[3]　孙华：《三星堆"铜神坛"的复原》，《文物》2010 年第 1 期。

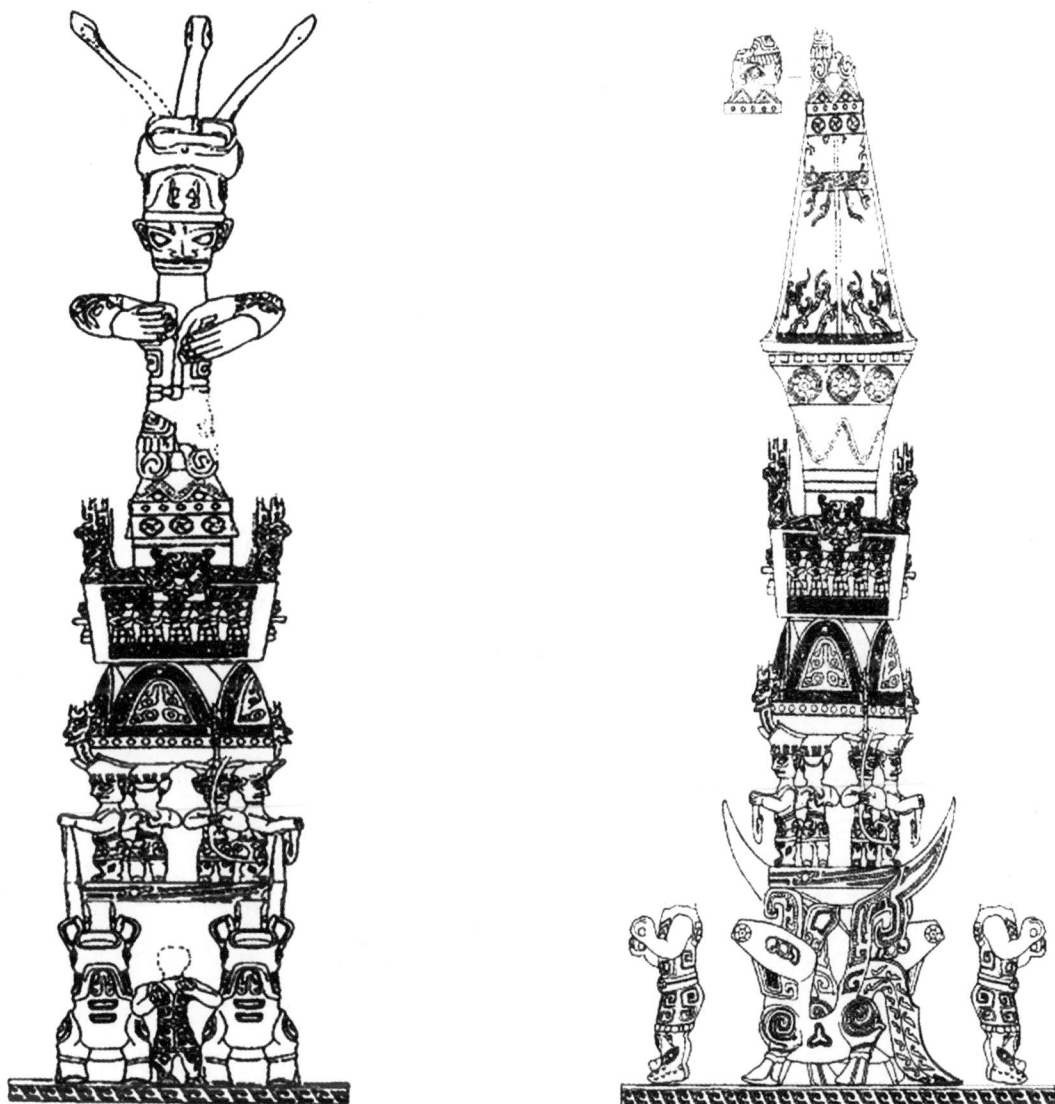

图 11-15　铜神坛 K2③：296

左，王仁湘拼合图　右，孙华拼合图

图片来源：孙华：《三星堆"铜神坛"的复原》，《文物》2010 年第 1 期。

建筑所代表的应该是天上。这说明古蜀人已经有了关于"三界"的观念。①

　　除了以上四件组合青铜神器之外，还有三个天上主神，孙华认为，将三尊神像中最大的那尊推定为至上的太阳神象生化的形象，应该具有

---

① 赵殿增、袁曙光：《略论三星堆文化与四川汉画的渊源》，郑先兴执行主编《汉画研究：中国汉画学会第十届年会论文集》，湖北人民出版社 2006 年版，第 429 页。

较大的合理性，另外两个分别应当是海神"禺疆"和木神"句芒"。① 此外，还有以前发现的青铜大立人。孙华在文中还将所有这些神物在祭坛上的位置作了一个摆放图，是很有参考价值的。

（三）对四件人、动物神、祭具组合青铜器图的解读

2023 年 6 月 10 日，四川省文物考古研究院公布两件跨坑拼对成功的青铜器物，分别为"铜罍座倒立鸟足顶尊神像"和"铜兽驮跪坐人顶尊铜像"。② 王仁湘认为前者是一座祭祀太阳的青铜神坛。③

对于前面所提到的四件青铜组合神器，对各器物及组合的特征、功用，孙华参考各类文献与民族学资料，分析得十分仔细，提出了各种可能的解释，颇便参考。他的最终结论是："可分为两种类型，一种是至（自——引者注）下而上的组合铜器，它们由神兽（或人兽）、人物、酒器（或酒尊形器）组成，表现的是巫师之类神职人员在神兽、酒气和香烟的帮助下从地上登临天上的场景，这类组合铜器的作用类似于登天的'天梯'。另一类是至（自——引者注）上而下的组合铜器，它由云朵（云形飞鸟）、小神、酒器组成，表现的是天上为大神服役的小神，受命从天而降，接受从地上而来的巫师及其带来的祭品（主要是酒）的场景。"④ 孙华进一步指出，"由于这段跨越天地之间的途程分为两段或多段，才会有两类不同表达的组合铜器出现……由于天分作多层，地上具有特殊能力的巫师也只能到达天的某一层级，天上低级别的小神恐怕也只能下降至天的某一层级，否则就会出现天上神灵可以直接下降至人间，造成'人神杂糅'的问题"⑤。

笔者认为，孙华的解释很有启发，多数观点是很有道理的，如认为

①　孙华：《三星堆人的神圣动物——三星堆埋藏坑动物元素铜像的初步分析》，《江汉考古》2023 年第 3 期。

②　吴晓铃：《三星堆再发布重大发现　两件神像跨坑拼对成功》，《四川日报》2023 年 6 月 11 日第 1 版。

③　王仁湘：《三星堆快讯：重光的太阳神坛》，《器晤》，https://mp.weixin.qq.com/s/SDUBomasu7KvBDdFgr-2WA，2023 年 6 月 10 日。

④　孙华：《三星堆人的神圣动物——三星堆埋藏坑动物元素铜像的初步分析》，《江汉考古》2023 年第 3 期。

⑤　孙华：《三星堆埋藏坑的组合铜器——三星堆神庙中沟通人神的供奉器具》，《中国国家博物馆馆刊》2023 年第 9 期。

图像中有自下而上运送巫人或国王灵魂上天的场景，也有自上而下传达上帝指令的场景；又如，地上巫觋只能到达某个高度，天上"小神"只能下到天的某个位置，来迎接地上巫觋送来的供品；还如，认为神兽多带有鸟的特征元素。笔者认为，这些鸟特征的元素是神兽可以成为升天工具的标志。

但也还有诸多问题需进一步细究或澄清。例如，上天小神只能下到天的中间层来迎接地上巫觋送来的供品，没有明确的文献记载或相关例证，或者与传世文献相矛盾；再如，这些动物神为什么可以升天，原因何在，是否是因为失去了建木？还如，先秦时代能升天的为什么是那几种动物神，而不是所有的动物？如此等等，基于这些思考，我们进一步提出如下看法，请同仁指教。

首先，关于升天的地点。《山海经·海外西经》："巫咸国在女丑北，右手操青蛇，左手操赤蛇，在登葆山，群巫所从上下也。"《大荒西经》："西南海之外，赤水之南，流沙之西，有人珥两青蛇，乘两龙，名曰夏后开。开上三嫔于天，得九辩与九歌以下。此天穆之野，高二千仞，开焉得始歌九招。有互人之国。炎帝之孙名曰灵恝，灵恝生互人，是能上下于天。"《海内经》："华山青水之东，有山名曰肇山，有人名曰柏高，柏高上下于此，至于天。"① 《淮南子·坠形训》："昆仑之丘，或上倍之，是谓凉风之山，登之而不死。或上倍之，是谓悬圃，登之乃灵，能使风雨。或上倍之，乃维上天，登之乃神，是谓太帝之居。扶木在阳州，日之所曊。建木在都广，众帝所自上下，日中无景，呼而无响，盖天地之中也。若木在建木西，末有十日，其华照下地。"② 《山海经·海内西经》："海内昆仑之虚，在西北，帝之下都。昆仑之虚，方八百里，高万仞。"③

由上可知，古巫觋升天，必先登山，再从山上升天；上帝下凡，也自高山而下，盖因离天较近。在这些记载中，未见上至天的中部，也未见下至天的中部，然后在中部相交接。我们认为，依据上述古书记载，山顶才是上下天庭的地点，如果上帝之神与地上的巫觋相交接，也应在

---

① 袁珂校注：《山海经校注》，上海古籍出版社 1980 年版，第 219、414—415、444 页。
② 何宁撰：《淮南子集释》，中华书局 1998 年版，第 328—329 页。
③ 袁珂校注：《山海经校注》，上海古籍出版社 1980 年版，第 294 页。

某高山之顶进行。从三星堆发现的组合神器看，我们认为，神兽应是运送巫觋上山的跷，龙凤或一些有羽翼的神兽才是运送巫觋或王魂上天的跷。

其次，关于神兽是否可上天的问题。《史记》卷二："陆行乘车，水行乘船，泥行乘橇，山行乘檋。"《集解》徐广曰："檋，一作'桥'，音丘遥反……骃案：如淳曰'檋车，谓以铁如锥头，长半寸，施之履下，以上山不蹉跌也'。"① 《集韵》："檋或作蹻"。② 可见这个"檋"即"蹻"。《说文》："蹻……举足小高也。"③ 又《吕氏春秋》"蹻然不固"。《注》"蹻，读乘蹻之蹻，谓其流行疾速，不坚固也。"④ 因此可知，后世道家所谓的乘跷，也即山行工具。只不过将有铁齿的鞋子换成了动物，骑动物而已，骑着动物也只是上山，而不一定升天，升天得有专门升天的龙凤，或其他有翼的动物。

龙凤之外的其他兽类要升天，得有羽翼，如上述孙华文所介绍，三星堆 8 号坑也有一只"四翼飞虎"，身上有四个翅翼，因而才可能是升天的动物。后世也记载有其他升天动物，如《列仙传》载："子英者，舒乡人也，善入水捕鱼。得赤鲤，爱其色好，持归著池中，数以米谷食之。一年长丈余，遂生角，有翅翼。子英怪异，拜谢之。鱼言：'我来迎汝。汝上背，与汝俱升天。'即大雨。子英上其鱼背，腾升而去。"⑤ 这也是因赤鲤长有翅翼。后世道家修道成仙之人被称为"羽化"，也即认为有羽才能升天。

东晋葛洪《抱朴子·杂应》说："若能乘跷者，可以周流天下，不拘山河。凡乘跷道有三法，一曰龙跷，二曰虎跷，三曰鹿卢跷……乘跷须长斋，绝荤菜，断血食，一年之后乃可乘此三跷耳……龙跷行最远，其余者不过千里也。"⑥

---

① （汉）司马迁撰，（宋）裴骃集解，（唐）司马贞索隐，（唐）张守节正义：《史记》（简体字本），中华书局 1999 年版，第 38—39 页。

② （宋）丁度等撰：《集韵》，上海古籍出版社 2017 年版，第 183、655 页。

③ （汉）许慎撰，（清）段玉裁注：《说文解字注》，上海古籍出版社 1981 年版，第 81 页。

④ 许维遹撰，梁运华整理：《吕氏春秋集释》，中华书局 2009 年版，第 44 页。

⑤ 王叔岷：《列仙传校笺》，中华书局 2007 年版，第 134 页。

⑥ （晋）葛洪著，王明校释：《抱朴子内篇校释》，中华书局 1985 年版，第 275 页。

《道藏》收有《太上登真三矫灵应经》，对"三矫"的性能有较详的叙述："三矫经者，上则龙矫，中则虎矫，下则鹿矫。大凡学仙之道，用龙矫者，龙能上天入地，穿山入水，不出此术，鬼神莫能测，能助奉道之士，混合杳冥通大道也……夫龙者，气也。气者，道也……龙矫者，奉道之士欲游洞天福地，一切邪魔精怪恶物不敢近，每去山川江洞州府，到处自有神祇来朝现……夫虎矫者，风之母，水之子，用之三载，其虎自乘风来来往往，如风动败叶飞空，聚则为形，散则为风，与天地正阳之炁混合为一——了也……夫鹿矫者，常也。能助奉道之士，日行千里。"①

这两段文字，虽是后世道家修道之说，也说明三跷是有差别的，只有龙才能行远，上天入地，因为古人也有将龙视作雷电的，故云"气也"，气可升天。虎跷也只如风吹落叶在空中飞行。鹿则是"常也"之动物，即普通的动物，不过能行千里而已。因此，能升天的只有龙凤。笔者在上一节也论及，龙凤为一物而二态，凤可升天，龙当然也可升天。

基于以上认识，我们判断三星堆发现的四件组合青铜神器分别表达了四类场景：

第一件铜兽驮跪坐人顶尊铜像神器。此器最下是兽，有鹿角，当为鹿跷。其上有骑兽之人及礼器，因而是表达鹿跷驮着巫觋与祭器登山的场景。

第二件铜罍座倒立鸟足顶尊神像的人骑兽升天祭器。此器没有神兽这个构成部件，凤鸟尾在上，头弯曲，头顶部向上，顶着所有祭具，一副从天上下来迎接祭器与巫觋的形象。

第三件青铜顶坛人像神器。此件祭器应是类似后世"抬神轿"游行的场景，所抬神器，完全表达了地上与天上神器交接的场景。骑兽人双手将神器举过头顶，高出三角形所表达的山顶，交给呈飞行状的凤神去升天。这个器物明显地表明，神兽只负责运神器登山，至山顶则交由凤神去升天，因此，孙华所说的在天的中层交接可能性不大，交接的地点当在山顶。

第四件 K2③：296 青铜神坛的人骑兽神器。此器当是一幅完整的升天图。与第三件不同的是，这幅是众巫升天，而前面几个神器只是单巫或双巫升天。此器中部为山形，山形上下各有数人，下部的当表达地上

----

① 张继禹主编：《中华道藏》第三十二册，华夏出版社 2004 年版，第 483 页。

的众巫觋，上部的当表达天上派来迎接巫觋的众小神。这也表明，中间的山才是交接的场所。

通过对四件神器的对比，我们发现，除第二件纯升天的神器之外，其他三件都包括下面的大人像与上面的小人像。笔者同意孙华的观点，认为下面的大人是地上的大巫觋，上面的小人或是天帝派来的迎接巫觋及祭器上天的小神，或为地上向天帝汇报的巫觋或国王的灵魂。

总之，我们认为，中国神话、道经中的神仙坐骑、跷升（人骑兽）图像母题早在新石器时代就已出现。从考古材料上看，距今约6400年的后冈一期文化西水坡遗址M45与三处动物蚌饰是目前已知最早的跷升图像，延续到新石器时代晚期的良渚文化诸遗址和青铜时代三星堆遗址中，跷升行为都是巫觋神权人物进行通神宗教仪式的一部分。相关图像已是反映人骑兽升入天界（神界）的场景，但西水坡遗址蚌壳堆塑中人物的性质尚难区分是巫觋还是首领，良渚文化神人纹通过祭坛及其上的墓葬可以推测为巫觋骑兽图像，但并没有十分明确的骑兽升天的图像表达。张光直除了上述谈论西水坡蚌饰为神跷外，还认为商代青铜器上的动物纹饰是巫觋通神的工具，但商代青铜器饕餮纹主要是以兽面为构图，并无巫觋骑兽以及升入天界的图像表达。

三星堆遗址青铜祭坛上较为丰富、完善的人骑兽图像，无疑是对这类传说、观点的最早实证。虽不能说黄帝乘龙升天的传说一定存在，但通过三星堆此类青铜器物的图像表达，我们可以说这种宗教性的人骑兽升入神界的场景描绘是出现很早的，黄帝乘龙升天传说或即是这种历史（宗教幻想）场景的实际描绘。

四　继承与改造：汉代所传黄帝御龙升天故事与道教跷升术

西水坡遗址墓葬中四灵天象构建的天界空间、良渚遗址群发现的祭坛墓葬和带有跷升纹饰的巫师通天神器、三星堆遗址大量带有巫师跷升图像的青铜祭坛，这些都能让人知道了中国新石器时代晚期以来跷升主体为巫师之类的宗教人员。汉代以后，道教文化则又有所发展。

（一）巫师升天通神向道家得道者乘跷遨游的转变

巫师通神的宗教形式在商末开始走向衰落。从商代末年的周祭制度开始，至西周时期初年提出"天命无常""惟德是辅"的思想，宗法性宗教逐渐确立。人神交通由巫师（升天）通神、巫师预测、巫师改变神意，转变为以人遵行礼制而获得天命。① 这种转变的结果是巫师通神失去了其存在的价值。

但作为巫师升天通神的人骑兽图像并未消失。在东周礼崩乐坏之后，宗法性宗教的权威受到影响，道家提出"道"的概念以满足个人的精神需求，结合神仙信仰形成了得道成仙的观念。黄帝时代②以及更远时期的巫师跷升宗教形式刚好被其利用起来，被用于描绘神仙信仰中自在的神仙形象，以及道教中得道成仙的得道者形象。

神仙信仰中的神仙形象、道教得道者使用乘跷术云游世界的景象，是对前文考古材料所体现的巫师升天通神形象的继承与改造。相同点在于两者的形象、图像构建是一致的，都是一种人骑兽升天的形象，且都可以视作对动作实施者的神圣化。先秦神仙信仰中的仙人形象就可以乘神兽等云游四海——《庄子》有"藐姑射之山，有神人居焉……乘云气，御飞龙，而游乎四海之外"（《庄子·逍遥游》）及"至人神矣……乘云气，骑日月，而游乎四海之外……"（《庄子·齐物论》）③等记载，这些描述与道教典籍《抱朴子》《太上登真三矫灵应经》中的记载极为相似——即后世道教通过乘跷术遨游宇宙的得道成仙者形象与先秦神仙信仰中的自在飞行的神仙形象是一致的。除了文献记载，东周时期开始出现大量乘跷升仙图（如图11-16），④ 特别是长沙砂子塘西汉一号墓木椁上的羽人御虎漆绘图（如图11-17），⑤ 羽人形象与御虎图像的结合，反映了汉代神仙信仰的流行及其对跷升图像的继承，是得道羽化升天与传统巫师跷升形式的结合。最终，这种形式被道教所继承，是为道教跷升仪式的前身。

---

① 正如傅斯年曾说："一切固保天命之方案，皆明言在人事之中。"陈来也谈到，商代的帝是"自然中的上帝"，周代的天是"历史中的上帝"。傅斯年：《性命古训辨证》，上海三联书店2018年版，第122页；陈来：《古代宗教与伦理——儒家思想的根源》，生活·读书·新知三联书店2017年版，第137—138页。

② 《史记》载"黄帝采首山铜，铸鼎于荆山下。鼎既成，有龙垂胡须，下迎黄帝。黄帝上骑，群臣后宫从上者七十余人，龙乃上去。"（汉）司马迁撰：《史记》，中华书局1959年版，第1394页。

③ （清）王先谦撰：《庄子集解》，中华书局1987年版，第5、23页。

④ 李正光主编：《楚汉装饰艺术集（画像石·画像砖·帛画）》，湖南美术出版社2000年版，第151页。

⑤ 湖南省博物馆：《长沙砂子塘西汉墓发掘简报》，《文物》1963年第2期，图版。

图 11-16　长沙子弹库楚墓人物御龙帛画摹本

图片来源：李正光主编：《楚汉装饰艺术集（画像石·画像砖·帛画）》，湖南美术出版社2000年版，第151页。

（二）长沙马王堆一号汉墓帛画的性质与内容

关于长沙马王堆一号汉墓帛画（如图11-18）的性质、内容，学术界有所争议，发掘报告及主流观点认为帛画主题呈现的是升仙图（含"引魂升天"）。[1] 部分学者持其他观点。比如，胡飞认为帛画是引导灵魂进入墓地的路标，然后为死者指明阴间的方位，使其顺利到达祖灵住地；[2] 刘敦

---

[1]　湖南省博物馆、中国科学院考古研究所编：《长沙马王堆一号汉墓》，文物出版社1973年版，第43页；孙作云：《长沙马王堆一号汉墓出土画幡考释》，《考古》1973年第1期；马雍：《论长沙马王堆一号汉墓出土帛画的名称和作用》，《考古》1973年第2期。

[2]　胡飞：《关于马王堆汉墓T形帛画内容的疑点分析》，《合肥教育学院学报》2003年第1期。

图 11-17　长沙砂子塘西汉一号墓木椁上的羽人御虎漆画

图片来源：湖南省博物馆：《长沙砂子塘西汉墓发掘简报》，《文物》1963 年第 2 期，图版。

愿认为帛画乃是一幅魂幡，其形式和用途都是从古代以衣"招魂以复魄"的习俗演化而来，其实有神话故事的想象。① 具体到帛画画面的结构，发掘报告认为整个画面从下到上，表现了地下、人间、天上的景物；② 据姜生介绍，其他学者还有以帛画内容大致可分为上下"天国"和"蓬莱仙岛"两部分的观点，③ 也有人认为帛画为三层，其中以帷幕为界的第二层是"从人间到天上的过渡阶段"的观点，④ 等等。姜生结合道教成仙思想，认为整个帛画表达的是海中大鲛鱼遂服人愿、海神禺强呈献

① 刘敦愿：《马王堆西汉帛画中的若干神话问题》，《文史哲》1978 年第 4 期。
② 湖南省博物馆、中国科学院考古研究所、文物编辑委员会编：《长沙马王堆一号汉墓发掘简报》，文物出版社 1972 年版，第 7 页。
③ 商志馥：《马王堆一号汉墓"非衣"试释》，《文物》1972 年第 9 期。
④ 孙作云：《长沙马王堆一号汉墓出土画幡考释》，《考古》1973 年第 1 期。

图 11-18 马王堆一号汉墓帛画

图片来源：湖南省博物馆、中国科学院考古研究所编：《长沙马王堆一号汉墓》，文物出版社 1973 年版，第 40 页。

神药，于是死者从冥界（龙宫）到昆仑仙界再到天上神界的逐步上升过程。[1] 姜生与朱磊等学者在具体结构分层上意见有所不同。[2]

综上，除少数观点外，大部分观点都是将其视作升仙图来看待的。笔者对此无异议。汪小洋还关注到马王堆等汉代墓葬壁画中，"升仙图"中有以双龙穿璧形象以象征天门的情况。[3] 王煜在分析帛画结构时也注意到了双龙穿璧部分，他注意到重庆巫山县东汉晚期墓中出土了不少天门铜牌饰，其上刻画有双阙与神人、神兽、西王母，双阙上往往自题为"天门"，而这些天门中心都突出表现出一璧形物。《三辅黄图·汉宫》记载，汉武帝建造了求仙意味浓厚的建章宫，"宫之正门曰阊阖，高二十五丈，亦曰璧门"。他由此认为，整幅帛画的图像结构应该分为天门、阊阖（璧门）和昆仑，表现的是对墓主灵魂的祭祀和奉养。其上双龙穿璧上升，表现的是墓主灵魂已经通过了"始升天之门"的阊阖（璧门），开始了升天成仙的旅程。[4]

笔者认为，将双龙穿璧视作璧门的观点较为合理，但更应注意帛画中龙的图像意义。我们将其分为画外视觉与画内叙事两个层面。首先，龙纹在汉墓中本就多作天门的象征，除了此帛画中将龙纹当作璧门的组成部分外，更多的是一种视觉符号的引导，从帛画观者（墓主或送葬人群）的角度看，整个帛画为两侧的龙纹贯穿，人们的视觉也随其由下往上随之而上升，成为一条升仙之路的表征。其次，除了视觉呈现外，龙作为接引升天的载具本就十分生动，体现了升天的场景，如上文提及的三星堆青铜祭坛上的龙纹、传说中黄帝乘龙升天故事等，所以龙在帛画本身的叙事中，是作为一种神使、升天载具存在的，我们可以在帛画上部仙境图像中看到二龙，应当是下部二龙的仙境状态呈现。总的来说，马王堆帛画中的龙纹，与前文所提及的各种人骑兽图像中的神跷性质是一致的，和黄帝故事一样，龙除了是神使，也是神跷。二龙不仅是帛画

---

① 姜生：《马王堆帛画与汉初"道者"的信仰》，《中国社会科学》2014 年第 12 期。
② 朱磊：《马王堆帛画中双龙构成的"壶形空间"考》，陈晓露主编《芳林新叶——历史考古青年论集（第二辑）》，上海古籍出版社 2019 年版，第 80—81 页。
③ 汪小洋：《汉墓壁画宗教思想研究》，上海古籍出版社 2011 年版，第 318、320 页。
④ 王煜：《也论马王堆汉墓帛画——以阊阖（璧门）、天门、昆仑为中心》，《江汉考古》2015 年第 3 期。

外观测者的视觉引导者，也是帛画中升仙过程的接引者，以此论之，双龙穿璧不仅是天门象征，更多的是一种跨越天门的动态表达。

不同点在于，过去时代，人们对自然规律无法了解，只有通过巫师来通神问天，实际体现了巫师或国王的意志。道家产生后，人们不断追求真理，寻找客观规律，人法地、地法天、天法道、道法自然，人们认为得道者（获得规律性认识者）可以自己成仙。从此，不再通过巫师向天求道，人本身即可得道，并认为得道者可以遨游天空与四海。除了上文所提及《抱朴子》《太上登真三矫灵应经》中的乘矫行为的描绘，道经中多用神兽降临接引得道者作为成仙场景的描绘。① 另外，道教仙境描绘中也常见神仙乘兽飞行（如图 11-19）的场景。② 所以乘跷术中的人骑兽行为，更多的是体现一种得道成仙的神圣感，是一种对神仙神能的描述。而前三种人骑兽行为带有明确的宗教意图，即宗教人员升入天界与神进行沟通，以预测或解决人间的事务。

综上，中国神话、道经中的神仙坐骑、跷升（人骑兽）图像母题早在新石器时代就已出现。从考古材料上看，升天图和飞天动物神出现较早，在距今 7800 年左右的高庙文化就已出现。此后，在距今约 6400 年的后冈一期文化濮阳西水坡遗址中发现了目前已知最早的跷升图像，还发现于新石器时代晚期的良渚文化诸遗址和青铜时代三星堆遗址中。跷升行为都是巫师神权人物进行通神宗教仪式的一部分，黄帝乘龙升天传说或即是这种历史场景的实际描绘；道教产生后继承了这样一种神化宗教神职人员通神能力的图像表达，但在道教自身的语境中，跷升（人骑兽）图像的象征意义被改造为了仙人形象的一部分，也成为了修仙得道

---

① 被视作早期道教文献的《太平经》中已有较多接引得道之人升天的动物坐骑形象，如该经《致善除邪令人受道戒文》载："成事，乘云驾龙，周流八极矣。"《己部》载："神人语真人言：古始学道之时，神游守柔以自全，积德不止道致仙，乘云驾龙行天门，随天转易若循环。"并附有乘龙驾云图。此后，道经中多有此类升仙场景描绘，如《太上老君中经》"第五十四神仙"条载："故真人得道，八千万岁。乘珠玉云气之车，驾无极之马，时乘六飞龙，佐上皇治。"王明编：《太平经合校》，中华书局 2014 年版，第 297、416 页；张继禹主编：《中华道藏》第八册，华夏出版社 2004 年版，第 225 页。

② 如《元始天尊说变化空洞妙经》："立春之日，日中时，高真大神会诸仙人于太极上宫……其日天地水官、五岳真灵、四海大神，皆乘八景玉舆，五色云軿，匡御朱凤，或乘飞龙……立夏之日……皆乘云舆，羽盖飞龙朱凤……立秋之日……并乘八景玉舆，五色云軿，飞龙凤凰，结驷纷纭。"张继禹主编：《中华道藏》第四册，华夏出版社 2004 年版，第 49—50 页。

图 11-19　乘云驾龙图

图片来源：杨寄林译注：《太平经》，中华书局 2013 年版，第 1526—1527 页。

的一种表达形式。

小　结

阴阳观念的产生与太阳运行有关，阴阳概念、阴阳交互变化是太阳光照与否、位置不同及其对应的季节流转的抽象表达。太极图并非阴阳理论哲学化之后的产物，而是和阴阳观念一样都是太阳运行现象的体现，是太阳鸟飞翔运转的抽象图像，其雏形是鸟纹抽象化之后的对鸟旋转纹（如图 11-20）。虽然很难说新石器时代的旋纹就等同于宋代才始见记载的太极图，但其旋转运动的图像趋势以及图像蕴含的阴阳观念是和后世太极图一致的。正如王仁湘所论："虽然我暂时还无意……将太极图形的出现追溯到如此久远的年代，但却相信古代中国人类……形象宇宙观在仰韶文化时代一定已经形成了。"[1]

本章第二节是在屈谱博士起草文稿的基础上修改而来的，其中关于三星堆相关的论述与屈谱有较大出入，屈谱博士仍保留自己的看法，因而关于三星堆的小目及本小结如有错误，由刘俊男负责。本节之末，还可作如下几条总结与归纳：

第一，关于乘跷的动物神。自上古以来，之所以将龙、凤、虎、鹿视为能升天的动物神，我们认为是因为二十八宿的天象：东方苍龙、南

_____

[1]　王仁湘：《凡世与神界：中国早期信仰的考古学观察》，上海古籍出版社 2018 年版，第 59—60 页。

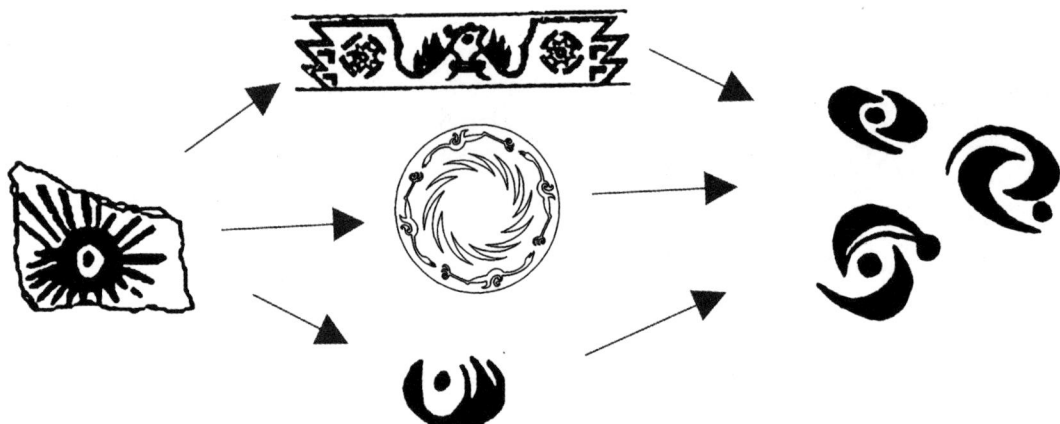

图 11-20 从太阳崇拜到太阳鸟旋纹（太极图）

太阳图像—太阳鸟图像—太阳鸟旋转纹饰组合（对鸟纹）

方朱雀、西方白虎、北方神鹿或以后换成的神龟，即春夏秋冬所见的七宿连线构成的图案。也就是说，天上星宿的连线能够构成此四类动物图像，因而认为这几类动物神能升天。从考古角度来看，这个当起源于6000 年前的西水坡 45 号墓所作的摆塑。此摆塑将龙、虎、鹿摆成天上星宿的象征物，但此处三组摆塑中只有龙可直接升天，因为摆塑中的人骑在龙身之上。此处不见凤的图案，可能因为凤是南方（夏天）七宿之象征。因为凤是鸟类，有翅膀，是可以升天的，而如上一节所论，龙与凤一物而二态，因而龙也是可以升天的，或云龙是"雷电"，当然自可升天。四象虽然都是天上春夏秋冬之星象图，但其中的虎与鹿或龟一般不能升天，因为在世俗之人看来，它们没有翅膀，要表现其能升天，必须画上一些鸟的特征，表现其具有飞行的功能。

第二，关于二十八宿四季所体现的四象图案起源于何时。北方赵宝沟文化崇拜鹿，南方高庙文化崇拜凤，中原西水坡 45 号墓崇拜龙与虎，这四类动物神组合在一起，就是后来所谓的天之四象，这是巧合吗？是四象图案依据过往的习俗，还是原本就有着统一的四象分野与地域的对应？尚不清楚。不过我们更倾向于一种观点：先有四象的统一划分，后才有各方崇拜各方的星象，中国四象的历史源远流长。如果先有各方各自不同的崇拜，再组合在一起形成四象，那么这四象就不一定能在四季星图中顺利地钩画出如上四种动物来。因此，我们认为，先有四象图，然后才有各方崇拜的各方星象图。那么这就说明，四象观念是十分悠久的，起码在距今 6000 年的濮阳西水坡 45 号古墓之前就已存在。因为这四象所构成的四种动物神在天上，因而，古人就附会这些动物神可升天的传说。正如前文所引陈久金的观点，只是后世将北方的鹿神换作了龟神而已。

第三，关于古蜀巫觋精英的来源。三星堆的巫觋所穿的衣服与头发式样分为两类：一为衣服对领或右衽，头发呈多股往后再往上、往前弯曲（如图 11-10、图 11-13 左等）；或中间有沟缝，向两边斜铺（如图 11-15 下层人物头发式样），这些明显属中原习俗，[①] 这类人骑神兽升天；二为衣服左衽，头发结辫子，这明显是当地人形象，这类形象如青铜大立人。这种差别体现了主持祭天仪式的是当地人，而能升天的是中原人，似说明中原人更神奇，古蜀人应是接受了中原的宗教传统。三星堆遗址青关山 F1 大型宫殿与古蜀地宝墩文化以来的宫殿式样不同，而与商代宫殿有所相同，[②] 祭礼中的青铜尊、玉圭、玉璋、玉瑗多与中原相同。这种现象说明，商代已经对古蜀地区有过强大的影响。这一现象证明中国的大一统，是先有宗教信仰和文化的认同，再有民族的融合，再有大一统。

---

① 参见宋镇豪《夏商社会生活史》，中国社会科学出版社 1994 年版，第 400 页，后一种情形见该书图 42。

② 杜金鹏：《洹北商城一号宫殿基址初步研究》，《文物》2004 年第 5 期；杜金鹏：《三星堆遗址青关山一号建筑基址初探》，《四川文物》2020 年第 5 期。

第十二章 从前文字时代遗存
看动画思维的起源

  动画的英文表达方式为"Animation",意指创造生命力的手段,即将不具备生命的静止事物(如符号、绘画、剪纸和玩偶等)经过艺术加工处理,变成有生命、有性格、可以活动的影像。[①]"动画"作为专业名词,包含技术和艺术两个基因。关于动画艺术的起源,《动画的起源和发展》一文只简单提到:"法国考古学家普鲁德·欧密尤在1962年的研究报告中指出,25000年前的石器时代洞穴的壁画上就有系列的野牛奔跑分析图。可以看作是人类试图用笔(或石块),捕捉凝结动作的滥觞。其他如埃及墓画、希腊古瓶上的连续动作的分解图,也是同一类型的作品。"[②]但并未作具体论述。《动画发展史》[③]《动画概论》[④]《动画美学概论》[⑤]《动画技法》[⑥]等众多高校教材,引用西班牙阿尔塔米拉洞窟中的野猪叠影图来佐证史前动画意识的诞生。但也有学者指出,该野猪叠影图根本就不存在,系人为误读。[⑦]中国知网也未见其他学者对此有专门研究。于是,动画何时起源以及如何起源仍是个谜团。笔者在从事艺术考古、动画研究过程中发现,中国境内的众多前文字时代图像遗存,表现出

---

  ① 王宁:《动画概论》(第二版),清华大学出版社2013年版,第2页。

  ② Mali:《动画的起源和发展》,《电影文学》2001年第8期。

  ③ 薛锋、赵可恒、郁芳编著:《动画发展史》,东南大学出版社2006年版。

  ④ 王宁:《动画概论》(第二版),清华大学出版社2013年版;刘小林编著:《动画概论》,东方出版中心2008年版。

  ⑤ 佟婷:《动画美学概论》,中国电影出版社2015年版。

  ⑥ 王礼艾、王志成主编:《动画技法》,湖南大学出版社2008年版。

  ⑦ 徐园园、冯学勤:《动画艺术起源与前史材料辨伪》,《中国社会科学报》2019年11月4日第1807期。

了原始动画思维及动画的艺术特点，可作为追溯动画艺术起源的证据。学界研究前文字时代图像的成果颇多，关于通过提炼、加工独特的传统艺术造型而创作出有民族和地方特色动画作品的讨论也不少，却几乎未见将这些图像与中国动画起源结合起来进行研究的成果。因此，笔者拟从前文字时代的图像遗存入手，对中国动画艺术基因的起源作出分析。

第一节　前文字时代体现动画因素的图像遗存

在迄今发现的前文字时代岩画（含洞穴和崖壁绘画、石雕）、地画（含地塑）和陶器纹饰等图像遗存中，不乏体现动画因素的例证，它们是人类早期造型艺术的滥觞，开创了原始动画艺术的先河。

一　岩画

岩画，简而言之，即作在岩石上的图画。《中国大百科全书·考古卷》指出，岩画是对刻画在岩穴、石崖壁面及独立岩石上的彩画、线刻、浮雕等的总称。[1] 目前，中国发现的主要代表性前文字时代岩画有：宁夏大麦地岩画（最早出现于距今30000—20000年的旧石器时代晚期，多数属新石器时代，距今10000年左右[2]）、内蒙古阴山岩画（始于旧石器时代并延续至新石器时代早、中、晚各时期，分布最为广泛、内容最为多样、艺术最为精湛[3]）、宁夏贺兰山早期岩画（年代最迟不晚于新石器时代晚期[4]）、云南沧源岩画（形成于距今约3000年的新石器时代[5]）、江苏将军崖岩画（从新石器时代早期一直延续至新石器时代晚期[6]）等。另外，在新疆阿尔泰山东、西部发现了旧石器时代晚期至新石器时代的洞窟岩画，在河南嵩山东南麓具茨山发现了距今4000年甚至更早的岩画，等等。

---

[1]　中国大百科全书总编辑委员会《考古学》编辑委员会：《中国大百科全书》（考古卷），中国大百科全书出版社1986年版，第594页。

[2]　周兴华：《解读岩画与文明探源——聚焦大麦地》，宁夏人民出版社2008年版，第58页。

[3]　陈兆复：《中国岩画发现史》，上海人民出版社2009年版，第335页。

[4]　刘贻清：《贺兰山岩画的断代问题》，《宁夏社会科学》1991年第5期。

[5]　陈兆复：《中国岩画发现史》，上海人民出版社2009年版，第331页。

[6]　张嘉馨：《岩画研究中的断代问题——以将军崖岩画的年代研究为例》，《中央民族大学学报》（哲学社会科学版）2018年第5期。

近年来，在陕西神木石峁皇城台大台基南护墙出土的约4000年前的"人射马"石雕等，亦属此类。如图12-1，射手为侧视形象，持弓搭箭，弓弦后拉；马尾下垂，腿呈直角弯折向内，似俯地蜷卧状。①

图12-1　陕西石峁皇城台大台基南护墙出土"人射马"石雕图案

图片来源：孙周勇、邵晶、邸楠等：《陕西神木市石峁遗址皇城台大台基遗迹》，《考古》2020年第7期第43页图二二，经改作。

二　地画

地画指在地面上所作的图画。目前，中国境内发现的史前地画较少，以甘肃天水秦安大地湾房址F411出土约5000年前的人和动物组合图最具代表性，如图12-2。据考古发掘报告描述：地画上部为两个并排而立的舞动人物，两人头部轮廓线外有两条似头发的短线下垂，二者两手摆出同样姿势，左臂均弯至头部，右臂下垂内曲紧握臀部东侧的粗直物，两腿皆在小腿处交叉。下部长方形框内有两个动物（有学者认为方框内画的是人②），两者头尾相连，头向东南。③

---

① 陕西省考古研究院、榆林市文物考古勘探工作队、神木市石峁遗址管理处：《陕西神木市石峁遗址皇城台大台基遗迹》，《考古》2020年第7期。

② 马格侠、韦宝宏：《从地画看大地湾文化的灵魂观念与丧葬习俗》，《天水师范学院学报》2016年第3期；于嘉芳、安立华：《大地湾地画探析》，《中原文物》1992年第2期。

③ 甘肃省文物考古研究所编著：《秦安大地湾——新石器时代遗址发掘报告》，文物出版社2006年版，第435—436页。

图 12-2 甘肃秦安大地湾地画图

图片来源：尚民杰：《大地湾地画释意》，《中原文物》1989 年第 1 期。

地塑，如濮阳西水坡遗址 6000 年前墓葬 M45 出土的龙、虎、北斗组图（图 12-3），用蚌壳堆塑而成，龙、虎、北斗分别位于墓主人骨架的三个不同方位，龙呈腾飞状，虎如行走状。[①]

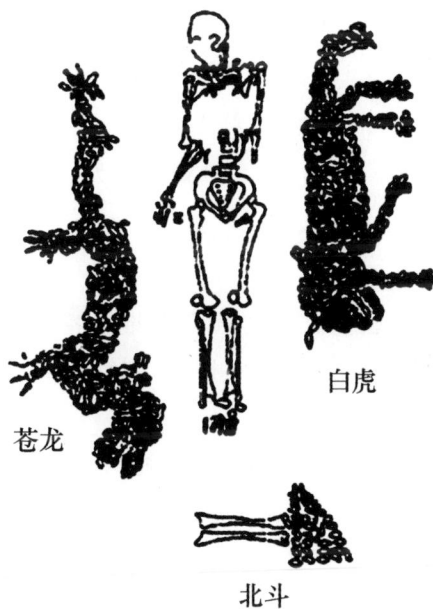

苍龙　　白虎　　北斗

图 12-3 河南西水坡墓地龙、虎、北斗堆塑图

图片来源：冯时：《河南濮阳西水坡 45 号墓的天文学研究》，《文物》1990 年第 3 期。

---

① 濮阳市文物管理委员会，濮阳市博物馆、濮阳市文物工作队：《河南濮阳西水坡遗址发掘简报》，《文物》1988 年第 3 期。

三　陶纹

陶纹即陶器上的纹饰。据考古发现，中国境内出土的众多原始社会陶器上都刻有纹饰和图案，其中彩陶纹饰是中国原始社会中卓越的工艺创造。如7000至5000年前的仰韶文化、马家窑文化等彩陶器物，大多在口沿、肩腹部、底部或内部，施有水波纹、旋转纹、动态的动物和人物等具有动感的纹饰。如图12-4，马家窑文化陶器上的舞蹈纹、西安半坡彩陶人面鱼纹等，均颇具代表性。

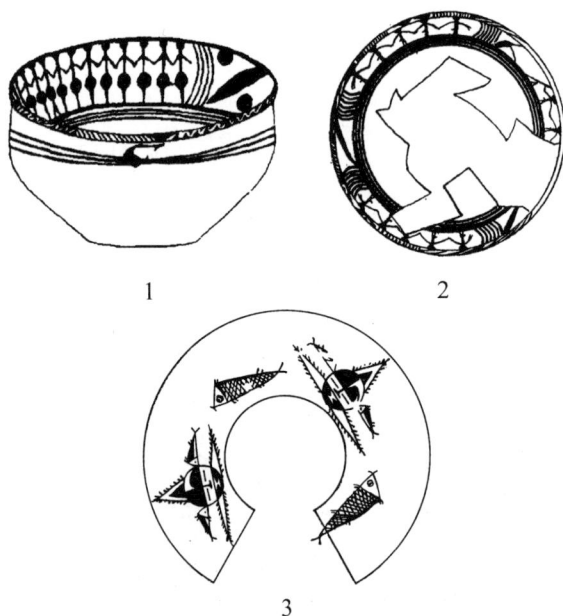

图12-4　中国前文字时代西北地区特色彩陶纹饰

　　1. 青海海南州宗日舞蹈纹盆纹饰　2. 青海上孙家寨舞蹈纹彩陶盆纹饰　3. 西安半坡彩陶人面鱼纹图

　　图片来源：1. 陈洪海、王国顺、梅端智等：《青海同德县宗日遗址发掘简报》，《考古》1998年第5期；2. 青海省文物管理处考古队：《青海大通县上孙家寨出土的舞蹈纹彩陶盆》，《文物》1978年第3期；3. 中国科学院考古研究所、陕西省西安半坡博物馆编：《西安半坡——原始氏族公社聚落遗址》，文物出版社1963年版，第180页。

第二节　前文字时代图像遗存的动画艺术分析

加拿大著名动画艺术家诺曼·麦克拉伦（Norman Mclaren，1914—

1987）曾说：动画不是会动的画的艺术，而是创造运动的艺术。[①] 远古先民留下的动态图形，虽不能真正表达出事物运动的形态，但它们记录了动态的不同阶段，表达着人们的感受，符合艺术创造的本质——用符号表达心情，可称为"原始意向动画"。笔者以为，这种"原始意向动画"可大致分为两个不同层次：其一，是单一的"过程动作"（In-Between Frame），即单帧画面；其二，是连续表现关键动作的"原画"（Key Frame），即多帧画面。从理论上讲，前者比后者更原始，但因现在发现的考古资料有限，当前还难以区别它们出现时间的先后。

动画的起源与发展包括艺术符号和观念两个方面，这些图像遗存是追溯艺术符号与观念起源的很好例证。具体分析如下：

一　单帧画面

1. 突显动画的本质

动画是"动"的艺术，"动"是一切的根本，英国著名动画艺术家约翰·哈拉斯（John Halas，1912—1995）曾指出："运动是动画的本质。"[②] 史前图像遗存突出了这一特征。

首先，许多单个物象即能呈现出运动的态势。如图12-5：1，是距今约8500年前湖南澧县八十垱遗址彭头山文化中陶支座上的纹饰，椭圆四个区域中朝向不同的短线表达出原始的旋转。图12-5：2，为距今5000多年前屈家岭文化陶纺轮上的蝌蚪形图案。图12-5：3至图12-5：5，为马家窑文化彩陶上的三叉形弧线、变形"卍"字符图形、用弧线围绕圆点勾勒出的花瓣等纹饰，均表现出朝顺时针或逆时针方向旋转的动态。图12-5：6，是云南沧源岩画中各个舞者两腿交叉、挥动双臂的造型。图12-5：7，是新石器时代广西左江岩画，最左侧人物双手上举，上排行列中人物双手向右，下排行列中人物双手向左，而人物下肢均为双腿迈开，身体呈半下蹲的姿态；动物仰头张嘴、四肢呈奔跑状。图12-6：1中祭祀者双手上举、双腿张开成半蹲状；舞者有的双臂伸直，有的双手上举，手握道具；围猎者、放牧者也姿态各异，或拉弓射箭，或张臂驱赶。这些单个图案均表现出动的态势，给人以活动的视觉效果。

[①] 转引自贾否、路盛章《动画概论》，中国传媒大学出版社2005年版，第17页。

[②] 金辅堂：《动画艺术概论》，中国人民大学出版社2006年版，第2页。

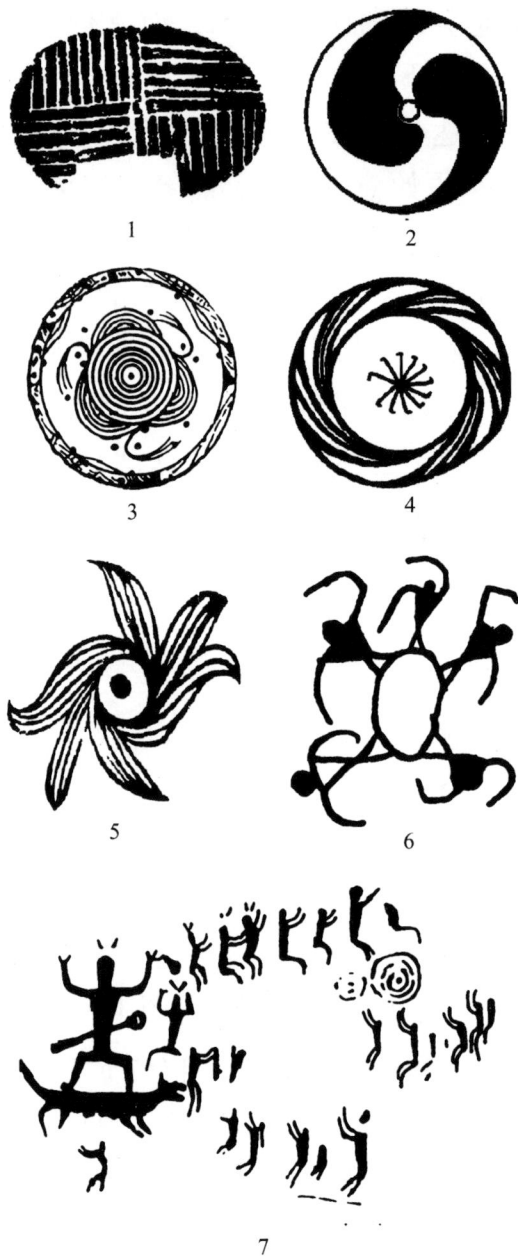

图 12-5 呈顺时针旋转的纹饰及图案

1. 湖南澧县八十垱遗址彭头山文化陶支座纹饰 2. 石家河文化陶纺纶纹饰 3. 临洮马家窑彩陶盆纹饰 4. 马家窑文化旋纹饰 5. 马家窑文化花叶纹 6. 云南沧源岩画圆圈舞图 7. 左江岩画环形祭祷阵容图

图片来源：1. 湖北省文物考古研究所编著：《彭头山与八十垱》，科学出版社 2006 年版，第 300 页；2. 湖北省文物考古研究所、北京大学考古学系、湖北省荆州博物馆编著：《邓家湾：天门石家河考古发掘报告之二》，文物出版社 2003 年版，第 74 页；3. 《人文晨曦：中国彩陶的文化读解》，上海文化出版社 2001 年版，第 156 页；4. 陈洪海、格桑本、李国林：《试论宗日遗址的文化性质》，《考古》1998 年第 5 期；5、7. 王政：《论中国史前彩陶纹的"右旋律"及其演衍》，《古代文明》2009 年第 4 期，第 80、82 页；6. 陈兆复：《中国岩画发现史》，上海人民出版社 2008 年版，第 269 页。

其次，成组画面也多反映的是动态场景。如图 12-4：3 西安半坡彩陶人面鱼纹图是由两个"人面鱼纹"和两条鱼构成，两鱼穿插在两"人面鱼纹"之间，从"人面鱼纹"前额部位的图案纹样和两鱼朝向可知，它们分别两相对应，两鱼首尾相随，给人以旋转的视觉印象。如图 12-5：6 云南沧源岩画舞蹈图，呈现出五人围绕圆圈旋转舞动的动态。如图 12-5：7 祭祷阵容图，通过人物手腿的方向和人形姿态表现出参与祭祀祈祷的人们整体呈旋涡状舞蹈和前进。如图 12-6：2 狩猎图，表现的是狩猎场人物或追逐捕杀，或设栅围堵。如图 12-6：3 放牧图，画面中牛羊成队行走，牧羊人有的在前牵拉，有的在旁边驱赶，呈现出放牧归来的画面。如图 12-6：4、图 12-6：6 的舞蹈图、图 12-6：5 的杂耍图，从角色姿势及所持道具可看出，舞者分工明确，整个画面给人队列在不断变化之感。如图 12-6：7 表现的是内蒙古阴山岩画战争画面，进攻者或持箭射杀或前后夹攻，而敌人有的中箭受伤，有的狼狈逃跑，表现出敌我双方激烈争斗的情景。上述这些描绘日常生活的场景，无不表现出动感的画面。

以上可知，先人们在进行艺术创作时，尤其注重动态的表达，这种动态的表现，使得本来静止的艺术造型鲜活起来，给人以富有生命的感觉。

2. 体现原始动画思维

动画思维是人类认识世界的思维之源。[①] 可以说，当大千世界的事物在人脑中产生印象之时，某种动画思维即已产生。古老先民感知到外界事物的变动，常通过动态的画面来记录、表达这些变动。这些动态的画面即是原始动画思维的一部分，它们源于日常生活，富于想象，有时还运用艺术夸张的手法强烈凸显事物局部或特定场景的典型特征，以表达人们的内心世界。

首先，原始图像内容再现了日常生活场景，记录着先民在生活中所体会到的真实感受，内容包括人物、动物、车辆与船只，以及狩猎、放牧、农业、战争、祭祀、交媾、舞蹈、杂技、服饰、建筑与村落、星宿变化等方方面面。

---

① 方明星：《从原始性到现代性：哲学视域下动画思维溯源与艺术建构》，《学术交流》2012 年第 12 期。

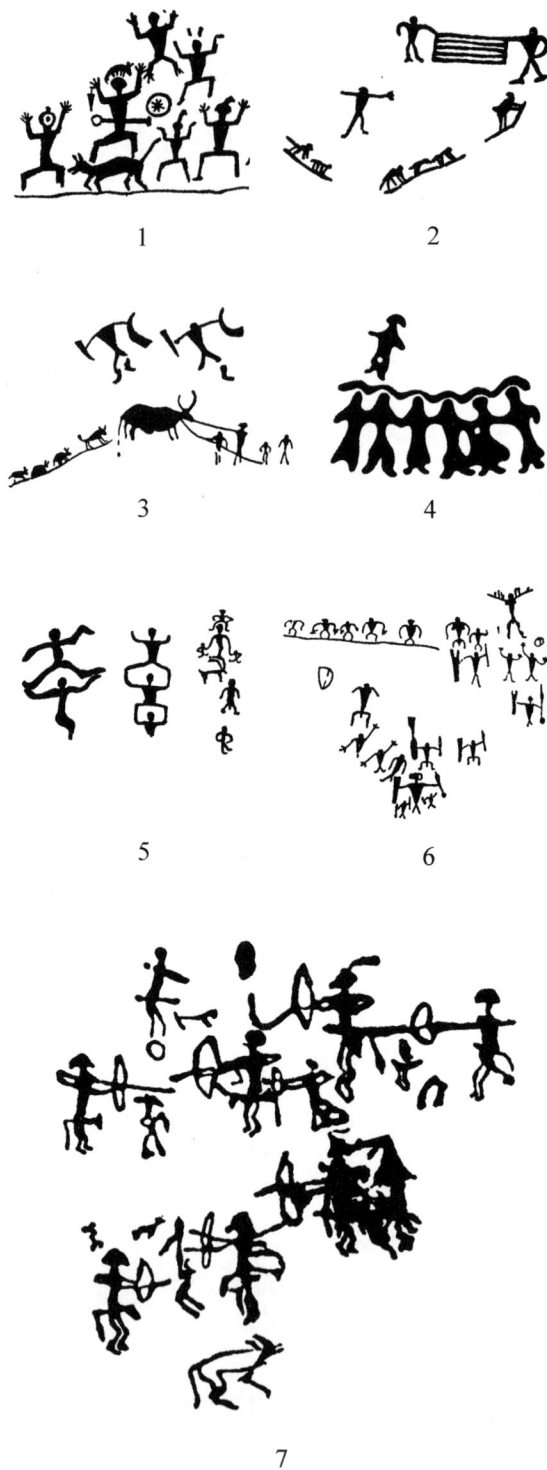

图 12-6　前文字时代岩画中的动态场景

1. 广西花山祭祀图　2. 云南沧源狩猎图　3. 云南沧源岩画放牧图　4. 贺兰山七人舞图

5. 宁夏杂耍图　6. 云南沧源盾牌舞图　7. 内蒙古阴山岩画战争图

图片来源：1-3、5-7，陈兆复：《中国岩画发现史》，上海人民出版社 2008 年版，第 239、242、250、272、268、257 页；4. 李祥石：《解读岩画》，宁夏人民出版社 2012 年版，第 188 页。

其次，原始图像遗存中的人、物造型夸张。有的脱离原有形态，过分夸大某个部分。如图 12-7 中的人面形象、动植物形像，构思奇特，形象怪诞，被刻画成圆形、椭圆形、心形、正方形、动物形等各种形状。有的人物头部长出动物的耳朵，或戴有高高的尖帽，或有长长的像动物的角；有的人物面部四周刻有像鸟羽或放射状光环的短线；有的是人面植物身或人面兽身，且各部分比例严重失调，或眼睛特大，或头饰特大。如图 12-7：5 老虎形像，尽管上部缺失，但其极力伸开的爪子、张开的大嘴、粗大的性器官等，将老虎的凶猛表现得淋漓尽致。这些夸张的表现手法，反映了当时人们的某种观念。

先民们这种赋予符号以运动特征的思维能力和创造技能，拉开了动画艺术的帷幕。

二　多帧画面

连续表现关键动作的多帧画面，体现了动画的本体形态。动画的本体形态是造型艺术形象符号，以及符号的变化。[①] 运动变化是动画本体形态的最重要标志，运动的形态通常通过位置的改变和形状的变化来呈现。

古代先民在技术落后的情况下，为满足表达运动形态的欲望，用多幅单独、静止的画面记录一个个不同时刻的动作，并将这些动作画在同一作品之内，巧妙地将事件动态的连续过程以分解方式表达出来。从现有考古材料我们可以找到早期多帧叙事画面的例证。如图 12-8：1 法国西南部阿布里·布朗夏尔（Abri Blanchard）出土的旧石器时代晚期 69 个"圆圈"，美国考古学家亚历山大·马沙克（Alexander Mar-shack，1918—2004）认为这 69 个不同形状的圆圈，"是用来表示月相变化周期的"，[②] 是不同时间观察到的月亮形状。图 12-8：2 埃及本尼哈双墓地壁画，图中用数十幅图像详细分解了摔跤动作的不同瞬间，将完整过程有序地记录在一起。这些不同时刻的分解图，表现出物体在运动过程中的不同关键动作，可谓最早的"原画"。

[①]　贾否、路盛章：《动画概论》，中国传媒大学出版社 2005 年版，第 19 页。
[②]　［英］科林·伦福儒、保罗·巴恩：《考古学：理论、方法与实践》（第六版），陈淳译，上海古籍出版社 2015 年版，第 369 页。

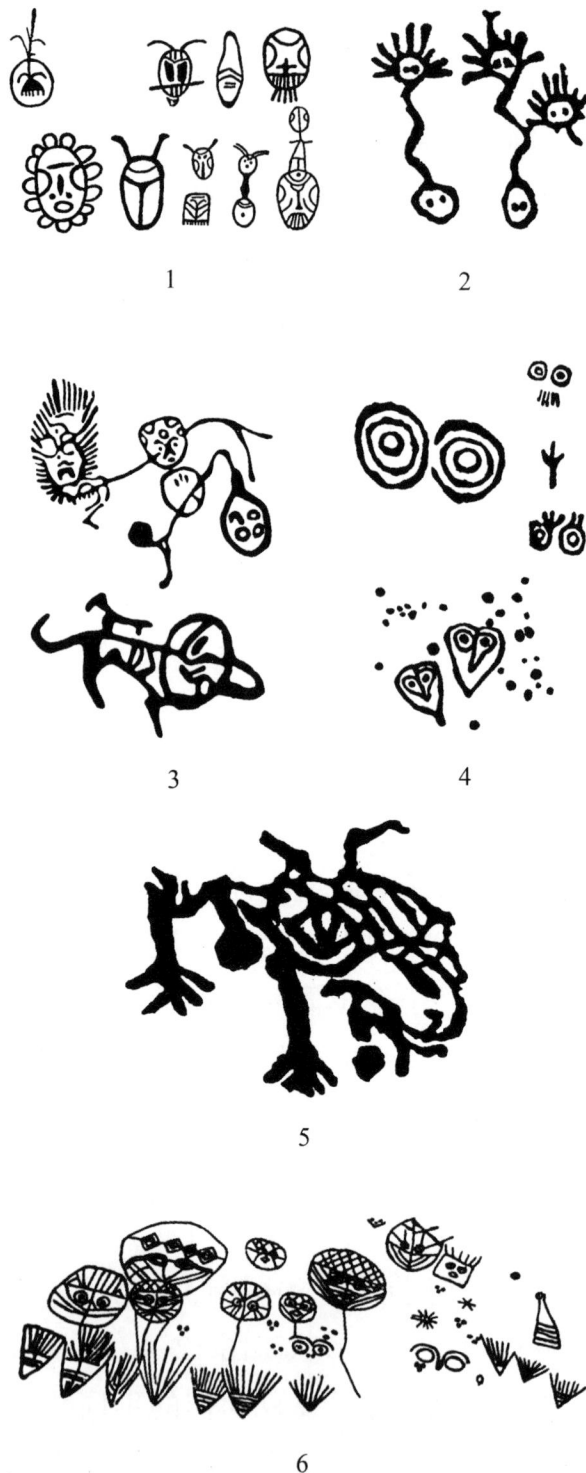

图 12-7 前文字时代原始动画思维的表达

1. 贺兰山人面像 2. 内蒙古阴山岩画人首蛇身图 3. 贺兰山岩画人面与动物的结合图案 4. 内蒙古阴山岩画人面像 5. 内蒙古阴山岩画老虎图 6. 江苏将军崖岩画人面像和植物形图案

图片来源：1-2、4-6 陈兆复：《中国岩画发现史》，上海人民出版社 2008 年版，第 108、235、209、224、190 页；3. 李祥石：《解读岩画》，宁夏人民出版社 2012 年版，第 200 页。

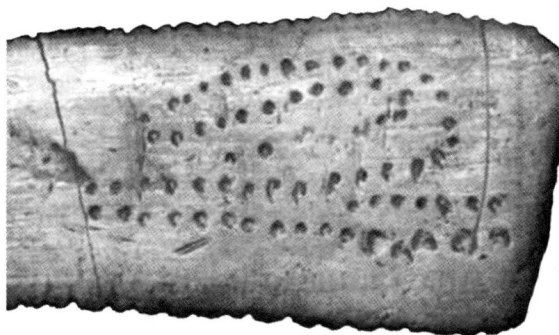

1

2

图 12-8　事件动态连续过程的分解表达

1. 法国出土月相图　2. 古埃及壁画摔跤图

图片来源：1. Karenleigh A. Overmann, "Material Scaffolds in Numbers and Time", *Cambridge Archaeological Journal*, Vol. 1, 2013, p. 33; 2. 薛锋、赵可恒、郁芳编著：《动画发展史》，东南大学出版社 2006 年版，第 10 页。

　　这类表达方式在中国古代也有所发现。如图 12-3 濮阳西水坡墓葬龙、虎与北斗蚌壳堆塑图。图中表现的实际上是一年四季天空中二十八个星宿运行情况的一部分，是星宿动态运行的一个分解图。古人把依古天球黄、赤道带分布的二十八宿分为四宫，每宫各辖七宿，每七宿组成一个图案，用线条连起来分别是一个动物的形象，即东宫苍龙、南宫朱雀、西宫白虎、北宫玄武。若每天同一个时刻在同一地点观测星象，四宫星宿绕地球一圈的时间正好是一年。这里所谓的东南西北，实指春夏秋冬四季：即苍龙七宿出现在春天夜晚的天空，朱雀七宿出现在夏天的夜晚，白虎、玄武两宫则分别出现在秋、冬的夜晚。此外，古人又把北极星及周边区域命名为中宫，中宫处于恒显圈，全年不会没入地平线。因此，中宫内的北斗是古人熟知的授时星象，人们根据北斗斗柄的指向确定季节——斗柄指东，天下为春；斗柄指南，天下为夏；斗柄指西，天下为秋；斗柄指北，天下为冬。濮阳西水坡墓地龙虎北斗图的方位与天空四宫及北斗星图正相符合。冯时先生对这一对应作过全面的研究。[1]这幅图可以看作是两个关键帧，一个是春天的星宿图（苍龙），另一个是秋天的星宿图（白虎）。

此类多帧叙事图像，虽未能像现代动画一样表现出事物具体的运动轨迹，但它记录了运动过程中的系列不同瞬间。相对于单一的动感图像，它更接近后世的动画原画，只要借助一定的技术支持，让其在人们的眼前快速流动，观看者就能从这一系列静止图形的变化过程中获得物体动起来的幻觉。

第三节　前文字时代动画图像遗存的美学分析

前文字时代动画图像遗存不仅体现了动画思维，而且还具有美学特征和艺术特征，可归纳为两个方面。

一　凸显了艺术创造的本质

艺术创造的本质是以符号表达心情，或者反过来说，是思想感情和内心状态的符号化显现。[2]

中国史前图案、符号，以东方绘画的重要语言形式"线条"作为主要表现手段，线条有粗有细，并用直线和弧线的巧妙结合，将生活中的画面表现出来。但这些来自生活的画面并非简单的生活再现，而是分别代表某种特定事物，被赋予了特殊含义，表达的是人们的某种情感和内在精神——或驱邪、或祈福、或求繁衍昌盛、或求丰收和收获。换言之，

---

①　冯时：《河南濮阳西水坡45号墓的天文学研究》，《文物》1990年第3期。
②　贾否、路盛章：《动画概论》，中国传媒大学出版社2005年版，第49页。

这些画面是有"灵魂"的。这些既隐含故事又表达思想的画面，具有动画作品独创性和叙事性的特点。

当这些画面被赋予创作"灵魂"之时，也就被赋予了更高的美学价值，这种原始动画思维也就演变成了原始动画艺术。正如英国美学家罗宾·乔治·科林伍德（Robin George Collingwood，1889—1943）所说："在任何虚拟活动的背后或许总有一个动机，即渴望获得某个东西，如果虚拟实现了，我们就可以享受或占有这种东西。"[①]

二　符合艺术的美学特征

史前图像遗存是多姿多彩的原始艺术，颇具美学特征。其美主要体现在以下几方面。

首先，线条美。无论是岩画、地画还是陶器纹饰，几乎都是以线条来绘制，或短直线，或弧线，或圆圈，或波曲线，或通过组合运用这些线条以构成各种各样的图案，来表现物象的外形特征。这些线条使人感觉或开阔宁静，或柔和优美，或圆润流畅，让画面显得细致圆转、灵动传神。如图 12-9，虽然物象大小不一，但疏密得当、线条简单流畅，让人仿佛能体会到画者当时愉悦轻松的心情。

图 12-9　贺兰山岩画狩猎图

图片来源：陈兆复：《中国岩画发现史》，上海人民出版社 2008 年版，第 242 页。

---

① ［英］罗宾·乔治·科林伍德：《艺术原理》，王至元等译，中国社会科学出版社 1985 年版。

其次，造型美。远古时期的物象造型，往往用笔古拙朴实，寥寥数笔便将人、物个体形态刻画得生动形象。如图12-5：6站在代表地面的圆圈上跳舞的五人，均面向中心，两人左手高举、右手下弯，两人右手高举、左手下弯，一人两手均向下弯曲。整个画面以实线表现，用笔流畅划一，人物突出，神态逼真，表现出欢快的场景。又如图12-10村落图，村落中房屋排列有序，造型独特，椭圆下部的房子符合常规，而上方房子的屋顶却朝下倒置，左侧的房子横躺着，所有房子的立柱均与表示地面的椭圆形圆圈相连，画面错落有致，布局合理。这种造型和构图方式充分体现了先民的想象力和巧妙构思。

图 12-10　云南沧源崖画村落图

图片来源：陈兆复：《中国岩画发现史》，上海人民出版社2008年版，第286页。

最后，意境美。史前原始艺术中的画面，并非无意识的纯粹模仿，也不是单纯地用于装饰，而是经过精心设计和布局，多有其精神内涵，包含神秘意蕴。或表达对赖以生存的物质资料的祈望和吉祥预兆的渴求，或反映图腾意识，或表示对大自然的赞美。如：狩猎图往往将原本比野兽弱小的人构想得比野兽高大，而猎物或被刺、或惊惶逃遁、或在猎人弓箭前就擒，以此表达人们期待打猎成功的愿望。祭祀岩画，则将人们崇拜的动物分布于画面正中首领的头顶和前方，以体现对崇拜对象的敬仰。人面蛇身、人面兽身图，将人和图腾动物合而为一。放牧、舞蹈、杂耍、村落等画面，呈现出轻松愉悦、和谐悠闲的情景，表达出人们对生活的满足和热爱，等等。这些画面，都体现出一种生活意境上的美。

小　结

　　通过以上分析我们发现，远古人类早已意识到大千世界的变动，他们凭借自己的智慧创造出许许多多动态的符号或图案，以表达其内心的思想。虽然今天没有人能准确地说出他们当时的意图，但这些图像遗存体现了艺术创造的本质，体现了原始的动画思维，可谓动画艺术的雏形。可以说，正是因为人类对运动视觉的兴趣和对表现运动形态的渴望，启示了后世动画的产生与发展。根据本书所引考古资料，我们认为，原始动画艺术经历了从旧石器时代晚期至新石器时代早期的萌芽，到距今6000—4000年前的新石器时代中晚期被大量发现，再到历史时期的演进过程。而其最早源头可追溯到旧石器时代晚期至新石器时代早期。

结　　语

在此，我们对中国上古信仰及宇宙观的共性与差异作一些规律性总结，对中国上古各文化区早期信仰与宇宙观的流变倾向及相关理论作一些归纳。

一　中国各区域早期信仰及宇宙观的共性与差异

所谓"早期"主要指新石器时代。三代以后，尤其是文字时代，中国原来六大文化区的信仰渐趋一致。

（一）中国几大文化区早期信仰的共性

从前面几章的研讨中我们发现，中国上古信仰与宇宙观存在如下共性：

1. 都出现了灵魂观念或冥界观念

在距今10000—8000年新石器时代早期，大都出现了灵魂观念，先民将死去的亲人精心安葬，并多有随葬品，墓葬排列整齐。如果一个村落有几个氏族，则就有几个墓地或排成几行，这表明，氏族成员认为人死后仍有灵魂，这些同一氏族的人死后仍要处于同一氏族之中，随葬品则是为了让死去的人也像在生时一样生活。

2. 都经历了自然神、动物神至祖先神的信仰过程

8000年以前，南方上山文化、彭头山文化、跨湖桥文化、城背溪文化出现的是太阳崇拜迹象。八十垱锥形土墩当是后世出现的众多祭坛的雏形，当是祭天的。

距今8000—7000年，出现了动物神崇拜。高庙祭坛主祭太阳神、龙凤人合体神，开启了中国龙凤文化的先河。赵宝沟文化祭坛内陶器上的

鹿神纹，体现的是对鹿神的崇拜；半坡文化遗址出现的人面鱼盆，是对鱼神的崇拜。中国早期的动物崇拜，不是单纯的动物崇拜，而是动物加上一些神性部件，或夸大其中某个部分，如8000—7000年前高庙文化的凤鸟身上有獠牙，有太阳纹或八角纹。再如平谷上宅遗址的鸟首形镂孔器明显超越了对动物本身实物的崇拜。赵宝沟文化、小山文化等鹿图案也并非真鹿图形，而是各种样式抽象化并带有神性的图案。

距今约7800年的裴李岗文化晚期的水泉遗址第三期遗存中发现了陶祖，裴李岗文化晚期还发现了男性大墓，男祖崇拜已经萌生。距今5800年以降，城头山祭坛出现了对"男根"的公共祭祀，表明祖先崇拜正式开始。以后各地都相继出现了对祖先的祭祀与崇拜。

3. 南北地区都存在对生产工具的祭祀或将其作为祭具

此时段，河北北福地有对生产工具石耜等开展祭祀活动的祭坛遗址，表明了对丰产的期望；查海遗址、兴隆洼遗址也有生产工具崇拜。南方的湖南高庙遗址发现了大溪文化时期重达6730克的大斧（04采：1），[1]湖南益阳地区也发现了石家河文化时期的大型石斧，重达10千克——[2]因太重，明显不是实用器，而为祭祀性礼器。这说明南北地区都有对生产工具的祭祀。

4. 都存在对天、地、山川、祖先的同时祭祀

仰韶文化、大溪—屈家岭文化、红山文化、凌家滩文化、良渚文化，祭坛都与大型墓葬同处，仰韶文化常将男性葬于大型房址的门前。这些现象表明，祭坛同时兼祭天、地、巫觋与祖先，由此奠定了中国兼收并蓄这种包容文化的基础。直到今天，中国的儒、道、释三教同堂、同祭，就是这种文化的延续。

5. 都出现了神邦

中国南北都出现了神邦，北福地遗址可算神邦的萌芽，高庙遗址可谓成熟的神邦。仰韶文化、后冈一期文化、凌家滩文化、屈家岭文化等，神邦不断发展，并最终朝城邦发展，使中国大地出现了万邦林立的局面。[3]

---

[1]　湖南省文物考古研究所编著：《洪江高庙》，科学出版社2022年版，第892页。

[2]　蒋作斌主编：《厚土珍藏》，岳麓书社2008年版，第16页。

[3]　详见刘俊男《生业与文明——中国南、北及西亚上古社会组织演进比较》相关部分，中国社会科学出版社2021年出版。

6. 都发展到人殉、人祭、首领崇拜等文明社会的特征

中国最早的人祭当为高庙文化高庙遗址，时间可达7000年以前，但这时的人祭还只是宗教性质的，还未发现城垣和明显的阶级分层等。至距今5300年前后，在中国大部分地区皆可见人祭、人殉现象。此时，长江流域、中原地区皆出现了城垣，并出现了大中小墓葬的区别。距今5300—4000年，各地先后出现了首领偶像。这些现象表明了城邦的出现。

7. 都出现了先圆后方、天圆地方的观念

人们对宇宙的认识，可能最先是对天的直观印象——人们认为举目皆天，天呈圆形，天的晴雨雾霜无不影响人们的生活，因而人们开始了对天的敬仰，人间的事物也像天，将房间多做成圆形。后来人们发现太阳东升西落，总是在南方，太阳所到之处出现阳面与阴面，万物出现影子，因而便产生了阴阳的概念。上山文化陶器上出现的长横、短横也许就是阴阳的反映。江汉地区的彭头山文化出现了较多的表达四方的图案，可知其时产生了四方观念，人们也将房子建成四方之形。安徽凌家滩遗址出土的5600—5300年前玉版上有天圆地方的图案，湖南七星墩5000—4000年前的遗址出现圆、方两重城。南北各地祭坛，比如红山文化距今5500—5000年的祭坛、良渚文化距今5300—4300年的祭坛，也陆续出现祭天的圆坛和祭地的方坛，从此有了天圆地方的观念。

8. 夏商周出现较为一致的关于天体、历法等的新认识

如前文所论，夏商周时期，已经出现了"三正""五行""河图""洛书"、星野与地域对应等众多对宇宙的新观念，出现了历法理论，出现了"五帝"信仰。长期以来的有关龙凤的传说发展至龙凤信仰，天子为龙子龙孙，全国人民为龙的传人。新石器时代以来的神秘信仰影响至近当代。

9. 从旧时的盲目信仰到各门具体科学的萌生

综观前几章所论及的各地信仰的演进，我们发现，开始是自然崇拜，然后是动物、静物崇拜，发展到后来是祖先崇拜；同时，中国先民也开始了对自然的探索。中国先民一个显著的特点是，敬畏但不迷信各神，人们常采取一系列改变大自然的措施，传说中的女娲补天、后羿射日、精卫填海、愚公移山等就是明证。在新石器时代末期，各门科学已经开始萌生，如从盲目地崇拜生产工具到农业科学的萌生，从对动物神的祭

祀到畜牧科学的萌生；再到后来的天文学、历法学、地理学的萌生，再到后来的神农尝百草而萌生中医学，再到后来的陶器制造、石灰制造、青铜制造所生萌化学、物理学，如此等等，不一而足。

（二）各文化区信仰及宇宙观的差异

中国各地的早期信仰及宇宙观也存在一些差异，具体体现在如下几方面：

1. 距今 10000—7000 年，各地对不同动物神信仰的差异

南方稻作区上山文化桥头遗址、跨湖桥文化跨湖桥遗址、彭头山文化八十垱遗址、高庙文化各遗址、贾湖一期文化遗址，皆出现了对太阳神、太阳鸟、龙凤的信仰；北方查海遗址出现了对蛇（龙）的信仰，赵宝沟文化出现了对鹿神的信仰，半坡文化出现了对鱼的信仰。此外，各地还偶有鹰、蝉、虎、马、龟、猪等的信仰。

考察这些被崇拜的动物（神），要么是凶猛的野兽，可以求它保护安全，或至少不危害人身安全（如蛇、虎）；要么是人们赖以生存的食物来源（如猪、羊、鹿等），希望捕获更多，以满足生活所需；要么有特异功能，或可长生不老（如龟、蝉），或可通天（如龙凤等）。

2. 距今约 7000 年前，各地神邦及对男性崇拜的差异

中原及北方地区较早出现了对男性的崇拜；南方的墓葬，由于尸骨几乎无法保存，尚未发现更早的男性崇拜现象，但从后来专偶制家庭出现较早可以看出，男性崇拜也许不比北方迟。南方的高庙遗址，北方的北福地遗址、赵宝沟遗址先后出现了大型祭坛，神邦陆续出现。北福地遗址人面具、动物面具等神器到处可见，说明巫师阶层尚未形成。高庙文化遗址的巫师阶层可能出现最早。杨官寨、凌家滩以及长江中游地区近二十个高级神邦的产生，各有特色，而长江流域的神邦更显得成熟较早一些。①

3. 距今 7800—3300 年，祭祀对象的差异

各地崇拜对象有所差异，南方稻作区早期主要是对太阳以及与太阳相关的凤龙崇拜；北方尤其是北方狩猎、畜牧区主要是对蛇、鹿等动物

① 关于各神邦的论述，详见刘俊男《生业与文明——中国南、北及西亚上古社会组织演进比较》的相关章节，中国社会科学出版社 2021 年版。

的崇拜。

上古的"中土"指冀州，即畿州。按本书第八章所论，指郑州及其附近至当今湖南一带，即寿星之次所对应的长江黄河中原地区。这个地区与其他地区有诸多不同，它的实用性、科学性更强。如：从濮阳西水坡45号墓开始，出现了对北斗、苍龙、白虎等二十八宿的祭祀；此后，连绵不断地出现有关星宿的祭祀遗迹，陶寺文化开始出现观测太阳出山的天文观象台遗迹，商代出现了以安阳为中心的星宿与地域对应的天文学。上古常以天岳、南岳为天文观象地，因此，二十八宿、十二次的起点皆在"寿星之次"，南岳的祝融家族世代为天文官，长沙马王堆汉墓出现29个彗星图，可见长江黄河中原地区人们对天象有着更多的观测，有着更为隆重的祭祀，并进而更早地走向科学的探索。中原是南北各地文化的交汇中心，自夏商周以来，是文化发展最快的地区。

4. 距今5300—4000年，各地出现人祭、人殉现象的差异

从目前材料来看，人祭、人殉现象先出现于南方——如高庙遗址7000多年前出现人祭，然后逐渐向北、向东、向西发展，江淮下游地区到良渚文化时出现此类现象；古蜀地区的高山古城在距今约4500年的宝墩文化时出现此类现象；西北地区在距今4300—4000年的石峁文化（齐家文化）时开始出现此类现象。这种现象与城垣、贫富分化等现象一起，标志着文明时代的到来。

5. 龙凤崇拜的差异

中国南方自高庙文化以来即出现龙凤人合体的神像，至良渚文化神徽，石家河文化神人像、三星堆文化神人像也大体类似，皆有龙凤因素附于人头像之中。南方的龙凤是同时出现并相伴而生的，如湖南孙家岗遗址、湖北石家河遗址等地出土的玉器，龙凤玉器往往同出一墓，或同一地点。在文献传说中，龙凤为一物二体，属同一事物的两种形态。而北方一般只有龙（实为无脚无角的蛇），或被称为玉猪龙、玉鹿龙的遗物。在红山文化晚期极个别地点发现过个别玉凤，如前文所论是凌家滩文化影响所致。因此，龙凤文化起源于南方，并发展成为中国传统文化的重要内容。

6. 占卜的差异

卜骨。在南方，最早出现在屈家岭文化下王岗遗址，南方的其他地

点直到二里头文化时期才出现；而在北方特别是中原地区，距今5000年以来，尤其是龙山时代，很常见。因此，综合来看，卜骨很可能起源于北方、中原地区。当然，也许南方地湿，不利保存，6500年以前的人骨、动物骨多无存。因此，以后还需继续发掘研究。

二　中国早期信仰与宇宙观的流变倾向与理论归纳

从前面几章的材料与分析中，我们可以总结出早期信仰与宇宙观的流变倾向，并作如下理论归纳。

（一）原始信仰的流变倾向

新石器时代的原始信仰不断发展，演化成中国传统文化的大宗，至少可从如下几方面得以总结。

1. 出现了对太阳、星象、八角星符号等的崇拜及向天文历法、道学的流变倾向

高庙下层文化出现众多八角星图、凌家滩遗址玉版上出现八角星图，它们多被认为是"河图""洛书"的原始形态。彭头山、城背溪、柳林溪直至屈家岭等文化发现的众多旋转纹、太极纹虽然不是"河图""洛书"图案，但至少启发了"河图""洛书"图案的发明，这可让人追溯起历法学渊源。濮阳西水坡M45的龙虎摆塑及北斗摆塑，青台、椅圈马、鹿台岗等对星宿的祭祀，表明当时人们对星宿的崇敬。为占星的需要，人们认真地观察星宿运行，为天文学的产生奠定了基础。中国土生土长的道家学术（如《抱朴子》）包含众多的天文、历法、医药等知识，其源头也可追溯至新石器时代。长沙马王堆汉墓出土的帛书上有29个彗星图案，也当观察两三千年以上才能有这么多不同的图案积累。

2. 出现了祭坛、葬俗、巫觋、占卜、"五行"等向礼制、儒学的流变倾向

中国新石器时代各种祭坛，形制日益类似后世天坛圜丘；大汶口文化棺椁制度及墓葬中男左女右的排序传承至今；城头山遗址大溪文化大墓死者手握小鼎（非实用器）表明权鼎制度的萌芽，该遗址大墓随葬品数量规范化表明礼仪的出现；占卜则是礼制的一部分。因此，中国的礼仪文化源自新石器时代，它也是儒学的源头。

3. 出现了宇宙崇拜流变为天圆地方、旋转纹流变为循环运动的哲学思想变化

前文字时代孕育了中国传统诸多文化现象。中国先民有由圆至方的演进观念，后来又有天圆地方的观念；9000 年前彭头山文化即开始有旋转纹，5000 多年前的屈家岭文化出现大量太极纹，透过这些现象，可以窥见中国循环运动的哲学思维的起源；又如，初期陶器为平底或为多足器，之后向三足转变，表明古人对三点构成一个平面的认识。上山文化桥头遗址陶器上的长横、短横分别表达不同的观念，后来成为了易学中的阳阴二爻。如此等等。

4. 出现了信仰向文字、绘画、雕刻、音乐等的流变倾向

信仰是文字产生的重要诱因。贾湖遗址发现的眼睛形符号，既是对太阳崇拜的表现，也是以后"臣"这一文字的起源。贾湖遗址权杖头上发现有雕刻，城背溪文化发现有人像雕刻，距今 9000 年以来的陶器上出现众多彩绘以及各种动物或人的形象，加上各地出现石雕人像，当是绘画、雕塑的起源；贾湖遗址发现骨笛等乐器、甘青地区陶器上发现众多舞蹈纹等，当是音乐舞蹈的起源。与祭神相关，信仰滋生了艺术。

白陶、彩陶、玉器被王仁湘称为三大宗教艺术浪潮，这种种现象无不承载着中国上古人的信仰与宇宙观，也发展成为中国传统文化大宗。

5. 龙凤崇拜转向真龙天子崇拜的流变倾向

7000 多年前的龙凤崇拜，发展到了良渚、石家河文化时，龙、凤、人合在一起构成新的神徽。传说中的伏羲女娲龙身，以及凤（甲骨文风、凤相通）姓，皆与龙凤崇拜相关。龙凤成为天子的化身，中国人是龙凤的传人。

（二）规律与特征归纳

1. 中国前文字时代信仰的主要特征

通过第一至第五章的讨论，我们认为，中国前文字时代的信仰主要有如下特征：

第一，南方地区及中原南部地区早期以太阳神、动物神信仰为主；北方地区及中原北部地区则以动物神信仰为主。后来，全国各地都发展起祖先崇拜。祖先崇拜构成中国特色的信仰内容。

第二，露天祭祀为主，室内祭祀为辅。中国早期信仰体现在祭坛上，

无论南北，皆以露天大祭坛为主，室内祭坛很少见，这与西亚形成鲜明对比。

第三，太阳崇拜、动物神崇拜、祖先崇拜等各信仰现象分阶段产生，但均流传后世。动物神崇拜后世以龙凤崇拜为主，祖先崇拜流传至今。

第四，白陶、彩陶、黑陶；玉器、酒器、乐器；符号或图像、祭坛等，为信仰的主要物质载体。石雕像、人物画像所指向的首领、巫觋，是信仰的主持者或代表人物。

第五，中国早期信仰并未达到后世宗教信仰的程度，中国没有发展成西方宗教的样态，以至于中国上古没有专门的宗教，而以人文色彩浓烈的道家、儒家、墨家等占据中国意识的主流。中国上古的一些信仰多是领袖们利用它来提高自己的地位、实现其统治的需要，因此，上古帝王多有感天而生、感龙凤而生的故事。

2. 信仰演进阶段性与文明演进阶段性的相关性

信仰的演进与文明化水平息息相关，不同时期的信仰现象体现了文明所达到的程度。天体太阳崇拜的时代表明农业的开始；动物神崇拜的时代体现了对狩猎动物的渴求，这两类崇拜是神邦时代的特征。

祖先崇拜的时代，体现世俗权力的萌生；占卜活动的出现与演进是从神权走向人权的表现；人祭、人殉的出现与城垣一起表明城邦时代的到来。

3. 早期信仰的区域互动与多元一体民族形成的过程与机制

中国几大文化区的信仰各有特色，相互影响，并呈趋同倾向，有早期开放包容的基因。中国文化自古就是多元一体的，各区域文化相互交流、互有借鉴。张弛《论贾湖一期文化》①，论证了江汉地区文化对长江下游地区、对中原及老官台文化区的影响。

贺刚通过对陶器器形、纹饰以及符号等的对比和详细论证，认为以八角星图像为代表的高庙文化对岭南桂江流域、环洞庭湖区、鄂西峡江地区、陕西汉中、关中地区、鄂东地区、长江下游地区作了共时性传播，对以后的崧泽文化、良渚文化、大汶口文化、小沿河文化、马家窑文化等作了历时性传播。他认为最初发源于湘西沅水中上游地区的高庙文化，

---

① 张弛：《论贾湖一期文化遗存》，《文物》2011 年第 3 期。

东传至洞庭湖区，再传至长江下游与黄河下游地区，最后达于黄河上游与辽西地区。[①]

朱乃诚在《红山文化兽面玦形玉饰研究》《论红山文化玉兽面玦形饰的渊源》等文中认为，红山文化晚期兽面玦形玉饰的年代可定在公元前3360—前2667年之间。红山文化晚期玉器中最具特征的玉兽面玦形饰，其祖形是远在南方千余公里之外的安徽含山凌家滩遗址98M16号墓出土的玉虎形环。不唯如此，红山文化晚期的其他一些文化含义相当厚重的玉器——如玉人、玉箍形器、玉凤、双联璧、丫形器等，其渊源都与凌家滩文化遗存有关。[②] 笔者认为，凌家滩石圆圈祭祀遗迹与兴隆洼文化石圆圈也有相似，可见中国南北文化交流是多么久远。

笔者也曾发表《石家河文化的北渐及其对豫中西地区的影响》[③]《宝墩文化来源研究》[④] 等文章，论述了江汉地区古文化对中原地区及长江上游地区的影响与传播。这方面的论著还有一些，不一一列举。自距今8000年以来，中国南北信仰文化一步步走向同一，随着时间的推移，至夏商周时，形成了中原核心文化圈，并不断与周边文化交流互动。

中华民族就是数千年来南北西东人们在相互交流互鉴中逐渐融合，至夏商周时期最终形成的，到秦汉则演化为汉族。早期的宇宙观，尤其是以历数为代表的时间观、星野与地域对应为代表的空间观，以及圣人的德化与教化等传统文化，在民族形成中发挥了很大的作用。

4. 巫觋与政治及医学等科学的关系

上古经济、文化的发展造就了一批最早的脑力劳动者——巫觋。上古智慧之人创造出诸多神话故事来抬高自己的地位，以适应其统治的需要。上古智者创神话，与汉刘邦创神话极其相似，读《史记·汉高祖本纪》中赤帝之子斩白帝之子，刘邦之母梦与蛟龙会，吕雉常因天上云气寻找到刘邦等等，就可以推知上古神话的来源与作用。

中国最早的统治阶层要算巫觋阶层。巫觋不仅成为政权的最早执掌

---

① 贺刚：《湘西史前遗存与中国古史传说》，岳麓书社2013年版，第378—450页。

② 朱乃诚：《红山文化兽面玦形玉饰研究》，《考古学报》2008年第1期。

③ 刘俊男：《石家河文化的北渐及其对豫中西地区的影响》，《中原文物》2013年第1期（第2期《作者来信》有更正）。

④ 刘俊男、李春燕：《宝墩文化来源研究》，《中华文化论坛》2019年第2期。

者，也是医学、天文学等的创始者。人们因无助而出现宗教信仰，但精英们还思考如何改变恐怖的世界，为人类谋福祉，女娲补天、后羿射日、夸父逐日等即是这类传说。因此，上古先民开始了对大自然的探索，如神农尝百草发明医药，看见口衔九穗禾的朱鸟从而发明农业。长沙马王堆汉墓出土帛画中有 29 个彗星图，彗星的出现，即使每次都可观测到，也得大约花上 2000—3000 年，这就可以追溯至 5000 年前。

5. 神秘文化在构建中国古代和谐社会中的作用

关于神秘文化在构建中国古代和谐社会中的作用，我们已在第十章第一节进行了讨论，认为其作用主要体现在如下几个方面：第一，神徽是凝聚人心的旗帜，它可以促进民族的形成；第二，上古首领利用神秘信仰来确立其统治，比通过战争更利于社会稳定和民众的安定生活；第三，上古君主利用神秘信仰实施他们的统治，以减轻贵族及社会的压力；第四，臣子利用神秘信仰来匡正君王的过失；第五，普通人利用神秘信仰以实现小范围内的和谐与知识产权的保护。

通过以上论证，我们认为，在新石器时代，虽然有对天、地、万物的多种信仰，并发展到后来的祖先崇拜，但太阳崇拜是其中最早、最核心的信仰之一。在新石器时代至铜石并用时代长期观察天象、星宿并对太阳、星宿、天帝等进行祭祀的基础上，中国夏、商、周三代先民已经懂得了星宿与季节、星宿与地理等诸多知识，并且从过去的感性认识升华到理性认识，发明了"三正""五行""三皇""五帝"的理念；制作了"河图""洛书"等天文历法工具；发明了星宿与地域对应或者说用星宿度数表达地理位置；并且让人类社会谨遵"三正""五行"理论进而建立"三纲""五常"人伦规范等思想信仰。三代之时，虽然依然存在新石器时代至铜器时代各类信仰，但那些现象不过是旧时的延续，并无太大进步，真正进步的是以上所提到的几个宇宙观。

总之，中国的传统学术绝大多数可以追溯至原始时期，研究好这一课题对弘扬中华优秀传统文化大有裨益。

主要参考文献

古籍类

（春秋）孙武撰，（三国）曹操等注，杨丙安校理：《十一家注孙子校理》，中华书局1999年版。

（战国）孟子等：《四书五经》，中华书局2009年版。

（汉）班固撰，（唐）颜师古注：《汉书》，中华书局1962年版。

（汉）贾谊撰，阎振益、钟夏校注：《新书校注》，中华书局2000年版。

（汉）司马迁撰：《史记》，中华书局1959年版。

（汉）王逸撰，黄灵庚点校：《楚辞章句》，上海古籍出版社2017年版。

（汉）许慎撰，（清）段玉裁注：《说文解字注》，上海古籍出版社1981年版。

（汉）应劭撰，王利器校注：《风俗通义校注》，中华书局1981年版。

（东汉）袁康、吴平著，徐儒宗点校：《越绝书》，浙江古籍出版社2013年版。

（汉）许慎撰，臧克和、王平校订：《说文解字新订》，中华书局2002年版。

（晋）陈寿撰，（南朝宋）裴松之注：《三国志》，中华书局1999年版。

（晋）崔豹撰：《古今注》，上海古籍出版社编，王根林、黄益元、曹光甫校点《汉魏六朝笔记小说大观》，上海古籍出版社1999年版。

（晋）杜预注，（唐）孔颖达疏，（清）阮元校刻：《十三经注疏·春秋左传正义》，中华书局1980年版。

（晋）葛洪撰，王明校释：《抱朴子内篇校释》，中华书局1985年版。

（晋）郭璞注，（清）毕沅校：《山海经》，上海古籍出版社1989年版。

（晋）皇甫谧撰，（清）宋翔凤、钱宝塘辑，刘晓东校点：《帝王世纪》，辽宁教育出版社 1997 年版。

（晋）王嘉撰，（梁）萧绮录，齐治平校注：《拾遗记》，中华书局 1981 年版。

（北魏）郦道元著，陈桥驿译注，王东补注：《水经注》，中华书局 2009 年版。

（南朝宋）范晔撰，（唐）李贤等注：《后汉书》（简体字本），中华书局 1965 年版。

（南朝宋）刘敬叔撰，范宁校点：《异苑》，中华书局 1996 年版。

（南朝梁）任昉撰：《述异记》，湖北崇文书局 1875 年版。

（南朝梁）沈约撰：《宋书》，中华书局 1974 年版。

（唐）房玄龄等撰：《晋书》，中华书局 1974 年版。

（唐）李淳风：《乙巳占》（卷三），转引自李零主编《中国方术概观·占星卷》（上），人民中国出版社 1993 年版。

（唐）欧阳询撰，汪绍楹校：《艺文类聚》（附索引），上海古籍出版社 1965 年版。

（唐）王冰撰：《黄帝内经素问》，人民卫生出版社 1996 年版。

（唐）王希明：《步天歌》，任继愈主编《中国科学技术典籍通汇·天文卷》（第一分册），河南教育出版社 1993 年版。

（唐）徐坚等：《初学记》，中华书局 1962 年版。

（宋）陈田夫撰：《南岳总胜集》，北京大学图书馆藏。

（宋）丁度等撰：《集韵》，上海古籍出版社 2017 年版。

（宋）李昉等撰：《太平御览》，中华书局 1960 年版。

（宋）刘恕编集：《资治通鉴外纪》（卷一），《钦定四库全书·史部二·编年类》，浙江大学图书馆藏。

（宋）罗泌撰：《路史》（卷三十六），《影印文渊阁四库全书》（第三八三册），台湾商务印书馆 1986 年版。

（宋）朱熹著，（明）萧云从，（清）门应兆绘：《楚辞：〈楚辞集注〉〈钦定补绘离骚图〉合编》，商务印书馆 2018 年版。

（宋）朱熹撰：（清）李光地注：《易学启蒙》，孙国中主编《河图洛书解析》，学苑出版社 1990 年版。

（元）胡震撰：《周易衍义》，《文渊阁四库全书电子版》，上海人民出版社、迪志文化出版有限公司 1999 年版。

（清）胡渭撰：《禹贡锥指》（卷七），《文渊阁四库全书电子版》，上海人民出版社、迪志文化出版有限公司 1999 年版。

（明）董斯张撰：《广博物志》（卷九），《文渊阁四库全书电子版》，上海人民出版社、迪志文化出版有限公司 1999 年版。

（明）李时珍：《本草纲目（点校本）》，人民卫生出版社 1982 年版。

（清）陈立撰，吴则虞点校：《白虎通疏证》，中华书局 1994 年版。

（清）顾祖禹撰：《读史方舆纪要》，上海书店出版社 1998 年版。

（清）江永：《河洛精蕴》，孙国中主编《河图洛书解析》，学苑出版社 1990 年版。

（清）焦循撰，沈文倬点校：《孟子正义》，中华书局 1987 年版。

（清）李元度撰：《南岳志》，中国书店 1990 年版。

（清）阮元校刻：《十三经注疏》，中华书局 1980 年版。

（清）孙希旦撰，沈啸寰、王星贤点校：《礼记集解》，中华书局 1989 年版。

（清）孙诒让撰，王文锦、陈玉霞点校：《周礼正义》，中华书局 1987 年版。

（清）孙诒让撰，孙启治点校：《墨子间诂》，中华书局 2001 年版。

（清）王念孙著，张其昀点校：《广雅疏证》（点校本），中华书局 2019 年版。

（清）王聘珍撰，王文锦点校：《大戴礼记解诂》，中华书局 1983 年版。

（清）王先谦撰，沈啸寰、王星贤点校：《荀子集解》，中华书局 1988 年版。

（清）王先谦撰：《庄子集解》，中华书局 1987 年版。

（清）阎若璩撰：《尚书古文疏证》，上海古籍出版社 1987 年版。

陈鼓应、赵建伟注译：《周易今注今译》，商务印书馆 2016 年版。

陈鼓应注译：《庄子今注今译》，商务印书馆 2007 年版。

陈士珂辑：《孔子家语疏证》，上海书店 1987 年版。

程树德撰，程俊英、蒋见元点校：《论语集释》，中华书局 1990 年版。

黄怀信、张懋镕、田旭东撰：《逸周书汇校集注》，上海古籍出版社 2007 年版。

黄晖撰：《论衡校释》，中华书局 1990 年版。

贾二强校点：《逸周书》，辽宁教育出版社 1997 年版。

黎翔凤撰，梁运华整理：《管子校注》，中华书局 2004 年版。

钱仲联、马亚中主编，钱仲联校注：《陆游全集校注 4·剑南诗稿校注
　　四》，浙江教育出版社 2011 年版。

王明编：《太平经合校》，中华书局 2014 年版。

王震集解：《六韬集解》，中华书局 2022 年版。

徐元诰撰，王树民、沈长云点校：《国语集解》，中华书局 2002 年版。

许维遹撰，梁运华整理：《吕氏春秋集释》，中华书局 2009 年版。

杨伯峻编著：《春秋左传注》，中华书局 1981 年版。

杨明照撰：《抱朴子外篇校笺》（下），中华书局 1997 年版。

张继禹主编：《中华道藏》，华夏出版社 2004 年版。

中国人民解放军军事科学院战争理论研究部《孙子》注释小组：《孙子
　　兵法新注》，中华书局 1977 年版。

周振甫译注：《诗经译注》，中华书局 2019 年版。

国内论著

安徽省文物考古研究所编著：《凌家滩——田野考古发掘报告之一》，文
　　物出版社 2006 年版。

安阳地区文物管理委员会：《河南汤阴白营龙山文化遗址》，《考古》1980
　　年第 3 期。

敖汉旗博物馆：《敖汉旗南台地赵宝沟文化遗址调查》，《内蒙古文物考
　　古》1991 年第 1 期。

巴林右旗博物馆：《内蒙古巴林右旗那斯台遗址调查》，《考古》1987 年
　　第 6 期。

白九江、李大地：《试论石地坝文化》，李禹阶主编《三峡考古与多学科
　　研究》，重庆出版社 2007 年版。

包头市文物管理所：《内蒙古大青山西段新石器时代遗址》，《考古》
　　1986 年第 6 期。

北京大学、河北省文化局邯郸考古发掘队：《1957 年邯郸发掘简报》，
　　《考古》1959 年第 10 期。

北京大学考古文博学院、北京大学考古学研究中心、北京市文物研究所：《北京市门头沟区东胡林史前遗址》，《考古》2006 年第 7 期。

北京大学考古文博学院、河南省文物考古研究所编著：《登封王城岗考古发现与研究（2002—2005）》，大象出版社 2007 年版。

北京大学考古文博学院、郑州市文物考古研究所：《河南新密市新砦遗址 1999 年试掘简报》，《华夏考古》2000 年第 4 期。

北京大学考古学系著，中国社会科学院考古研究所编：《华县泉护村》，科学出版社 2003 年版。

北京市文物研究所、北京市平谷县文物管理所上宅考古队：《北京平谷上宅新石器时代遗址发掘简报》，《文物》1989 年第 8 期。

薄树人：《中国古星图概要》，陈美东主编《中国古星图》，辽宁教育出版社 1996 年版。

卜工：《磁山祭祀遗址及相关问题》，《文物》1987 年第 11 期。

布谷：《猪龙根三部曲——生殖：赵宝沟文化雄性野猪龙的浪漫主义神话 礼治：伏羲氏"龙师"是红山文化的特定产物 崇祖：殷商甲骨文的"龙"字都是雄性野猪龙》，《昭乌达蒙族师专学报》（汉文哲学社会科学版）1996 年第 1 期。

蔡英杰：《太阳循环与八角星纹和卐字符号》，《民族艺术研究》2005 年第 5 期。

蔡运章：《三星堆文化的太阳神崇拜——从古蜀金器"人头、鸟、鱼和羽箭"母题图案谈起》，《中华文化论坛》2007 年第 2 期。

曹建恩、党郁、孙金松：《完美再现青铜时代的"东方庞贝城"内蒙古二道井子遗址发掘纪实》，《中国文化遗产》2010 年第 3 期。

柴焕波：《跨湖桥契刻考释》，《湖南考古辑刊》（第八集），岳麓书社 2009 年版。

常秉义：《〈周易〉与历法——周期循环的奥秘》，中国华侨出版社 1999 年版。

常经宇、孙永刚：《查海遗址生殖崇拜考》，《赤峰学院学报》（汉文哲学社会科学版）2017 年第 8 期。

晁天义：《乘蹻巫术探源——兼论巫术与神话的关系》，《西北第二民族学院学报》（哲学社会科学版）2002 年第 3 期。

陈成杰、刘保康：《黄帝神话来源考略》，《湖北大学学报》（哲学社会科学版）1995 年第 6 期。

陈淳：《考古学研究入门》，北京大学出版社 2009 年版。

陈恩林：《河图、洛书时代考辨》，《史学集刊》1991 年第 1 期。

陈国庆：《燕山南北地区史前原始宗教的形成与发展》，《考古与文物》2008 年第 2 期。

陈浩、曾琦云编著：《宗教文化导论》，浙江大学出版社 2006 年版。

陈靓、熊建雪、邵晶等：《陕西神木石峁城址祭祀坑出土头骨研究》，《考古与文物》2016 年第 4 期。

陈久金：《从北方神鹿到北方龟蛇观念的演变——关于图腾崇拜与四象观念形成的补充研究》，《自然科学史研究》1999 年第 2 期。

陈久金：《含山出土五千年前原始洛书》，《陈久金集》，黑龙江教育出版社 1993 年版。

陈久金：《华夏族群的图腾崇拜与四象概念的形成》，《自然科学史研究》1992 年第 1 期。后收入《陈久金集》，黑龙江教育出版社 1993 年版。

陈久金：《论〈夏小正〉是十月太阳历》，《自然科学史研究》1982 年第 4 期。

陈久金：《阴阳五行八卦起源新说》，《自然科学史研究》1986 年第 2 期。

陈久金、张敬国：《含山出土玉片图形试考》，《文物》1989 年第 4 期。

陈来：《古代宗教与伦理：儒家思想的根源》，生活·读书·新知三联书店 2017 年版。

陈烈：《中国祭天文化》，宗教文化出版社 2000 年版。

陈梦家：《殷虚卜辞综述》，中华书局 1988 年版。

陈声波：《良渚文化"神徽"与商代美术中的人兽母题》，《南京艺术学院学报》（美术与设计版）2005 年第 3 期。

陈望衡：《史前中华阴阳观念的萌生》，《江淮论坛》2013 年第 4 期。

陈文武：《秭归"太阳人"石刻艺术初探》，《三峡文化研究》（第四辑），武汉出版社 2004 年版。

陈星灿：《丰产巫术与祖先崇拜——红山文化出土女性塑像试探》，《华夏考古》1990 年第 3 期。

陈星灿、李润权：《申论中国史前的龟甲响器》，邓聪、陈星灿主编《桃李成蹊集——庆祝安志敏先生八十寿辰》，香港中文大学中国考古艺术研究中心 2004 年版。

陈砚发：《幕阜天岳伏羲氏之陵考辨》，《云梦学刊》2013 年第 5 期。

陈燕、任怡霖：《商代"巫乐"与"淫乐"探究》，《兰台世界》2014 年第 15 期。

成都市文物考古研究所：《成都金沙遗址 I 区"梅苑"地点发掘一期简报》，《文物》2004 年第 4 期。

成都文物考古研究所：《成都平原史前聚落考古的新收获》，《中国文物报》2016 年 6 月 3 日。

成都文物考古研究所：《成都市大邑县高山古城 2014 年发掘简报》，《考古》2017 年第 4 期。

承德地区文物保管所、滦平县博物馆：《河北滦平县后台子遗址发掘简报》，《文物》1994 年第 3 期。

程晓钟：《大地湾考古相关问题研究》，《华夏考古》2009 年第 3 期。

邓聪主编：《东亚玉器》（第二册），香港中文大学中国考古艺术研究中心 1998 年版。

邓宏海：《论贾湖骨笛、龟甲和叉形器的真相——兼驳"万物有灵论"》，2012 年 9 月 23 日，http：//www.360doc.com/content/12/0923/12/14224_237706712.shtml.

邓淑苹：《再论神祖面纹玉器》，邓聪主编《东亚玉器》（第一册），香港中文大学中国考古艺术研究中心 1998 年版。

丁山：《中国古代宗教与神话考》，上海文艺出版社 1988 年影印本（据龙门联合书局 1961 年版影印）。

杜金鹏：《关于大汶口文化与良渚文化的几个问题》，《考古》1992 年第 10 期。

段渝：《良渚文化玉琮的功能和象征系统》，《考古》2007 年第 12 期。

范文澜：《中国通史》（第一册），人民出版社 1978 年版。

方殿春、刘葆华：《辽宁阜新县胡头沟红山文化玉器墓的发现》，《文物》1984 年第 6 期。

方向明：《良渚文化玉器所反映的原始宗教》，《江西文物》1991 年第 1 期。

冯恩学：《俄国东西伯利亚与远东考古》，吉林大学出版社 2002 年版。

冯恩学：《三峡巴人崇拜太阳和使用贝币的实证》，《中华文化论坛》 2000 年第 1 期。

冯利：《半坡彩陶人面纹的巫师属性》，《民族艺术》 2001 年第 3 期。

冯利：《红山文化中的生殖崇拜》，《民族艺术》 2001 年第 1 期。

冯凭、吴长旗：《舞阳龟甲刻符初探》，《中原文物》 2009 年第 3 期。

冯时：《星汉流年——中国天文考古录》，四川教育出版社 1996 年版。

傅斯年、李济、董作宾等：《城子崖（山东历城县龙山镇之黑陶文化遗 址）》，"中央研究院"历史语言研究所 1934 年版。

傅斯年：《性命古训辨证》，上海三联书店 2018 年版。

甘肃省博物馆文物工作队：《甘肃秦安大地湾遗址 1978 至 1982 年发掘的 主要收获》，《文物》 1983 年第 11 期。

甘肃省文物考古研究所编著：《秦安大地湾——新石器时代遗址发掘报 告》，文物出版社 2006 年版。

高广仁、栾丰实：《大汶口文化》，文物出版社 2004 年版。

高广仁、邵望平：《中国史前时代的龟灵与犬牲》，《中国考古学研究》 编委会编《中国考古学研究——夏鼐先生考古五十年纪念论文集》， 文物出版社 1986 年版。

高美璇：《辽宁八千年前新石器时代遗址中发现龙图腾》，《中国文物报》 1997 年 6 月 8 日。

高西省：《论西周时期人兽母题青铜器》，《中原文物》 2002 年第 1 期。

顾颉刚：《顾颉刚古史论文集》（第三册），中华书局 1996 年版。

顾颉刚：《与钱玄同先生论古史书》，顾颉刚编著《古史辨》（第一册）， 上海古籍出版社 1982 年版。

关立勋主编：《中国文化杂说·民俗文化卷》，北京燕山出版社 1997 年版。

郭大顺：《大甸子墓地初析》，《古代文明》（第二卷），文物出版社 2003 年版。

郭大顺：《龙出辽河源》，百花文艺出版社 2001 年版。

郭大顺、张克举：《辽宁省喀左县东山嘴红山文化建筑群址发掘简报》， 《文物》 1984 年第 11 期。

郭沫若：《卜辞通纂》（考古学专刊甲种第九号），科学出版社 1983 年版。

郭沫若主编：《甲骨文合集》，中华书局 1982 年版。

郭治中、郭丽：《三座店石城遗址与夏家店下层文化若干问题之我见》，《草原文物》2014 年第 1 期。

国家文物局考古领队培训班：《郑州西山仰韶时代城址的发掘》，《文物》1999 年第 7 期。

国务院三峡工程建设委员会办公室、国家文物局编著：《秭归柳林溪》，科学出版社 2003 年版。

韩永贤：《〈河图〉与〈洛书〉解疑》，《内蒙古社会科学》（文史哲版）1989 年第 6 期。

汉语大字典编辑委员会编纂：《汉语大字典》，湖北辞书出版社、四川辞书出版社 1986 年版。

何德亮、李钰、颜庭娟：《山东史前宗教祭祀遗存探析》，《海岱考古》（第四辑），科学出版社 2011 年版。

何介钧：《长江中游新石器时代文化》，湖北教育出版社 2004 年版。

何宁撰：《淮南子集释》，中华书局 1998 年版。

何新：《中国远古神话与历史新探》，黑龙江教育出版社 1988 年版。

何周德：《2002—2005 年半坡遗址考古新发现》，西安半坡博物馆、三星堆博物馆编《史前研究（2006）》，陕西师范大学出版社 2007 年版。

何周德：《论仰韶文化的祭祀——从半坡遗址发现祭祀遗迹谈起》，《西部考古》（第一辑），三秦出版社 2006 年版。

和志武主编：《中国原始宗教资料丛编·纳西族卷》，上海人民出版社 1993 年版。

河北省文化局文物工作队：《河北邯郸涧沟村古遗址发掘简报》，《考古》1961 年第 4 期。

河北省文物管理处：《磁县下潘汪遗址发掘报告》，《考古学报》1975 年第 1 期。

河北省文物管理处、邯郸市文物保管所：《河北武安磁山遗址》，《考古学报》1981 年第 3 期。

河北省文物研究所、保定市文物管理处、客城县文物保管所：《河北容城县上坡遗址发掘简报》，《考古》1999 年第 7 期。

河北省文物研究所、保定市文物管理所等：《1997 年河北徐水南庄头遗址发掘报告》，《考古学报》2010 年第 3 期。

河北省文物研究所段宏振主编：《北福地：易水流域史前遗址》，文物出版社 2007 年版。

河北省文物研究所：《河北省迁西县东寨遗址发掘简报》，《文物春秋》1992 年增刊。

河北省文物研究所、唐山市文物管理处、迁西县文物管理所：《迁西西寨遗址 1988 年发掘报告》，《文物春秋》1992 年增刊。

河南省博物馆、密县文化馆：《河南密县莪沟北岗新石器时代遗址发掘报告》，《河南文博通讯》1979 年第 3 期。

河南省文物考古研究所编：《辉县孟庄》，中州古籍出版社 2003 年版。

河南省文物考古研究所编著：《舞阳贾湖》，科学出版社 1999 年版。

河南省文物考古研究所：《河南禹州市瓦店龙山文化遗址 1997 年的发掘》，《考古》2000 年第 2 期。

河南省文物考古研究所：《汝州洪山庙》，中州古籍出版社 1995 年版。

河南省文物考古研究所、新密市炎黄历史文化研究会：《河南新密市古城寨龙山文化城址发掘简报》，《华夏考古》2002 年第 2 期。

河南省文物考古研究所、驻马店市文物工作队、西平县文物管理所：《河南西平县上坡遗址发掘简报》，《考古》2004 年第 4 期。

河南省文物研究所：《长葛石固遗址发掘报告》，《华夏考古》1987 年第 1 期。

河南省文物研究所、长江流域规划办公室考古队河南分队：《淅川下王冈》，文物出版社 1989 年版。

河南省文物研究所、郾城县许慎纪念馆：《郾城郝家台遗址的发掘》，《华夏考古》1992 年第 3 期。

河南省文物研究所、中国历史博物馆考古部：《登封王城岗遗址的发掘》，《文物》1983 年第 3 期。

贺刚、陈利文：《高庙文化及其对外传播与影响》，《南方文物》2007 年第 2 期。

贺刚：《湘西史前遗存与中国古史传说》，岳麓书社 2013 年版。

贺刚：《中国史前艺术神器的初步考察——〈中国史前神器〉纲要》，湖南省文物考古研究所编《长江中游史前文化暨第二届亚洲文明学术讨论会论文集》，岳麓书社 1996 年版。

贺辉：《新石器时代祭祀类遗迹研究》，南京大学，博士学位论文，2013 年。

洪韵芳主编：《天文爱好者手册》，四川辞书出版社 1999 年版。

胡厚宣、胡振宇：《殷商史》，上海人民出版社 2003 年版。

胡厚宣：《甲骨学商史论丛初集》（外一种），河北教育出版社 2002 年版。

胡厚宣：《释殷代求年于四方和四方风的祭祀》，《复旦学报》（人文科学版）1956 年第 1 期。

胡建升：《人文肇元：史前彩陶图像与华夏精神》，《民族艺术》2020 年第 1 期。

湖北省荆州博物馆等编著：《肖家屋脊：天门石家河考古发掘报告之一》，文物出版社 1999 年版。

湖北省文物考古研究所编著：《宜都城背溪》，文物出版社 2001 年版。

湖北省文物考古研究所、北京大学考古学系、湖北省荆州博物馆编著：《邓家湾：天门石家河考古发掘报告之二》，文物出版社 2003 年版。

湖北省文物考古研究所：《石家河遗址 2015 年发掘的主要收获》，《江汉考古》2016 年第 1 期。

湖南省博物馆：《长沙砂子塘西汉墓发掘简报》，《文物》1963 年第 2 期。

湖南省博物馆、中国科学院考古研究所：《长沙马王堆二、三号汉墓发掘简报》，《文物》1974 年第 7 期。

湖南省文物考古研究所编著：《洪江高庙》，科学出版社 2022 年版。

湖南省文物考古研究所编著：《彭头山与八十垱》，科学出版社 2006 年版。

湖南省文物考古研究所：《湖南辰溪县征溪口贝丘遗址发掘简报》，《文物》2001 年第 6 期。

湖南省文物考古研究所：《湖南洪江市高庙新石器时代遗址》，《考古》2006 年第 7 期。

湖南省文物考古研究所：《湖南黔阳高庙遗址发掘简报》，《文物》2000 年第 4 期。

湖南省文物考古研究所：《澧县城头山——新石器时代遗址发掘报告》，文物出版社 2007 年版。

黄河水库考古队华县队:《陕西华县柳子镇第二次发掘的主要收获》,《考古》1959 年第 11 期。

黄建秋、幸晓峰:《良渚文化玉璧功能新探》,《东南文化》2008 年第 6 期。

黄雅峰、陈长山编著:《南阳麒麟岗汉画像石墓》,三秦出版社 2008 年版。

黄亚平:《考古发现最早的"太极纹":原始"阴阳"观念的形象表达》,《鲁东大学学报》(哲学社会科学版)2020 年第 4 期。

黄元炳:《易学入门》,孙国中主编《河图洛书解析》,学苑出版社 1990 年版。

黄展岳:《中国古代的人牲人殉问题》,《考古》1987 年第 2 期。

嘉兴市文化局编:《崧泽·良渚文化在嘉兴》,浙江摄影出版社 2005 年版。

贾笑冰、周海铎:《鲁西教场铺龙山文化遗址发掘获重要收获》,《中国文物报》2001 年 9 月 2 日。

江章华:《试论鄂西地区商周时期考古学文化的变迁——兼谈早期巴文化》,《考古》2004 年第 11 期。

蒋乐平:《义乌桥头遗址(考古进行时)》,《人民日报》2020 年 1 月 5 日。

蒋乐平:《浙江义乌桥头遗址》,《大众考古》2016 年第 12 期。

金炳华主编:《马克思主义哲学大辞典》,上海辞书出版社 2003 年版。

金景芳、吕绍纲:《〈甘誓〉浅说》,《社会科学战线》1993 年第 2 期。

荆州博物馆编著:《石家河文化玉器》,文物出版社 2008 年版。

井中伟:《我国史前祭祀遗迹初探》,《北方文物》2002 年第 2 期。

景以恩:《炎黄虞夏根在海岱新考》,中国文联出版社 2001 年版。

开封地区文管会、新郑县文管会:《河南新郑裴李岗新石器时代遗址》,《考古》1978 年第 2 期。

开封地区文物管理委员会、新郑县文物管理委员会、郑州大学历史系考古专业:《裴李岗遗址一九七八年发掘简报》,《考古》1979 年第 3 期。

康爱国、孙国军:《赤峰市国家级重点文物保护单位⑧——敖汉城子山山城遗址简介》,《赤峰学院学报》(自然科学版)2011 年第 10 期。

匡瑜、张国硕:《鹿台岗遗址自然崇拜遗迹的初步研究》,《华夏考古》1994 年第 3 期。

乐庆森：《磁山遗址灰坑性质辨析》，《古今农业》1992年第2期。

李安民：《广汉三星堆一号、二号祭祀坑所反映的祭祀内容、祭祀习俗研究》，《四川文物》1994年第4期。

李宸：《大酋长之墓——含山凌家滩07M23墓文化内涵试析》，《文物天地》2015年第4期。

李德洙、杨聪主编：《中国民族百科全书13·白族、傈僳族、纳西族、怒族、独龙族卷》，世界图书出版西安有限公司2015年版。

李公明主编：《中国美术史纲》，湖南美术出版社2004年版。

李恭笃：《辽宁凌源县三官甸子城子山遗址试掘报告》，《考古》1986年第6期。

李健民：《略谈我国新石器时代的人祭遗存》，《中原文物》1981年第3期。

李瑾：《论我国古代"火正"职官之来源及其发展》，《史学月刊》1989年第1期。

李近春、王承权：《纳西族》，民族出版社1984年版。

李荆林：《半坡姜寨遗址"人面鱼纹"新考》，《江汉考古》1989年第3期。

李井岩：《从考古发现看新石器时代蟾蜍和蛙崇拜现象的产生》，《辽宁省博物馆馆刊（2012）》，辽海出版社2013年版。

李黎鹤、李远国：《原始道教论：对新石器晚期文化遗址的分析与认知》，《中国本土宗教研究》（第二辑），社会科学文献出版社2019年版。

李连、霍魏、卢丁编著：《世界考古学概论》，江苏教育出版社1989年版。

李旻：《重返夏墟：社会记忆与经典的发生》，《考古学报》2017年第3期。

李乃胜：《凌家滩红烧土遗迹建筑基础初探》，《中国文物科学研究》2008年第3期。

李培栋主编：《中国历史之谜》，上海辞书出版社1998年版。

李纬霖：《老挝傣仂族群赞哈演述中的仪式音声与信仰实践》，《民族艺术》2020年第4期。

李修松：《试论凌家滩玉龙、玉鹰、玉龟、玉版的文化内涵》，《安徽大学学报》2001年第6期。后收入安徽省文物考古研究所编《凌家滩文化研究》,文物出版社 2006 年版。

李学勤:《论新出大汶口文化陶器符号》,《文物》1987 年第 12 期。

李亚彬:《中国墨家》,宗教文化出版社 1996 年版。

李禹阶、常云平:《史前宗教、礼与文明起源中的政、教关系》,《历史研究》2017 年第 5 期。

李禹阶、孔令远编:《汪宁生藏西南民族老照片》,巴蜀书社 2010 年版。

李泽厚著,马群林编选:《寻求中国现代性之路》,东方出版社 2019 年版。

李正光主编:《楚汉装饰艺术集·画像石　画像砖　帛画》,湖南美术出版社 2000 年版。

梁启超:《清代学术概论》,中华书局 1954 年版。

辽宁省文物考古研究所编著:《查海——新石器时代聚落遗址发掘报告》,文物出版社 2012 年版。

辽宁省文物考古研究所编著:《牛河梁——红山文化遗址发掘报告(1983—2003 年度)》,文物出版社 2012 年版。

辽宁省文物考古研究所、赤峰市博物馆编著:《大南沟——后红山文化墓地发掘报告》,科学出版社 1998 年版。

辽宁省文物考古研究所、葫芦岛市文物管理办公室:《辽宁葫芦岛市杨家洼新石器时代遗址发掘简报》,《博物馆研究》2005 年第 2 期。

辽宁省文物考古研究所:《辽宁牛河梁红山文化"女神庙"与积石冢群发掘简报》,《文物》1986 年第 8 期。

辽宁省文物考古研究院:《牛河梁遗址第一地点 2 号建筑址 2020 年度发掘收获》,2021 年 2 月 14 日,https://mp.weixin.qq.com/s/LiR_jjfh1HFxOPQTSuNdcg.

林继富编著:《藏族节日文化》,西藏人民出版社 1993 年版。

林声:《云南永胜县彝族(他鲁人)"羊骨卜"的调查和研究》,《考古》1964 年第 2 期。

刘春迎:《试析鹿台岗遗址Ⅰ、Ⅱ号遗迹的性质》,《江汉考古》1997 年第 2 期。

刘德刚、李井岩、夏晨光等:《查海龙及其与原始农业的关系研究》,《文物鉴定与鉴赏》2020 年第 8 期。

刘国祥:《西辽河流域新石器时代至早期青铜时代考古学文化概论》,

《辽宁师范大学学报》2006 年第 1 期。

刘国祥：《兴隆沟遗址第一地点发掘回顾与思考》，《内蒙古文物考古》2006 年第 2 期。

刘俊男：《长江中游地区文明进程研究》，科学出版社 2014 年版。

刘俊男：《伏羲神农炎帝考》，《山东师大学报》（社会科学版）1999 年第 2 期。

刘俊男：《黄帝史迹考》，《山东师范大学学报》（人文社会科学版）2004 年第 2 期。

刘俊男、李春燕：《宝墩文化来源研究》，《中华文化论坛》2019 年第 2 期。

刘俊男：《生业与文明：中国南、北及西亚上古社会组织演进比较》，中国社会科学出版社 2021 年版。

刘俊男：《石家河文化的北渐及其对豫中西地区的影响》，《中原文物》2013 年第 1 期。

刘俊男、易桂花：《碳十四测年与石家河文化起讫年代问题》，《华夏考古》2014 年第 1 期。

刘明武：《河图洛书揭秘——彝族文化中的河图洛书》，《中国文化研究》2009 年第 1 期。

刘起釪：《古史续辨》，中国社会科学出版社 1991 年版。

刘起釪：《黑白点子河图洛书》，《中国史研究》2006 年第 4 期。

刘松林：《凌家滩遗址防御体系及其社会意义之蠡测》，《巢湖学院学报》2014 年第 5 期。

刘信芳：《〈日书〉四方四维与五行浅说》，《考古与文物》1993 年第 2 期。

刘尧汉、陈久金、卢央：《彝夏太阳历五千年——从彝族十月太阳历看〈夏小正〉原貌》，《云南社会科学》1983 年第 1 期。

刘云辉：《仰韶文化"鱼纹""人面鱼纹"内含二十说述评——兼论"人面鱼纹"为巫师面具形象说》，《文博》1990 年第 4 期。

龙啸：《后石家河文化"抱鱼人偶"与祭山活动》，《江汉考古》2021 年第 5 期。

卢昉：《两汉"人虎母题"图像研究》，西安美术学院，博士学位论文，

2012 年。

陆思贤：《在"长江文化"中见到的"渔猎文明"的曙光》，《东南文化》1993 年第 3 期。

陆耀华：《浙江嘉兴大坟遗址的清理》，《文物》1991 年第 7 期。

吕大吉、何耀华主编，于锦绣、杨淑荣分主编：《中国各民族原始宗教资料集成·考古卷》，中国社会科学出版社 1996 年版。

吕大吉、何耀华总主编，满都尔图等分册主编：《中国各民族原始宗教资料集成·鄂伦春族卷·鄂温克族卷·赫哲族卷·达斡尔族卷·锡伯族卷·满族卷·蒙古族卷·藏族卷》，中国社会科学出版社 1999 年版。

吕大吉：《宗教学通论新编》，中国社会科学出版社 1998 年版。

洛阳博物馆：《河南临汝煤山遗址调查与试掘》，《考古》1975 年第 5 期。

洛阳博物馆：《孟津小潘沟遗址试掘简报》，《考古》1978 年第 4 期。

洛阳市第二文物工作队、偃师县文物管理委员会：《洛阳市偃师县高崖遗址发掘报告》，《华夏考古》1996 年第 4 期。

马金花：《试论我国北方地区史前女性塑像与雕像》，《内蒙古文物考古》2009 年第 2 期。

马玉珍：《原始宗教祭祀与上古神话生成的内在逻辑理路》，《求索》2016 年第 4 期。

孟华平：《秭归东门头：湮没的古城》，《中国三峡》2011 年第 4 期。

孟世凯：《中国小通史：夏商》，中国青年出版社 1994 年版。

南京博物院：《1982 年江苏常州武进寺墩遗址的发掘》，《考古》1984 年第 2 期。

南京博物院编著：《赵陵山——1990—1995 年度发掘报告》，文物出版社 2012 年版。

南京博物院：《江苏邳县刘林新石器时代遗址第二次发掘》，《考古学报》1965 年第 2 期。

南京博物院：《江苏邳县四户镇大墩子遗址探掘报告》，《考古学报》1964 年第 2 期。

南京博物院考古研究所、泗洪县博物馆：《江苏泗洪顺山集新石器时代遗址发掘报告》，《考古学报》2014 年第 4 期。

南京博物院、连云港市博物馆编著：《藤花落——连云港市新石器时代遗址考古发掘报告》，科学出版社 2014 年版。

南京博物院、泗洪县博物馆编著：《顺山集——泗洪县新石器时代遗址考古发掘报告》，科学出版社 2016 年版。

南京博物院、宜兴市文物管理委员会：《江苏宜兴骆驼墩遗址发掘报告》，《东南文化》2009 年第 5 期。

内蒙古文物考古研究所编：《岱海考古（一）——老虎山文化遗址发掘报告集》，科学出版社 2000 年版。

内蒙古文物考古研究所：《内蒙古赤峰市二道井子遗址的发掘》，《考古》2010 年第 8 期。

内蒙古文物考古研究所：《内蒙古赤峰市哈啦海沟新石器时代墓地发掘简报》，《考古》2010 年第 2 期。

内蒙古文物考古研究所：《内蒙古赤峰市三座店夏家店下层文化石城遗址》，《考古》2007 年第 7 期。

内蒙古文物考古研究所、日本京都中国考古学研究会岱海地区考察队：《石虎山遗址发掘报告》，田广金、［日］秋山进午主编《岱海考古（二）——中日岱海地区考察研究报告集》，科学出版社 2001 年版。

内蒙古自治区文物考古研究所编著：《白音长汗——新石器时代遗址发掘报告》，科学出版社 2004 年版。

牛清波：《中国早期刻画符号整理与研究》，安徽大学，博士学位论文，2013 年。

潘振平：《秭归东门头发掘城背溪文化遗址》，《中国历史学年鉴·2000 年》，生活·读书·新知三联书店 2009 年版。

彭景元：《马家浜诸文化墓葬头向等变化探源》，《南方文物》1998 年第 4 期。

濮阳市文物管理委员会，濮阳市博物馆、文物队：《濮阳西水坡遗址试掘简报》，《中原文物》1988 年第 1 期。

濮阳西水坡遗址考古队：《1988 年河南濮阳西水坡遗址发掘简报》，《考古》1989 年第 12 期。

秦建明：《释皇》，《考古》1995 年第 5 期。

青海省文物考古队：《青海民和县阳山墓地发掘简报》，《考古》1984 年第 5 期。

（清）苏舆撰，钟哲点校：《春秋繁露义证》，中华书局 1992 年版。

曲辰：《试论炎帝及其后裔与西南古代民族之关系》，王德蓉、曹敬庄、邓玲玲主编《炎帝与中华文化》，人民出版社 1994 年版。

饶宗颐：《秦简中的五行说与纳音说》，《古文字研究》（第十四辑），中华书局 1986 年版。

饶宗颐：《未有文字以前表示"方位"与"数理关系"的玉版——含山出土玉版小论》，安徽省文物考古研究所编《凌家滩文化研究》，文物出版社 2006 年版。

任伟：《西周封国考疑》，社会科学文献出版社 2004 年版。

山东大学历史系考古专业：《山东邹平丁公遗址第四、五次发掘简报》，《考古》1993 年第 4 期。

山东省博物馆、聊城地区文化局、茌平县文化馆：《山东茌平县尚庄遗址第一次发掘简报》，《文物》1978 年第 4 期。

山东省文物管理处、济南市博物馆编：《大汶口——新石器时代墓葬发掘报告》，文物出版社 1974 年版。

山东省文物考古研究所、寒亭区文物管理所：《山东潍坊前埠下遗址发掘报告》，山东省文物考古研究所编著《山东省高速公路考古报告集（1997）》，科学出版社 2000 年版。

山东省文物考古研究所、潍坊市博物馆、寿光市博物馆：《寿光边线王龙山文化城址的考古发掘》，《海岱考古》（第八辑），科学出版社 2015 年版。

陕西省考古研究院：《陕西高陵杨官寨遗址发掘简报》，《考古与文物》2011 年第 6 期。

陕西省考古研究院、西北大学文化遗产学院、延安市文物研究所：《陕西延安市芦山峁新石器时代遗址》，《考古》2019 年第 7 期。

邵晶、裴学松、齐建军、王明清：《石峁文化次级聚落：陕西府谷寨山石城考古新发现》，《中国文物报》2020 年 10 月 16 日。

陕西省考古研究院榆林市文物考古勘探工作队、神木市石峁遗址管理处：《陕西神木市石峁遗址皇城台大台基遗迹》，《考古》2020 年第 7 期。

陕西省考古研究院、榆林市文物考古勘探工作队、神木市石峁遗址管理处：《石峁遗址皇城台地点 2016—2019 年度考古新发现》，《考古与文物》2020 年第 4 期。

陕西省考古研究院、榆林市文物考古勘探工作队、神木县石峁遗址管理处：《陕西神木县石峁城址皇城台地点》，《考古》2017 年第 7 期。

陕西省考古研究院、榆林市文物考古勘探工作队、神木县文体广电局：《陕西神木县石峁遗址韩家圪旦地点发掘简报》，《考古与文物》2016 年第 4 期。

陕西省考古研究院、榆林市文物考古勘探工作队、神木县文体局：《陕西神木县石峁遗址》，《考古》2013 年第 7 期。

上海市文物管理委员会编著，黄宣佩主编：《福泉山——新石器时代遗址发掘报告》，文物出版社 2000 年版。

尚民杰：《史前时期的偶像崇拜》，《中原文物》1998 年第 4 期。

邵国田：《城子山遗址》，《内蒙古文物考古》2001 年第 2 期。

邵学海：《虎座飞鸟是楚巫蹻与巴巫蹻的重组》，《江汉考古》1997 年第 2 期。

沈建华：《从甲骨文圭字看殷代仪礼中的五行观念起源》，《文物》1993 年第 5 期。

沈建华：《由出土文献看祝融传说之起源》，《东南文化》1998 年第 2 期。

施劲松：《金沙遗址出土石人像身份辨析》，《文物》2010 年第 9 期。

石兴邦：《有关马家窑文化的一些问题》，《考古》1962 年第 6 期。

四川省文物考古研究所编：《三星堆祭祀坑》，文物出版社 1999 年版。

宋建：《从凌家滩墓地看古国的社会分化》，《中国社会科学院古代文明研究中心通讯》2013 年第 24 期。

宋兆麟：《民族学中的人头祭与有关的考古资料》，《广西民族研究》1986 年第 1 期。

宋兆麟：《云南永宁纳西族的葬俗——兼谈对仰韶文化葬俗的看法》，《考古》1964 年第 4 期。

宋镇豪、段志洪主编：《甲骨文献集成》（第二册），四川大学出版社 2001 年版。

宋镇豪：《夏商社会生活史》，中国社会科学出版社 1994 年版。

苏秉琦、殷玮璋：《关于考古学文化的区系类型问题》，《文物》1981 年第 5 期。

苏秉琦：《中国文明起源新探》，生活·读书·新知三联书店 2019 年版。

苏秉琦著，赵汀阳、王星编：《满天星斗：苏秉琦论远古中国》，中信出
版社 2016 年版。

苏洪济：《河图洛书考释》，《史学集刊》1992 年第 4 期。

苏开华：《远古太极图揭秘》，《东南文化》1995 年第 2 期。

苏州博物馆、常熟博物馆：《江苏常熟罗墩遗址发掘简报》，《文物》
1999 年第 7 期。

孙国中主编：《河图洛书解析》，学苑出版社 1990 年版。

孙善德：《青岛市郊区发现新石器时代和殷周遗址》，《考古》1965 年第
9 期。

孙周勇等：《石峁遗址——2015 年考古纪事》，《中国文物报》2015 年 10
月 9 日。

孙周勇、邵晶、邸楠：《石峁文化的命名、范围及年代》，《考古》2020
年第 8 期。

孙周勇、邵晶：《石峁遗址皇城台大台基出土石雕研究》，《考古与文物》
2020 年第 4 期。

索秀芬、李少兵：《燕山南北地区新石器时代考古学文化序列和格局》，
《考古学报》2014 年第 3 期。

索秀芬、李少兵：《中国北方地区新石器时代考古学文化与周边的关
系》，《内蒙古社会科学》（汉文版）2014 年第 2 期。

唐亦阳：《祖先神秘力量的召唤——兴隆沟红山文化整身陶人发现的意
义》，《中国社会科学报》2012 年 10 月 24 日。

滕铭予、［以色列］吉迪、苏军强等：《2015 年辽宁省阜新蒙古族自治县
塔尺营子遗址试掘报告》，《边疆考古研究》2019 年第 1 期。

田广金：《内蒙古长城地带石城聚落址及相关诸问题》，田广金、郭素新
《北方考古论文集》，科学出版社 2004 年版。

田广金、［日］秋山进午主编：《岱海考古（二）——中日岱海地区考察
研究报告集》，科学出版社 2001 年版。

田广林、文茜：《牛河梁"女神庙"及其出土人形泥塑造像性质研究》，
《地域文化研究》2020 年第 1 期。

田合禄、田峰：《中国古代历法解谜——周易真原》，山西科学技术出版社 1999 年版。

童恩正：《中国古代的巫》，《中国社会科学》1995 年第 5 期。

童恩正：《中国古代巫、巫术、巫术崇拜及其相关问题》，湖南省文物考古研究所编《长江中游史前文化暨第二届亚洲文明学术讨论会论文集》，岳麓书社 1996 年版。

王长丰、张居中、蒋乐平：《浙江跨湖桥遗址所出刻划符号试析》，《东南文化》2008 年第 1 期。

王大方、吉平：《内蒙古清水河县出土巨型鱼龙状夯土雕塑及大批文物》，《内蒙古社会科学》1998 年第 6 期。

王德昌、东一雄、黄步青：《常熟石刻天文图》，陈美东主编《中国古星图》，辽宁教育出版社 1996 年版。

王惠德、薛志强、［以色列］吉迪等：《阴河中下游石城的调查与研究》，《昭乌达蒙族师专学报》（北方民族文化）1998 年第 4 期。

王克林：《试论我国人祭和人殉的起源》，《文物》1982 年第 2 期。

王立新：《瑶山祭坛及良渚文化神徽含义的初步解释》，《江汉考古》1994 年第 3 期。

王立早：《西道村遗址发掘获重大成果》，《中国文物报》1991 年 3 月 31 日。

王仁湘：《凡世与神界：中国早期信仰的考古学观察》，上海古籍出版社 2018 年版。

王仁湘、肖宇：《驽马加鞭　独行踽踽——王仁湘先生访谈录》，《南方文物》2020 年第 3 期。

王仁湘：《新石器时代葬猪的宗教意义——原始宗教文化遗存探讨札记》，《文物》1981 年第 2 期。

王仁湘：《正反相生：史前阴阳互生图像例说》，《中原文物》2020 年第 5 期。

王巍总主编：《中国考古学大辞典》，上海辞书出版社 2014 年版。

王宜涛：《半坡仰韶人面鱼纹含义新识》，《文博》1995 年第 3 期。

王震中：《东山嘴原始祭坛与中国古代的社崇拜》，《世界宗教研究》1988 年第 4 期。

王子初：《说有容易说无难——对舞阳出土骨笛的再认识》，《音乐研究》2014 年第 2 期。

王子今：《文明初期的部族融合与龙凤崇拜的形成》，《文博》1986 年第 1 期。

魏建震：《先秦社祀研究》，人民出版社 2008 年版。

魏女：《从考古资料看史前原始宗教的产生和初步发展》，《东南文化》2002 年第 5 期。

魏女：《从考古资料看中国史前原始宗教向阶级宗教的转变》，《西北大学学报》（哲学社会科学版）2002 年第 4 期。

文山壮族苗族自治州民族宗教事务委员会编：《文山壮族苗族自治州民族志》，云南民族出版社 2005 年版。

文苑仲：《论艺术与宗教之关系》，《艺术百家》2008 年第 8 期。

乌兰察布市博物馆：《赤峰松山区水地乡大南沟石城调查简报》，《草原文物》2015 年第 1 期。

吴存浩：《我国原始时代葬俗演变分类试论》，《民俗研究》1991 年第 1 期。

吴清编著：《中国古玉鉴赏与收藏》，上海书店 1997 年版。

武家璧、陈美东、刘次沅：《陶寺观象台遗址的天文功能与年代》，《中国科学》（G 辑：物理学　力学　天文学）2008 年第 9 期。

习近平：《建设中国特色中国风格中国气派的考古学　更好认识源远流长博大精深的中华文明》，《求是》2020 年第 23 期。

席永杰、张国强、杨国庆：《内蒙古敖汉旗兴隆洼文化八千年前骨笛研究》，《北方文物》2011 年第 1 期。

夏奇艳：《原始艺术中眼睛形象的意义》，《中华文化论坛》2016 年第 4 期。

向桃初：《二里头文化向南方的传播》，《考古》2011 年第 10 期。

萧汉明：《太阳神话、太阳神崇拜与阴阳学说》，《贵州社会科学》1994 年第 1 期。

肖兵：《略论西安半坡等地发现的"割体葬仪"》，《考古与文物》1980 年第 4 期。

谢崇安：《人兽母题与神权政治——先秦艺术与中国文明起源研究之

二》，《广西民族学院学报》（哲学社会科学版）1998 年第 3 期。

徐松石：《粤江流域人民史》，《民国丛书》编辑委员会编《民国丛书·第二编》，上海书店 1990 年版。

徐子峰：《红山文化之"女神"及相关问题》，《内蒙古社会科学》（汉文版）2004 年第 6 期。

许玉林、傅仁义、王传普：《辽宁东沟县后洼遗址发掘概要》，《文物》1989 年第 12 期。

许兆昌：《先秦社会的巫、巫术与祭祀》，《史学集刊》1997 年第 3 期。

严文明：《邓家湾考古的收获》（代序），湖北省文物考古研究所、北京大学考古学系、湖北省荆州博物馆编著《邓家湾：天门石家河考古发掘报告之二》，文物出版社 2003 年版。

严文明：《仰韶文化研究》，文物出版社 1989 年版。

杨朝明：《读〈孔子家语〉札记》，《文史哲》2006 年第 4 期。

杨福泉：《东巴教通论》，中华书局 2012 年版。

杨虎：《辽西地区新石器—铜石并用时代考古文化序列与分期》，《文物》1994 年第 5 期。

杨虎、林秀贞：《内蒙古敖汉旗榆树山、西梁遗址出土遗物综述》，《北方文物》2009 年第 2 期。

杨虎、刘国祥：《兴隆洼文化居室葬俗及相关问题探讨》，《考古》1997 年第 1 期。

杨建芳：《大溪文化玉器渊源探索——兼论有关新石器时代文化传播、影响的研究方法》，《南方民族考古》（第一辑），四川大学出版社 1987 年版。

杨建华：《两河流域：从农业村落走向城邦国家》，科学出版社 2014 年版。

杨琳、井中伟：《中国古代权杖头渊源与演变研究》，《考古与文物》2017 年第 3 期。

杨柳桥：《"河图"与"洛书"是两种出土文物》，《文史》（第十五辑），中华书局 1982 年版。

杨效雷：《"河图"、"洛书"非点阵之图考》，《南开学报》（哲学社会科学版）2004 年第 3 期。

杨玥：《"人面鱼纹"新探》，《中原文物》2009 年第 1 期。

叶春：《从贾湖文明看原始宗教对史前音乐的作用及影响》，《岭南音乐》
　　2017 年第 6 期。

叶舒宪、田大宪：《中国古代神秘数字》，社会科学文献出版社 1998 年版。

尹达：《河南浚县大赍店史前遗址》，中国社会科学院科研局编选《尹达
　　集》，中国社会科学出版社 2006 年版。

于省吾主编：《甲骨文字诂林》，中华书局 1996 年版。

喻仲文：《先秦艺术思想史》，武汉大学出版社 2017 年版。

袁广阔、崔宗亮：《仰韶文化鱼纹研究》，《中原文化研究》2018 年第
　　1 期。

袁珂编：《中国神话大词典》，四川辞书出版社 1998 年版。

云南省博物馆：《元谋大墩子新石器时代遗址》，《考古学报》1977 年第
　　1 期。

张弛：《论贾湖一期文化遗存》，《文物》2011 年第 3 期。

张枫林、黄美燕：《上山文化的重要新发现——上山文化论坛暨义乌桥头
　　遗址考古学术论证会纪要》，《中国文物报》2019 年 8 月 23 日。

张洪波：《凌源发现夏家店下层文化祭祀遗址》，《中国文物报》1992 年
　　2 月 23 日。

张金平：《考古发现与〈易〉学溯源研究》，天津师范大学，博士学位论
　　文，2014 年。

张劲松：《阴阳观念的萌生及"阴阳"一词成为抽象哲学概念的过程》，
　　《地方文化研究》2020 年第 5 期。

张京华：《燕赵文化》，辽宁教育出版社 1995 年版。

张敬国、吴卫红：《含山凌家滩遗址最新发掘获重要成果》，《中国文物
　　报》2007 年 7 月 13 日。

张敬国、杨竹英：《凌家滩发现我国最早红陶块铺装大型广场》，《中国
　　文物报》2000 年 12 月 24 日。

张明华：《良渚兽面为虎纹的又一重要例证》，《中国文物报》1998 年 9
　　月 9 日。

张其成：《张其成全解周易》，华夏出版社 2018 年版。

张瑞岭：《仰韶文化陶塑艺术浅议》，《中原文物》1989 年第 1 期。

张绪球：《长江中游新石器时代文化概论》，湖北科学技术出版社 1992

年版。

张绪球：《屈家岭文化》，文物出版社 2004 年版。

张绪球：《石家河文化玉器的发现和研究概述》，荆州博物馆编著《石家河文化玉器》，文物出版社 2008 年版。

张照根、朱颖浩：《江苏吴江市同里遗址进行抢救性发掘》，《中国文物报》2004 年 12 月 1 日。

张之恒：《长江下游新石器时代文化》，湖北教育出版社 2004 年版。

张之恒主编：《中国考古通论》，南京大学出版社 2009 年版。

张忠培：《窥探凌家滩墓地》，《文物》2000 年第 9 期。

张忠培：《仰韶时代——史前社会的繁荣与向文明时代的转变》，苏秉琦主编，张忠培、严文明撰《中国远古时代》，上海人民出版社 2010 年版。

赵殿增：《从古城址特征看宝墩文化来源——兼谈"三星堆一期文化"与"宝墩文化"的关系》，《四川文物》2021 年第 1 期。

赵殿增：《骑虎铜人像与玉琮线刻人像——兼谈三星堆、金沙与良渚文化的关系》，《中华文化论坛》2006 年第 3 期。

赵殿增、袁曙光：《略论三星堆文化与四川汉画的渊源》，郑先兴执行主编《汉画研究：中国汉画学会第十届年会论文集》，湖北人民出版社 2006 年版。

赵会军、曾晓敏：《河南登封程窑遗址试掘简报》，《中原文物》1982 年第 2 期。

浙江省文物管理委员会、浙江省博物馆：《河姆渡遗址第一期发掘报告》，《考古学报》1978 年第 1 期。

浙江省文物考古研究所编：《浙江省文物考古研究所学刊》，长征出版社 1997 年版。

浙江省文物考古研究所编著：《反山》，文物出版社 2005 年版。

浙江省文物考古研究所编著：《瑶山》，文物出版社 2003 年版。

浙江省文物考古研究所、海宁市博物馆：《海宁达泽庙遗址的发掘》，浙江省文物考古研究所编《浙江省文物考古研究所学刊》，长征出版社 1997 年版。

浙江省文物考古研究所：《河姆渡——新石器时代遗址考古发掘报告》，

文物出版社 2003 年版。

浙江省文物考古研究所：《良渚文化汇观山遗址第二次发掘简报》，《文物》2001 年第 12 期。

浙江省文物考古研究所、浦江博物馆：《浙江浦江县上山遗址发掘简报》，《考古》2007 年第 9 期。

浙江省文物考古研究所、萧山博物馆编：《跨湖桥》，文物出版社 2004 年版。

浙江省文物考古研究所、余杭市文物管理委员会：《浙江余杭汇观山良渚文化祭坛与墓地发掘简报》，《文物》1997 年第 7 期。

浙江省文物考古研究所：《浙江海盐仙坛庙遗址》，国家文物局主编《2003 中国重要考古发现》，文物出版社 2004 年版。

浙江省文物考古研究所：《浙江嘉兴南河浜遗址发掘简报》，《文物》2005 年第 6 期。

郑州大学考古系、开封市文物工作队、尉氏县文物保管所：《河南尉氏县椅圈马遗址发掘简报》，《华夏考古》1997 年第 3 期。

郑州大学考古专业、开封市文物工作队、杞县文物管理所：《河南杞县鹿台岗遗址发掘简报》，《考古》1994 年第 8 期。

郑州市文物工作队、荥阳县文物保护管理所：《河南荥阳县楚湾新石器时代遗址调查报告》，《考古》1995 年第 6 期。

郑州市文物考古研究所编著：《郑州大河村》，科学出版社 2001 年版。

中国大百科全书总编辑委员会《考古学》编辑委员会、中国大百科全书出版社编辑部编：《中国大百科全书·考古学》，中国大百科全书出版社 1986 年版。

中国科学院考古研究所内蒙古工作队：《内蒙古巴林左旗富河沟门遗址发掘简报》，《考古》1964 年第 1 期。

中国科学院考古研究所、陕西省西安半坡博物馆编：《西安半坡——原始氏族公社聚落遗址》，文物出版社 1963 年版。

中国历史博物馆考古部、河南省新乡地区文管会、河南省济源县文物保管所：《河南济源苗店遗址发掘简报》，《考古与文物》1990 年第 6 期。

中国社会科学院考古研究所、安徽省蒙城县文化局编著：《蒙城尉迟寺》（第二部），科学出版社 2007 年版。

中国社会科学院考古研究所安阳队：《安阳大寒村南岗遗址》，《考古学报》1990 年第 1 期。

中国社会科学院考古研究所安阳工作队：《1979 年安阳后冈遗址发掘报告》，《考古学报》1985 年第 1 期。

中国社会科学院考古研究所编：《敖汉赵宝沟：新石器时代聚落》，中国大百科全书出版社 1997 年版。

中国社会科学院考古研究所编：《临潼白家村》，巴蜀书社 1994 年版。

中国社会科学院考古研究所编：《中国考古学中碳十四年代数据集 1965—1991》，文物出版社 1992 年版。

中国社会科学院考古研究所编著：《宝鸡北首岭》，文物出版社 1983 年版。

中国社会科学院考古研究所编著：《大甸子——夏家店下层文化遗址与墓地发掘报告》，科学出版社 1996 年版。

中国社会科学院考古研究所编著：《蒙城尉迟寺——皖北新石器时代聚落遗存的发掘与研究》，科学出版社 2001 年版。

中国社会科学院考古研究所编著：《庙底沟与三里桥》，文物出版社 2011 年版。

中国社会科学院考古研究所编著：《山东王因——新石器时代遗址发掘报告》，科学出版社 2000 年版。

中国社会科学院考古研究所甘青工作队：《武山傅家门遗址的发掘与研究》，《考古学集刊》（第十六集），科学出版社 2006 年版。

中国社会科学院考古研究所河南一队：《1979 年裴李岗遗址发掘报告》，《考古学报》1984 年第 1 期。

中国社会科学院考古研究所河南一队：《河南郏县水泉裴李岗文化遗址》，《考古学报》1995 年第 1 期。

中国社会科学院考古研究所考古科技实验研究中心碳十四实验室：《放射性碳素测定年代报告（三十）》，《考古》2004 年第 7 期。

中国社会科学院考古研究所内蒙古第一工作队：《内蒙古赤峰市兴隆沟聚落遗址 2002—2003 年的发掘》，《考古》2004 年第 7 期。

中国社会科学院考古研究所内蒙古工作队：《内蒙古敖汉旗小山遗址》，《考古》1987 年第 6 期。

中国社会科学院考古研究所内蒙古工作队：《内蒙古敖汉旗兴隆洼聚落

遗址 1992 年发掘简报》,《考古》1997 年第 1 期。

中国社会科学院考古研究所内蒙古工作队、内蒙古自治区敖汉旗博物馆:
　　《内蒙古敖汉旗蚌河、老虎山河流域新石器时代遗址调查简报》,《考
　　古》2005 年第 3 期。

中国社会科学院考古研究所、内蒙古自治区文物考古研究所、吉林大学
　　考古系赤峰考古队:《内蒙古喀喇沁旗大山前遗址 1996 年发掘简报》,
　　《考古》1998 年第 9 期。

中国社会科学院考古研究所山东工作队、济宁地区文化局:《山东兖州
　　王因新石器时代遗址发掘简报》,《考古》1979 年第 1 期。

中国社会科学院考古研究所山东工作队:《山东汶上县东贾柏村新石器
　　时代遗址发掘简报》,《考古》1993 年第 6 期。

中国社会科学院考古研究所山西队、山西省考古研究所、临汾市文物局:
　　《山西襄汾县陶寺城址祭祀区大型建筑基址 2003 年发掘简报》,《考
　　古》2004 年第 7 期。

中国社会科学院考古研究所实验室:《放射性碳素测定年代报告(一
　　三)》,《考古》1986 年第 7 期。

钟肇鹏:《谶纬论略》,辽宁教育出版社 1991 年版。

周庆基:《河姆渡人的宗教观念和"凤"的起源》,《河北大学学报》
　　(哲学社会科学版)1993 年第 2 期。

周润垦、李洪波、张浩林等:《2003—2004 年连云港藤花落遗址发掘收
　　获》,《东南文化》2005 年第 3 期。

周晓光、裘士京主编:《中国传统文化史》,安徽大学出版社 2014 年版。

周新芳:《"皇帝"称号与先秦信仰崇拜》,《孔子研究》2003 年第 5 期。

朱存明:《论先秦人形器及其文化意义》,《第七届海峡两岸先秦两汉学
　　术研讨会论文集》,2009 年。

朱磊:《中国古代北斗信仰的考古学研究》,山东大学,博士学位论文,
　　2011 年。

朱乃诚:《红山文化兽面玦形玉饰研究》,《考古学报》2008 年第 1 期。

朱乃诚:《论牙璋的年代及反映的夏史痕迹》,《考古与文物》2020 年第
　　6 期。

朱乃诚:《崧泽文化的文化成就以及在中国文明起源中的地位与作用》,

中国考古学会编《中国考古学会第十四次年会论文集》，文物出版社
2012 年版。

朱天顺：《原始宗教》，上海人民出版社 1964 年版。

朱延平：《关于裴李岗文化墓葬的几个问题》，《考古》1989 年第 11 期。

朱延平：《辽西区古文化中的祭祀遗存》，张忠培、许倬云主编《中国考
古学跨世纪的回顾与前瞻（1999 年西陵国际学术研讨会文集）》，科
学出版社 2000 年版。

朱桢：《"殷人尚白"问题试证》，《殷都学刊》1995 年第 3 期。

国外论著

Andre Dupeyrat, *Mitsinari*：*Twenty-One Years among the Papuans*, Staples
Press, 1955；转引自陈星灿《考古随笔二》，文物出版社 2010 年版。

E. Bendann, *Death Customs*：*an Analytical Study of Burical Rites*, London：
K. Paul, Trench, Trubner, New York：Knopf, 1930；转引自容观敻
《释新石器时代的"割体葬仪"》，《史前研究》1984 年第 4 期。

G. G. Maccurdy：Human Origins Vol. Ⅱ, New York and London：
D. Appleton and Company 1924；转引自许宏《略论我国史前时期瓮棺
葬》，《考古》1989 年第 4 期。

James Hustings ed. , *Encyclopaedia of Religion and Ethics*, Vol. Ⅳ,
Scribner, 1912；转引自夏鼐《临洮寺洼山发掘记》，《中国考古学报》
（第四册），商务印书馆 1949 年版。

［德］恩格斯：《家庭、私有制和国家的起源》，中共中央马克思恩格斯
列宁斯大林著作编译局译，人民出版社 2018 年版。

［德］利普斯：《事物的起源》，汪宁生译，四川民族出版社 1982 年版。

［德］路德维希·费尔巴哈：《费尔巴哈哲学著作选集》（下卷），荣震
华、王太庆、刘磊译，生活·读书·新知三联书店 1962 年版。

［德］马克思、恩格斯：《马克思恩格斯文集》（第五卷），中共中央马
克思恩格斯列宁斯大林著作编译局编译，人民出版社 2009 年版。

［德］马克思、恩格斯：《马克思恩格斯选集》（第三卷），中共中央马
克思恩格斯列宁斯大林著作编译局编译，人民出版社 2012 年版。

［德］马克思：《马克思古代社会史笔记》，中共中央马克思恩格斯列宁

斯大林著作编译局编译，人民出版社 1996 年版。

［法］E. 杜尔干：《宗教生活的初级形式》，林宗锦、彭守义译，中央民族大学出版社 1999 年版。

［法］拉法格：《宗教和资本》，王子野译，生活·读书·新知三联书店 1963 年版。

［法］汪德迈：《中国思想的两种理性：占卜与表意》，金丝燕译，北京大学出版社 2017 年版。

［韩］朴载福：《先秦卜法研究》，上海古籍出版社 2011 年版。

［美］阿瑟·罗恩（Arthur H. Rohn）、埃思尼·巴恩斯（Ethne Barnes）：《赤峰大山前遗址埋葬行为的重建》，杨建华译，《边疆考古研究》（第二辑），科学出版社 2004 年版。

［美］乔治·彼得·穆达克：《我们当代的原始民族》，童恩正译，四川省民族研究所 1980 年版。

［美］伊利亚德：《神圣的存在：比较宗教的范型》，晏可佳、姚蓓琴译，广西师范大学出版社 2008 年版。

［美］张光直：《考古学专题六讲》，文物出版社 1986 年版。

［美］张光直：《濮阳三蹻与中国古代美术上的人兽母题》，《文物》1988 年第 11 期。

［美］张光直：《谈"琮"及其在中国古史上的意义》，文物出版社编辑部编《文物与考古论集》，文物出版社 1986 年版。

［日］安居香山、中村璋八辑：《纬书集成》，河北人民出版社 1994 年版。

［日］安田喜宪：《长江文明的环境考古学》，载湖南省文物考古研究所、国际日本文化研究中心《澧县城头山——中日合作澧阳平原环境考古与有关综合研究》，文物出版社 2007 年版。

［日］林巳奈夫：《关于石家河文化的玉器》，邓聪主编《东亚玉器》（第一册），香港中文大学中国考古艺术研究中心 1998 年版。

［苏］C. A. 托卡列夫、C. П. 托尔斯托夫主编：《澳大利亚和大洋洲各族人民》，李毅夫等译，生活·读书·新知三联书店 1980 年版。

［苏］谢·亚·托卡列夫（C. A. Токарев）：《世界各民族历史上的宗教》，魏庆征译，中国社会科学出版社 1985 年版。

［英］弗雷泽（Frazer, J. G.）：《金枝——巫术与宗教之研究》，徐育新

等译，大众文艺出版社 1998 年版。

[英] 马林诺夫斯基：《巫术科学宗教与神话》，李安宅译，上海社会科
　　学出版社 2016 年版。

附：本书前期成果目录

未注明作者的，皆为刘俊男所撰。

1. 《"三正""五行"本义辨——兼论上古史若干问题》，《山东师大学报》（人文社会科学版）2001年第6期。

2. 《原文化意义上的三皇五帝考论》，《中国文化研究》2009年第4期。

3. 《上古星宿与地域对应之科学性考释——兼论幕阜山地区为上古天象观测中心》，《国家与文明》（第一辑），科学出版社2017年版，原载《农业考古》2008年第1期。

4. 《"河图""洛书"本义及原生地考论》，《湖南社会科学》2012年第1期。《新华文摘》2012年第11期摘录。

5. 《长江中游地区史前宗教文化及所反映的文明进程述论》，《世界宗教研究》2011年第3期。

6. 《龙凤文化源于南方的鸷雉崇拜——华夏夷狄同源论》，《人文杂志》2000年第3期。

7. 《论移民在中国文明起源中的作用》，《中国史研究》2014年第4期。

8. 《"文明社会"与"国家"的专业术语义及其区别》，《中国社会科学报》2023年5月4日第A04版。

9. 《论长江中游地区早期文明演进的五个阶段》，《广西民族大学学报》（哲学社会科学版）2021年第6期。

10. 《论中国早期文化互动及华夏民族多元一体格局的早期演进》，《中原文化研究》2021年第5期。

11. 《从地下遗存看秦安大地湾遗址男权社会的演进——恩格斯母系社会向父系社会转变理论实证研究之一》,《湖南社会科学》2017 年第 3 期。(刘俊男、王华东)

12. 《从地下遗存看海岱地区史前社会组织演进》,《中华文化论坛》2017 年第 3 期。(刘俊男、高芮)

13. 《也谈中国农耕与游牧民族地位》,《中国社会科学报》2016 年 8 月 23 日第 5 版。

14. 《论湘西武陵地区远古文化在中华文明中的地位》,《湖南社会科学》2015 年第 3 期。(刘俊男,孙建)

15. 《和实生物:移民与中国上古文明勃兴》,《中国社会科学报》2014 年 7 月 30 日第 A06 版。

16. 《马克思主义"文明社会"本质再认识》,《湖南社会科学》2014 年第 3 期。(刘俊男、陈春君)

17. 《从地下文物看长江中游地区史前宗教祭祀文化——兼论该地宗教与其他文明要素的关系》,《农业考古》2011 年第 1 期。(刘俊男、易桂花)

18. 《五帝史研究的瓶颈是天帝、人帝的混淆与错位——三皇五帝溯源》,《炎黄文化研究》(第十辑),大象出版社 2009 年版。

19. 《"皇""帝"考释》,《语言应用研究》(第一辑),世纪出版集团、上海辞书出版社 2004 年版。

20. 《牛河梁"女神庙"及红山文化泥塑性别崇拜辨》,《西部史学》(第一辑),西南师范大学出版社 2017 年版,第 34—45 页。(刘俊男、黄慧)

21. 《神秘文化在构建中国古代和谐社会中的作用》,《湖南工业大学学报》(社会科学版)2009 年第 2 期。

22. 《从巫医到道医:宇宙宗教背景下的医学转型》,《中华中医药杂志》2023 年第 8 期。(屈谱)

23. 《从地下遗存看文明起源中的太阳鸟旋纹与太极图像渊源》,《南京艺术学院学报》(美术与设计版)2023 年第 3 期。(屈谱)

24. 《从前文字时代图像遗存看动画设计艺术的起源》,《艺术设计研究》2024 年第 1 期。(刘玉亭、刘俊男)

后　记

　　笔者自 1996 年开始研究中国上古史，研究中不断涉及先秦的思想、文化，甚至天文历法的内容，这些内容往往影响着历史史实的澄清，例如，史载黄帝生于寿丘，寿丘在何处？上古人将二十八宿与地域对应，星宿名与地域名相同，因此，我们应先弄清上古先民是如何将地域与星宿进行对应的，探索其对应规律，于是花了好几年来研究这一问题，终于明白它们按着十分科学的对应规则进行对应，发表《上古星宿与地域对应之科学性考释》一文，从而弄清寿丘的位置。研究上古史离不开传世文献，可是，20 世纪二三十年代的疑古学派认为"三正""五行"这些名词，是汉人刘向、刘歆父子编写古书时伪造而塞入古籍的，他们认为古书除《山海经》外，其他诸书都是经过汉人篡改的，中国上古的史籍基本上是不可信的。因而，笔者又对"三正""五行"进行深入研究，发现它们都是历法理论，形成于尧舜禹时代，根本不是汉人的伪造，发表《"三正""五行"本义辨——兼论上古史若干问题》一文。又发现"三皇""五帝"原本不是指人间的帝王，而只是历法的理论，指"三正""五行"，于是发表了《原文化意义上的三皇五帝考论》。基于澄清上古历史的目的，笔者又对"河图""洛书"进行了研究，发现它们也是历法工具，并发表《"河图""洛书"本义及原生地考论》一文，此文由《新华文摘》摘要。

　　这些宇宙观，表明上古人对大自然已经有了十分深刻的研究，理应经历了漫长的研究过程，有着悠久的年代。例如，马王堆汉墓中，光是彗星的图案就有 29 种之多，而能观察到的彗星若干年才出现一次，且并非每次都能观察到，因此需要 2000—3000 年的时间才能收集到这么多不同的彗星图案。中国南方稻作地区出现了 8000 多年前对太阳的崇拜。湖南高庙遗址出现 7800 年前的对太阳神的祭祀图。河南西水坡 M45 墓中的龙虎蚌塑图，则反映了 6000 多年前的祖先对二十八宿、北斗七星的认识。中原地区史前不同时期皆出现了对星宿的祭祀遗迹。所有这些发现表明，先民对天体的观察与思考至少有 8000 多年的历史。考古发现为我们提供了一条清晰的线索。其他各类思想，也存在发展演变的较为清晰的脉络。

近十来年，笔者主持的三个国家社科基金项目，皆是研究文明起源的。在研究过程中，我们已经收集到大量史前信仰或宇宙观的材料，并发表相关论文。近年笔者指导研究生围绕笔者的国家社科基金项目作了相关研究，对长江下游地区（熊凯、范贤君）、西辽河地区（黄慧、邱芳利）、山东地区（高芮）、长江中游地区（杨阳）的文明起源或社会生活进行研究，涉及一些信仰与宇宙观的内容，其研究为本书相关内容打下了初步基础；李佳羽、洪国玲、郭新宇等则分别对长江上、中、下游地区的宗教与信仰作了专门研究，并写就毕业论文，因太专、太细而本书未能采用，但也与笔者共同研究了一些问题，增强了笔者对该地区相关信息的了解。

在研究过程中，笔者特别指导所带硕士研究生屈谱，专门对中原地区、长城地区的史前宗教与宇宙观进行研究。对中原地区的研究，主要是指导他学习科研论文写作方法和技巧，二人共同写就了一篇长达 3 万余字的论文，因太长，不便刊物刊载。后来，又指导他对长城地区的宗教与宇宙观进行研究，最终完成了十余万字的硕士毕业论文，并被评为重庆市优秀毕业论文。本书的第三、四、五章就是在他研究的基础上修改而成的（其中第四章第三节第二目为笔者与黄慧合写，第五章第五节第一目关于石峁石雕的论述为刘俊男所写）。2021 年，屈谱考上兰州大学攻读博士，博士论文的研究方向正好也是中国历史中的宗教史，主研道教起源的相关问题，读博士期间，他撰写了本书第十章第二节、第十一章第一、二节主体部分的初稿，并对本书的书稿进行校对工作。其所撰初稿约占 15 万字的篇幅。

重庆财经学院新媒体艺术学院教研室主任刘玉亭也是本项目成员，负责艺术考古、翻译、图片制作等工作，她撰写了三篇论文，或已刊或待刊，本书第十二章即为其中一篇，她所承担的工作约占 10 万字篇幅。

本书就是笔者在以上成果基础上写就，并最后统一修订而定形的。能将过去零散的成果汇聚成书而全面地加以呈现，是一件十分快慰的事情。然而，由于作者水平所限，一定会存在种种不足，还望得到读者的指正。

在写作过程中，最经常的助手是笔者的爱人易桂花副研究员，她除了与我合作发表论文之外，还主要承担大量的校对、指谬、润色等工作。

在过往的相关论文或本著作写作中，得到我的老师朱凤瀚、裘士京、王世华、李琳琦、周晓光等教授，王玉哲、刘庆柱、宋镇豪、王震中、冯时、孙华、王仁湘、陈久金、范毓周、李禹阶、赵殿增、高大伦、段渝、黄剑华、罗二虎、贺刚、裴安平等多位知名学者的指教或帮助。

本书得到国家社科基金项目、重庆师范大学学术专著出版基金项目、重庆市重点学科（考古学）资助项目、重庆师范大学考古学一级学科博士点基金项目、重庆师范大学历史与社会学院、重庆师范大学一级学科历史学学科基金等出版经费资助。

中国社会科学出版社的郭鹏等老师做了大量的编辑、校改工作。本书也引用了较多发掘报告及专著论文，得到众多同仁的支持与帮助。

在此，谨向所有为本书的撰写和出版提供支持和帮助的领导、专家、同仁及家人表示衷心的感谢！

刘俊男

2023 年 10 月 1 日星期日